Mark Reinfeld

Europa isst vegan

Für meinen Großvater,
Benjamin Bimstein,
Chefkoch, Eisschnitzer und Inspiration
für ein mutiges und kreatives Leben.

Mögen alle gesund,
glücklich und gut genährt bleiben!

Mark Reinfeld

Europa isst vegan

150 vegane Spezialitäten aus Italien, Frankreich, Spanien, Irland & Co
In 30 min zubereitet

Unimedica

Inhalt

Willkommen! X
Zum Umgang mit diesem Buch XIV
Europas Kräuter und Gewürze XX
Wildpilze XXV
Weine und Biere in der veganen Küche XXVIII

TEIL EINS
Italien

Bruschetta 36
Caponata 38
Minestrone mit feuergerösteten Tomaten 40
Weiße-Bohnen-Dip 42
Florentiner Cremesuppe 43
Toskanische Weiße-Bohnen-Suppe 44
Radicchio-Chicorée-Salat mit Fenchelscheiben und italienischer Vinaigrette 46
Gnocchi 48
Rohkost-Ravioli mit Tomatensoße 51
Spinat-Polenta 53
Stängelkohl mit Knoblauch und roter Paprika 54
Orzo mit gebackenen Zucchini 55
Capelli d'Angelo mit geröstetem Knoblauch und Rucola 56
Penne mit Walnuss-Pesto und Cherrytomaten 45
Pasta Primavera mit erlengeräuchertem Tofu 58
Linguini mit muschelfreier Soße 60
Fettuccine Alfredo 61
Manicotti 62
Pesto Pizza 64
Buon Appetito Pesto Risotto 66
Tofu Cacciatore 68
Tempeh-Klößchen 70
Gebackene Tomaten mit Knoblauchsoße 72
Tofu-Scaloppine 73
Parmesan-Auberginen-Türmchen 63
Zitronen-Tempeh mit Spargelcremesoße 74
Frittata mit Artischockenherzen und sonnengetrockneten Tomaten 76
Erdbeer-Rosenwasser-Granita 77
Veganes Gelato 78
Orangen-Anis-Cantuccini 80
Walnuss-Feigen-Crumble 82
Tiramisu im Glas 83
Espresso Smoothie 84
Italienische Gewürzmischung 86
Balsamicoreduktion 87

TEIL ZWEI
Frankreich

Falsche Gänseleber 92
Schneckenfreie Weinbergschnecken 94
Französische Linsensuppe mit Thymian 95
Französische Zwiebelsuppe 96
Maronencremesuppe 98
Provenzalischer Gemüsesalat 99
Vegane Bouillabaisse 100
Pommes frites 102
Grüne Bohnen mit Beurre blanc 104
Sellerie mit Morchelsoße 105
Spargel Hollandaise 106
Grillchampignons mit Sauce Béarnaise 107
Röstkürbis mit Trüffelcremesoße 108
Buchweizen-Galettes mit Estragoncreme 111
Pilaw mit Fenchel und Safran 112

Tempeh-Schmorbraten mit Kräutern der Provence 114
Regenbogengemüse mit scharfer Béchamelsoße 115
Tofumuscheln mit Safran-Kräuter-Butter 116
„Kermits Freude“: Falsche Froschschenkel mit
Schalotten-Knoblauch-Topping 110
Seitan Bourguignon 118
Quiche Monet 119
Rührtofu mit Schnittlauch und Wildpilzen 120
Schoko-Haselnuss-Crêpes 122
Lavendeltrüffel 125
Birnentarte mit Cashewcreme und
frischen Beeren 126
Mousse au Chocolat 129
Kräuter der Provence 130
Kräuter-Aioli 131
Crême fraîche 131
Schnelle und einfache Rezepte von Chefköchin
Deborah Brown Pivain vom Gentle Gourmet in Paris 132

TEIL DREI

Spanien und Portugal

Gefüllte Mais-Safran-Pilze 138
Gazpacho 141
Ajoblanco 142
Portugiesische Feijoada 144
Apfel-Haselnuss-Salat mit Fenchel 145
Portugiesischer Milchreis (Arroz Doce) 146
Babe’s Bocadillos 147
Empanadas 148
Escalivada 151
Weiße Bohnen mit Pilzen und Sherry 152
Kichererbsen mit gebackenem Knoblauch 153
Spanischer Reis 154
Artischockenherzen mit Safran-Paella 156
Paprika-Tofu 157
Tempeh in Romesco 158
Schokoladenfeigen 160
Mandelkrokant 163
Veganer Flan 164
Horchata 166
Oliven in Kräutermarinade 168
Virgin Sangría 168
Kreieren Sie Ihr persönliches Tapas-Menü! 169

TEIL VIER

Großbritannien und Irland

Sahnepastinaken und Topinambur-Suppe 174
Irish Stew 177
Brunnenkresse mit Himbeer-Vinaigrette 178
Grünkohlsalat mit Cranberries und Walnüssen 180
Glasiertes Wurzelgemüse 181
Gebackene Zwiebel mit Tomaten und Dill 182
Pastinaken-Colcannon 183
Irischer Champ mit knusprigen Zwiebeln 184
Schottische Crumpets 187
Yorkshire Pudding 188
Käsetoast 189
Irisches Natronbrot 190
Grilltofu mit Meerrettichsoße 193
Gemüse-Potpie 194
Shepherdess’ Pie 196
Bangers and Mash 176
Korinthen-Scones 199
Schottische Haferplätzchen 200
Englische Creme 201
Ingwerbier 202
Baked Beans auf Toast 204
Erbsenpüree 204
Backkartoffeln 205

TEIL FÜNF

Griechenland

Gefüllte Weinblätter (Dolma) ... 210
Bulgur-Pilaw mit Korinthen ... 212
Kichererbsen-Cremesuppe (Revithia) ... 213
Rote Linsensuppe (Fakés) ... 214
Tsatsiki ... 216
Gurken-Feta-Salat ... 217
Ackerbohnen mit Petersilie, Oregano und Thymian ... 219
Spinat-Lauch-Reis (Prasorizo) ... 221
Gefülltes Gemüse (Gemista) ... 222
Limabohnen-Salat mit Roter Bete ... 224
Gyros ... 225
Spanakopita ... 226
Moussaka ... 228
Griechische Halva ... 230
Baklava-Roulade ... 232
Gedämpftes Blattgemüse mediterran (Chorta) ... 234
Krautsalat (Lachanosalata) ... 234
Joghurt mit Honig (Yiaourti me Meli) ... 235
Luisa-Tee ... 235

TEIL SECHS

Deutschland

Biersuppe ... 240
Haselnuss-Vinaigrette ... 242
Sechskräutersaft ... 243
Biergeschmortes Blattgemüse ... 244
Rosenrotkohl ... 246
Gebackener Spargel mit Muskatcremesoße ... 248
Deutscher Kartoffelsalat ... 249
Gebackenes Schnitzel ... 250
Spätzle ... 252
Bratwurst mit Sauerkraut ... 253
Tempeh-Sauerbraten ... 255
Gefüllte Bratäpfel ... 256
Brotpudding mit Schokoladensoße ... 257
Apfelstrudel ... 258
Schwarzwälder Kirschtorte im Glas ... 260
Veganes Oktoberfest ... 262
Krautsalat mit Rotem Pfeffer ... 263
Rote Grütze ... 263

TEIL SIEBEN

Quer durch Europa

Gebackene Latkes 268
Piroggen mit Kartoffelfüllung (Pierogi Ruskie) 270
Borschtsch 272
Polnische Wurstsuppe 274
Krautsalat 275
Isländischer Rotkohl 276
Transsylvanische Auberginentomaten 277
Holländischer Stamppot 278
Rumänische Mămăligă 279
Kascha Warnischkes 281
Ungarischer Gulasch 282
Kohlrouladen 284
Tofu Mediterran mit Pistazienkruste 286
Safran-Quinoa-Pilaw 289
Tempeh Stroganoff 291
Heidelbeer-Bliny 292
Finnische Ålandpfannkuchen 294
Böhmische Obstknödel (Ovocné Knedlíky) 295
Schwedische Marmeladenplätzchen (Rosenmunnar) 296
Schweizer Schokoladenfondue 297
Amsterdamer Mintade 298
Grüner Smoothie Mediterran 299
Scharfe Mediterrane Soße 300
Charosset 301
Norwegischer Gurkensalat 301

Anhänge

Anhang A: Aus europäischen Vorratskammern 302
Anhang B: Kleine vegane Kochschule 306
Anhang C: Ergänzende Informationen 322
Anhang D: Informations- und Bezugsquellen 329
Der Autor 334
Index 335
Abbildungsverzeichnis 342
Impressum 344

Meinungen zum Buch „Europa isst vegan“

Top Ten Vegan Cookbook **von** ***VegNews*****, 2010**

„In *Europa isst vegan* liefert Mark Reinfeld brillante Kochkunst. Mit kulinarischer Finesse verleiht er klassischen europäischen Gerichten veganes Prestige! Jetzt können Sie Delikatessen aus Spanien, Deutschland, Italien, Frankreich und vielen anderen Ländern am heimischen Küchenherd genießen. Mark, beim Veganen Gelato hast du mich erwischt!“

— Dreena Burton, Autorin von *Let Them Eat Vegan* und *Eat, drink & be vegan*

„*Europa isst vegan* steckt proppenvoll mit lebendigen, köstlichen und gesunden Rezepten, die besser sind als ein Trip nach Europa! Dieses Buch darf in keiner Küche fehlen.“

— Julie Hasson, Autorin

„Diese leckere kulinarische Expedition liefert eine perfekte Kombination aus exotischen und vertrauten Gerichten, die jeden neugierigen Koch begeistern werden.
Ich bin Mark Reinfeld ewig dankbar dafür, dass er diese erlesenen Speisen zu veganen Gerichten umgearbeitet hat, sodass wir sie genießen können, ohne unsere gesunde und einfühlsame Ernährungsweise aufzugeben.“

— Julieanna Hever, Autorin von *The Complete Idiot‘s Guide to Plant-Based Nutrition*

„Unter Mark Reinfelds Anleitung kann jedermann beeindruckende und köstliche vegane Mahlzeiten herstellen. *Europa isst vegan*, mit Sicherheit schon bald ein Klassiker der gesunden und humanen Küche, steckt voller einfacher Rezepte, die gleichermaßen attraktiv für Veganer und für Fleischesser sind.“

— Jack Norris, Zugelassener Diätassistent und Co-Autor von *Vegan for Life*

„Mit diesen unglaublichen Rezepten hebt *Mark Reinfeld* das einfühlsame Kochen auf eine neue Ebene. *Europa isst vegan* macht vegane Mahlzeiten jedermann zugänglich und ist das perfekte Kochbuch, um die Fleisch essenden Freunde zu beeindrucken.“

— Virginia Messina, Vegane Diätassistentin und Co-Autorin von *Vegan for Life*

Dieses Buch steckt voller köstlicher, aufregender und gesunder Rezepte, die jeder nachkochen kann. Sie werden es lieb gewinnen – ob Sie nun Veganer sind oder nur gelegentlich so essen möchten.“

— Ellie Krieger, Bestseller-Autorin und TV-Moderatorin

„Mark und Jennifer stehen an der Spitze der gesunden Esskultur.
Das ist vegane Küche vom Feinsten.“

— Cher

„Ob Sie Veganer sind oder nicht – das ist eine verführerische Rezeptsammlung. Ich weiß, dass diese Rezepte ein Teil meines kulinarischen Lebens werden."

—Deborah Madison, Autorin von *Vegetarian Cooking for Everyone und Local Flavors*

„*The 30-Minute Vegan* ist ein Kochbuch, bei dem man keine Fehler machen kann, das Zeit sparen hilft und den Stress aus der Küche verbannt. Mit einer gut durchdachten Sammlung schneller, einfacher und gesunder Rezepte trägt das Duo zu einer vielseitigen häuslichen Esskultur und einer tadellosen Ernährung bei."

— VegNews

„Eines der besten veganen Kochbücher aller Zeiten. Fabelhafte Rezepte, gesundes Essen, klare Anweisungen und köstliche Ergebnisse!"

— John Robbins, Autor von *The New Good Life* und *Diet for a New America*

„*The 30-Minute Vegan* hat einen festen Platz in meiner Küche gefunden und wird bestimmt schon bald abgenutzte, eingerissene und fleckige Seiten haben."

— HungryVegan.com

Willkommen!

Machen Sie sich auf ein kulinarisches Erdbeben gefasst!

Europa hat in unser aller Herzen einen besonderen Platz. Die mittelalterlichen Burgen, die kopfsteingepflasterten Straßen, die kernigen Bauernmärkte, dazu die Fülle an Kunst und Kunstgeschichte, Kultur und Kochtradition sind dazu angetan, jedermann in Staunen zu versetzen. Es ist ein Geschenk, die Schönheit und Romantik der Alten Welt erleben zu dürfen. Ich lade Sie ein, sich auf ein lebenslanges Abenteuer einzulassen, denn auf den Seiten dieses Buches möchte ich Sie auf eine kulinarische Forschungsreise durch diese zauberhafte und wundersame Welt mitnehmen.

Es gibt eine Menge Kochbücher, die sich mit einer einzigen europäischen Landesküche beschäftigen. *Europa isst vegan* jedoch ist etwas Besonderes, denn hier finden Sie die besten regionalen Rezepte aus vielen europäischen Ländern, die ich gezielt für die vegane Küche aufbereitet habe. Hier trifft Joie de vivre auf Dolce vita. Alle sind sie da: die ehrwürdigen Küchen Frankreichs, Italiens und Griechenlands, die Kühnheit Spaniens und Portugals und die Lieblinge der Familie aus Großbritannien, Irland und Deutschland. Ich habe auch eine Auswahl an Gerichten aus Ost- und Nordeuropa aufgenommen, zum Beispiel aus der rumänischen, ungarischen, polnischen, tschechischen, schwedischen, finnischen und isländischen Küche.

Die Vegane Fusionsküche zeigt Ihnen, dass scheinbar grundverschiedene Aromen und Zutaten aus unterschiedlichen Küchen einander in Wirklichkeit ergänzen und Ihre Gaumenfreude steigern können. Mit den Rezepten aus diesem Buch können Sie sich italienische Minestrone und Fettuccine Alfredo am Mittelmeerstrand schmecken lassen, ein Schokoladenfondue aus den Schweizer Alpen genießen und das Ganze mit einem Ingwerbier aus dem Land von Stonehenge abrunden.

Von den zarten Kräutern der Provence bis hin zum schärferen ungarischen oder spanischen Paprika – das Spektrum an Zutaten und Aromen, das aus Europa zu uns kommt, ist immens. Im Anhang *Aus europäischen Vorratskammern* (Seite 303) lernen Sie weitere beliebte regionale Zutaten kennen. Glücklicherweise sind nahezu alle davon in den meisten Geschäften problemlos erhältlich. Einige Spezialitäten bekommen Sie in Ihrem örtlichen Bioladen, auf dem Ethnomarkt oder im Internet. Auf S. xxi ff. finden Sie eine Liste mit Artikeln, mit denen Sie sich bei Ihrem nächsten Besuch im Bioladen eindecken können. Oder fragen Sie einfach Ihren Lebensmittelhändler, ob er Ihnen bestimmte Produkte bestellen kann; Sie werden überrascht sein, wie zuvorkommend Händler sein können. Schauen Sie sich auch die Bezugsquellen im Internet in Anhang D an.

Europäische Veganer – von Pythagoras bis Sir Paul McCartney

Die ältesten Aufzeichnungen über weitgehend vegetarisch lebende Völker stammen aus dem alten Indien, wo Ahimsa (Gewaltlosigkeit) die Lebenshaltung vieler Menschen prägte. Es wird Sie vielleicht überraschen, dass der Vegetarismus auch in Europa eine reichhaltige Geschichte hat, die bis 500 v. Chr. in die Zeiten von Pythagoras, des griechischen Philosophen, Gelehrten und Mystikers, zurückreicht. Es heißt, Pythagoras habe Indien bereist und sei von der Lebensweise der Weisen und Philosophen, die ihm dort begegneten, stark beeinflusst worden. Er brachte sein Wissen mit nach Süditalien und bestand darauf, dass all seine Schüler eine vegetarische Ernährungsweise einzuhalten hätten. In der Tat wurden die ersten Vegetarier in Europa Pythagoreer genannt. Das mag eine Erklärung dafür sein, weshalb die italienische Küche die wahrscheinlich veganerfreundlichste Küche Europas ist. Andere alte griechische Philosophen, darunter Empedokles und viele Angehörige der Platonischen Akademie, nahmen ebenfalls eine vegetarische Lebensweise an.

Weiter geht es im Schnelldurchlauf in die Renaissance, in der solche coolen Typen wie Leonardo da Vinci,

Pierre Gassendi oder der englische Autor Thomas Tryon zu Verfechtern dieses Lebensstils wurden. Im 19. Jahrhundert und im Zeitalter der Aufklärung rückte England in den Mittelpunkt der Veggie-Szene. Das waren die Zeiten des Dichters Percy Bysshe Shelley und von Reverend William Cowherd. Letzterer wurde zum Wegbereiter für die Vegetarian Society, die sich 1847 in England bildete. Nach einem weiteren Schritt um fast hundert Jahre nach vorn prägte Donald Watson den Begriff „vegan" und half 1944, in England die Vegan Society zu gründen. Das ist natürlich eine äußert kurz gefasste Historie einer starken Bewegung. Für eine tiefer gehende Untersuchung empfehle ich Ihnen das Buch *The Bloodless Revolution: A Cultural History of Vegetarianism from 1600 to the Modern Times* von Tristram Stuart.

Vegane Fusionsküche

Meine Küche ist die Vegane Fusionsküche. Das heißt, dass ich oft Zutaten aus verschiedenen kulinarischen Traditionen in einem Gericht oder Menü miteinander kombiniere. Quinoa, auch Inkareis genannt, ist eine südamerikanische Getreidesorte, ergänzt aber ein französisches Ratatouille oder ein ungarisches Bœuff Stroganoff ebenso gut wie jeder gewöhnliche Reis. Ich habe auch herausgefunden, dass das weizenfreie Tamari, eine in der asiatischen Küche weitverbreitete Sojasoße, eine Aromaschicht erzeugt, die, ungeachtet der ethnischen Zugehörigkeit des Gerichts, den Geschmack anderer Zutaten akzentuiert.

Wann immer möglich, empfehle ich dringend, biologisch angebaute Zutaten zu verwenden. Bionahrung wird ohne den Einsatz chemischer Düngemittel und Pestizide angebaut, von denen der Großteil noch nicht vollständig im Hinblick auf seine langfristigen Auswirkungen auf die Menschen geprüft wurde. Wer beim Essen sichergehen will, steigt auf Bioprodukte um. In Anhang C finden Sie weitere Informationen zum Thema.

Des Weiteren empfehle ich, so wenig wie möglich verarbeitete und abgepackte Zutaten zu verwenden. Das tut Ihrer Gesundheit gut, und weniger Verpackungen tun unserer Erde gut. Die meisten europäischen Kulturen haben reiche Traditionen bei der Verwendung lokal und biologisch angebauter Frischwaren. Das Bild der Französin mit einem Baguette in der Tasche mag zwar reichlich klischeehaft wirken, doch der tägliche Einkauf beim Olivenhändler, beim Bäcker oder auf dem Bauernmarkt gehört dort einfach zum Leben dazu.

Wenn Sie so häufig wie möglich Nahrungsmittel aus der Region essen, garantiert Ihnen das optimalen Geschmack und Frische und spart zudem die Rohstoffe, die beim Transport über lange Strecken verbraucht werden. Falls Sie die Möglichkeit dazu haben, ziehen Sie ihr Gemüse im eigenen Garten oder beteiligen Sie sich an einer Solidarischen Landwirtschaft. Es ist außerordentlich bereichernd, etwas vom Samen bis zur Pflanze wachsen zu sehen. Bauernmärkte sind die nächstbeste Wahl. Lernen Sie die Menschen kennen, die Ihre Nahrung anbauen! Viele Rezepte aus *Europa isst vegan* können problemlos an die Verwendung regionaler Frischprodukte angepasst werden.

Gleichwohl möchte ich darauf hinweisen, dass viele Rezepte in diesem Buch sogenannte „Umstellungszutaten" enthalten. Das sind Zutaten, die ich für gesünder halte als ihre tierischen Äquivalente, aber doch nicht so gesund, um sie zum täglichen Verzehr zu empfehlen. Ich nenne sie Umstellungszutaten, weil ich glaube, dass bestimmte Produkte, wie vegane Butter, veganer Frischkäse, vegane Würstchen oder selbst Seitan, die Umstellung auf eine reine Pflanzenkost sehr erleichtern können, da sie das Verlangen nach tierischen Produkten befriedigen. Mein Hauptziel beim Schreiben dieses Buches war es nämlich, vegane Neuauflagen klassischer europäischer Gerichte zu kreieren, um die unglaubliche Vielseitigkeit der veganen Küche zu demonstrieren. Die Umstellungsprodukte haben mir sehr geholfen, dies zu erreichen. Als Fürsprecher einer gesunden Ernährungs- und Lebensweise möchte ich Ihnen empfehlen, diese Produkte nur zu besonderen Anlässen zu genießen.

Auch der längste Weg beginnt mit dem ersten Schritt

Dieses Buch bedeutet mir persönlich sehr viel. Meine Liebe zu Auslandsreisen, zu fremden Kulturen und zur internationalen Küche ist bei langen Aufenthalten in Europa geweckt worden. In meinem vorletzten Ausbildungsjahr an der London School of Economics habe ich ausgedehnte Reisen unternommen: Ich habe die Küche in England, Wales, Schottland, Frankreich, Spanien, Portugal, Italien, der Schweiz, Deutschland, Griechenland, Israel und der Sowjetunion kennengelernt. Meine Reiselust – und mein Appetit – war geweckt!

Nach dem Abschluss der State University of New York in Albany nahm ich mir ein Jahr frei und kehrte zum „fahrenden Leben" zurück, bevor ich mich an der Juristischen Fakultät der New York University einschrieb. Ich arbeitete als Au-pair in Paris, trampte gerade rechtzeitig von Amsterdam nach Deutschland, um den Fall der Berliner Mauer mitzuerleben, war Zeuge der Studentenrevolution in Prag und einer demokratischen Revolution in Nepal. Ich besuchte auch mehrere osteuropäische Länder, darunter Polen, die Tschechoslowakei, Ungarn und Jugoslawien. Den Abschluss bildeten eine Reise durch Israel, die Wüste Sinai und Indien und eine vierwöchige Tour zum Mount Everest.

Dieser Zeitabschnitt fiel mit dem Beginn meines persönlichen Wegs zu einem vegetarischen Leben zusammen. Als ich in einem Kibbuz in Israel arbeitete, begegnete ich auf meinen Spaziergängen durchs Tal Kühen, Ziegen und Hühnern. Mir dämmerte, dass diese Tiere doch dasselbe Lebensrecht haben müssen wie ich. Tatsächlich liebte ich sie bald ebenso sehr wie meinen Hund. Damals begann ich mich zu fragen, ob ich es mir nicht zu bequem machte, wenn ich sie aß.

Das Fass lief über, als ich Hühner aussortieren und in Käfige sperren sollte, damit sie zum Schlachten geschickt werden konnten. Schon nach wenigen Minuten in dieser Umgebung begriff ich, dass ich nie am Prozess des Schlachtens teilhaben würde. An diesem Tag wurde ich Vegetarier.

Meine erneuten Besuche in Europa in jüngster Vergangenheit haben schließlich zum Erscheinen dieses Buches beigetragen. Insbesondere mein letzter Dreimonatstrip wurde zu einer wahrhaft epischen Reise voll kulinarischer Entdeckungen. Ich habe auf meinen Forschungsreisen sehr viel gelernt. Ich bot Unterricht und Workshops in England und Paris an, nahm an den Paris Vegan Days teil, wo über 8000 Menschen zugegen waren, und traf unglaublich interessante Menschen, die mir ihre geheimen Familienrezepte und kulinarische Tipps anvertrauten, die ich jetzt mit großer Freude an Sie weitergebe. Der Reichtum der kulinarischen Traditionen Europas steht nun auch Ihnen offen.

Gastbeiträge

Bereits mit der Vorratsliste aus Anhang A werden Sie auf Ihrer kulinarischen Reise über eine angemessene Ausstattung verfügen, doch es gibt ein paar zusätzliche Dinge, die Ihnen helfen werden, Ihre Erlebnisse noch zu vertiefen. Ich freue mich sehr, die Beiträge einiger bewundernswerter Chefköche in mein Buch zu integrieren, mit denen ich das Glück hatte, arbeiten zu dürfen. Jennifer Murray, die Mitverfasserin der Bücher *The Complete Idiot's Guide to Eating Raw, The 30-Minute Vegan* und *The 30-Minute Vegan's Taste of the East*, hat eine ausführliche Übersicht über europäische Küchenkräuter erstellt (Seite XX), der Sie noch mehr verschiedene Kombinationen und Aromaprofile entnehmen können, die in diesen Regionen seit Langem in Gebrauch sind. Patrick Bremser, der ehemalige Chefkoch des Restaurants Blossoming Lotus auf der hawaiianischen Insel Kaua'i, stellt seine Weinkenntnisse zur Verfügung und gibt Anregungen, welche Weine und Biere sich am besten für die Rezepte in diesem Buch eignen (Seite XXVIII). Colin Patterson, ein weiterer ehemaliger Chefkoch des Blossoming Lotus, hat ein faszinierendes Kapitel über Wildpilze geschrieben – Zutaten, die in vielen europäischen Küchen einen wichtigen Platz einnehmen (Seite XXV).

Frieden beginnt in der Küche

Die Essenszubereitung kann eine heilige und heilsame Zeit sein, in der Sie in Ihrer Küche mit der Natur in Verbindung treten. Es kann eine Zeit sein, in der Sie all Ihre Sorgen vor der Tür lassen und sich nur noch auf die Zubereitung einer köstlichen Mahlzeit konzentrieren. Aber es macht auch ungeheuer viel Spaß! Ob Sie für sich allein oder zwanzig Leute kochen – das Experimentieren mit verschiedenen Zutaten und kulinarischen Traditionen ist eines der schönsten Geschenke des Lebens.

Ich möchte Sie dazu ermuntern, mit Achtsamkeit, Ruhe und Liebe zu kochen und dabei in Ihrer Küche ein inspirierendes und erbauliches Ambiente zu schaffen. Tanzen Sie zu Ihrer Lieblingsmusik! Umgeben Sie sich mit Blumen, Lieblingsfotos und anderen schönen Dingen, um den kreativen Koch in sich zu wecken. Mögen die Rezepte und Informationen in diesem Buch Sie inspirieren, um Ihre Gesundheit und Lebenskraft auf die kreativste und köstlichste Weise zu steigern!

Mit tiefem Dank und Aloha!
Mark

Wollen Sie mehr wissen?

Unser Unternehmen Vegan Fusion fördert den Nutzen veganer Ernährung für unsere Gesundheit, die Erhaltung der Erde und den Aufbau einer friedlicheren Welt. Neben unseren preisgekrönten Kochbüchern bieten wir Workshops, Kochschulen und Vertiefungsseminare sowie vegane kulinarische Retreats in der ganzen Welt an. Wir führen auch Beratungen durch und können bei der Zusammenstellung von Menüs und Rezepten aus dieser innovativen Globalen Küche assistieren. Inspirationen zur veganen Lebensweise finden Sie auf unserer Website www.VeganFusion.com (englisch), wo Sie sich auch über unsere Online-Kochkurse informieren und unseren kostenlosen Newsletter abonnieren können.

Zum Umgang mit diesem Buch

Nahezu alle Rezepte aus diesem Buch können in weniger als 30 Minuten zubereitet werden, einschließlich Vorbereitungs- und Garzeit. Bei mehreren Rezepten übersteigt die Zeit, die zum Kochen, Backen, Einfrosten und Kühlen nötig ist, diesen Zeitrahmen, doch die Arbeitszeit selbst liegt fast in jedem Fall unter 30 Minuten. Ich habe auch einige meiner Lieblingsvariationen zu den Rezepten hinzugefügt, von denen manche ebenfalls mehr als 30 Minuten benötigen. Diese sind jedoch immer eindeutig ausgewiesen.

Die Zeit beginnt zu laufen, sobald alle Zutaten bereitliegen. Sie beinhaltet nicht das Durchsuchen der Schränke nach Gerätschaften und Zutaten. Die Hinzunahme als optional gekennzeichneter Zutaten verlängert die Zubereitungszeit ebenfalls. Lesen Sie jedes Rezept sorgfältig durch, am besten zweimal. Vergewissern Sie sich, dass Sie alles haben, was Sie brauchen, und legen Sie es zurecht, bevor Sie anfangen. Denken Sie daran, dass mit zunehmender Praxis alles leichter wird. Je öfter Sie ein Rezept zubereiten, umso schneller werden Sie und umso eher bleiben Sie im Zeitrahmen von 30 Minuten.

In jedem Teil sind die Rezepte in der Reihenfolge geordnet, in der sie auf einer Speisekarte erscheinen würden: Vorspeisen, Suppen, Salate, Beilagen, Hauptgerichte, Frühstück, Desserts, Getränke und würzende Zutaten. Innerhalb dieser Struktur sind sie dann in den meisten Fällen nach dem Schwierigkeitsgrad von leicht nach schwer angeordnet. Nehmen Sie die Rezepte als Ausgangspunkt für die Kreation Ihrer eigenen Versionen und Spezialitäten, je nach Ihren Vorlieben und der Erhältlichkeit und Frische der Zutaten. Ich halte sehr viel von Kreativität in der Küche; versuchen Sie, sich nicht sklavisch ans Rezept zu halten. Wenn Sie Knoblauch mögen, fügen Sie mehr Knoblauch hinzu. Mögen Sie es scharf, nehmen Sie mehr Chili. Lassen Sie sich nie von einer oder zwei fehlenden Zutaten abhalten, ein Rezept zuzubereiten. Es gibt immer irgendeinen Ersatz – seien Sie kreativ!

Im ganzen Buch stelle ich immer wieder Techniken für die Zubereitung veganer Naturkost vor. Diese Techniken werden in Anhang B noch einmal gesondert aufgeführt. Umfassendere Einlassungen, einschließlich Tipps zur Ausstattung Ihrer Küche, sowie einen ausführlichen Ressourcen-Leitfaden finden Sie im Buch *The 30-Minute Vegan*. Schauen Sie sich unbedingt auch Anhang A an: Hier finden Sie eine Liste mit den wichtigsten Zutaten für diese Rezepte, zusätzlich zu den geläufigen Zutaten für viele vegane Gerichte.

Jedes Land hat seine eigene kulinarische Tradition, doch es gibt auch eine ganze Reihe grenzüberschreitender Zutaten. So wird zum Beispiel Olivenöl in mehreren Ländern verwendet. Ebenso haben die verschiedenen Mittelmeerländer vergleichbare Landesküchen entwickelt. Im Anhang *Aus europäischen Vorratskammern* (Seite 303) finden Sie eine breite Auswahl an solchen Zutaten.

Im Hinblick auf die Haltbarkeit empfehle ich in der Regel, ein Gericht noch am gleichen Tag zu verzehren, an dem es zubereitet wurde, spätestens aber am dritten Tag. Manche Produkte, wie Salatdressings und Desserts, können etwas länger aufbewahrt werden. Bitte prüfen Sie täglich, wie frisch Ihre Speisen noch sind. Reste können Sie in einem Glasbehälter im Kühlschrank aufbewahren.

Die Relativitätstheorie – verschiedene Ernährungslehren

Nach meinem Magisterabschluss in ganzheitlicher Ernährung fiel mir als Erstes auf, dass es viele widerstreitende Ernährungslehren gibt, die sich alle auf ihr jeweils eigenes Beweismaterial stützen. Hinweise auf unterschiedliche Ernährungsweisen werden Sie im ganzen Buch finden. Hier ein kurzer Überblick über einige der bekanntesten Ernährungslehren.

Rohkost-Ernährung: Als Rohkost werden nährstoffreiche Speisen bezeichnet, die nicht über 47 °C erhitzt wurden. Viele Menschen sind der Auffassung, dass das Erhitzen von Nahrungsmitteln über eine bestimmte Temperatur hinaus den Nährstoffgehalt schmälert. Die Live Food Cuisine ist ein zunehmender Trend in der kulinarischen Welt. Menschen, die sich von Rohkost ernähren, berichten von gesteigerter Energie, Gewichtsverlust, Heilungen und jeder Menge anderer Wohltaten. Zwar beinhalten die meisten Rezepte in diesem Buch einen Garprozess, doch ich habe auch mehrere Rohkostrezepte aufgenommen oder solche, die auch als Rohkost umgesetzt werden können. Bei manchen Gerichten biete ich eine gegarte und eine rohe Version an, damit Sie die verschiedenen Geschmacksergebnisse vergleichen können. Die Rohkostrezepte in diesem Buch sind mit einem ♥ gekennzeichnet.

Glutenfreie Ernährung: Gluten ist ein Protein, das in Weizen und anderen Getreidearten vorkommt und für die Elastizität des Korns sorgt. Bei immer mehr Menschen wird eine Glutenunverträglichkeit diagnostiziert, oder sie streichen aus allgemeinen gesundheitlichen Gründen Gluten aus ihrer Ernährung. Ich verwende bei allen Rezepten in diesem Buch Dinkelmehl. Dinkel ist eine alte Weizensorte, die zwar auch Gluten enthält, aber in einer Form, die viele Menschen mit einer Weizenallergie vertragen. Wer an Zöliakie leidet, verträgt Gluten in keinerlei Form. Eine glutenfreie Mehlmischung finden Sie auf Seite 317. **Jedes Rezept in diesem Buch, mit Ausnahme von zwei Rezepten, in denen Filoteig zum Einsatz kommt, ist entweder glutenfrei oder kann problemlos an eine glutenfreie Ernährung angepasst werden.** Bei den Rezepten, die ein glutenhaltiges Produkt verwenden, habe ich dazugeschrieben, womit dieses Produkt ersetzt werden kann. Wenn Sie Gluten nicht vertragen, achten Sie bitte darauf, glutenfreies Tamari als Sojasoße zu verwenden und eine glutenfreie Hefeflocken zu kaufen – zwei Zutaten, die in diesem Buch sehr häufig zum Einsatz kommen.

Ölfreie Ernährung: Viele Menschen halten die Verwendung von raffinierten Speiseölen für suboptimal für die Gesundheit des Herzens. Wenn auch Sie raffinierte Öle eliminieren möchten, vor allem beim Braten, dann braten Sie bitte, wie auf Seite 311 beschrieben, mit Wasser an. Sie können das Olivenöl, das in vielen Rezepten verlangt wird, auch durch ein höher erhitzbares Fett ersetzen, zum Beispiel durch Traubenkernöl oder Kokosöl.

Natriumarme Ernährung: Wenn Sie Ihren Natriumkonsum reduzieren möchten, verwenden Sie bitte natriumarme Sojasoße, salzen Sie nach Geschmack, anstatt sich an die Empfehlungen des Rezeptes zu halten, und/oder ersetzen Sie das Meersalz durch Seetang-Granulat.

Sojafreie Ernährung: Wenn Sie möchten, können Sie die in den Rezepten geforderte Sojasoße durch Coconut Aminos aus Ihrem Bioladen ersetzen.

Zuckerfreie Ernährung: Raffinierter Weißzucker spielt bei vielen Erkrankungen eine Rolle. Bei mehreren Dessert-Rezepten gebe ich Biozucker als Zutat an, um auf meine Empfehlung hinzuweisen, eine Alternative zu Weißzucker zu finden. Die Tabelle auf Seite 319 enthält eine Zusammenstellung von gesunden Alternativen zu Weißzucker. Verschaffen Sie sich auch in Ihrem Bioladen einen Überblick über im Handel erhältliche natürliche Süßungsmittel.

Spezialprodukte

Die meisten Lebensmittel können Sie zwar im Supermarkt kaufen, doch einige Produkte können einen Besuch im Bioladen notwendig machen. Hier folgt eine Liste an Zutaten, mit denen Sie sich zur Vervollständigung der Rezepte eindecken sollten.

Biozucker: siehe oben

Ei-Ersatz: Da Leinsamen äußerst nahrhaft sind, werden in den Rezepten in diesem Buch gemahlene Leinsamen als Ei-Ersatz verwendet. Das Standardverhältnis ist 1 Ei = 1 EL gemahlene Leinsamen + 3 EL Wasser. Sie können anstelle von Leinsamen natürlich auch jeden anderen Ei-Ersatz verwenden.

Kokosöl: Auch als Kokosfett bekannt. Ein bei Raumtemperatur festes Pflanzenöl, das aus dem Nährgewebe der Kokosnuss gewonnen wird.

Kudzu: Stärkereiche Wurzelknollen zum Andicken von Soßen.

Miso: Eine salzige Paste, die aus vergorenen Sojabohnen und Getreide hergestellt wird. Für den größten ernährungsphysiologischen Nutzen sollte sie nicht pasteurisiert sein.

Hefeflocken: Eine pflanzliche Hefekultur mit einem Proteingehalt von bis zu 50 Prozent. Die Marke *Red Star* enthält sehr viel Vitamin B einschließlich B12. Sie verleiht den Gerichten eine nussige und käseähnliche Geschmacksnote. Holen Sie sich die großflockige Variante.

Naturreisnudeln: Die erste Wahl für glutenfreie Nudeln. Ich empfehle die Marke *Tinkiyada*.

Pfeilwurzelmehl: Ein Stärkemehl, das aus den Wurzeln der Pfeilwurz gewonnen wird. Es wird als Bindemittel in Soßen, Suppen und Desserts verwendet. Vor der Zugabe muss es in der gleichen Menge kaltem Wasser aufgelöst werden.

Quinoa: Der sogenannte Inkareis, auch als Andenhirse bezeichnet, hat einen hohen Proteingehalt und kann in allen Rezepten dieses Buches als Reisersatz verwendet werden.

Roher Apfelessig: Die rohe Variante des Essigs soll den höchsten ernährungsphysiologischen Wert haben.

Salz: Überlegen Sie, ob Sie nicht lieber Gourmetsalze wie Keltensalz oder Himalayasalz kaufen möchten, die einen höheren Mineralgehalt haben als die meisten herkömmlichen Salze. Sie können auch mit Räuchersalzen experimentieren, die dem Geschmack ihrer Gerichte eine zusätzliche Tiefe verleihen.

Seidentofu: Eine cremige Tofuvariante, die sich hervorragend für Puddings und Soßen eignet (Seite 307).

Tempeh: Ein Sojaprodukt, das Tofu ähnelt, aber von festerer Konsistenz und nussigerem Geschmack (Seite 308).

Vegane Butter: ALSAN ist ein Lebensmittelhersteller aus Schleswig-Holstein, der sich auf die Produktion veganer Pflanzenmargarine spezialisiert hat, der pflanzliches Butteraroma beigefügt wird. Er bietet mehrere Sorten von Butter-Alternativen an, die nicht nur als Brotaufstrich, sondern auch zum Braten und Backen verwendet werden können. ALSAN-Produkte sind auch im normalen Supermarkt erhältlich.

Vegane Mayonnaise: Verwenden Sie Veganaise, oder stellen Sie Ihre eigene her (Seite 318).

Veganer Käse: Es finden sich auch hierzulande immer mehr vegane Käsesorten im Handel. Die bekanntesten Hersteller sind Wilmersburger und jeezini. Recht neu auf dem Markt ist Violife, ein veganer Käse, der in Griechenland hergestellt wird.

Vegane Wurst: Tofurky von Turtle Island Foods und Field Roast sind gute Produkte.

Veganothek: In der Veganothek können Sie neben einer großen Auswahl pflanzlicher Produkte auch vielfältige vegane Tierprodukt-Analoga online bestellen, von „Wie Käse, Sahne und Milch“ über „Wie Fleisch, Wurst und Fisch“ bis hin zu veganer Margarine und anderen Brotaufstrichen.

Weißes Dinkelmehl oder glutenfreie Mehlmischung: Die Firma Bob‘s Red Mill hat eine wunderbare glutenfreie Backmischung, mit der Sie das in den Rezepten angegebene Mehl eins zu eins ersetzen können. Für‘s glutenfreie Backen können Sie sich auch Xanthan als Spezialprodukt zulegen. Diese Substanz dient als Glutenersatz in anderen Mehlen, um den Gerichten Elastizität zu verleihen.

Weizenfreies Tamari: Ein Nebenprodukt der Miso-Herstellung. Das ist die Sojasoße, die für alle Rezepte in diesem Buch empfohlen wird.

Farbig unterlegte Kästen und Symbole

Auf den Seiten dieses Buches begleiten Sie folgende Kästen und Symbole:

Schnell und einfach: Zwar lassen sich nahezu alle Rezepte in diesem Buch als schnell und einfach bezeichnen, doch diese Gerichte sind noch leichter zuzubereiten.

Wenn Sie mehr Zeit haben: Diese Rezepte und Rezeptvariationen erfordern mehr Zeit als 30 Minuten. Probieren Sie sie aus, wenn Sie einmal mehr Zeit zur Verfügung haben.

Tipps und Tricks vom Küchenchef

Hier verraten wir Ihnen unsere Geheimnisse, die das Küchenleben leichter und angenehmer machen.

Chefkoch Patrick empfiehlt

Vorschläge von Chefkoch Patrick Bremser, unserem ortsansässigen Sommelier, für die jeweils geeigneten Wein- und Biersorten.

♥ Zeigt ein Rezept an, das zu 95 Prozent oder mehr aus Rohkost besteht oder problemlos an die Rohkost-Ernährung angepasst werden kann. Informationen zur Rohkost-Ernährung Seite XIV.

◔ Dieses Rezept oder seine Variation kann länger als 30 Minuten in Anspruch nehmen, wenn man die Back-, Kühl- oder Gefrierzeit mitrechnet. Einige Rezepte brauchen länger als 30 Minuten, solange Sie mit den Zubereitungsschritten noch nicht vertraut sind. Mit zunehmender Übung werden Sie immer schneller werden.

Tipps und Tricks vom Küchenchef

Der Schlüssel zum Erfolg in der 30-Minuten-Küche: Leitfaden für den erfolgreichen Koch

- *Kochen ist eine Kunst. Diese Tipps werden Ihnen zum Erfolg in der Küche verhelfen und Ihren Spaß am Kochen erhöhen. Wenn Ihnen das Kochen Freude macht, wird sich dieser Zauber auch auf Ihre Speisen übertragen, sodass sie allen besonders gut schmecken!*
- *Lesen Sie sich jedes Rezept gründlich durch. Schlagen Sie Begriffe und Zutaten nach, die Ihnen nicht vertraut sind. Vollziehen Sie den Ablauf der Zubereitung nach. Finden Sie heraus, wann Multitasking nötig ist, wann Sie also nicht erst in Ruhe einen Schritt beenden können, bevor Sie zum nächsten übergehen.*
- *Bevor Sie mit der Vorbereitung beginnen, schaffen Sie sich einen sauberen Arbeitsbereich. Wenn Sie bereits vor Beginn der Arbeit alle Zutaten aus dem Rezept zusammensuchen, können Sie sicher sein, dass Sie alles haben, was Sie brauchen, und wissen, was Sie als Ersatz wofür verwenden. Das erspart Ihnen das zeitraubende Durchsuchen der Schränke. Bereiten Sie Löffel und Messbecher, Arbeitsmittel und Küchengeräte vor. An einem sauberen und organisierten Arbeitsplatz lässt es sich viel leichter kochen.*
- *Die richtigen Arbeitsmittel sind ganz wichtig, um auf die Schnelle Speisen zubereiten zu können. Wenn Ihnen Geräte, wie Knoblauchpresse, Reibeisen, Zitruspresse oder Mixer fehlen, kann das die Zubereitungszeit verlängern. Bauen Sie sich nach und nach eine vollständig ausgerüstete Küche auf.*
- *Wenn die Rezepte auch so angelegt sind, dass sie bei genauer Einhaltung der Maßangaben am besten schmecken, werden Sie irgendwann akzeptable Näherungswerte finden. Dann werden Sie beim Anblick von zwei verschiedenen Knoblauchzehen sofort wissen, dass die eine etwa einen Teelöffel und die andere etwa einen Esslöffel ergibt. Machen Sie es sich in solchen Fällen nicht selbst schwer, indem Sie alles noch einmal genau nachmessen. Nur beim Backen muss präzise abgemessen werden, weil wir hier mit Triebmitteln arbeiten.*
- *Einige Kräuter, wie Petersilie, Koriander oder Fenchel, brauchen Sie nicht erst von den Stielen abzupflücken, bevor Sie sie klein schneiden. Fassen Sie einfach das Bund zusammen und schneiden Sie es als Ganzes. Die Stängel haben in der Regel dasselbe Aroma und schmecken klein geschnitten genauso wie die Blätter.*
- *Schneiden Sie Gemüse besser im Pack als jedes Stück einzeln. Nehmen Sie Selleriestangen nicht auseinander, wenn Sie gleich das ganze Bund auf einmal schneiden können. Dasselbe gilt für Salat- und Kohlköpfe. Stapeln Sie Tomaten-, Kartoffel- oder Zwiebelscheiben und schneiden Sie sie alle auf einmal.*
- *Mehl lässt sich am leichtesten mit einem feinmaschigen Sieb sieben. Sieben Sie der Sorgfalt halber auch Backnatron, Backpulver, Kakaopulver und alle Gewürze, die Klümpchen enthalten.*

- *Solange nicht extra angegeben, brauchen Sie Biogemüse, wie Karotten, Gurken, Kartoffeln, Zucchini oder rote Rüben, nicht zu schälen; es genügt, wenn Sie es gründlich waschen. Das geht nicht nur schneller, sondern schont auch die enthaltenen Nährstoffe.*
- *Bei vielen Rezepten, vor allem Suppen, muss Gemüsebrühe oder Wasser zu bereits garendem Gemüse gegeben werden. Sie sparen Garzeit, wenn Sie die Brühe oder das Wasser schon vorher in einem separaten Topf erhitzen, während Sie die anderen Zutaten vorbereiten. Wenn Sie die Flüssigkeit dann zum Gemüse schütten, hat sie bereits dieselbe Temperatur wie die übrigen Zutaten, und Sie vermeiden ein Abkühlen und Wiedererhitzen, das bei Zugabe einer kälteren Flüssigkeit auftritt.*
- *Bei den meisten Mixern befindet sich am Behälter eine Messskala für Tassen, Milliliter und Gramm bzw. Unzen, dann müssen Sie auch keine weiteren Messbehälter schmutzig machen.*
- *Hier einer der wichtigsten Tipps zur Zeitersparnis: Nehmen Sie sich bereits an einem weniger arbeitsreichen Tag eine Stunde oder etwas mehr Zeit für die Vorbereitung. Wenn Sie vorbereitete Zutaten parat haben, wird es Ihnen viel leichter fallen, im Vorbeigehen eine Mahlzeit zu zaubern. Zum Beispiel können Sie das Gemüse schon vorschneiden und in einem Glasbehälter im Kühlschrank aufbewahren. Kürbis, Getreide oder Bohnen lassen sich vorkochen. Diese Zutaten können Sie dann mehrere Tage lang für verschiedene Rezepte nehmen. Vielleicht kochen Sie auch schon morgens einen Topf Reis, den Sie dann für das Abendessen nehmen.*

Europas Kräuter und Gewürze

Gastbeitrag von Chefköchin Jennifer Murray

Frische Kräuter erfüllen den Raum mit Wohlgeruch, verleihen einer Mahlzeit Aroma und können einem sogar das Gefühl geben, ein Meistergärtner zu sein (dabei wachsen sie wie Unkraut). Aber wussten Sie schon, dass sie, zusammen mit einer Menge anderer ernährungsphysiologischer und medizinischer Qualitäten, auch Ihr Immunsystem stärken, Stress lindern und Verdauungsprobleme beseitigen können? Viele der Küchenkräuter, die wir heute verwenden, haben ihren Ursprung auf dem europäischen Kontinent, wo sie jahrtausendelang in der Volksheilkunde und bei Ritualen verwendet wurden – als Gaben, Kränze und Verzierungen und um dem Kontakt mit schädlichen Substanzen vorzubeugen. Viele große medizinische Forschungsinstitute in unserem Land und der ganzen Welt haben jahrzehntelang die bedeutsamen medizinischen Eigenschaften jener Kräuter untersucht, die der größte Teil der modernen Zivilisation zu bloßen Küchenzutaten degradiert hat.

Neben ihren allgemein bekannten ernährungsphysiologischen Werten, wie Vitaminreichtum, Mineral- und Chlorophyllgehalt, haben alle Kräuter ihre ganz eigene Mischung an gesundheitsfördernden Eigenschaften. All diese Pflanzen enthalten viele wertvolle Antioxidantien, die Schäden vom Körper abwenden, indem sie freie Radikale abfangen. Dieser selbstlose Dienst ist von unschätzbarem Wert bei der Vorbeugung vielerlei Beschwerden, von der gewöhnlichen Erkältung bis hin zu Alterserscheinungen.

Ein Großteil des Heilpotenzials der Kräuter liegt in ihren ätherischen Ölen, die in ihrer Ursprungspflanze dazu dienen, Krankheiten zu bekämpfen. Wenn die Pflanze von Umwelteinflüssen, bakteriellen oder viralen Angriffen geschwächt wird, produziert sie mehr ätherische Öle – eine lebensrettende Maßnahme, um den Stress zu bekämpfen, unter dem sie steht. Dasselbe kann sie auch für Sie tun.

Glücklicherweise ist es in unserer modernen Welt recht einfach geworden, gebührende Mengen an Kräutern ins kulinarische Repertoire aufzunehmen. Die meisten Lebensmittelgeschäfte bieten frische Kräuter in der Obst- und Gemüseabteilung an (wenn nicht, fragen Sie nach, ob das nicht möglich wäre). Beim Pürieren verringert sich das Volumen von Kräutern sehr stark. Vielleicht möchten Sie Ihren eigenen Kräutergarten anlegen, um mit Ihrem neu entdeckten Bedarf an wohlschmeckenden und heilsamen Pflanzen Schritt halten zu können. Sobald Sie beginnen, darauf zu achten, ist die Anzahl der Gerichte, denen Sie frische Kräuter hinzufügen können, schier unbegrenzt. Streuen Sie sie über Ihren Salat oder auf Ihr Sandwich oder Ihren Toast, fügen Sie sie zu Dressings und Soßen, mixen Sie Ihre eigenen Pestos und grüne Smoothies, Chutneys und Getränke und geben Sie sie nach dem Kochen zu Getreidegerichten oder Currys.

Bitte beachten Sie: Obgleich Kräuter zum größten Teil unschädlich sind, sollten schwangere oder stillende Frauen ihren Arzt befragen, bevor sie große Mengen frischer Kräuter in ihren Speiseplan aufnehmen.

Hinweis: Viele Kräuter gibt es sowohl frisch als auch getrocknet. Für die Zubereitung wohlschmeckender, aromatischer Gerichte sind frische Kräuter unverzichtbar. Getrocknete Kräuter schmecken meistens anders und können frische Kräuter nicht angemessen ersetzen, auch wenn es sicherlich viele passende Einsatzmöglichkeiten für sie gibt. Wenn Sie frische Kräuter durch getrocknete ersetzen, reduzieren Sie die Menge auf ein Drittel (z.B. 1 EL klein geschnittene frische Petersilie = 1 TL getrocknete).

Basilikum: Wird in großen Mengen in der italienischen und mediterranen Küche verwendet und bereits seit über 2000 Jahren angebaut. Neben seinen häufigsten Anwendungsgebieten in Pestos und Tomatensoße hat Basilikum ein reiches folkloristisches Erbe. Im Mittelalter war es ein Symbol der Liebe – und ist es in manchen Ländern bis heute. Rotes Basilikum mit seinen tiefvioletten Blättern kann abwechselnd mit grünem verwendet werden. Es hat zwar festere Blätter, schmeckt aber ganz ähnlich.

Bohnenkraut: Ein stark aromatisches Kraut mit pfeffrigem Geschmack, das als Sommerbohnenkraut (Gartenbohnenkraut) und Winterbohnenkraut (Bergbohnenkraut) vorkommt. Letzteres passt besser zu langsam kochenden Speisen, wie Suppen und Eintöpfen. Wo kein Bohnenkraut vorrätig, ist Thymian ein akzeptabler Ersatz.

Bouquet garni: Ein kräftiges Kräutersträußchen, das mit einem Faden zusammengebunden und in der französischen Küche in köchelnde Speisen gegeben wird. Meist enthält es Thymian, Petersilie und Lorbeerblätter, möglich sind aber auch Estragon, Basilikum, Rosmarin und andere Kräuter.

Dill: Ein biblisches Kraut mit sehr aromatischen Blättern, die frisch oder getrocknet zum Einsatz kommen. Verwenden Sie getrockneten Dill nur sparsam, da er ein sehr starkes Aroma freisetzt. Genutzt werden auch die Samen und Blüten der Pflanze. Verbreitet in der europäischen und nordafrikanischen Küche. Probieren Sie ihn mit Gurke, Kohl und in pflanzlichen Rahmsoßen.

Estragon: Erhältlich als spanischer oder französischer Estragon. Mit seinem leicht süßlichen, anisartigen Aroma wird Estragon vorzugsweise in der französischen Küche genutzt. Er ist Bestandteil bekannter Kräutermischungen, wie Fines herbes, Kräuter der Provence oder Bouquet garni, wird aber auch zur Aromatisierung von Weißweinessig verwendet.

Fenchel: Diese aromatische Pflanze, die an der Mittelmeerküste heimisch ist, wird als Gemüse (die Knolle), Kraut (die gefiederten Stängel) und Gewürz (die Samen) verwendet. In all seinen Formen hat Fenchel einen anisähnlichen Geschmack.

Fines herbes: Umfangreiche Verwendung in der französischen Küche. Diese Kräutermischung enthält frische Petersilie, Schnittlauch, Estragon und Kerbel; kann auch Majoran enthalten.

Kerbel: Eine Grundzutat der französischen Küche und Teil der Fines-herbes-Kräutermischung. Verwendung in leichten Soßen und Dressings. Duftet nach Myrrhe.

Kräuter der Provence: Eine weitere Grundzutat der französischen Küche, die typischerweise getrockneten Thymian, Rosmarin, Majoran, Basilikum, Bohnenkraut und Lorbeerblätter enthält. In der modernen Küche können auch Lavendelblüten und Estragon enthalten sein. Zumeist wird das Aroma der Mischung von Thymian dominiert.

Lavendel: Lavendel gehört interessanterweise zur Pflanzengattung der Minzen. Er wird hochgeschätzt für sein blumiges Aroma und seinen einzigartig lieblichen Geschmack. Am häufigsten wird er Gebäck, Honig und anderen Süßigkeiten beigefügt, gelegentlich aber auch pikanten Gewürzmischungen, wie Kräutern der Provence, oder Kräutertees. Dazu geben Sie entweder die getrockneten Knospen direkt in den Tee oder weichen sie zuerst in heißem Wasser ein, gießen sie ab und trinken den Aufguss.

Lorbeerblätter: Werden sehr häufig Soßen, Eintöpfen und Brühen zugefügt, meistens als ganzes Blatt, das vor dem Servieren dann wieder herausgenommen wird. Sie verleihen den Gerichten einen herzhaften, satten Grundton.

Majoran: Hat ein leicht süßliches Zitrusaroma, ähnlich Oregano, nur milder. Wird in der italienischen Küche verwendet und in den französischen Kräutern der Provence. Majoran ist eine schöne Beigabe zu Brühen.

Minze: Ein liebenswertes frisches Kraut, berühmt als Beigabe zu Desserttellern; eignet sich ebenso gut für Salate, Currys, Getränke und kühlende Pestos oder Chutneys. In der Heilkunde gilt Minze als hervorragende Medizin gegen Bauchschmerzen, meist als Tee. Pfefferminze und die weniger verbreiteten Sorten, wie Schokoladenminze, werden im kulinarischen Bereich der Grünen Minze (auch als Krause Minze bekannt) vorgezogen, die einen stärkeren Mentholgeschmack aufweist.

Oregano: Hat ein starkes Aroma und ist in der mediterranen Küche, besonders der italienischen, weit verbreitet. Bei den alten Griechen und Römern galt Oregano als Symbol für Glück und Freude und wurde feierlich bei Hochzeitsritualen verwendet. Ein Gutteil seines überlieferten Ansehens verdankt er wohl der Schönheit und dem aromatischen Duft der Berge, auf denen er wächst.

Petersilie: Es gibt zwei Sorten. Die Sorte mit den krausen Blättern schmeckt zarter und wird häufig nur als Garnierung und Atemerfrischer verwendet. Die glatte Petersilie ist das bekannteste Küchenkraut der Welt. Sie schmeckt kräftiger als die krause Variante und wird in der Küche bevorzugt. Sie können sie Salaten oder Pestos beifügen und Suppen damit bestreuen.

Rosmarin: Wird aufgrund seines kräftigen, scharfen Geschmacks nur sparsam verwendet. Besonders die Italiener mögen die frischen dünnen Blätter (die wie Kiefernnadeln aussehen), die sie klein geschnitten oder zusammen mit dem ganzen Stängel beim Kochen zugeben und später wieder herausnehmen. Der Stängel selbst kann als Barbecue-Spieß für gegrilltes Gemüse genutzt werden (mit oder ohne Nadeln).

Safran: Ist aus zwei Gründen das teuerste Gewürz der Welt: Erstens enthält jeder Safran-Krokus nur drei der farbigen Stempelfäden, und zweitens müssen diese Fäden einzeln und per Hand geerntet werden. Safran kommt in der spanischen und anderen europäischen Küchen zum Einsatz und verleiht den Speisen ein markantes Aroma und eine leuchtend orange Farbe.

Salbei: Hat grüne, samtige Blätter und wird frisch verwendet oder als getrocknetes Kraut gerebelt. Er stammt zwar aus Europa, wird jedoch auch zur Füllung der typisch amerikanischen Festtagsgerichte genutzt.

Schnittlauch: Ein zwiebelähnliches Kraut mit langen, grünen Stängeln, die sich am einfachsten mit der Küchenschere schneiden lassen. Man isst es am besten roh oder fügt ihn zum Ende der Garzeit hinzu. Schnittlauch passt sehr gut zu Kartoffeln und zum Garnieren von Suppen. Eines der Fines herbes in der französischen Küche. Probieren Sie Schnittlauch auch mit Majoran, Rosmarin, Minze und Petersilie.

Thymian: Ein herzhaftes Kraut mit kleinen Blättern, das den Gerichten ein kräftiges Aroma verleiht und vor allem in der griechischen und afrikanischen Küche zum Einsatz kommt. Eine passende Zugabe zu Salatdressings, Suppen und Soßen. Thymian gehört zusammen mit Estragon und Oregano zum Bouquet garni und ist auch Hauptbestandteil der Kräuter der Provence. Zitronen-Thymian ist ein Hybrid mit einem leichteren, helleren Zitrusaroma.

Zitronenverbene: Ein Kraut mit starkem Zitronenaroma, das von Spaniern und Portugiesen genutzt und aus dem der in Griechenland beliebte Luisa-Tee bereitet wird. Man kann sie zwar auch Gemüsegerichten beifügen, doch in erster Linie ist die Zitronenverbene Bestandteil von Kräutertees, wo Sie sie auch im Lebensmittelgeschäft am ehesten finden werden.

Beliebte Gewürze der osteuropäischen Küche

Koriander: Die Samen der Korianderpflanze mit einem einzigartigen, blumigen und lieblichen Aroma. In der europäischen Küche findet man Koriandersamen zumeist in Süß- und Obstspeisen.

Kümmel: Hat ein kräftiges, scharfes, leicht süßliches Aroma und passt am besten zu Broten, Soßen, Sauerkraut und anderen eingelegten Speisen.

Mohnsamen: Sehr kleine, schwarze Samen mit feinem, aber ausgeprägtem Aroma. Am häufigsten dienen sie zum Bestreuen von Broten und zur Verfeinerung von Konfekt.

Muskatblüte (Macis): Das Aroma ähnelt dem der Muskatnuss, die von der Muskatblüte umhüllt wird. Wir nehmen die Muskatblüte gern zum Würzen von Backwerk, dem sie ein besonderes, ausgeprägtes Aroma verleiht, das jedem beim Verzehr sofort auffällt.

Muskatnuss: Ein bekanntes süßlich-warmes Gewürz, das ebenso zur Aromatisierung von Gebäck wie von Getränken, Eintöpfen und süßen Broten verwendet wird.

Nelken: Ein scharfes Gewürz von sehr intensivem Geschmack. Nelken werden meistens zum Würzen von Süßigkeiten, Obst oder Getränken verwendet.

Paprika: Das leuchtend rote Pulver dient zum Färben und zum Aromatisieren von Gerichten. Die im Westen bekannte gemahlene rote Paprikaschote ist meistens mild, da die spanische Frucht verwendet wird. Spanisches Paprikapulver gibt es in den Schärfegraden Dulce und Picante. Die ungarischen Paprikaschoten für Gulasch und ähnliche Gerichte sind würziger, dunkler und schärfer. Es gibt sie nach abnehmender Schärfe als Rosenpaprika, Halbsüß, Edelsüß, Delikatess und Extra. Probieren Sie auch einmal geräucherten Paprika aus.

Pfeffer: Das bekannteste Gewürz der Welt. Schwarzer Pfeffer ist scharf und würzig. Weißer Pfeffer sind die aus ihrer Schale befreiten Pfefferkörner; sie sollten sparsam eingesetzt werden, da sie ein stärkeres Aroma haben als schwarzer Pfeffer. Auch rote Chilischoten werden oft getrocknet, gemahlen und zum Würzen von pikanten Speisen verwendet.

Piment: Im Westen gilt das Pulver des „Nelkenpfeffers" als zimtähnliches Gewürz und wird vorwiegend in der Bäckerei verwendet, doch die Pimentkörner werden herkömmlicherweise auch Eintöpfen und anderen langsam kochenden Speisen beigefügt.

Selleriesamen: Die winzigen Samen der Selleriepflanze. Aufgrund ihres starken Sellerieаromas sollten sie sparsam eingesetzt werden, damit das Aroma die Speisen nicht überlagert. Wir verwenden diese Samen gern zur Geschmacksvertiefung von Suppen, Brühen und Soßen, für die sonst Fleischbrühe verwendet wird.

Senfkörner: Erhältlich als schwarze, braune oder gelbe Senfkörner mit unterschiedlichen Geschmacksnoten. Senfkörner werden am häufigsten mit Salz und Essig zu einer Würzsoße vermischt. Sie eignen sich auch als Würze für Brote, Gebratenes und Sauerkraut.

Sesamsamen: Kleine, weiße Samen, die meist geschält vorkommen, aber auch mit der grau-weißen Schale essbar sind. Sesam hat ein nussiges Aroma und einen hohen Ölanteil und kann zu einer Paste namens Tahin vermahlen, zu Öl gepresst oder im Ganzen roh oder geröstet verwendet werden.

Zimt: Ein hochgeschätztes, süßes und zugleich scharfes Gewürz, das seit Jahrhunderten in der osteuropäischen Küche für alle denkbaren Speisen verwendet wird, angefangen von Bohnen und Brot bis hin zu Kuchen und Getränken.

Tipps und Tricks vom Küchenchef

Kräuterwasser

Was halten Sie davon, ein Glas Wasser „aufzupeppen"? Geben Sie ein paar Zweige frischer Kräuter hinzu, wie Rosmarin, Petersilie, Koriander, Basilikum oder Thymian, und lassen Sie das Ganze bis zu 20 Minuten lang ziehen. Das verleiht dem Wasser ein angenehmes Aroma und reichert es zudem mit einigen Mikronährstoffen der Kräuter an, während Sie mehr von der lebenspendenden Flüssigkeit zu sich nehmen.

Wildpilze

Gastbeitrag von Chefkoch Colin Patterson

Wildpilze sind nicht nur eine kulinarische Köstlichkeit, sondern auch unverzichtbar für ein gesundes Erdreich und zudem die umfangreichsten biologischen Gebilde der Erde. Ein Pilzsammler bezeichnete sie einmal als „Internet der Natur“, als die wichtigste Vernetzung des Bewusstseins von Mutter Erde. Als Chefkoch kann ich Ihnen aus eigener Erfahrung bestätigen, dass wild wachsende Nahrungsmittel eine andere Qualität haben, die Sie fühlen und schmecken können. Die uralte Artenvielfalt hat eine Tiefe hervorgebracht, die kultivierte Nahrungsmittel nur selten aufweisen.

Hier stelle ich Ihnen neun bekannte Wildpilze vor, die ich häufig verwende. Wenn Sie selbst Pilze sammeln, vergessen Sie bitte nie, dass die meisten Wildpilze nicht essbar sind. Sollten Sie nicht genau wissen, welchen Pilz Sie da gesammelt haben, gehen Sie zu einem Pilzexperten.

Morcheln

Hierzulande gibt es drei essbare Morchelarten:

Die **Speisemorchel** *(Morchella esulenta)* ist von April bis Mai in Laubwäldern, Parkanlagen und Obstgärten zu finden. Sie hat einen blassgelben Stiel, einen ockerfarbenen Hut und wächst besonders gern unter Eschen. Ihr zartes, brüchiges, weißliches Fleisch ist geruchlos und von angenehmem Geschmack.

Die **Spitzmorchel** *(Morchella conica)* findet man von März bis Juni bevorzugt auf mit Rindenmulch bedeckten Flächen und häufig auch auf Brandstellen im Wald. Der graue bis olivbraune Hut ist mit dem weißlich bis hellbräunlich gefärbten Stiel verwachsen. Ihr Fleisch ist brüchig, dünn, wachsartig, geruchlos und mild im Geschmack.

Die **Käppchenmorchel** *(Morchella gigas)* wird auch als Halbfreie Morchel bezeichnet, weil der weißliche bis lederfarbene Stiel viel länger ist als der dunkle bis schwarzbräunliche Hut. Wie die Speisemorchel kommt sie von April bis Mai bevorzugt in Auwäldern, aber auch in auwaldähnlichen Laubwäldern, auf feuchten, humusreichen Wiesen, in Gärten, Parks und an Bächen vor.

Alle Morcheln haben Hüte mit einer deutlichen Bienenwabenstruktur und hohle Fruchtkörper, was sie vom sehr giftigen Frühjahrslorchel unterscheidet, dessen Hut außerdem in hirnartigen Windungen strukturiert ist. Morcheln müssen vor dem Verzehr gründlich gekocht werden; das Kochwasser bitte wegschütten! Je größer sie werden, umso attraktiver werden sie für Würmer. Dann sollten Sie sie ins Wasser legen und der Länge nach durchschneiden, um sie gründlich putzen zu können.

Aus Morcheln lassen sich köstliche Soßen zubereiten. Aufgrund ihres reichhaltigen Aromas und ihrer sackartigen Form eignen sie sich bestens für alles Eingedickte, wie Pilzsoße. Um aus einem normalen Salat etwas ganz Besonderes zu zaubern, räuchern Sie Morcheln auf einem Barbecue-Smoker und rösten sie dann in Olivenöl und Salz, bis sie leicht knusprig sind. Sie werden eine Geschmacksexplosion erleben!

Steinpilze

In Europa kennen wir den **Fichten-Steinpilz** *(Boletus edulis)*, der vereinzelt ab Juni oder sogar schon im Mai, in größeren Mengen von August bis Oktober zu finden ist, und den **Kiefern-Steinpilz** *(Boletus pinophilus)*, der im frühen Herbst wächst.

Steinpilze gelten zu Recht als die Könige der Pilze. Ihr überreiches, apartes Aroma, ihre angenehme Konsistenz und ihre kulinarische Vielfalt machen sie zu meinen persönlichen Favoriten. Sie schmecken ausgezeichnet roh oder gekocht, gegrillt, gebraten, geröstet, frisch oder tiefgefroren, eignen sich wunderbar zum Pürieren für Soßen und ergeben getrocknet die besten Brühen. Eigentlich haben sie so ein herrliches Aroma, dass es eine Sünde wäre, es mit vielen Gewürzen oder großen Mengen Soße zuzudecken. Braten Sie die Pilze einfach mit ein wenig Salz und lassen Sie es sich schmecken.

Pfifferlinge

Am bekanntesten ist der **Echte Pfifferling** *(Cantharellus cibarius)* mit seinem dotter- bis goldgelben Hut. Er wächst von Juni bis November in Buchen-, Tannen-Buchen und Fichten-Tannen-, bis hin zu reinen Fichtenwäldern.

Der **Samtige Pfifferling** *(Cantharellus friesii)* kommt von Juni bis Oktober an den gleichen Standorten wie der Echte Pfifferling vor. Sein Hut ist allerdings eher orangefarben, und er ist zumeist kleiner als sein Artgenosse.

Das Fleisch des **Blassen Pfifferlings** *(Cantharellus pallens)* ist fast weiß mit leichtem Gelbton. Diese Art ist von Juni bis Oktober vor allem unter Buchen und Eichen zu finden.

Bis zu den 1970er-Jahren war der Pfifferling hierzulande noch ein sehr häufiger Pilz, kommt seitdem jedoch immer seltener vor. Aufgrund seines festen Fleisches und seines delikaten Aromas ist er nach wie vor einer der beliebtesten Speisepilze. Seine Konsistenz variiert je nach Größe und Feuchtigkeitsgehalt. Pfifferlinge schneidet man am besten in dünne Scheiben und lässt sie eine Weile kochen, um die harte Struktur aufzubrechen. Aus diesem Grund eignen sich Pfifferlinge sehr gut für Soßen und zum Untermischen unter Gerichte mit längeren Garzeiten.

Austernseitlinge

Diese wundervollen Pilze haben eine zarte Konsistenz und eine kurze Garzeit, was sie zu einer hervorragenden Zutat für die leichte Küche macht. Ich mariniere sie gern in ein wenig frischem Zitronensaft und Mirin (einem süßen Reiswein).

Champignons

Auch wenn es keine wirklichen Wildpilze sind, erfreuen sich gerade Zucht-Champignons aufgrund ihrer festen Konsistenz in der vegetarischen Küche großer Beliebtheit. Ob gebraten oder gegrillt – sie sind der beste Steinpilz-Ersatz. Portobello ist ein brauner Riesen-Champignon. Um die Konsistenz noch zu verfeinern, können Sie die Haut von den Hüten abziehen und die Lamellen mit einem Löffel auskratzen.

Hummerpilze

Hypomyces lactifluorum ist ein dicker, poröser Pilz, der seinen Namen der rotorangen Färbung und seiner kuriosen Gestalt verdankt, die an eine Hummerschale erinnert. Er wächst ausschließlich in Nordamerika, wo er von September bis November gesammelt werden kann.

Mit ihrem leichten Meeresaroma sind Hummerpilze eine hübsche kulinarische Zutat, da sie leicht Geschmack annehmen und daher sowohl mariniert als auch in Eintöpfen und Currys gut schmecken. Das perfekte Gewürz ist Safran, weil er farblich mit den Pilzen harmoniert, und diese das Aroma des exotischen Gewürzes absorbieren (Seite XXII).

Matsutake

Dieser großartige Pilz hat weißes, festes Fleisch mit einem ausgeprägten Zimtaroma und ist von September bis November erhältlich. Matsutake ist der begehrteste Pilz in Japan; er hat ein intensives Aroma und eignet sich wunderbar für kräftige Bouillons. Sein berauschendes Aroma durchzieht perfekt alle heißen Gerichte, die man

umgehend servieren sollte, um das volle Geschmackserlebnis zu genießen. Eines meiner Lieblingsrezepte ist eine Bouillon aus Lauch, Matsutake, Kombu und Tamari, serviert mit Soba-Nudeln, Shiso und Zitronensaft … *Guten Appetit – oder: Douzo meshiagare!* Soul Food auf Japanisch.

Shiitake

Shiitake hat ein köstliches Aroma und immunstärkende Qualitäten, was ihn zum Liebling der japanischen Küche avancieren ließ. Die Stiele sind recht holzig, daher entferne ich sie vor dem Kochen meistens (sie geben aber eine gute Zutat für Brühen). Marinieren Sie Shiitake-Pilze doch einmal in Tamari und Ingwer und grillen Sie sie anschließend – lecker!

Trüffel

Trüffel sind Pilze, die unterirdisch wachsen und eine Verbindung mit den Wurzeln ihrer Wirtspflanzen eingehen. Trüffel sind Aroma pur, deshalb lässt man sie am besten in den Gerichten gut durchziehen und serviert diese heiß. Sollten Sie Gelegenheit haben, mit diesen teuren Kostbarkeiten zu arbeiten, dann hobeln Sie sie am besten so dünn wie möglich und kurz vor dem Servieren über das Gericht oder vewenden ihn in einer sanft bei niedriger Temperatur gekochten Soße. Für die meisten von uns ist Trüffelöl eine gute Alternative, die sich für die Zubereitung von Popcorn, Suppen, Salatdressings und zum Abschluss einer Mahlzeit eignet.

Weine und Biere in der veganen Küche

Gastbeitrag von Chefkoch Patrick Bremser

Zu einem beeindruckenden Festmahl oder auch nur einer schlichten Mahlzeit das passende Getränk zu wählen, kann eine beängstigende Aufgabe sein. Wir alle haben schon sensationelle Kombinationen von Speisen und Getränken genossen, aber auch solche, die unseren Gaumen besser nie berührt hätten. Und aufgrund dieser ein oder zwei unerträglichen Geschmacklosigkeiten überlassen wir die Regie über die Zusammenstellung lieber jenen, die behaupten, mehr zu wissen als wir. Dabei sind die Geheimnisse der Wahl des richtigen Getränks zur richtigen Speise viel simpler, als Sie sich vorstellen mögen! Man braucht dazu nur ein wenig Verstand.

Weine und Biere mit veganen Speisen zu kombinieren, erfordert ein wenig besondere Aufmerksamkeit. Um die Komponenten einer gaumenfreundlichen Verbindung richtig einschätzen zu können, müssen wir uns zunächst die Komponenten unserer Küche anschauen. Damit ein Gericht uns den Mund wässrig macht, müssen Geschmacksnoten und Aromen aufeinander abgestimmt werden. In Übereinstimmung mit den verschiedenen Landesküchen der Welt unterscheiden wir den salzigen, den sauren, den bitteren, den süßen, den pelzigen, den pikanten und den scharfen Geschmack. Dieselben Kriterien gelten auch für Biere und Weine. Die verschiedenen Geschmackswahrnehmungen verschmelzen im Mund miteinander und entscheiden darüber, wie wir unsere Mahlzeit seelisch und körperlich erleben.

Je nach Jahreszeit und den gesundheitlichen Bedürfnissen des Körpers verlangt es uns oft nach ganz bestimmten Geschmacksrichtungen und Aromen. Sie sollten daran denken, dass die Kombination wunderbarer Getränke mit köstlichen Speisen einen sinnlichen Tanz auf der Zunge entfaltet, der sich mit jedem neuen Bissen verändert. Bei der Zusammenstellung neuer Gerichte und Getränke dürfen Sie ruhig ein wenig flexibel sein. Jeder Mensch hat einen anderen Geschmack und andere Vorlieben. Wenn die Speise das Getränk und das Getränk die Speise im Mund tanzen lässt, dann haben Sie es geschafft!

Ein paar Hauptkriterien helfen mir, schnell und einfach abzuschätzen, ob ein Getränk für die Kombination mit einer bestimmten Speise infrage kommt. Das erste Kriterium, das Sie bereits beim Einkauf der Getränke anwenden sollten, ist Regionalität: Wenn Sie essen wollen, was in einer bestimmten Region gegessen wird, dann trinken Sie auch, was dort getrunken wird. Dazu müssen Sie sich nur ein wenig informieren, woher Ihre Getränke, Speisen und Zutaten kommen. Wenn Sie ein klassisches italienisches Gericht zubereiten wollen, werden Sie viel mehr Erfolg mit einem italienischen Wein als mit einem britischen Ale haben. Trinken Sie einen Chianti zur Tomaten-Lasagne – die Menschen in der Toskana genießen diese Kombination seit Jahrhunderten! Ein knackiges Ale hingegen passt hervorragend zu Tempeh und Grillgemüse. Lernen Sie die Region kennen, aus der Ihre Gerichte stammen, und die Getränke, die dort populär sind. Wenn Sie sich an historisch gewachsene regionale Kombinationen halten, können Sie kaum etwas falsch machen.

Wenn Sie sich die verschiedenen Regionen, vor allem in Europa, genauer anschauen, werden Sie ein weiteres Kriterium entdecken, das zum Erfolg Ihrer Zusammenstellung beitragen kann. Viele Zutaten verteilen sich entlang von Breitengraden oder über Gebiete mit ähnlichen klimatischen Bedingungen. Tomaten zum Beispiel finden sich in der Küche vieler Mittelmeerländer. Wenn die Türkei, Griechenland, Italien, Frankreich und Spanien alle ähnliche Zutaten verwenden, wo liegen dann die geschmacklichen Unterschiede?

Hier müssen Sie etwas tiefer in Ihren Topf schauen: Welches sind die Hauptzutaten, die zum dominanten Aroma beitragen? Welche Geschmacksnoten heben sich von allen anderen ab? Sauer? Salzig? Süß? Und wie gleicht man das Gesamtaroma am besten aus, um alle Geschmackskomponenten erstrahlen zu lassen?

Hier ein guter allgemeiner Wegweiser:

Süße Gerichte, wie Desserts oder Gerichte mit einer süßen Geschmacksnote, ergänzt man am besten mit Getränken, die ebenso süß oder noch süßer als das Gericht sind.

Ein überwiegend saurer Geschmack der Speisen wird am besten mit ebenso sauren Getränken oder trockenen Weinen kombiniert.

Salzige Gerichte schmecken am besten zu sauren,

süßen oder sprudelnden Getränken. Bittere und adstringierende Geschmacksrichtungen in einem Gericht bilden einen wunderbaren Kontrast zu leicht säuerlichen Getränken, wie trockenen Weißweinen, weil diese ihre natürliche Süße hervorheben.

Wenn wir uns die wichtigsten Unterschiede zwischen veganen und nichtveganen Speisen im Hinblick auf die passenden Getränke anschauen, dann bleibt nur ein kleiner Unterschied zu beachten: die Fettmenge. Die Zusammenstellung von Getränken mit nichtveganen Speisen orientiert sich hauptsächlich am Spiel der Fette aus tierischen Produkten und deren reichhaltiger Wirkung auf den Gaumen. Die meisten Fette der veganen Küche hingegen stammen aus kaltgepressten Ölen und Nüssen. Sie wirken genauso wie tierische Fette, nur mit anderen Geschmacksnuancen. Fette eignen sich in der Regel besonders gut als Ausgleich zum sauren Geschmack. Eine perfekt ausbalancierte Vinaigrette ist etwas Besonderes, weil sie den Geschmack des Salats hervorhebt und die Zunge nicht mit ihrer Säure überdeckt.

In allen Landesküchen Europas hat man jahrhundertelang Speisen und Getränke zusammen genossen. Die geografischen und kulturellen Unterschiede spielten in diesem kulinarischen Tanz prägende Rollen. Wenn wir die Hauptgeschmacksrichtungen süß, sauer, salzig, bitter und umami auf die Karte des europäischen Kontinents übertragen, bekommen wir einen anderen Blick auf die kulinarische Kosmologie einschließlich ihrer Getränke. So hat beispielsweise jeder Winkel im französischen Bordeaux seine eigenen Sorten an Wein, Obst, Gemüse und Kräutern, die am besten in diesem Gebiet gedeihen. Auch das Wetter spielt eine immense Rolle in der Geschichte kulinarischer Traditionen. Werfen wir einen Blick auf beliebte Regionen:

Italien: Gut möglich, dass die Italiener von allen Völkern der Welt ihre Speisen und Weine am meisten lieben. Meiner Meinung nach können es nur die Franzosen darin mit ihnen aufnehmen. In den zwanzig Regionen Italiens werden zahllose Weinsorten angebaut. Italien erstreckt sich von den verschneiten Gipfeln der Alpen im Norden bis hin zur glühend heißen Insel Sizilien im Süden. Auf italienischen Weinetiketten sind immer die Rebsorte und die Region verzeichnet, was die Auswahl des richtigen Weins erleichtert. Mit ein wenig Recherche zur Herkunft Ihres Gerichts können Sie sicher sein, die richtige Kombination zu treffen.

Frankreich: Die Franzosen sind die Erfinder der modernen Küche. Sie nehmen die Kombination von Speisen und Getränken sehr ernst. Jedes von Frankreichs zwölf wichtigsten Weinanbaugebieten hat seine speziellen Rebsorten. Im Bordeaux beispielsweise sind nur die Sorten Cabernet Sauvignon, Cabernet Franc, Merlot, Petit Verdot, Malbec und Carménère zum Anbau zugelassen. Daher findet man auf den Etiketten französischer Weine nicht die Rebsorte, sondern nur das Weinanbaugebiet. Die Kenntnis der Anbaugebiete und deren spezifischer Rebsorten ist der erste Schritt zur Auswahl französischer Weine. Die sich daraus ergebenden Kombinationen sind endlos!

Griechenland: Die Griechen haben die längste Geschichte des Weinanbaus, die tief in ihre Kultur eingebettet ist und mehr als 6000 Jahre zurückreicht. Es ist die Heimat von Vitis vinifera, dem Vorgänger aller heute existierenden Rebsorten. Die griechische Mythologie erzählt Geschichten von Dionysos, dem Gott des Weines und der Fruchtbarkeit. In den zehn wichtigsten Weinanbaugebieten Griechenlands findet der Feinschmecker einige der am meisten unterschätzten Weine der Welt. Wie in Italien gehört auch in Griechenland der Wein zum Essen. Sowohl die Rotweine als auch die Weißweine gehören der trockenen Seite des Spektrums an, was sie zu ausgezeichneten Tafelweinen macht, da ihre leichte Säure die natürliche Süße der Speisen unterstreicht. Wählen Sie den Wein nach dem vorherrschenden Geschmack Ihrer Gerichte.

Deutschland: In Deutschland haben sowohl Weine als auch Biere eine lange Tradition. Seit dem frühen 16. Jahrhundert schreibt das deutsche Reinheitsgebot vor, dass Bier nur aus Wasser, Hopfen und Gerstenmalz gebraut werden darf. Mit dem Vorläufigen Biergesetz von 1993 dürfen nun auch Weizen, Hefe und Rohrzucker zugegeben werden. Die Geschichte der deutschen Weine ist jedoch noch ein Jahrtausend älter! Die geografische Lage und das kühlere nördliche Klima in Deutschland machten die Entwicklung frostbeständigerer Rebsorten erforderlich, etwas, was die griechischen und italienischen Sorten nicht brauchen. Eine der am weitesten verbreiteten deutschen Rebsorten ist der Riesling. Aufgrund ihrer Vielseitigkeit decken Riesling-Weine ein breitgefächertes Spektrum an Geschmacksgraden von trocken bis süß ab, was sie in eine Reihe mit den besten erhältlichen Tafelweinen stellt. Die deutschen Biere sind genauso vielfältig wie die französischen Weine. Als allgemeine Regel schmecken leichte Biere am besten zu leichten Speisen und dunkle Biere zu schweren Speisen.

Großbritannien und Irland: Viele Würdenträger und Staatsoberhäupter haben seit Jahrhunderten Weintrauben nach Großbritannien und Irland mitgebracht. Doch aufgrund der nördlichen Lage dieser Länder konnten die Trauben dort nicht so gut gedeihen wie ihre südlichen Verwandten. Gerste und Weizen hingegen gehören zu den Grundnahrungsmitteln in der Kultur dieser Inseln. Wie bei den deutschen Bieren gibt es ebenso viele Arten von Lager, Porter, Stout, Brown Ale und Bitter wie Brauereien!

Spanien und Portugal: Die Iberische Halbinsel hat eine lange Weinanbaugeschichte, die mehr als 5000 Jahre zurückreicht. Der trockene Boden und die extremen Temperaturschwankungen sorgen für harte Wachstumsbedingungen für fast alles. Diese Bedingungen schimmern auch bei den Weinen durch, die vorwiegend trocken, säuerlich und im Falle mancher Rebsorten wie Grenache schon fast staubig sind. Das macht sie zu wunderbaren Tafelweinen. Die Weine Spaniens und Portugals können die Aromen einer Speise öffnen wie der Sonnenschein die Blumen. Auf allen Etiketten ist die Rebsorte verzeichnet.

Likörweine, wie Portwein und Sherry, durchlaufen entweder den vollständigen oder nur einen teilweisen Gärungsprozess, der durch die Zugabe von Brandy oder einem anderen Weinbrand (Aufspriten genannt) unterbrochen wird. Beim Portwein hinterlässt die unterbrochene Gärung einen Restzucker, der vom jeweiligen Hersteller festgelegt wird. Bei der Kombination eines Gerichts mit einem aufgespriteten Wein spielen Süße und Alkoholgehalt eine bedeutende Rolle. Die Hitze des höheren Alkoholgehalts passt nur zu Speißen mit einem höheren Fettgehalt. Diese Likörweine werden traditionell nicht zum Essen serviert, sondern als Aperitif oder Digestif vor bzw. nach der Mahlzeit gereicht. Halten Sie sich an die geschmacklichen Grundregeln, wenn Sie einen dieser Weine zum Essen reichen möchten. Ihr Gaumen ist der beste Richter!

Osteuropa: Hinter den Gebirgszügen Osteuropas finden wir kleine mikroklimatische Winkel, in denen außerordentliche Weine und Biere hergestellt werden. Ein Großteil der in den kühlen und rauen Regionen Rumäniens, Ungarns, Polens, Bulgariens und Tschechiens heimischen Biere und Weine waren uns noch bis vor kurzem völlig unbekannt, bis der Handel mit ihnen sich auch nach Westen auszudehnen begann. Genießen Sie einen ungarischen Tokajer zu einem dicken, cremigen Dessert!

Die wichtigste Regel, die Sie auf Ihrer Abenteuerreise durch die Speisen-Getränke-Kombination begleiten sollte, lautet: Sie selbst sind der beste Maßstab dafür, was Ihnen schmeckt! Probieren Sie die verschiedensten Getränke zu Ihren Gerichten aus, spielen Sie damit. Experimentieren Sie schon beim Einkauf. Es gibt unendlich viele Optionen, die kostengünstig sind und außergewöhnliche Kombinationsmöglichkeiten ergeben.

Tipps und Tricks vom Küchenchef

Vegane Weine und Biere

Viele im Handel erhältliche Biere und Weine wurden mit Produkten tierischer Herkunft gefiltert, zum Beispiel mit Hausenblase (der Schwimmblase eines Fisches), Gelatine, Eiklar oder Muschelschalen. Die meisten Guinnessbiere etwa verwenden Hausenblase zur Schönung. Die deutschen Biere sind dank des einheimischen Reinheitsgebots auch für die vegane Ernährung geeignet. Um sicher zu gehen, dass Ihr aus dem Ausland stammendes Getränk vegan ist, fragen Sie bitte beim Hersteller nach. Auf der englischsprachigen Website www.barnivore.com findet sich ein umfangreicher Leitfaden für vegane Biere und Weine.

TEIL 1

Italien

Keine größere und keine kleinere Herrschaft kannst du haben als die über dich selber.

—Leonardo da Vinci

Was kann man über das Land erzählen, das zu *Eat, Pray, Love*[1] das Essen beisteuert? Seine uralte Geschichte ist in Italien, wo sich moderne Wolkenkratzer mit altrömischen Ruinen abwechseln, immer präsent. Die italienische Küche ist eine der am weitesten verbreitete: In nahezu jedem Winkel der Welt findet man ein italienisches Restaurant.

Italien hat auch eine reiche vegetarische Tradition, die sich bis in die heutige Zeit fortsetzt. Tatsächlich werden die meisten veganen Reisenden Italien als das veganerfreundlichste Land Europas kennenlernen. Vielleicht hat es deshalb den meisten Platz im *Geschmack Europas* bekommen. (In der Tat war ich versucht, das ganze Buch mit italienischen Rezepten zu füllen, weil es eine so riesige Auswahl gibt!) Italien ist auch das Geburtsland eines der berühmtesten Vegetarier, Leonardo da Vinci, der zu den wichtigsten Triebkräften der italienischen Renaissance gehörte.

Italiens Liebe zum Essen lässt sich bis ins 4. Jahrhundert v. Chr. zurückverfolgen. Seit jener Zeit sind viele Kochbücher erschienen, in denen Gemüse im Vordergrund steht. Zu Beginn des 17. Jahrhunderts schrieb Giangiacomo Castelvetro sein Buch *Breve Racconto di Tutte le Radici di Tutte l'Herbe et di Tutti i Frutti* („Kurze Geschichte aller Wurzeln, Kräuter und Früchte"), ein Kompendium italienischer Gemüse- und Obstsorten mit Hinweisen zur Zubereitung. Er legte auch Wert auf Gemüse als Hauptbestandteil einer Mahlzeit, anstatt es nur als Beilage zu essen. Zu sagen, dass er seiner Zeit voraus war, wäre eine Untertreibung!

1 bekannter Hollywoodfilm mit Julia Roberts, in dem sie in Italien lernt, das Essen zu genießen

Zum Ende des 18. Jahrhunderts schrieb Vincenzo Corrado das Buch *Il Cuoco galante* („Der galante Koch"), das großen Wert auf eine vegetarische Ernährung legte. Unter dem spürbaren Einfluss von Pythagoras hielt er Pflanzenkost für die natürlichere Ernährungsweise des Menschen.

Wie in den meisten europäischen Ländern wurde auch Italiens Küche von seinen Nachbarn beeinflusst. Norditalien zeigt deutsche Einflüsse, während der Süd- und Westteil sich eher der französischen und mediterranen Küche zuneigen. In Ostitalien findet man Gerichte mit österreichischen, ungarischen, kroatischen und slowenischen Geschmacksrichtungen.

Die italienischen Vorratskammern quellen über vor hausgemachten Zutaten. Gemüse frisch vom Bauernhof wird zu Soßen verarbeitet, deren Rezepte seit Generationen überliefert werden. Man findet hier Spinat, Kartoffeln, Tomaten, Erbsen, Paprikaschoten, Broccoli, Mais, Zwiebeln, Kürbisse, Pilze, Kohl, Möhren, rote Bete, Artischocken, Knoblauch, Auberginen, Lauchzwiebeln, Schalotten, Spargel, Fenchel, Zucchini,

Wanderer, kommst du nach Rom... Die italienische Mahlzeit

Essen ist in Italien eine ernst zu nehmende Angelegenheit. Die Siesta ist integraler Bestandteil des italienischen Tagesablaufs als Ruhezeit nach einer langen, üppigen Mahlzeit im Kreise von Freunden und Familie. Gewöhnlich werden drei oder vier Gänge serviert, manchmal auch mehr, und jeder nach seinen eigenen Regeln. Ein Festessen kann drei bis vier Stunden lang dauern. Hier ein Beispiel für den Ablaufplan einer hundertprozentig italienischen Mahlzeit. Denken Sie daran, Ihr contorno nicht vor dem secondo aufzuessen.

Apertivo — Wecken Sie Ihren Appetit mit einem Aperitif.
Antipasto — ein Appetithappen vor der Mahlzeit
Primo — erster Gang, zumeist Pasta, Risotto, Gnocchi oder Suppe
Secondo — Hauptgang
Contorno — Beilage, wie Salat oder gegartes Gemüse
Formaggio e Frutta — Käse und Früchte als erste Nachspeise
Dolce — Süßspeise, Kuchen oder Gebäck
Caffè — Kaffee oder Espresso
Digestivo — verdauungsfördernder Likör

Und nach alldem... ist ganz sicher Zeit für die Siesta!

Radicchio, Chicorée, Rucola, Peperoni, Blumenkohl, Kapern und alle möglichen Chilisorten.

Zu den populären Kräutern und Gewürzen gehören Basilikum, Thymian, Oregano, Rosmarin, Petersilie, Minze, Myrte, Anis, Muskatnuss, Nelken, schwarzer Pfeffer, Zimt und Safran. Bei den Würzsoßen ist Balsamicoessig der Renner. Zum Obst zählen Weintrauben, Zitronen, Orangen, Zuckermelonen, Wassermelonen, Rosinen und Oliven. Beliebte Hülsenfrüchte sind Linsen, Cannellini-Bohnen, weiße Bohnen, Ackerbohnen und Kichererbsen. Bei den Samenfrüchten gibt es Pinienkerne und Mandeln. Verbreitete Getreidearten sind Weizen, Reis und Buchweizen. Als Getränk dienen eine Vielzahl von Weinen und natürlich Espresso, Espresso und nochmals Espresso.

Unsere vegane Reise durch Italien beinhaltet eine repräsentative Kollektion von Rezepten aus vielen Regionen des Landes. Halten Sie immer einen Espresso-Smoothie bereit, der Ihnen bei Ihrem Abenteuer auf die Beine hilft. Sie können Ihr Festmahl mit Bruschetta oder Spinat-Polenta einleiten. Genießen Sie klassische Suppen wie Minestrone mit feuergerösteten Tomaten oder Toskanische Weiße-Bohnen-Suppe. Sie finden hier tierproduktfreie Versionen traditioneller Gerichte, darunter Tempeh-Klößchen und Spaghetti, Tofu-Scaloppine, Tofu Cacciatore und die kultigen Parmesan-Auberginen-Türmchen. Ihre Gäste können Sie mit Gnocchi oder Rohkost-Ravioli beeindrucken, die Sie mit einem der beiden beschriebenen Pestos servieren werden.

Es muss wohl nicht erwähnt werden, dass Italien der Himmel auf Erden für Pasta-Fans ist (es gibt sogar Lokale, die *Spaghetterie* heißen und sich auf die berühmte Pasta spezialisiert haben). Wie es sich für ein Kapitel über Italien gehört, halten wir auch eine Auswahl an Pastagerichten bereit, unter anderem Fettuccine Alfredo, Orzo mit gebackenen Zucchini und Capelli d'Angelo mit geröstetem Knoblauch und Rucola, um nur einige zu nennen. Vegane Desserts sind überall auf dem Vormarsch, denn es ist ganz einfach, milch- und eierfreie Versionen der traditionellen Favoriten zu kreieren. Hier finden Sie drei Arten veganes Gelato, einen Walnuss-Feigen-Crumble und ein veganes Tiramisu, welches das *buon* zu Ihrem *Buon appetito* beisteuern wird!

Bruschetta

Einst das „Arme-Leute-Essen" der italienischen Bauern, heute als Nobelspeise auf Dinnerpartys gereicht – Bruschetta ist geröstetes Brot, das mit Olivenöl, Salz und Pfeffer eingerieben und mit einem beliebigen Belag gereicht wird. Suchen Sie sich eine diese verführerischen Ideen aus oder nehmen Sie alle; unter „Variationen" finden Sie dann noch mehr Vorschläge. Bruschetta können Sie als Appetithappen bei jeder Gelegenheit oder als ein leichtes Mittagessen zu Minestrone mit feuergerösteten Tomaten (Seite 40), Florentiner Cremesuppe (Seite 43) oder Toskanischer Weiße-Bohnen-Suppe (Seite 44) reichen.

FÜR 6 BIS 8 PERSONEN

- 1 Baguette
- ca. 3 EL Olivenöl
- Meersalz
- frisch gemahlener schwarzer Pfeffer
- zerstoßene rote Paprikaflocken
- ca. 2 EL Italienische Gewürzmischung (Seite 86; optional)

TOMATENSALAT RETRO ♥

- 2 Tomaten einer alten Sorte, entkernt und in 1,5 cm große Stücke geschnitten
- 1 – 2 TL fein gehackter frischer Knoblauch
- 1 EL Basilikum, zusammengerollt und in feine Streifen geschnitten (Chiffonade)
- 2 TL Olivenöl (optional)
- 1 TL Balsamicoessig
- 1 TL frisch gepresster Zitronensaft
- ¼ TL fein gehackte scharfe Chilischoten oder zerstoßene rote Paprikaflocken (nach Geschmack)
- ¼ TL Meersalz
- 1 Prise frisch gemahlener schwarzer Pfeffer

1. Den Backofen auf 190 °C vorheizen. Das Baguette in 1,5 cm dicke Scheiben schneiden, mit Öl beträufeln und nach Geschmack mit Salz, Pfeffer und den zerstoßenen roten Paprikaflocken sowie, falls gewünscht, der Italienischen Gewürzmischung bestreuen. 10 Min. backen, bis sie knusprig sind.
2. Inzwischen die Beläge vorbereiten. Die Zutaten für den Tomatensalat und für die Tapenade in zwei separaten Schüsseln gut durchmischen.
3. Alle Zutaten für das Grüne Olivenpüree im Mixer oder in der Küchenmaschine glatt mixen und die Paste in eine kleine Schüssel geben.
4. Die fertige Bruschetta auf einer Servierplatte anordnen und die Beläge in kleinen Schüsseln dazu stellen. Sie können die Beläge auch gleich auf den Bruschetta-Scheiben verteilen – ganz wie es Ihnen gefällt!

Tipps und Tricks vom Küchenchef

Der Tomatensalat Retro ist das beste Beispiel für ein einfaches Gericht, bei dem die Qualität der Zutaten entscheidend für das Gelingen ist. Um den höchsten Genuss zu erzielen, wählen Sie ein qualitativ hochwertiges Olivenöl, einen alten Balsamicoessig und gutes Keltisches Meersalz oder Räuchersalz (Seite XVI).

TAPENADE ♥

- 70 g fein geschnittene Kalamata-Oliven
- 1 – 2 TL fein gehackter frischer Knoblauch
- ¼ TL entkernte und fein geschnittene scharfe Chilischoten
- 1 EL Kapern
- ½ TL fein gehackter frischer Thymian oder Majoran
- ½ TL frisch gepresster Zitronensaft
- 1 EL Olivenöl (optional)
- 1 TL Basilikum, zusammengerollt und in feine Streifen geschnitten (Chiffonade)
- 1 TL fein gehackte frische glatte Petersilie

GRÜNES OLIVENPÜREE ♥

- 285 g grüne Oliven
- 2 EL Olivenöl
- 2 – 3 Knoblauchzehen
- 1 Messerspitze frisch gemahlener schwarzer Pfeffer
- 2 TL frisch gepresster Zitronensaft
- 1 Prise zerstoßene rote Paprikaflocken

Variationen

- Als Belag eignen sich ebenso die muschelfreie Shiitake-Soße von den Linguini (Seite 60), der Pesto Magnifico vom Buon Appetito Pesto Risotto (Seite 66), die Cashewcreme von der Birnentarte (Seite 126), die Caponata (Seite 38) oder der Weiße-Bohnen-Dip (Seite 42).
- Geben Sie zur Tapenade 1 EL Italienische Gewürzmischung (Seite 86) hinzu.

Caponata

Dieses Auberginengericht stammt von Sizilien, der größten Mittelmeerinsel. Es gibt zahlreiche Variationen dieses Rezepts, eine davon mit Tintenfisch. Diese Version hier ist glücklicherweise tintenfischfrei. Spülen Sie die Auberginen nach dem Anschwitzen gut ab, um das überschüssige Salz abzuwaschen. Die Caponata reichen Sie als Appetithappen zur Bruschetta (Seite 36) oder als Beilage zu Cappelli d'Angelo mit geröstetem Knoblauch und Rucola (Seite 56) oder zu Linguini mit muschelfreier Soße (Seite 60).

FÜR 4 BIS 6 PERSONEN

- 450 g Auberginen, in 1,5 cm große Würfel geschnitten
- Meersalz zum Anschwitzen der Auberginen
- 2 EL Olivenöl
- 1 gelbe Zwiebel, in dünne Scheiben geschnitten
- 60 g Stangensellerie, in dünne Scheiben geschnitten
- 4-5 Knoblauchzehen, zerdrückt oder klein gehackt
- 3 EL Fenchel, in Scheiben geschnitten
- 3 Tomaten, entkernt und in 1,5 cm große Stücke geschnitten
- 2 EL Balsamico- oder Rotweinessig
- 3 EL Kapern
- ½ Handvoll frisches Basilikum, zusammengerollt und in feine Streifen geschnitten (Chiffonade)
- 2 EL frische glatte Petersilie, fein gehackt
- 2 TL Biozucker (optional)
- 1¼ TL Meersalz (nach Geschmack)
- ½ TL schwarzer Pfeffer, frisch gemahlen
- ¼ - ½ TL zerstoßene rote Paprikaflocken
- 40 g Pinienkerne, geröstet (Seite 304)

1. Die Auberginenwürfel in einer Schicht auf einem Backblech oder in einer Backform verteilen und großzügig mit Salz bestreuen. Mindestens 5 und maximal 30 Min. stehen lassen, dann mit Wasser abspülen und gründlich abtropfen lassen (s. Kasten).
2. Das Öl in eine große Schmorpfanne geben und auf mittlerer Stufe erhitzen. Zwiebeln, Stangensellerie, Knoblauch und Fenchel zugeben und 3 Min. unter häufigem Umrühren braten.
3. Tomaten, Auberginen und die übrigen Zutaten, mit Ausnahme der Pinienkerne, zufügen und 20 Min. unter häufigem Umrühren garen. Wenn nötig, ab und zu etwas Wasser zugießen, um ein Anbrennen zu vermeiden.
4. Vor dem Servieren mit Pinienkernen garnieren.

Variationen

- Ersetzen Sie die Tomaten durch zwei 400 g-Dosen abgetropfter feuergerösteter Tomaten.
- Geben Sie zusammen mit der Zwiebel 2 EL Italienische Gewürzmischung (Seite 86) zu.
- Ersetzen Sie die Pinienkerne durch geröstete Walnüsse (Seite 307) oder Mandelblättchen.

Tipps und Tricks vom Küchenchef

Auberginen anschwitzen

Dieser appetitliche kulinarische Begriff bezeichnet eine Technik, mit deren Hilfe die Auberginen weich werden und etwas von ihrem bitteren Geschmack verlieren sollen. Streuen Sie dazu einfach eine großzügige Schicht Salz über die Auberginen-Scheiben und lassen Sie sie bis zu 30 Min. in einem Glasgefäß oder auf einem Teller stehen. An der Oberfläche bilden sich dabei Wasserperlen. Vor der Weiterverwendung gut abspülen.

Manche Sorten, z.B. die dünnere Japanische Aubergine, müssen nicht angeschwitzt werden.

Minestrone mit feuergerösteten Tomaten

Minestrone, das Aushängeschild der italienischen Küche, ist der ultimative Eintopf Italiens. Die typische Minestrone enthält vor allem Tomaten sowie viel Gemüse und Pasta. Unsere Version erhält mit feuergerösteten Tomaten ein einzigartiges Aroma. Um in 30 Minuten fertig zu werden, müssen Sie beim Gemüseschneiden sehr schnell sein. Fangen Sie gleich damit an, während die Brühe heiß wird. Wenn Sie nicht alle Kräuter frisch vorrätig haben, ist das kein Problem. Sie können sie durch getrocknete Kräuter oder 2 EL Italienische Gewürzmischung (Seite 86) ersetzen oder einfach nehmen, was Sie zur Hand haben. Genießen Sie diese unglaubliche Suppe mit Salat, z.B. dem Radicchio-Chicorée-Salat mit Fenchelscheiben und italienischer Vinaigrette (Seite 46).

▸ FÜR 6 BIS 8 PERSONEN

- 2 EL Olivenöl
- 1 Zwiebel, klein geschnitten
- 60 g Fenchelknolle (optional), klein geschnitten
- 3 große Knoblauchzehen, zerdrückt oder fein gehackt
- 1 EL fein gehackter frischer Oregano
- 1 EL fein gehackter frischer Majoran
- 1 EL fein gehackter frischer Salbei
- 1 TL fein gehackter frischer Rosmarin
- ½ TL getrockneter Thymian
- 100 g in dünne Scheiben geschnittener Stangesellerie
- 2 Dosen (je 400 g) feuergeröstete Tomaten, nicht abgetropft
- 2 Lorbeerblätter
- 1-1,25 l heiße Gemüsebrühe (Seite 311) oder Wasser, je nach gewünschter Konsistenz
- 150 g klein geschnittene Kartoffeln
- 150 g in dünne Scheiben geschnittene Möhren
- 150 g klein geschnittene grüne Bohnen oder Zucchini
- 1 Dose Kichererbsen (420 g), abgetropft und abgespült, oder 300 g gekochte Hülsenfrüchte (Seite 314)
- 4 EL Reisnudeln, z.B. Hörnchen, Penne oder Fusilli (Spiralnudeln)
- 2 EL frisches Basilikum, zusammengerollt und in feine Streifen geschnitten (Chiffonade)
- 2 EL fein gehackte frische glatte Petersilie
- 1½ TL Meersalz
- ½ TL frisch gemahlener schwarzer Pfeffer
- 1 EL Balsamicoessig
- ½ TL zerstoßene rote Paprikaflocken
- 3 EL Hefeflocken (optional)

1. Olivenöl in einen großen Suppentopf geben und auf mittlerer Stufe erhitzen. Zwiebeln, Fenchel, Knoblauch, Oregano, Majoran, Salbei, Rosmarin, Thymian und Stangensellerie zugeben und 2 Min. unter häufigem Umrühren andünsten. Tomaten, Lorbeerblätter und Gemüsebrühe zufügen und gut umrühren.
2. Kartoffeln, Möhren und grüne Bohnen zugeben. 10 Min. unter gelegentlichem Umrühren kochen.
3. Erbsen und Nudeln zugeben und ca. 8 Min. unter gelegentlichem Umrühren knapp weich kochen. Die restlichen Zutaten zufügen, die Lorbeerblätter herausnehmen und gut umrühren.

Variationen

- Es gibt so viele Arten, Minestrone zu kochen, wie es Fußballfans in Rom gibt ... und da gibt es unzählig viele Fußballfans! Ersetzen Sie die Kichererbsen durch Cannellini, Kidneybohnen oder Ihre Lieblingsbohnen.
- Ersetzen Sie die Rösttomaten durch klein geschnittene frische Tomaten und nehmen 1,25 anstatt 1 l Gemüsebrühe.
- Anstelle von Möhren, Kartoffeln und grünen Bohnen können Sie jedes andere Gemüse nehmen, das Sie mögen, zum Beispiel Pilze, Pastinaken, Broccoli, Blumenkohl oder Kohl.
- Geben Sie auf jeden Teller eine Portion gebratener Pilze. Dazu erhitzen Sie 2 TL Olivenöl in einer kleinen Schmorpfanne bei mittelstarker Hitze. 1 kleine gewürfelte gelbe Zwiebel und 2 fein gehackte Knoblauchzehen darin unter häufigem Umrühren 2 Min. anbraten. 1 Handvoll in dünne Scheiben geschnittene Pilze, z.B. Champignons oder Shiitake, in die Pfanne geben und unter häufigem Umrühren 5 Min. braten.

Weiße-Bohnen-Dip

Hier haben wir das Hummus Italiens, nur aus weißen Bohnen anstelle von Kichererbsen. Ich versichere Ihnen, dass dieser Dip mit seiner Sinfonie aus Kräutern und einem Hauch von Knoblauch seinem orientalischen Gegenstück in nichts nachsteht. Als grandiosen Auftakt zu einer italienischen Mahlzeit servieren Sie ihn mit frisch geschnittenem Gemüse oder Crackern oder als Belag für die Bruschetta (Seite 36). Oder Sie gehen neue Wege und reichen ihn warm zu Buon Appetito Pesto Risotto (Seite 66) und Stängelkohl mit Knoblauch und roter Paprika (Seite 54).

▸ FÜR 4 BIS 8 PERSONEN

- 2 Dosen (420 g) Cannellini-Bohnen, gut abgetropft und abgespült oder 800 g gekochte Bohnen (Seite 314)
- 60 ml Olivenöl
- 1 Knoblauchzehe, zerdrückt oder fein gehackt
- 2½ EL frisch gepresster Zitronensaft
- ½ TL Meersalz
- 1 Messerspitze frisch gemahlener schwarzer Pfeffer
- ¼ TL zerstoßene rote Paprikaflocken oder ½ TL entkernte und gewürfelte scharfe Chilischoten
- 1 EL Basilikum, zusammengerollt und in feine Streifen geschnitten (Chiffonade)
- 2 TL fein gehackte frische glatte Petersilie
- ½ TL fein gehackter frischer Oregano
- ½ TL fein gehackter frischer Salbei
- ½ TL fein gehackter frischer Thymian
- ¼ TL fein gehackter frischer Rosmarin

1. Bohnen, Olivenöl, Knoblauch, Zitronensaft, Salz, Pfeffer und die zerstoßenen roten Paprikaflocken in der Küchenmaschine zu einer glatten Masse verarbeiten.
2. Die Masse mit den übrigen Zutaten in eine Schüssel geben und alles gut vermischen. Vor dem Servieren mindestens 5 Min. durchziehen lassen.

Variationen

- Geben Sie zusammen mit den Kräutern 2 EL gewürfelte sonnengetrocknete Tomaten und/oder 3 EL gewürfelte Kalamata-Oliven zu.
- Wenn Sie den Dip als warme Beilage servieren möchten, kochen Sie die Bohnen vor dem Mixen in einem Topf 3 Min. bei mittelstarker Hitze. Dabei häufig umrühren und immer ein wenig Wasser oder Gemüsebrühe zugeben, damit sie nicht anbrennen. Dann geben Sie sie in die Küchenmaschine und verfahren wie oben beschrieben weiter.

Florentiner Cremesuppe

Dieses Gericht gibt uns die Gelegenheit, den Kennern der italienischen Küche zu zeigen, wie wir vegane Cremesuppen kochen. Das Geheimnis liegt in den aromatischen Pinienkernen, auch Pignoli genannt, die die Europäer schon seit der Altsteinzeit essen, lange bevor Michelangelo seinen David schuf. Reichen Sie diese Suppe zu Buon Appetito Pesto Risotto (Seite 66) und einem gemischten Blattsalat mit italienischer Vinaigrette (Seite 47).

FÜR 6 PERSONEN

- 2 EL Olivenöl
- 1 Zwiebel, klein geschnitten
- 125 g in dünne Scheiben geschnittener Stangensellerie
- 4 Knoblauchzehen, zerdrückt oder klein gehackt
- 60 g klein geschnittene Fenchelknolle
- 1,25 l heiße Gemüsebrühe (Seite 311) oder Wasser
- 450 g Tiefkühlspinat, aufgetaut, oder 4 große Handvoll frischer Spinat, gut abgespült und abgetropft
- 120 g Pinienkerne
- ½ Handvoll fein gehacktes frisches Basilikum
- 2-3 EL Hefeflocken
- 3 EL fein gehackte frische glatte Petersilie
- 2 TL fein gehackter frischer Rosmarin
- 1 TL Meersalz
- ½ TL getrockneter Thymian
- ¼ TL frisch gemahlener schwarzer Pfeffer
- ¼ TL zerstoßene rote Paprikaflocken
- 400 g frischer Mais oder Tiefkühlmais

1. Öl in einem großen Topf auf mittlerer Stufe erhitzen. Zwiebeln, Stangensellerie, Knoblauch und Fenchel zugeben und unter häufigem Umrühren 5 Min. anbraten.
2. Gemüsebrühe und Spinat zugeben, Hitze reduzieren und 10 Min. unter gelegentlichem Umrühren kochen. Die restlichen Zutaten ohne den Mais zufügen und 5 Min. kochen.
3. Die Suppe portionsweise in einen großen Mixer geben und vorsichtig durchmixen. Wieder in den Topf schütten, den Mais zugeben und vor dem Servieren noch 5 Min. kochen.

Variationen

- Um das Aroma zu vertiefen, rösten Sie die Pinienkerne (Seite 304).
- Anstelle von Pinienkernen können Sie auch Macadamianüsse oder Cashewkerne nehmen.
- Ersetzen Sie die Pinienkerne durch 250 ml ungesüßte Soja- oder Kokosmilch.

Toskanische Weiße-Bohnen-Suppe

Oh, ihr Hügel der Toskana! Die Felder, die Weinberge, die alten Städtchen, die sich an die Hügel schmiegen! Mit ihrem Schwerpunkt auf frischem Gartengemüse ist die toskanische Küche eine der gesündesten Italiens. Diese kerngesunde Suppe fängt etwas von der Romantik dieser besonderen Region ein. Genießen Sie sie zu Pilaw mit Fenchel und Safran (Seite 112) und Chorta (Seite 234).

▸ FÜR 6 PERSONEN

- 2 EL Olivenöl
- 1 Zwiebel, klein geschnitten
- 100 g in dünne Scheiben geschnittener Stangensellerie
- 4 Knoblauchzehen, zerdrückt oder klein gehackt
- 2 TL getrockneter oder 1 EL fein gehackter frischer Oregano
- 1 TL frischer oder ½ TL getrockneter Thymian
- 2 Möhren, in 2 cm dicke Scheiben geschnitten
- 10 Champignons, geviertelt
- 1 große Zucchini, in 2 cm dicke Scheiben geschnitten
- 2 Tomaten, entkernt und in 1,5 cm große Stücke geschnitten
- 1,25 l heiße Gemüsebrühe (Seite 311) oder Wasser
- 1 Dose Cannellini-Bohnen (420 g), abgetropft und abgespült, oder 250 g gekochte Cannellini-Bohnen (Seite 314)
- 3 EL frisches Basilikum, zusammengerollt und in feine Streifen geschnitten (Chiffonade)
- 1 EL fein gehackter frischer Salbei (optional)
- 1½ TL Meersalz (nach Geschmack)
- ¼ TL frisch gemahlener schwarzer Pfeffer
- ¼ TL zerstoßene rote Paprikaflocken
- 1 EL weizenfreies Tamari oder eine andere Sojasoße (optional)

1. Öl in einen großen Topf geben und auf mittlerer Stufe erhitzen. Zwiebeln, Stangensellerie und Knoblauch zugeben und unter häufigem Umrühren 3 Min. anbraten. Oregano, Thymian, Möhren, Pilze, Zucchini und Tomaten zufügen und unter gelegentlichem Umrühren 5 Min. braten. Wenn nötig, etwas Brühe oder Wasser zugeben, um ein Anbrennen zu vermeiden. Gemüsebrühe und Cannellini-Bohnen zugeben und unter gelegentlichem Umrühren 10 Min. kochen.
2. 875 ml Suppe im Mixer cremig pürieren. Nehmen Sie dazu hauptsächlich Gemüse und Bohnen mit genügend Flüssigkeit. Das Ganze wieder in den Topf schütten und gut umrühren.
3. Die restlichen Zutaten hinzufügen und unter gelegentlichem Umrühren 5 Min. kochen. Für ein echtes toskanisches Geschmackserlebnis reichen Sie dazu frisches warmes Brot.

Variationen

- Fügen Sie nach dem Mixen 200 g Mais und/oder 2 Handvoll in feine Streifen geschnittenen Spinat hinzu.
- Statt der frischen Tomaten können Sie eine 420 g-Dose feuergerösteter Tomaten nehmen.
- Zucchini und Möhren lassen sich durch Broccoli und Blumenkohl ersetzen.

Penne mit Walnuss-Pesto und Cherrytomaten

Pesto ist eine meiner Lieblingszubereitungen. Er stammt aus Genua in Norditalien und ist mittlerweile in der ganzen Welt bekannt. Ursprünglich wurde er im Mörser mit Basilikum, Pinienkernen, Knoblauch und Olivenöl hergestellt. Wir verwenden hier geröstete Walnüsse. Reichen Sie Pesto als Aufstrich zu Wraps, als Soße zur Pasta oder als Dip zum Gemüse – wie es Ihnen gefällt.

▸ FÜR 4 BIS 6 PERSONEN

340 g Penne

1 TL Meersalz (optional)

350 g Cherrytomaten, halbiert

schwarze und weiße Sesamsamen

WALNUSS-PESTO

▸ ERGIBT CA. 250 ML PESTO

2 Bund frisches Basilikum

90 g geröstete Walnüsse (Seite 307)

125 ml Olivenöl

1 EL frisch gepresster Zitronensaft

1 große Knoblauchzehe

¼ TL Meersalz (nach Geschmack)

¼ TL frisch gemahlener schwarzer Pfeffer (nach Geschmack)

2 EL Hefeflocken (optional)

1. 2 l Wasser zum Kochen bringen. Inzwischen die Pesto-Zutaten in der Küchenmaschine oder einem starken Mixer zusammen glatt mixen. Wenn Sie einen Mixer benutzen, werden Sie, je nach dessen Leistungsfähigkeit, mehr Öl hinzugeben müssen.
2. Die Pasta nach Packungsanleitung kochen; falls gewünscht, das Kochwasser salzen. Pasta gut abtropfen lassen und in eine große Schüssel geben.
3. Den Pesto vorsichtig unter die Pasta heben. Mit Cherrytomaten belegen und einer Prise Sesamsamen bestreuen.

Variationen

- Bei diesem Gericht sind viele Variationen möglich, und die Kombination aus frischen Kräutern, Knoblauch und Zitrone verfeinert alles, womit sie in Kontakt kommt!
- Fügen Sie dem Pesto vor dem Mixen 1 TL klein geschnittene Jalapeño und 2 EL gewürfelte rote Zwiebel zu.
- Die Walnüsse können Sie durch rohe oder geröstete Pinienkerne, Cashewkerne, Pekannüsse, Pistazien oder Macadamia-Nüsse ersetzen.
- Anstelle von Basilikum können Sie auch Koriander oder eine Zusammenstellung aus 1 ½ Bund frische glatte Petersilie, ½ Bund Basilikum und je 1 EL frischen Salbei, Oregano und Rosmarin nehmen.
- Die Ölmenge richtet sich danach, wie Sie den Pesto verwenden möchten: weniger für einen dickeren Aufstrich, mehr für größere Nudelmengen oder eine Soße zum gedämpften Gemüse. Bei größeren Mengen Olivenöl müssen Sie die Salz- und Pfeffermenge nach Geschmack anpassen.

Radicchio-Chicorée-Salat mit Fenchelscheiben und italienischer Vinaigrette

Radicchio ist ein Blattgemüse aus der Gattung der Zichorien, das manchmal als italienische Zichorie bezeichnet wird. Seine rote Farbe hebt die goldgelben Farbtöne des Chicorées besonders schön hervor. Der Fenchel wird in feine Scheiben gehobelt, damit sein Aroma den Salat durchdringt, und das cremige italienische Dressing verbindet alles miteinander. Dieser leichte Salat bildet einen guten Ausgleich zu den herzhafteren Gerichten in diesem Buch, wie Zitronen-Tempeh mit Spargelcremesoße (Seite 74), Moussaka (Seite 228) oder Ungarischem Gulasch (Seite 282).

FÜR 4 PERSONEN

1 großer Chicorée, den Strunk abschneiden

225 g Radicchio, abgespült, abgetropft und klein geschnitten

1 Avocado, geschält, entsteint und in kleine Würfel geschnitten

1 Fenchelknolle, gehobelt

10-12 Cherrytomaten, halbiert

40 g Pinienkerne, geröstet (Seite 304)

1. Den Chicorée in vier Portionen teilen und am Rand eines Salattellers anordnen. Den geschnittenen Radicchio in der Mitte des Tellers anrichten und mit Avocado, Cherrytomaten und dem gehobelten Fenchel belegen.
2. Die Zutaten für das Dressing im Mixer cremig pürieren.
3. Das Dressing über den Salat träufeln und vor dem Servieren mit Pinienkernen garnieren.

Tipps und Tricks vom Küchenchef

Um den Fenchel zu hobeln, vierteln Sie die Knolle und entfernen Sie den Kern. Mit einem Gemüseschäler hobeln Sie dann einfach dünne Scheiben von der Außenseite der Knolle ab, bis Sie die gewünschte Menge haben.

ITALIENISCHE VINAIGRETTE

▸ ERGIBT 250 ML DRESSING

- 125 ml Olivenöl
- 2 EL Rotweinessig
- 1 EL frisch gepresster Zitronensaft
- 60 ml Wasser
- 2 TL Agaven-, Kokosblüten – oder reiner Ahornsirup (Seite 319)
- 1 EL fein gehacktes frisches Basilikum
- 1 EL fein gehackte frische glatte Petersilie
- ½ TL getrockneter Oregano
- ¼ TL getrockneter Thymian
- ¼ TL Meersalz (nach Geschmack)
- 1 Messerspitze frisch gemahlener schwarzer Pfeffer
- 1 kleine Knoblauchzehe
- 1 TL weizenfreies Tamari oder eine andere Sojasoße (optional)
- 1 Messerspitze zerstoßene rote Paprikaflocken

Variationen

- Statt Radicchio und Chicorée können Sie auch Rucola, Spinat oder gemischten Blattsalat nehmen.
- Kreieren Sie Ihre eigenen Salate aus Ihren bevorzugten Gemüsearten, wie Stangensellerie, Zucchini, Paprikaschoten, verschiedenen Krautsorten, Artischockenherzen oder Oliven.
- Die Pinienkerne können Sie durch geröstete Walnüsse, Pekannüsse, Sonnenblumenkerne oder Kürbiskerne ersetzen (Seite 307).

Gnocchi

Italiens kleinen Klößchen schmeicheln dem Gaumen schon seit den Zeiten der Römer. Diese veganen Gnocchi werden aus nur zwei Zutaten hergestellt: Kartoffeln und Mehl. Sie werden mit Olivenöl, Salz und Pfeffer, veganer Butter, Gebackenen Tomaten mit Knoblauchsoße (Seite 72) oder Walnuss-Pesto angerichtet (Seite 45).

FÜR 1 DUTZEND GNOCCHI

2 mehligkochende Kartoffeln, in 1,5 cm große Würfel geschnitten

75-150 g Mehl (z.B. Dinkelmehl)

1. Wasser in einem großen Topf zum Kochen bringen. Einen anderen mittelgroßen Topf mit Dämpfeinsatz 2,5 cm hoch mit Wasser füllen und bei starker Hitze zum Köcheln bringen. Die Kartoffeln in den Dämpfeinsatz legen und zugedeckt ca. 15 Min. dämpfen, bis sie knapp weich sind.
2. Die Kartoffeln in eine große Schüssel geben und gründlich zerstampfen, bis keine größeren Brocken mehr vorhanden sind. Das Mehl zufügen und gut durchkneten. Den Teig auf ein mit Mehl bestäubtes Brett oder eine andere saubere und trockene Oberfläche legen und eine ca. 2,5 cm dicke Rolle formen. Diese Rolle in 12 Stücke schneiden, aus denen die Gnocchi geformt werden. Wenn Sie mehr Zeit zur Verfügung haben, können Sie die Stücke auch über ein Gnocchibrett oder eine große Gabel rollen, um die typischen Rillen zu bekommen. Diese Rillen lassen die Gnocchi die Soße besser aufnehmen.
3. Die Gnocchi in den Topf mit kochendem Wasser geben und 5 Min. kochen. Dann vorsichtig mit dem Schaumlöffel herausnehmen.

Tipps und Tricks vom Küchenchef

Gnocchi sind nicht schwer zuzubereiten, dennoch hier zwei Tipps, die Ihnen dabei helfen werden: Das Geheimnis perfekter Gnocchi liegt in der Konsistenz der Kartoffeln. Sind sie zu feucht, verlieren sie im kochenden Wasser ihre Form. Wenn Sie mehr Zeit übrig haben, dann backen Sie die Kartoffeln, anstatt sie zu dämpfen.

Echte Gnocchi-Liebhaber kaufen sich ein Gnocchibrett, um die typischen Gnocchi-Rillen perfekt hinzubekommen. Auch eine Kartoffelpresse ist eine lohnende Investition, um den Kartoffeln die richtige Konsistenz zu verleihen. Bezugsquellen finden Sie in diesem Buch in Anhang D.

Rohkost-Ravioli mit Tomatensoße

Ich weiß nicht, ob der Papst zu dieser Schnellversion des italienischen Hauptnahrungsmittels seinen Segen geben würde. Vielleicht würden Sie mit diesem Gericht in der Brotdose nicht einmal in den Vatikan hineingelassen. Aus dünnen Scheiben Zucchini, roter Bete, Kohlrüben oder Mantanghong (auch Wassermelonen-Rettich genannt) als „Pasta" und einer rohen „Käsefüllung" aus Cashew- und Pinienkernen entsteht ein Gericht, das Sie verzaubern wird. Reichen Sie es als Vorspeise zu Tempeh-Klößchen (Seite 70), Parmesan-Auberginen-Türmchen (Seite 63) oder Tofu Cacciatore (Seite 68).

▸ FÜR 18 GEFÜLLTE RAVIOLI MIT SOSSE

- 2 mittelgroße Zucchini
- frisches Basilikum, zusammengerollt und in feine Streifen geschnitten (Chiffonade), oder fein gehackte frische glatte Petersilie
- gewürfelte schwarze Oliven oder Kalamata-Oliven

NOTTA-RICOTTA-FÜLLUNG

- 75 g rohe Cashewkerne oder Macadamianüsse
- 40 g Pinienkerne
- 3 EL Wasser
- 1 EL frisch gepresster Zitronensaft
- 1 EL Olivenöl (optional)
- 1 EL Hefeflocken
- 1 EL fein gehacktes frisches Basilikum
- 1 EL fein gehackte frische glatte Petersilie
- ¼ TL Meersalz (nach Geschmack)
- 1 Messerspitze frisch gemahlener schwarzer Pfeffer
- ¼ TL zerstoßene rote Paprikaflocken
- 2 TL Italienische Gewürzmischung (Seite 86; optional)

TOMATENSOSSE

▸ ERGIBT 250 ML SOSSE

- 3 sonnengetrocknete Tomaten, in 60 ml heißem Wasser eingeweicht
- 1 Tomate, entkernt und in 1,5 cm große Stücke geschnitten
- 2 TL Olivenöl
- 2 TL frisch gepresster Zitronensaft
- 1 TL Balsamicoessig
- 1 Messerspitze zerstoßene rote Paprikaflocken
- ¼ TL Meersalz
- 1 Prise frisch gemahlener schwarzer Pfeffer

1. Die Cashew- und Pinienkerne in ca. 500 ml Wasser 10 Min. einweichen. Die sonnengetrockneten Tomaten 5 Min. in 60 ml heißem Wasser einweichen.
2. Inzwischen jede Zucchini mit einem Gemüsehobel oder einem scharfen Messer in 18 jeweils 1,5 mm dünne Scheiben schneiden und beiseitelegen.
3. Alle Zutaten für die Soße, einschließlich der sonnengetrockneten Tomaten und deren Einweichwasser, im Mixer cremig pürieren.
4. Für die Füllung die eingeweichten Kerne gut abtropfen lassen und abspülen. Mit den übrigen Zutaten für die Füllung in der Küchenmaschine oder in einem starken Mixer glatt mixen. Wenn Sie einen Mixer verwenden, müssen Sie möglicherweise mehr Wasser zugeben.
5. Für die Ravioli eine kleine Menge der Füllung in der Mitte einer Zucchini-Scheibe platzieren. Eine weitere Zucchini-Scheibe obenauf legen und beide Scheiben mit den Fingern am Rand entlang zusammendrücken. Dasselbe mit den übrigen Zucchini-Scheiben wiederholen. Vor dem Servieren mit Soße beträufeln und mit Basilikum und gewürfelten Oliven garnieren.

Variationen

- Den Geschmack der Notta-Ricotta-Füllung können Sie noch mit je 1 TL fein gehacktem frischem Rosmarin, Oregano, Thymian und/oder Salbei aufbessern.
- Anstelle von Notta Ricotta eignet sich auch die Spanakopita-Füllung (Seite 226).
- Geben Sie auf die Ravioli Pesto Magnifico (Seite 66).
- Geben Sie zu jedem Raviolo ½ TL Tapenade (Seite 37).

Tipps und Tricks vom Küchenchef

Um den Geschmack noch zu steigern und das Gericht trotzdem als Rohkost zu servieren, können Sie die Zucchini-Scheiben auch erst in einen Nahrungstrockner legen, leicht mit Olivenöl beträufeln und mit einer Prise Meersalz und frisch gemahlenem schwarzen Pfeffer bestreuen. Die Zucchini vor der Füllung bei 46 °C 30 Min. trocknen, bis sie knapp weich sind.

Wenn Sie es der Rohkost-Polizei nicht erzählen, können Sie die Zucchini-Scheiben auch alternativ auf ein Backblech legen, leicht mit Olivenöl beträufeln und mit einer Prise Meersalz (z.B. Räuchersalz) und gemahlenem schwarzen Pfeffer würzen und dann 10 Min. bei 180 °C backen.

Spinat-Polenta

Probieren Sie Soul Food in italiano! Polenta ist Italiens Maisgrütze, ein cremiges und köstliches Gericht aus Maisgrieß, das vielseitig verwendbar ist. Wir verleihen ihr mit frischem Spinat und Kräutern das gewisse Etwas. Sie können so wenige oder so viele Kräuter aus dem Rezept verwenden, wie Sie möchten. Beim Umrühren der Polenta sollten Sie vorsichtig sein; sie hat die Tendenz aufzubrodeln und zu spritzen, deshalb benutzen Sie besser einen Topfhandschuh. Sie können sie solo servieren oder Gebackene Tomaten mit Knoblauchsoße (Seite 72) oder Walnuss-Pesto (Seite 45) dazu reichen.

FÜR 4 BIS 6 PERSONEN

2 EL vegane Butter oder Kokos- oder Olivenöl

2 EL in Scheiben geschnittene Zwiebel

2 Knoblauchzehen, zerdrückt oder fein gehackt

½ TL fein gehackter frischer Rosmarin

½ TL getrockneter Oregano

½ TL getrockneter Thymian

750 ml Soja-, Reis- oder Mandelmilch

1½ TL Meersalz (nach Geschmack)

135 g rohe Polenta

1 große Handvoll fein gehackter Spinat, gut abgespült und abgetropft

3 EL fein gehacktes frisches Basilikum

3 EL Pinienkerne (optional auch geröstet; Seite 307)

2 TL Balsamicoessig

¼ TL frisch gemahlener schwarzer Pfeffer (nach Geschmack)

¼ TL zerstoßene rote Paprikaflocken

2 EL geriebener veganer Käse nach Mozzarella-Art (optional)

1. Eine 20 cm große Kasserolle gut einfetten.
2. Die vegane Butter bei mittelstarker Hitze in einem Topf schmelzen lassen. Zwiebeln, Knoblauch, Rosmarin, Oregano und Thymian zugeben und 5 Min. unter häufigem Umrühren anbraten. Sojamilch und Salz zufügen und zum Kochen bringen. Nach und nach die Polenta einquirlen und das Ganze 5 Min. unter ständigem Quirlen kochen.
3. Auf schwache Hitze reduzieren, die restlichen Zutaten ohne den optionalen veganen Käse hinzufügen und 5 Min. unter gelegentlichem vorsichtigem Rühren kochen. Falls gewünscht, den veganen Käse zugeben und unter gelegentlichem Umrühren weitere 3 Min. kochen.
4. Die Masse in die vorbereitete Kasserolle geben. Sie können die Polenta servieren, wie sie ist, oder sie abkühlen lassen. Der Abkühlvorgang lässt sich im Gefrierfach oder im Kühlschrank beschleunigen. Sobald sie kühl genug ist (ca. 10 Min. im Gefrierfach oder 20 Min. im Kühlschrank), können Sie sie wie Plätzchenteig ausstechen oder in Dreiecke, Quadrate, Kreise oder Rechtecke schneiden.
5. Nach dem Kühlen und Ausschneiden kann die Polenta noch gegrillt oder gebraten werden.

Variationen

- Geben Sie 2-3 EL eingeweichte, abgetropfte und in dünne Scheiben geschnittene sonnengetrockete Tomaten und/oder 2-3 EL in dünne Scheiben geschnittene Kalamata-Oliven zu.
- Statt getrockneter Kräuter verwenden Sie 1½ EL Italienische Gewürzmischung (Seite 86).
- Die Pinienkerne können Sie durch gehackte Pekannüsse oder Walnüsse ersetzen.

Stängelkohl mit Knoblauch und roter Paprika

Stängelkohl, auch als Cima di rapa oder Broccoletti raab bekannt, ist ein populäres Nahrungsmittel in Süditalien und anderen Mittelmeerländern, das in den 1920er-Jahren von italienischen Bauern in die USA eingeführt wurde. In unseren Breitengraden wird er nur in der Schweiz angebaut und ansonsten als Delikatesse auf Wochenmärkten angeboten. Die rote Paprika bildet einen auffallenden Kontrast zum dunklen Grün des Stängelkohls. Servieren Sie ihn als Teil einer reichhaltigen italienischen Mahlzeit zusammen mit Tofu-Scaloppine (Seite 73) und Linguini mit muschelfreier Soße (Seite 60).

▸ FÜR 4 BIS 6 PERSONEN

- 450 g Stängelkohl, Stielenden entfernt
- 2 – 3 EL Olivenöl
- 6-8 Knoblauchzehen, klein gehackt oder zerdrückt
- 1 große rote Paprikaschote, entkernt und gestiftelt
- 60 g in dünne Scheiben geschnittene Fenchelknolle (optional)
- ¼ TL Meersalz (nach Geschmack)
- 1 Messerspitze frisch gemahlener schwarzer Pfeffer (nach Geschmack)
- ¼ TL zerstoßene rote Paprikaflocken
- 1 EL Balsamicoessig
- 1 EL frisch gepresster Zitronensaft
- 2 EL vegane Butter (optional)
- schwarze und weiße Sesamsamen

1. Einen mittelgroßen Topf mit Dämpfeinsatz 2,5 cm hoch mit Wasser füllen und bei mittelstarker Hitze zum Köcheln bringen. Den Stängelkohl in den Dämpfeinsatz legen und zugedeckt 5 Min. dämpfen. Dann den Topf von der Herdplatte nehmen.
2. Inzwischen das Olivenöl in eine große Schmorpfanne geben und auf mittlerer Stufe erhitzen. Knoblauch, Paprika und, falls gewünscht, Fenchel zugeben und unter häufigem Umrühren 5 Min. braten.
3. Den Stängelkohl zufügen und vorsichtig umrühren. Das Ganze noch einige Minuten unter gelegentlichem vorsichtigem Umrühren garen, bis der Stängelkohl knapp weich ist. Die restlichen Zutaten hinzufügen und vorsichtig umrühren.
4. Den Stängelkohl auf einem Teller anrichten und mit der Paprikamischung belegen. Vor dem Servieren mit Sesamsamen garnieren.

Variationen

- Geben Sie zusammen mit der roten Paprika 65 g in dünne Scheiben geschnittene Shiitake-Pilze zu.
- Statt Stängelkohl können Sie auch Broccoli, Blumenkohl, Spargel, Zucchini oder Grünkohl verwenden.
- Rösten Sie die rote Paprika und fügen Sie sie beim letzten Schritt zu. Zum Rösten den Backofen auf 200 °C vorheizen. Die Paprikaschoten waschen und auf ein gut eingefettetes Backblech legen. Im Ofen lassen, bis die Haut ankohlt und Blasen wirft, (ca. 35 Min.). Schneller geht es auf dem Grill. Drehen Sie die Paprikaschoten regelmäßig um, damit sie gleichmäßig bräunen. Nach dem Rösten für 10 Min. in eine zugedeckte Schüssel legen, dann die Haut abziehen und die Samen entfernen. Für das Abziehen der Haut ist es wichtig, dass sie rundum von Blasen bedeckt ist.
- Ersetzen Sie die Sesamsamen durch geröstete Pinienkerne, gehackte Cashewkerne oder gehackte Macadamia-Nüsse (Seite 307).

Orzo mit gebackenen Zucchini

Orzo sind kleine Nudeln in der Form eines Gerstenkorns, die auch unter dem Namen Risoni, dem italienischen Wort für Gerste, bekannt sind. Sie haben einen leichten und zarten Geschmack, der in diesem einfachen, aber farbenfreudigen Gericht den fast buttrigen Geschmack der Zucchini ergänzt. Dieses leichte Gericht kann mit Tofu-Scaloppine (Seite 73), Toskanischer Weiße-Bohnen-Suppe (Seite 44) oder Tempeh-Klößchen (Seite 70) serviert werden.

▸ FÜR 6 PERSONEN

- 400 g roher Orzo (1 kg gekochter Orzo)
- 1½ TL Meersalz (nach Geschmack)
- 2 Zucchini, in 2,5 cm große Stücke geschnitten
- 150 g in Scheiben geschnittene Champignons oder Shiitake-Pilze
- 1 entkernte und gewürfelte rote Paprikaschote
- 4 Knoblauchzehen, zerdrückt oder fein gehackt
- 3 EL in dünne Scheiben geschnittene Fenchelknolle (optional)
- 3 EL Olivenöl
- 3 EL in Scheiben geschnittene Kalamata-Oliven
- 2 EL fein gehackte frische glatte Petersilie
- 2 EL frisches Basilikum, zusammengerollt und in feine Streifen geschnitten (Chiffonade)
- 2 EL Balsamicoessig
- 2 TL weizenfreies Tamari oder eine andere Sojasoße (optional)
- 2 TL getrockneter Oregano
- 1 TL getrockneter Thymian
- ½ TL frisch gemahlener schwarzer Pfeffer
- ¼ TL zerstoßene rote Paprikaflocken
- 1 in Scheiben geschnittene Frühlingszwiebeln (optional)

1. Den Backofen auf 190 °C vorheizen. In einem mittelgroßen Topf 2 l Wasser bei starker Hitze zum Kochen bringen. Den Orzo und ¾ TL Meersalz hineingeben, auf mittlere Hitze reduzieren und ca. 12 Min. kochen, bis der Orzo knapp weich ist. Gut abtropfen lassen und in eine große Schüssel geben.
2. Inzwischen Zucchini, Pilze, Paprikaschoten, Knoblauch und, falls gewünscht, Fenchel mit dem verbleibenden ¾ TL Meersalz und 2 EL Olivenöl in eine große Backform geben und vorsichtig durchrühren. 15 Min. backen, dabei gelegentlich umrühren, damit alles gleichmäßig gar wird.
3. Die Zucchini-Mischung aus dem Ofen nehmen und in die Schüssel mit dem Orzo und den restlichen Zutaten geben. Vor dem Servieren gut durchrühren. Kann warm oder kalt serviert werden.

Variationen

- Wenn Sie sich glutenfrei ernähren, nehmen Sie statt Orzo eine glutenfreie Pasta Ihrer Wahl, z.B. Penne oder Rigatoni.
- Fügen Sie im 3. Schritt 85 g klein geschnittener Artischockenherzen und/oder Palmherzen hinzu.
- Fügen Sie den Zucchini 200 g Mais hinzu.
- Geben Sie 100 g geriebenen veganen Käse nach Mozzarella-Art hinzu.
- Geben Sie 1 EL fein gehackten frischen Salbei und 1 TL fein gehackten frischen Rosmarin hinzu.

Capelli d'Angelo mit geröstetem Knoblauch und Rucola

Dieses Gericht die Pasta für Knoblauchliebhaber zu nennen, wäre eine Untertreibung. „Pasta für Knoblauchverehrer" wäre schon zutreffender. Passen Sie die Knoblauchmenge ruhig Ihrem eigenen Geschmack an. In der heißen Pasta gart die Rucola nach der Zugabe sanft mit, sobald sie hinzugegeben wird, sie braucht also nicht separat gekocht zu werden. Genießen Sie das „Engelshaar" als Teil einer „Fusionsmahlzeit" mit Escalivada (Seite 151) und Provenzalischem Gemüsesalat (Seite 99).

▸ FÜR 4 PERSONEN

- 280 g Capelli d'Angelo (Engelshaar-Pasta)
- 1 TL Meersalz (nach Geschmack)
- 6 EL sonnengetrocknete Tomaten
- 14-18 Knoblauchzehen, grob gehackt
- 75 g gewürfelte Fenchelknolle (optional)
- 1 Messerspitze frisch gemahlener schwarzer Pfeffer
- ¼ TL zerstoßene rote Paprikaflocken
- 2 EL Olivenöl
- 3 Handvoll junge Rucola, gewaschen, gut abgetropft und grob gehackt
- 100 g geriebener veganer Käse nach Mozzarella-Art (optional)
- ½ Bund frisches Basilikum, zusammengerollt und in feine Streifen geschnitten (Chiffonade)
- 3 EL in dünne Scheiben geschnittene Kalamata-Oliven
- 2 EL Hefeflocken
- 2 fein gehackte frische Knoblauchzehen (optional)

1. Den Backofen auf 190 °C vorheizen. Wasser zum Kochen bringen und die Pasta nach Packungsanleitung kochen, dabei dem Kochwasser ¾ TL Salz zufügen. Nudeln anschließend gut abtropfen lassen und in eine große Schüssel geben. Damit sie nicht zusammenkleben, können Sie etwas vegane Butter oder Olivenöl hinzugeben.
2. Die sonnengetrockneten Tomaten in 250 ml heißem Wasser 15 Min. einweichen, bis sie knapp weich sind, gut abtropfen lassen und in dünne Streifen schneiden.
3. Inzwischen Knoblauch, Fenchel, falls gewünscht, ¼ TL Salz, Pfeffer, Paprikaschote und Olivenöl in einer kleinen Backform gut miteinander vermischen. 12 Min. backen, bis der Knoblauch knapp weich und goldbraun ist.
4. Die Knoblauchmischung mit den getrockneten Tomatenstreifen und den restlichen Zutaten in eine kleine Schüssel geben und gut durchmischen. Das Ganze vorsichtig unter die Pasta heben. Vor dem Servieren zusätzlich mit Salz und Pfeffer nach Geschmack würzen.

Variationen

- Anstelle von Capelli d'Angelo können Sie auch Rigatoni, Penne, Linguini oder Fettuccine nehmen.
- Geben Sie zusammen mit dem Knoblauch eine entkernte und gewürfelte rote Paprikaschote hinzu.
- In Schritt 4 können Sie noch 85 g in Scheiben geschnittene Artischockenherzen und/oder 1 EL Kapern zugeben.
- Garnieren Sie das Gericht mit 40 g rohen oder gerösteten Pinienkernen oder Walnüssen (Seite 307).
- Geben Sie in Schritt 4 2 EL fein gehackte frische glatte Petersilie, 1 TL frischen Oregano und ½ TL fein gehackten frischen Rosmarin dazu.

Pasta Primavera mit erlengeräuchertem Tofu

Pasta Primavera wurde von italienischen Immigranten in Nordamerika erfunden. Ihre Wurzeln reichen zurück bis zur Mitte der 1970er-Jahre. Primavera heißt Frühling und ist ein Fest aus Kräutern und farbenfrohem Saisongemüse. Lassen Sie sich bitte nicht vom Räuchertofu einschüchtern. Ich wollte ein Rezept anbieten, bei dem Sie Ihren neuen Barbecue-Smoker ausprobieren können. Erle ist ein Holz, das in der europäischen Küche sehr gern zum Räuchern verwendet wird. Wenn Sie noch nie das Vergnügen hatten, mit einem Smoker zu räuchern, brauchen Sie nicht zu erschrecken; Sie können den Tofu genauso gut in ein wenig Liquid Smoke (Flüssigrauch) einlegen. Das Gericht passt zu Caponata (Seite 38) oder Rohkost-Ravioli mit Tomatensoße (Seite 51).

▸ FÜR 6-8 PERSONEN

RÄUCHERTOFU

- 400 g sehr fester Tofu
- 2 EL weizenfreies Tamari oder eine andere Sojasoße
- 1½ EL Räucherchips (z.B. Erle, Hickory oder Kirsche)

PASTA

- 450 g Pasta, z.B. dreifarbige Fusilli, Farfalle, Penne oder Tagliatelle
- ½ TL Meersalz (optional)
- Hefeflocken (optional)

GEMÜSEPOTPOURRI

- 200 g kleine Broccoliröschen
- 2 in dünne Scheiben geschnittene Möhren
- 1 rote Paprikaschote, entkernt und gewürfelt
- 2 in dünne Scheiben geschnittene Frühlingszwiebeln
- 2 EL Basilikum, zusammengerollt und in feine Streifen geschnitten (Chiffonade)
- 1 EL fein gehackte frische glatt Petersilie

PRIMAVERA-DRESSING

- 60 ml Olivenöl
- 2 EL Balsamicoessig
- 1 EL frisch gepresster Zitronensaft
- 1 TL reiner Ahornsirup
- 1 TL veganer Dijon- oder Steinmühlen-Senf
- 2 TL weizenfreies Tamari oder eine andere Sojasoße
- 1 TL scharfe Soße (optional), gekauft oder selbst gemacht (Seite 300)
- ½ TL Meersalz
- ¼ TL frisch gemahlener schwarzer Pfeffer
- ¼ TL zerstoßene rote Paprikaflocken

1. Einen großen Topf mit Dämpfeinsatz ca. 1,5 cm hoch mit Wasser füllen. Bei starker Hitze zum Köcheln bringen. Den Tofu in drei Scheiben schneiden und jede Scheibe halbieren. In den Dämpfeinsatz legen und zugedeckt 5 Min. dämpfen. Den Tofu in ein flaches Gefäß legen und mit Sojasoße beträufeln, sodass jede Scheibe davon bedeckt ist. 5 Min. ziehen lassen.
2. Die Räucherchips nach Anleitung des Herstellers in den Barbecue-Smoker legen. Den Tofu zugeben und bei mittlerer Hitze 15 Min. räuchern.
3. Inzwischen Wasser in einem großen Topf bei starker Hitze zum Kochen bringen. Die Nudeln und, falls gewünscht, das Salz hineingeben, und nach Packungsanleitung kochen. Gut abtropfen lassen.
4. Broccoli und Möhren ca. 5 Min. im gleichen Dämpfeinsatz dämpfen, der für den Tofu verwendet wurde, bis sie knapp weich sind. Zusammen mit Paprika, Frühlingszwiebeln, Basilikum und Petersilie in eine große Schüssel geben und gut durchmischen.
5. Für das Primavera-Dressing alle Zutaten in einer kleinen Schüssel gut miteinander verquirlen.
6. Den Tofu in ca. 1,5 cm große Würfel schneiden und zusammen mit den Nudeln und dem Dressing zum Gemüse geben. Vor dem Servieren alles vorsichtig unterheben. Falls gewünscht, die Hefeflocken darauf geben, und das Gericht warm oder kalt genießen.

Variationen

- Wenn Sie keinen Barbecue-Smoker haben, können Sie den Tofu auch backen. Heizen Sie dazu den Backofen auf 190 °C vor. 1½ EL weizenfreies Tamari oder eine andere Sojasoße, 1 EL Olivenöl und ½ TL Liquid Smoke (Flüssigrauch) in eine Backform geben und alles gut durchrühren. Den Tofu zugeben und 20 Min. backen. Aus dem Ofen nehmen, in Würfel schneiden und weiter der oben stehenden Anleitung folgen.
- Wenn Sie den Smoker einmal in Betrieb haben, versuchen Sie auch Gemüse zu räuchern, das Sie dann zu den Nudeln hinzufügen.
- Fügen Sie den Kräutern 1 EL zusammengerollten und in feine Streifen geschnittenen Salbei (Chiffonade) hinzu.
- Geben Sie zu den Kräutern noch 1 EL Italienische Gewürzmischung (Seite 86).
- Fügen Sie dem Gemüse 60 g in dünne Scheiben geschnittenen Fenchel hinzu.
- Statt Erlen-Chips können Sie auch Hickory, Kirsche oder Mesquite nehmen.

Linguini mit muschelfreier Soße

Als Kind war das eines meiner Lieblingsgerichte. Als ich herausfand, dass man es auch vegan zubereiten kann, war das eine Offenbarung. Die Shiitake-Pilze dienen als Muscheln, und die Arame Algen steuern das See-Aroma bei. Nach dem Kochen und Abtropfen können Sie die Nudeln mit etwas Olivenöl durchmischen, damit sie nicht zusammenkleben. Servieren Sie sie zu Stängelkohl mit Knoblauch und rotem Paprika (Seite 54) und Radicchio-Chicorée-Salat mit Fenchelscheiben und italienischer Vinaigrette (Seite 46).

▸ FÜR 4 PERSONEN

- 400 g Linguini
- 1¾ TL Meersalz (nach Geschmack)
- 2 EL Arame Algen
- 125 ml heißes Wasser
- 2 EL Olivenöl
- 6 Knoblauchzehen, zerdrückt oder fein gehackt
- 200 g frische Shiitake-Pilze, in ca. 1,5 cm große Würfel geschnitten
- 125 ml trockener Weißwein (s. Tipp)
- 1½ EL frisch gepresster Zitronensaft
- 375 ml ungesüßte Soja-, Reis- oder Macadamiamilch (Seite 316)
- 3 EL Hefeflocken
- 2 EL vegane Butter (optional)
- ¼ TL frisch gemahlener schwarzer Pfeffer
- ¼ TL zerstoßene rote Paprikaflocken
- 3 EL fein gehackte frische glatte Petersilie
- Pinienkerne

1. Die Nudeln nach Packungsanleitung kochen; falls gewünscht, 1 TL Meersalz ins Kochwasser geben. Nudeln gut abtropfen lassen.
2. Inzwischen die Algen in heißem Wasser einweichen. Das Olivenöl in eine große Schmorpfanne geben und auf mittlerer Stufe erhitzen. Den Knoblauch hinzufügen und 2 Min. unter ständigem Umrühren anbraten. Shiitake-Pilze, Weißwein und Zitronensaft hinzugeben und 5 Min. garen, dabei häufig umrühren und, falls nötig, immer ein wenig Wasser oder Gemüsebrühe zugießen, um ein Anbrennen zu vermeiden.
3. Sojamilch, Hefeflocken, vegane Butter, falls gewünscht, sowie die Algen und die restlichen ¾ TL Salz, Pfeffer und Paprikaflocken mit dem Einweichwasser in die Pfanne geben und unter gelegentlichem Umrühren 5 Min. garen.
4. Die Nudeln auf einzelne Teller verteilen, Shiitake-Pilze und Soße darauf geben und mit Petersilie und Pinienkernen garnieren.

Variationen

- Wenn die Soße noch cremiger werden soll, mixen Sie die Sojamilch vor dem Hinzufügen mit 2-3 EL Cashewkernen.
- Geben Sie zusammen mit der Sojamilch 100 g geriebenen veganen Käse nach Mozzarella-Art hinzu.
- Statt frischer Shiitake-Pilze können Sie auch getrocknete, vorher eingeweichte Shiitake-Pilze oder andere Pilze, wie Champignons oder Austerseitlinge, verwenden.
- Anstelle von Linguini können Sie jede Pasta ihrer Wahl verwenden, z.B. Spaghetti oder Engelshaar.

Chefkoch Patrick empfiehlt

italienischen Grauburgunder oder sortenreinen Orvieto

Fettuccine Alfredo

Es geht doch nichts über erfolgreiche Eigenwerbung! Alfredo di Lelio, ein römischer Koch Anfang des 19. Jahrhunderts, benannte einen Käse und ein Butternudelgericht nach sich selbst – und der Rest ist Geschichte. Was würde Alfredo zur veganen Revolution sagen, die über die kulinarische Welt hereingebrochen ist und seine hochgeschätzte Kreation zu einem veganen Gericht gemacht hat? Das Urteil überlasse ich Ihnen, nachdem Sie dieses reichhaltige und überzeugende Gericht probiert haben. Reichen Sie es als Teil eines mediterranen Festmahls zu Escalivada (Seite 151) und Provenzalischem Gemüsesalat (Seite 99).

▸ FÜR 4-6 PERSONEN

780 g Fettuccine, z.B. aus Naturreis

¾ TL Salz (optional)

ALFREDO-SOSSE

750 ml ungesüßte Sojamilch

75 g Cashewkerne (ohne Zugabe von veganem Käse 100 g)

2-3 EL Hefeflocken

1 große Knoblauchzehe

2 TL weizenfreies Tamari oder eine andere Sojasoße

1 TL Meersalz (nach Geschmack)

¼ TL frisch gemahlener schwarzer Pfeffer

¼ TL zerstoßene rote Paprikaflocken

2 EL frisch gepresster Zitronensaft

235 g geriebener veganer Käse nach Mozzarella-Art (optional, aber Ihre Freunde werden Ihnen dankbar sein, wenn Sie ihn dazugeben)

3 EL frisches Basilikum, zusammengerollt und in feine Streifen geschnitten (Chiffonade)

2 EL fein gehackte frische glatte Petersilie

2 fein gehackte Frühlingszwiebeln

1. Wasser in einem großen Topf bei starker Hitze zum Kochen bringen. Die Nudeln und, falls gewünscht, Salz hineingeben und ohne Deckel nach Packungsanleitung kochen. Abgießen und gut abtropfen lassen.
2. Inzwischen die Soße zubereiten. Dazu Sojamilch, Cashewkerne, Hefeflocken, Knoblauch, Tamari, Salz, Pfeffer und Paprikaflocken im Mixer cremig mixen. In einen Topf geben und bei mittlerer Hitze unter häufigem Umrühren 5 Min. kochen.
3. Auf schwache Hitze reduzieren, Zitronensaft und, falls gewünscht, veganen Käse hinzugeben und unter gelegentlichem Rühren 5 Min. kochen. Basilikum und Petersilie hinzufügen und gut umrühren.
4. Nudeln und Soße zusammen in eine große Schüssel geben und vorsichtig durchmischen. Vor dem Servieren mit Frühlingszwiebeln belegen.

Variationen

- Fügen Sie 1 TL frischen Oregano und je ½ TL frischen Thymian, fein gehackten frischen Salbei und fein gehackten frischen Rosmarin hinzu.
- Geben Sie 1 EL Italienische Gewürzmischung hinzu (Seite 86).

Manicotti

Welche Freude, eine weitere vegane Version eines meiner Lieblingsgerichte aus der Kindheit zu kreieren! Zwar sind Manicotti normalerweise große Röhrennudeln, die mit Käse gefüllt und ganz mit Tomatensoße bedeckt werden, aber bei diesen Manicotti hier wird Ihnen der Käse ganz sicher nicht fehlen. Lesen Sie sich die Anleitung vor Beginn dieses kulinarischen Abenteuers gut durch. Sie werden sich beeilen müssen, um in 30 Minuten fertig zu werden, weil Sie vieles gleichzeitig machen müssen. Sie können das Gericht auch an einem Tag vorbereiten und es am nächsten Tag dann backen und servieren. Reichen Sie dazu Radicchio-Chicorée-Salat mit Fenchelscheiben und italienischer Vinaigrette (Seite 46) und glasiertes Wurzelgemüse (Seite 181) und runden Sie alles mit einer Erdbeer-Rosenwasser-Granita ab (Seite 77).

FÜR 6-8 PERSONEN

- 225 g Manicotti Pasta (14 St.)
- ½ TL Meersalz (optional)
- 875 ml Tomatensoße, z.B. selbst gemachte (Seite 51)
- 100 g geriebener veganer Käse nach Mozzarella-Art

TOFUFÜLLUNG

- 2 TL Öl
- 1 kleine Zwiebel, fein gehackt
- 3 Knoblauchzehen, zerdrückt oder fein gehackt
- 400 g sehr fester Tofu, zerbröselt
- 100 g geriebener veganer Käse nach Mozzarella-Art (optional)
- 2-3 EL Hefeflocken
- 3 EL cremiges Tahin (Sesampaste)
- 3 EL Basilikum, zusammengerollt und in feine Streifen geschnitten (Chiffonade)
- 2 EL fein gehackte frische glatte Petersilie
- 2 TL weizenfreies Tamari oder eine andere Sojasoße (optional)
- 1 TL Meersalz
- ¼ TL frisch gemahlener schwarzer Pfeffer
- ½ TL zerstoßene rote Paprikaflocken
- 2 TL frischer Oregano
- 1 TL getrockneter Thymian
- 1 EL Italienische Gewürzmischung (Seite 86) oder Kräuter der Provence (Seite 130) (optional)

1. Den Backofen auf 230 °C vorheizen und ein Backblech leicht einfetten. Wasser in einem großen Topf bei starker Hitze zum Kochen bringen. Die Nudeln und, falls gewünscht, das Salz hineingeben und ca. 10 Min. al dente kochen. Die Nudeln in einen Durchschlag oder ein Sieb geben und mit kaltem Wasser abspülen, bis sie abgekühlt sind. Anschließend auf das vorbereitete Backblech legen.
2. Inzwischen die Füllung zubereiten. Dazu eine Schmorpfanne bei mittelstarker Hitze auf den Herd stellen. Öl und Zwiebeln in die Pfanne geben und 3 Min. unter ständigem Rühren anbraten. Den Knoblauch zugeben und 1 Min. unter häufigem Umrühren mitbraten. Dann die restlichen Zutaten für die Füllung hinzufügen und gut durchrühren.
3. 125 ml Tomatensoße auf den Boden einer 3,5 l-Auflaufform geben, sodass der Boden bedeckt ist. Mit einem Löffel jede Nudel mit ca. 2 gehäuften EL Füllung füllen und in die Auflaufform legen. Die restliche Tomatensoße und den veganen Käse darübergeben und zugedeckt 20 Min. backen.

Variationen

- Geben Sie zusammen mit der Zwiebel eine Handvoll gewaschenen und klein geschnittenen Spinat zu.
- Anstelle von Manicotti können Sie auch Muschelnudeln verwenden.

Parmesan-Auberginen-Türmchen

Parmesan-Auberginen, ein süditalienisches Gericht, das fast schon zum Synonym für vegetarische Kochkunst geworden ist, ist das erste vegetarische Gericht, das ich zuzubereiten lernte. Wenn Sie genügend Zeit haben, nehmen Sie dazu die Gebackenen Tomaten mit Knoblauchsoße (Seite 72). Wir formen hier dekorative Türmchen, die eine klassische Präsentation ergeben. Reichen Sie sie zu Capelli d'Angelo mit geröstetem Knoblauch und Rucola (Seite 56) und zu gemischtem Wildsalat mit Haselnuss-Vinaigrette (Seite 242).

▸ FÜR 4 PERSONEN

- 2 EL gemahlene Leinsamen
- 125 ml Wasser
- 1 EL Olivenöl
- ¾ TL Meersalz
- ¼ TL frisch gemahlener schwarzer Pfeffer
- 150 g Semmelbrösel
- 1 große Aubergine, in zwölf ca. 1,5 cm dicke Taler geschnitten
- 500 ml Tomatensoße (Seite 51)
- 300 g geriebener veganer Käse nach Mozzarella-Art

1. Den Backofen auf 220 °C vorheizen. Ein Backblech gut einfetten. Leinsamen, Wasser, Olivenöl, Salz und Pfeffer in ein flaches Gefäß geben und gut durchmischen. Die Semmelbrösel in ein anderes flaches Gefäß geben.
1. Jeden Auberginen-Taler erst in der Leinsamenmischung und dann in den Semmelbröseln wälzen, so dass beide Seiten von der Panade bedeckt sind. Die Taler auf das vorbereitete Backblech legen.
1. Die Zutaten auf einem sauberen Schneidbrett in folgender Ordnung zu Türmchen aufeinander stapeln: Auberginen-Taler, 1-2 EL Soße, 1 EL Reibekäse, Auberginen-Taler, 1-2 EL Soße, 1 EL Reibekäse, Auberginen-Taler, 1-2 EL Soße, 1 EL Reibekäse.
1. Die Türmchen auf ein leicht eingefettetes Backblech geben. Ca. 20 Min. backen, bis die Auberginen weich und durchgegart sind. Heiß servieren.

Variationen

- Bei glutenfreier Ernährung verwenden Sie glutenfreie Semmelbrösel.
- Würzen Sie die Semmelbrösel mit 2 EL fein gehackten frischen Kräutern, z.B. einer Mischung aus Basilikum, glatter Petersilie und Oregano.
- Fügen Sie den Auberginen in Ihren Türmchen eine Zucchini-Schicht hinzu. Dazu eine große Zucchini in ca. 1,5 cm dicke Taler schneiden und weiter der Anleitung für die Auberginen folgen.
- Die panierten Auberginen-Taler können Sie auch erst 10 Min. in Distelöl braten und dabei ein bis zwei Mal wenden. Auf ein Stück Küchenpapier legen, um das überschüssige Öl aufzunehmen. Dann die Türmchen zusammensetzen, wie in Schritt 3 beschrieben, und nur ca. 5 Min. backen, bis der Käse schmilzt.
- Für einen Parmesan-Auberginen-Auflauf brauchen Sie die Zutaten lediglich, wie in Schritt 3 beschrieben, in einer 20 cm großen Kasserolle aufzuschichten.

Wenn Sie mehr Zeit haben

Die kulinarische Welt kann sich nicht einig darüber werden, ob die aktuellen Auberginensorten angeschwitzt werden müssen. Sollten Sie zur AAA-(„Alle Auberginen Anschwitzen!")-Fraktion gehören, dann schwitzen Sie die Taler vor ihrer Verwendung im Rezept 10-20 Min. an (Seite 39).

Pesto Pizza

Bei meinem Besuch in Rom hieß es nicht: „Was gibt es zum Abendessen?", sondern: „Welche Pizza möchten Sie zum Abendessen?" Weiter südlich, im umtriebigen Neapel, dem Geburtsort der Pizza, wie wir sie kennen, fand ich sie endlich: die Pizza Nirvana. Sie würden über die unglaubliche Vielfalt an sowohl herzhaften als auch süßen Belägen staunen, die Ihren veganen Gaumen in Entzücken zu versetzen vermögen. Hier haben wir einen aromatischen Pesto als Belag auf diesem einfach und schnell zuzubereitenden Boden. Suchen Sie bei den Rezept-Variationen nach Vorschlägen für eine Pizza Extravaganza und genießen Sie Ihre Kreation als Teil einer Mahlzeit mit Florentiner Cremesuppe (Seite 43) und Radicchio-Chicorée-Salat mit Fenchelscheiben und italienischer Vinaigrette (Seite 46).

FÜR 4 KLEINE PIZZAS

PIZZABODEN

250 g weißes Dinkelmehl

30 g Maismehl

60 ml Öl

1 EL gemahlene Leinsamen, vermischt mit 3 EL Wasser

90 ml Wasser

2 EL fein gehackte frische Kräuter, wie Basilikum, glatte Petersilie, Oregano und Thymian

½ TL Meersalz

¼ TL frisch gemahlener schwarzer Pfeffer

¼ TL zerstoßene rote Paprikaflocken

Pesto Magnifico (Seite 66)

2 Tomaten, in dünne Scheiben geschnitten

gewürfelte Kalamata-Oliven

1. Den Backofen auf 220 °C vorheizen. Ein Backblech oder einen Pizzastein gut einfetten.
2. Den Boden zubereiten: Dinkel- und Maismehl in einer großen Schüssel miteinander vermischen. Die restlichen Zutaten in einer kleinen Schüssel oder einem Messbecher gut verrühren und in die Schüssel mit dem Mehl geben. Alles gut durchkneten und zu einer Kugel formen. Den Teig auf eine mit Maismehl bestäubte, saubere und trockene Oberfläche legen und zu einer dicken Rolle formen. Die Rolle in vier gleich große Stücke schneiden.
3. Mit dem Nudelholz oder den Händen einzelne Pizzas von ca. 15 cm Durchmesser formen. Die Pizzas auf das Backblech oder den Pizzastein legen und 15 Min. backen.
4. Inzwischen den Pesto zubereiten. Vor dem Servieren jede Pizza mit Pesto bestreichen und mit Tomaten und Oliven belegen. Buon appetito!

Variationen

- Den Pesto und die Beläge können Sie auch schon vor dem Backen auf den Pizzas verteilen. Der Boden wird dann weicher.
- Wenn Sie mehr Zeit haben, können Sie aus der doppelten Menge an Zutaten eine einzige 40 cm-Pizza bereiten.
- Für die Anzahl an Pizzas, die Sie selbst erfinden können, ist nur der Himmel die Grenze. Hier ein paar Ideen:
  - Gebackene Tomaten mit Knoblauchsoße (Seite 72) und Rucola.
  - Notta Ricotta (Seite 51) oder Cashewcreme (Seite 126) mit gegrillten Riesen-Champignons (Seite 310).
  - Oder Ethno-Pizzas:
  - Frankreich – mit Estragoncreme (Seite 111) und Tempeh-Schmorbraten mit Kräutern der Provence (Seite 114).
  - Deutschland – mit Tomatensoße und Bierge schmortem Blattgemüse (Seite 244), Sauerkraut und Gebackenem Schnitzel (Seite 250) oder Bratwurst mit Sauerkraut (Seite 253).
  - Spanien – mit Romesco (Seite 158) und Escalivada (Seite 151).
  - Hawaii – Pesto mit geräuchertem Tofu (Seite 58) und gegrillter Ananas (Seite 310)

Buon Appetito Pesto Risotto

Wo Bollywood den Schiefen Turm von Pisa trifft, nimmt unser 30-Minuten-Risotto Basmati-Reis statt des traditionellen Arborio (s. Rezept-Variationen). Der Pesto schmeckt zu diesem Gericht einfach himmlisch. Ich wusste, dass mein veganer Pesto angekommen ist, als ich das Gütesiegel von Lucia erhielt. Lucia war die des Englischen nicht mächtige Köchin in der Villa, die ich außerhalb von Rom besuchte. Die Zigarette im Mundwinkel und unablässig ihre Pasta-Soße rührend, schien sie überrascht zu sein, dass er keinen Käse enthielt. Auch Sie werden überrascht sein, vor allem von den Hefeflocken, die dem Gericht den käseähnlichen Geschmack verleihen. Serviert zu Tofu-Scaloppine (Seite 73) und Stängelkohl mit Knoblauch und rotem Paprika (Seite 54) lässt es Sie einen kurzen Blick in Dantes Paradiso erhaschen!

▸ FÜR 4 BIS 6 PERSONEN

- 1,125 l Gemüsebrühe (Seite 311) oder Wasser
- 1 EL Olivenöl
- 1 gewürfelte gelbe Zwiebel
- 215 g roher Basmati-Reis
- 180 ml Weißwein (s. Tipp) oder zusätzliche Gemüsebrühe
- 125 ml ungesüßte Soja- oder Reismilch
- 2 EL Hefeflocken
- 2 EL frisch gepresster Zitronensaft
- ¾ TL Meersalz (nach Geschmack)
- 1 Messerspitze frisch gemahlener schwarzer Pfeffer
- 100 g geriebener veganer Käse nach Mozzarella-Art (optional)

Chefkoch Patrick empfiehlt

italienischen Grauburgunder oder trockenen Chardonnay

PESTO MAGNIFICO

▸ ERGIBT 180 ML PESTO

- 1 Bund frisches Basilikum
- 40 g Pinienkerne
- 1 Knoblauchzehe
- 3 – 4 EL Olivenöl
- 1 EL frisch gepresster Zitronensaft
- ½ TL Meersalz
- 1 Messerspitze frisch gemahlener schwarzer Pfeffer
- 2 TL Hefeflocken
- ¼ TL zerstoßene rote Paprikaflocken oder entkernte und gewürfelte scharfe Chilischoten

1. Die Gemüsebrühe in einem kleinen Topf bei starker Hitze 2 Min. kochen. Auf schwache Hitze reduzieren. Inzwischen eine große Schmorpfanne bei mittelstarker Hitze auf den Herd stellen. Das Öl und die Zwiebel hineingeben und unter ständigem Rühren 5 Min. anbraten. Den Reis zur Zwiebelmischung geben und gut umrühren, bis er vollständig mit Öl benetzt ist.
2. Falls gewünscht, den Wein hinzugeben und gut umrühren. 375 ml heiße Gemüsebrühe zugießen, auf mittlere Hitze reduzieren und gut umrühren. Den Topf zudecken. Alle paar Minuten umrühren, bis die Flüssigkeit fast vollständig absorbiert ist. Noch 250 ml Gemüsebrühe zuschütten, gut umrühren und den Topf wieder zudecken. Diesen Vorgang so lange wiederholen, bis die Brühe aufgebraucht und der Reis weich ist. Falls nötig, mehr Brühe hinzugeben. Die restlichen Zutaten hinzufügen und gut umrühren.
3. Während der Reis kocht, den Pesto Magnifico zubereiten. Dazu alle Zutaten in der Küchenmaschine oder im Mixer cremig mixen. Möglicherweise brauchen Sie im Mixer mehr Öl oder Wasser, um die gewünschte cremige Konsistenz zu erreichen. Vor dem Servieren den Pesto zum Risotto geben und gut durchmischen.

Variationen

- Hier gibt es unzählige Möglichkeiten.
- Ersetzen Sie den Pesto mit einer entsprechenden Menge an gekochtem und leicht gesalzenem Kürbis, dem Sie evtl. vegane Butter nach Geschmack hinzufügen.
- Folgende Zutaten können Sie mit oder ohne Pesto zugeben:
- ½ TL Safranfäden (Seite XXII), die Sie vorher 15 Min. in 60 ml heißem Wasser einweichen (das Einweichwasser mit verwenden!).
- 80 g in Scheiben geschnittene Pilze und 1 Handvoll gewaschener und klein geschnittener Spinat
- Anstelle der Zwiebel können Sie 60 g Schalottenscheiben und 2 fein gehackte Knoblauchzehen nehmen.
- 35 g gewürfelte sonnengetrocknete Tomaten, 3 EL gewürfelte Oliven, 2 EL frisches Basilikum, fest zusammengerollt und in feine Streifen geschnitten (Chiffonade), 1 EL fein gehackte frische glatte Petersilie, 2 TL fein gehackter frischer Oregano und 1 TL frischer Thymian.
- Natürlich können Sie bei genügend Zeit auch ganz bei der Tradition bleiben und Arborio sowie mehr Brühe nehmen.

Tipps und Tricks vom Küchenchef

Mit seinen Wurzeln in Venedig und Umgebung ist das perfekte Risotto eindeutig eine Kunstform, die vielen Variablen unterliegt. Die Gesamtmenge der zugefügten Flüssigkeit ist abhängig von der Hitze des Küchenherds, der Menge der verdampften Flüssigkeit, davon, wie lange der Topf zugedeckt bleibt, der Temperatur der Brühe und so weiter. Am besten lassen Sie den Deckel so lange wie möglich auf der Pfanne und halten die Brühe heiß. Im Zweifelsfall umrühren, umrühren und nochmals umrühren.

Tofu Cacciatore

Niemand sagt so schön „Amore" wie ein guter „Cacciatore". Während Cacciatore auf italienisch „Jäger" heißt, brauchen Sie für dieses Gericht nur in Ihrem Garten oder in der Gemüseabteilung auf Jagd zu gehen. Traditionell besteht es aus Tomaten, Pilzen und Zwiebeln. Wenn Sie mehr Zeit haben, versuchen Sie es mit Gerösteten Tomaten mit Knoblauchsoße (Seite 72). Servieren Sie es zu Spinat-Lauch-Reis (Seite 221) und Chorta (Seite 234).

FÜR 4 BIS 6 PERSONEN

TOFU-MARINADE

- 2 EL Olivenöl
- 1½ EL weizenfreies Tamari oder eine andere Sojasoße
- 400 g sehr fester Tofu
- 4-5 EL italienische Mehlmischung (Rezept s. unten) oder Semmelbrösel

ITALIENISCHE MEHLMISCHUNG 1

- 30 g Dinkel-, Kichererbsen- oder Reismehl
- 2 TL getrocknete Petersilie
- ¼ TL Knoblauchpulver
- ¼ TL Zwiebelpulver
- 1 TL getrocknetes Basilikum
- ¼ TL getrockneter Oregano
- ¼ TL getrockneter Thymian
- 1 Messerspitze Meersalz

JÄGERSOSSE CACCIATORE

- 1 EL Olivenöl
- 1 Zwiebel, in dünne Scheiben geschnitten
- 3 Knoblauchzehen, zerdrückt oder fein gehackt
- 1 rote Paprikaschote, entkernt und klein geschnitten
- 6 große braune oder weiße Champignons, geviertelt
- 250 ml Rotwein (s. Tipp)
- 750 ml Tomatensoße (s. Tipp)
- 1 EL Kapern
- 1 EL Balsamicoessig
- ½ TL Meersalz (nach Geschmack)
- ¼ TL frisch gemahlener schwarzer Pfeffer
- ¼ TL zerstoßene rote Paprikaflocken

Chefkoch Patrick empfiehlt

sortenreinen italienischen Chianti

Tipps und Tricks vom Küchenchef

Sie wollen einer gekauften Tomatensoße mehr Würze verleihen? Dann geben Sie einmal frische italienische Kräuter dazu. Auf 400 g Tomatensoße kommen je 2 EL fein gehacktes Basilikum und glatte Petersilie, 2 TL Oregano und 1 TL Thymian. Sie können auch 2 EL Italienische Gewürzmischung (Seite 86) hinzufügen.

1. Den Backofen auf 200 °C vorheizen. Das Olivenöl und die Sojasoße für die Tofu-Marinade in eine 3,5 l-Kasserolle geben. Den Tofu in ca. 1,5 cm große Würfel schneiden, in die Marinade legen und 5 Min. ziehen lassen, gelegentlich wenden.
2. Die Zutaten für die italienische Mehlmischung in einer kleinen Schüssel miteinander vermischen bzw. die Semmelbrösel in eine kleine Schüssel geben. Jeden Tofuwürfel in der Mehlmischung wälzen und zurück in die Kasserolle legen. 15 Min. backen.
3. Inzwischen die Jägersoße zubereiten. Dazu das Öl in eine große Schmorpfanne geben und auf mittlerer Stufe erhitzen. Zwiebel und Knoblauch hinzugeben und unter häufigem Umrühren 3 Min. anbraten. Paprika und Pilze hinzufügen und unter häufigem Umrühren 3 Min. braten.
4. Auf mittlere Hitzestufe reduzieren. Rotwein, Tomatensoße und die restlichen Zutaten hinzugeben und 10 Min. unter gelegentlichem Umrühren garen. Den Tofu hinzugeben und vor dem Servieren vorsichtig durchrühren.

Variationen

- Wenn Sie möchten, können Sie den Tofu nach dem Panieren auch in Öl braten, anstatt ihn zu backen. Erhitzen Sie dazu einfach eine große Schmorpfanne bei mittelstarker Hitze. Gießen Sie großzügig Öl hinein und geben Sie die Tofustücke dazu. 3-5 Min. braten, dann vorsichtig wenden und weitere 3 – 5 Min. braten. Zur Tomatensoße geben, wie im Rezept oben beschrieben.
- Experimentieren Sie mit verschiedenen Pilzarten, wie Portobello, Shiitake-Pilzen oder Austernseitlingen.
- Geben Sie zusammen mit der Paprika 2 klein geschnittene Möhren oder Pastinaken dazu.
- Sollten Sie statt Tofu Tempeh verwenden, lassen Sie ihn 10 Min. länger in der Marinade liegen.

Tempeh-Klößchen

Eines der ersten Gerichte, das ich als Kind zuzubereiten lernte, waren Fleischklößchen mit Spaghetti. Es ist mir eine große Freude, Ihnen jetzt diese kuhfreundliche Version anbieten zu können. Das Tempeh ersetzt das Fleisch, und das Hafermehl hält alles zusammen. Ergänzen Sie es mit Gebackenen Tomaten mit Knoblauchsoße (Seite 72) oder Ihrer bevorzugten Pastasoße. Reichen Sie die Klößchen zu Ihrer Pasta des Tages, oder kreieren Sie Ihr eigenes Heldensandwich mit Tempeh-Klößchen.

▸ FÜR 6 BIS 8 PERSONEN

2 EL Olivenöl

1 kleine fein gewürfelte Zwiebel

3 Knoblauchzehen, zerdrückt oder fein gehackt

450 g Tempeh, fein gewürfelt

30 g Hafermehl

3 EL Hefeflocken

1 EL weizenfreies Tamari oder eine andere Sojasoße

1 EL Balsamicoessig

2 EL fein gehacktes frisches Basilikum

2 EL fein gehackte frische glatte Petersilie

2 TL fein gehackter frischer Rosmarin

2 TL getrockneter Oregano

1 TL gemahlener Fenchel (optional)

½ TL Meersalz

¼ TL frisch gemahlener schwarzer Pfeffer

¼ TL zerstoßene rote Paprikaflocken

Öl zum Braten

1 Glas (335 g) Nudelsoße oder Gebackene Tomaten mit Knoblauchsoße (Seite 72)

1. Alle Zutaten, mit Ausnahme des Öls zum Braten und der Nudelsoße, in einer großen Schüssel gut miteinander vermischen. Gleich große Klößchen (von der Größe eines Tennisballs) daraus formen und beiseitelegen.
2. Das Öl in eine große Schmorpfanne geben und auf mittlerer Stufe erhitzen. Die Tempeh-Klößchen darin ca. 7 Min. braten, bis sie gebräunt und leicht knusprig sind. Dabei vorsichtig wenden, damit sie rundherum gebräunt werden.
3. Auf schwache Hitze reduzieren und unter gelegentlichem vorsichtigem Umrühren 5 Min. garen.

Variation

- Sie können die Tempeh-Klößchen auch backen. Heizen Sie dazu den Backofen auf 190 °C vor. Die Klößchen auf ein gut gefettetes Backblech legen und 10 Min. backen. Dann vorsichtig wenden und noch einmal 10 Min. backen. Wenn Sie möchten, können Sie sie alle 5 Min. auf eine andere Seite drehen.

Gebackene Tomaten mit Knoblauchsoße

Tomatensoße ist wohl das Kultsymbol der italienischen Küche. Wenn man das Gemüse bäckt, verleiht das dem Aroma im Vergleich zum traditionellen Braten oder Kochen eine zusätzliche Tiefe. Rösten Sie die doppelte Menge und verwenden Sie sie für all Ihre Nudelsoßen für Tempeh-Klößchen (Seite 70), Parmesan-Auberginen-Türmchen (Seite 63), Tofu Cacciatore (Seite 68), Gnocchi (Seite 48) und andere.

FÜR 1,5 L SOSSE

- 2 EL Olivenöl
- 125 ml Rotwein (s. Tipp)
- 8 mittelgroße Tomaten, entkernt und in ca. 1,5 cm große Stücke geschnitten
- 1 Zwiebel, gewürfelt
- 6-8 große Knoblauchzehen
- 60 g gehackte Fenchelknolle (optional)
- 2 TL Meersalz
- ½ TL frisch gemahlener schwarzer Pfeffer
- 2 EL Tomatenmark
- 3 EL fein gehacktes frisches Basilikum
- 3 EL fein gehackte frische glatte Petersilie
- 1 EL grob gehackter frischer Oregano
- 2 TL frischer Thymian
- 2 TL fein gehackter frischer Rosmarin (optional)
- 2 TL Agavensirup oder Süßungsmittel nach Wahl (Seite 319)
- 1½ EL Balsamicoessig
- 1½ TL fein gehackter frischer Salbei (optional)
- ¼ TL zerstoßene rote Paprikaflocken

1. Den Backofen auf 230 °C vorheizen. Olivenöl, Wein, Tomaten, Zwiebel, Knoblauch, Fenchel, falls gewünscht, 1 TL Meersalz und den schwarzen Pfeffer in eine große Backform geben und gut durchrühren. 15 Min. im Ofen backen.
2. Den Inhalt der Backform im Mixer glatt mixen und alles in einen großen Topf geben.
3. Die restlichen Zutaten, einschließlich des restlichen Salzes, hinzufügen und 5 Min. bei mittelstarker Hitze unter häufigem Umrühren kochen.

Variationen

- Am besten sind natürlich frische Tomaten, doch im Notfall tun es auch Konserventomaten. Für dieses Rezept brauchen Sie ca. 780 g ganze Tomaten aus der Konserve. Vor dem Backen gut abtropfen lassen. Den Saft beiseitestellen und dann zusammen mit den anderen Zutaten in den Mixer geben.
- Für eine Soße Bolognese fügen Sie 400 g zerbröselten festen Tofu oder zerbröselten Tempeh hinzu und mischen alles gut durch.
- An Kräutern können Sie alles nehmen, was sie vorrätig haben, ob frisch oder getrocknet. Denken Sie daran, dass 1 TL getrocknete Kräuter in den meisten Fällen etwa 1 EL frische Kräuter ersetzt.
- Zusammen mit den Tomaten können Sie auch eine große, in dicke Scheiben geschnittene Zucchini zugeben.
- Anstelle einiger frischer Kräuter können Sie 1 EL oder mehr Italienische Gewürzmischung (Seite 86) verwenden.

Chefkoch Patrick empfiehlt

sortenreinen italienischen Chianti

Tofu-Scaloppine

Scaloppine sind panierte und gebratene Koteletts. Dieses Rezept entscheidet sich für eine tierfreundliche Version, die das Fleisch durch Tofu ersetzt und mit einer würzigen Cremesoße mit Artischockenherzen und Kapern ergänzt. Reichen Sie dazu Orzo mit gebackenen Zucchini (Seite 55) und Radicchio-Chicorée-Salat mit Fenchelscheiben und italienischer Vinaigrette (Seite 46).

▸ FÜR 4 PERSONEN

TOFU-MARINADE

2 EL Olivenöl

2 EL weizenfreies Tamari oder eine andere Sojasoße

400 g sehr fester Tofu

ITALIENISCHE MEHLMISCHUNG 2

70 g Dinkelmehl oder glutenfreies Mehl (s. Glutenfreie Ernährung, Seite XV)

1 EL fein gehacktes frisches Basilikum

je 1 TL getrocknete Petersilie, Oregano und Thymian oder 1 EL Italienische Gewürzmischung (Seite 86)

1 Messerspitze Meersalz

¼ TL frisch gemahlener schwarzer Pfeffer

BELAG

4 EL vegane Butter

2 EL fein gehackter Knoblauch

2 EL frisch gepresster Zitronensaft

3 EL klein geschnittene Artischockenherzen

1 EL Kapern

¼ TL Meersalz (nach Geschmack)

¼ TL frisch gemahlener schwarzer Pfeffer (nach Geschmack)

2 EL gehackte frische glatte Petersilie

250 ml ungesüßte Sojasahne oder ungesüßte Soja- oder Reismilch

1. Den Backofen auf Grillstufe einstellen. Olivenöl und Sojasoße in eine 3,5 l Kasserolle geben und gut umrühren. Den Tofu längs in drei Scheiben schneiden und jede Scheibe halbieren, so dass sich sechs Koteletts ergeben. Die Koteletts in die Kasserolle legen und 5 Min. grillen, dabei nach 2 Min. wenden.
2. In einer kleinen Schüssel die Zutaten für die Italienische Mehlmischung 2 miteinander vermengen. Jedes Kotelett in der Panade wälzen und zurück in die Kasserolle legen. 7 Min. grillen. Die Koteletts wenden und nochmals 7 Min. grillen. Auf eine Servierplatte legen oder auf einzelne Teller verteilen.
3. Inzwischen die vegane Butter in eine große Schmorpfanne bei mittelstarker Hitze geben. Den Knoblauch zugeben und 2 Min. unter häufigem Umrühren anbraten. Auf mittlere Hitze reduzieren. Die restlichen Zutaten, mit Ausnahme der Sojasahne und der Petersilie, zufügen und unter gelegentlichem Umrühren 5 Min. garen. Die Sojasahne hinzugeben und gut umrühren. Auf schwacher Hitze stehen lassen.
4. Jedes Kotelett vor dem Servieren mit dem Pfanneninhalt begießen und mit Petersilie garnieren.

Variationen

- Sie können statt Tofu auch Tempeh nehmen, den Sie 10 Min. länger marinieren müssen.
- Fügen Sie 2-3 EL eingeweichte, abgetropfte und in dünne Streifen geschnittene sonnengetrocknete Tomaten hinzu.
- Ersetzen Sie die Petersilie durch frisches Basilikum oder 1 EL fein gehackten frischen Dill.

Zitronen-Tempeh mit Spargelcremesoße

Das ist ein herzhaftes Gericht mit einer echten Geschmackssinfonie. Wenn Sie mehr Zeit zur Verfügung haben, lassen Sie den Tempeh bis zu 20 Minuten in der Marinade aus Weißwein und Zitronensaft liegen. Die cremige Konsistenz der Spargelsoße erreichen wir mithilfe der gemixten, gerösteten Pinienkerne. Wenn Sie mehr Zeit haben, dämpfen Sie den Tempeh vor der Verwendung 5 Minuten (Seite 308). Reichen Sie dazu Orzo mit gebackenen Zucchini (Seite 55) und Biergeschmortes Blattgemüse (Seite 244).

FÜR 4-6 PERSONEN

TEMPEH-MARINADE

- 60 ml frisch gepresster Zitronensaft
- 1 EL Olivenöl
- 60 ml Weißwein (s. Tipp)
- ¼ TL Meersalz
- ¼ TL frisch gemahlener schwarzer Pfeffer
- 1 Knoblauchzehe, zerdrückt oder fein gehackt (optional)
- 450 g Tempeh, in acht 0,5 cm dicke Scheiben geschnitten

Chefkoch Patrick empfiehlt

italienischen Verdicchio oder trockenen Chardonnay

SPARGELCREMESOSSE

- 1 EL Olivenöl
- 1 kleine in dünne Scheiben geschnittene Zwiebel
- 3 Knoblauchzehen, zerdrückt oder fein gehackt
- 450 g Spargel, die Enden entfernt und in ca. 1,5 cm dicke Stücke geschnitten
- 125 ml Weißwein (s. Tipp)
- 250 ml Gemüsebrühe (Seite 311) oder Wasser
- 40 g Pinienkerne, geröstet (Seite 307)
- 2 EL Hefeflocken (optional)
- 1 EL frisch gepresster Zitronensaft
- 2 TL weizenfreies Tamari oder eine andere Sojasoße
- 1¼ TL Meersalz (nach Geschmack)
- ¼ TL frisch gemahlener schwarzer Pfeffer
- ¼ TL zerstoßene rote Paprikaflocken
- 2 EL frisches Basilikum, zusammengerollt und in feine Streifen geschnitten (Chiffonade)
- 2 EL fein gehackte frische glatte Petersilie
- Zitronenspalten
- geröstete Pinienkerne

1. Den Backofen auf 190 °C vorheizen. Alle Zutaten für die Marinade, mit Ausnahme des Tempeh, in eine 3,5 l-Kasserolle geben und gut durchmischen. Den Tempeh hineinlegen und 5 Min. ziehen lassen, zwischendurch einmal wenden, damit er gleichmäßig mariniert wird. Anschließend 20 Min. backen.
2. Inzwischen die Spargelsoße zubereiten: Das Olivenöl in eine große Schmorpfanne geben und auf mittlerer Stufe erhitzen. Zwiebel und Knoblauch hinzugeben und unter häufigem Umrühren 3 Min. anbraten. Spargel und Weißwein hinzufügen und unter häufigem Umrühren 3 Min. kochen. Die Gemüsebrühe hinzufügen und unter häufigem Umrühren 5 Min. kochen. Die restlichen Zutaten, mit Ausnahme von Basilikum und Petersilie, hinzugeben und gut durchmischen.
3. Den Pfanneninhalt in einen leistungsstarken Mixer schütten und vorsichtig cremig mixen. Die Mischung zurück in die Schmorpfanne schütten, Basilikum und Petersilie hinzufügen und gut durchmischen.
4. Zum Anrichten großzügig Soße auf den Tellern verteilen, die Tempeh-Koteletts darauflegen, nochmals eine kleine Menge Soße darübergeben und jeden Teller mit einer Zitronenspalte und ein paar gerösteten Pinienkernen garnieren.

Variationen

- Statt Tempeh können Sie auch Tofu nehmen.
- Den Spargel können Sie durch eine entsprechende Menge klein geschnittenen Broccoli oder Blumenkohl ersetzen.
- Bevor Sie die gemixte Soße in die Schmorpfanne zurückschütten, fügen Sie noch 2 EL vegane Butter und/oder 2 EL geriebenen veganen Käse nach Mozzarella-Art hinzu und mischen Sie alles gut durch.
- Geben Sie zusammen mit der Zwiebel und dem Knoblauch 1 EL Italienische Gewürzmischung (Seite 86) hinzu.
- Vor dem Mixen können Sie noch je 1 TL fein gehackten frischen Rosmarin, Salbei, Thymian und Oregano hinzufügen.
- Anstatt der Pinienkerne können Sie auch Macadamia-Nüsse oder Cashew-Kerne nehmen.

Frittata mit Artischockenherzen und sonnengetrockneten Tomaten

Echte Männer essen vegane Frittata. Die traditionelle Eierspeise wird manchmal als Italiens Omelette bezeichnet. Wir bereiten sie aus Seidentofu zu und verleihen ihr mit erstklassigen mediterranen Zutaten ein intensives Aroma. Wenn Sie eine backofenfeste Pfanne haben, zum Beispiel eine aus Gusseisen, können Sie auch alles in derselben Pfanne braten und backen. Falls nicht, nehmen Sie eine gut eingefettete 24 cm-Springform zum Backen. Servieren Sie die Frittata als Teil eines Fusion-Brunchs zu Buchweizen-Galettes mit Estragoncreme (Seite 111) und Horchata (Seite 166).

FÜR 4–6 PERSONEN

- 14-18 sonnengetrocknete Tomaten
- 1 EL Olivenöl
- 1 große gewürfelte Zwiebeln
- 3 Knoblauchzehen, zerdrückt oder fein gehackt
- 1 Päckchen (350 g) Seidentofu
- 300 g fester Tofu
- 60 ml ungesüßte Sojamilch
- 3 EL Hefeflocken
- 1 EL frisch gepresster Zitronensaft
- 1 EL weizenfreies Tamari oder eine andere Sojasoße
- 1½ TL Balsamicoessig
- ¾ TL gemahlene Kurkuma
- 1 TL Meersalz
- ¼ TL frisch gemahlener schwarzer Pfeffer
- ¼ TL zerstoßene rote Paprikaflocken
- 200 g geviertelte Artischockenherzen
- 2 EL frisches Basilikum, zusammengerollt und in feine Streifen geschnitten (Chiffonade)
- 1 EL fein gehackte frische glatte Petersilie
- ½ TL fein gehackter frischer Rosmarin
- 1 TL fein gehackter frischer Oregano
- ½ TL getrockneter Thymian (optional)
- 100 g geriebener veganer Käse nach Mozzarella-Art (optional)

1. Den Backofen auf 220 °C vorheizen. Die sonnengetrockneten Tomaten in 250 ml heißem Wasser 5-10 Min. lang einweichen, bis sie weich sind. Gut abtropfen lassen und in kleine Stücke schneiden.
2. Inzwischen eine Schmorpfanne auf mittelstarke Hitze stellen. Öl, Zwiebeln und Knoblauch in die Pfanne geben und unter ständigem Rühren 3 Min. anbraten.
3. Tofu, Sojamilch, Hefeflocken, Zitronensaft, Tamari, Essig, Kurkuma, Salz, Pfeffer und Paprikaflocken in die Küchenmaschine geben und cremig schlagen.
4. Den Inhalt mit den restlichen Zutaten, einschließlich der Artischockenherzen und der Tomaten, in die Schmorpfanne geben und gut vermischen.
5. Die Pfanne in den Backofen stellen (wenn Sie keine backofenfeste Pfanne haben, geben Sie alles in eine gut eingefettete 24 cm-Springform) und 20 Min. backen. Wenn Sie genügend Zeit haben, können Sie der Frittata noch mehr Geschmack verleihen, indem Sie sie 10 Min. länger backen und anschließend ca. 5 Min. setzen lassen, bis sie fest ist. Warm oder kalt servieren.

Variation

- Nach dem Anbraten der Zwiebeln fügen Sie 100 g gewürfelter Pilze, 1 Paprikaschote oder 1 Zucchini hinzu und lassen Sie das Ganze 3 Min. braten, bevor Sie den Inhalt der Küchenmaschine in die Schmorpfanne geben.

Erdbeer-Rosenwasser-Granita

Echtes italienisches Speiseeis, ganz einfach selbst gemacht! Diese Leckerei ist in wenigen Minuten zubereitet. Zwar brauchen Sie extra Zeit zum Einfrieren und Schaben, doch dafür bekommen Sie das ultimative eisgekühlte Dessert. Sie brauchen dazu eine 3,5 l-Auflaufform von normaler Dicke. In einer kleineren oder dickeren Form dauert das Einfrieren länger. Servieren Sie die Granita pur oder mit frischem Obst garniert. Ein besonders erfrischender Snack nach einer herzhafteren Mahlzeit, wie Zitronen-Tempeh mit Spargelcremesoße (Seite 74) oder Parmesan-Auberginen-Türmchen (Seite 63).

▸ FÜR 750 ML GRANITA

450 g frische Bio-Erdbeeren, klein geschnitten, oder ganze Tiefkühl-Erdbeeren (s. Kasten)

180 ml Wasser

65 g Biozucker (Seite 319)

1 EL frisch gepresster Zitronensaft

2 TL Rosenwasser (s. Kasten)

Minzblätter

1. Alle Zutaten, mit Ausnahme der Minzblätter, in einen starken Mixer geben und gut mixen.
2. Alles in eine 3,5 l-Auflaufform geben und ins Gefrierfach stellen. Nach 30 Min. die Wände mit einer Gabel abschaben und wieder zurück ins Gefrierfach stellen. Die ganze Granita bis zu 3 Std. im Gefrierfach lassen und dabei alle 30 Min. durchrühren.
3. Vor dem Servieren mit Minzblättern garnieren.

Variationen

- Anstatt der Erdbeeren können Sie auch die gleiche Menge anderer Früchte nehmen, zum Beispiel Heidelbeeren, Pfirsiche oder Nektarinen. Süßen Sie nach Geschmack, je nach Zuckergehalt der Früchte.
- Wassermelonen-Minz-Granita: Ersetzen Sie die Erdbeeren durch entkernte Wassermelone und den Zitronensaft durch Limonensaft. Fügen Sie 2 TL Minzextrakt hinzu.
- Mokka-Granita: Lassen Sie Zitronensaft und Rosenwasser weg und ersetzen Sie Früchte und Wasser durch 750 ml Kaffee und 35 g ungesüßtes Kakaopulver.

Tipps und Tricks vom Küchenchef

Kaufen Sie bitte nur Bio-Erdbeeren. Auf Seite 326 begründe ich, warum nicht biologisch angebaute Erdbeeren auf der Liste des „Dreckigen Dutzends“ stehen. Achten Sie darauf, dass das verwendete Rosenwasser den Status „Food Grade“ hat. Manche Rosenwasser enthalten Rosenöl und sind nicht zum Verzehr, sondern zur Parfümherstellung bestimmt. Das Unternehmen „Heritage“ bietet ein gutes Food-Grade-Rosenwasser an.

Veganes Gelato

Eine der lohnendsten kulinarischen Reisen durch Italien ist wohl die Suche nach dem perfekten veganen Gelato. Die Eiscafés bieten alle ein farbensprühendes Sortiment des beliebten italienischen Speiseeises an. Beginnen Sie am besten mit diesen drei Versionen an und erfinden Sie dann zahllose eigene Kreationen. Wenn es Ihnen mit den Eismachen ernst ist, lohnt sich die Anschaffung einer Eismaschine. In den unten stehenden Tipps und Tricks beschreibe ich, wie Sie auch ohne dieses praktische Gerät zurechtkommen. Genießen Sie Ihr Gelato nach jeder Mahlzeit, die in kulinarischen Wonnen enden soll.

▸ FÜR CA. 1 LITER SPEISEEIS

SCHOKO-MANDEL-BUTTER

100 g vegane Bitterschokoraspeln

500 ml Sojasahne

60 ml reiner Ahorn- oder Agavensirup + 60 ml reiner Ahornsirup

2 TL Vanilleextrakt

3 EL Pfeilwurzelmehl, aufgelöst in 60 ml kaltem Wasser

200 g Mandelmus

1. Die Schokoraspeln im Wasserbad nach der Methode auf Seite 122 schmelzen. Inzwischen die Sojasahne, 60 ml Ahornsirup und den Vanilleextrakt bei mittlerer Hitze in eine Kasserolle geben.
2. Das aufgelöste Pfeilwurzelmehl zugeben und alles ca. 3 Min. schlagen, bis die Sahne dick wird. Die geschmolzenen Schokoraspeln zugeben und rühren, bis eine einheitliche Konsistenz erreicht ist.
3. Das Ganze in die Eismaschine geben und nach Anweisung des Herstellers einfrieren.
4. Die restlichen 60 ml Ahornsirup in einer kleinen Schüssel mit der Mandelbutter vermischen. Die Mischung zum Gelato hinzufügen und alles vor dem Servieren durchrühren.

ERDBEERE-BANANE-HANF

250 ml Hanfmilch

250 ml Kokosmilch (kein Light-Produkt)

1 Vanilleschote, die Enden abschneiden, oder 1 EL Vanilleextrakt

100 g pürierte reife Banane

125 ml Agavensirup oder reiner Ahornsirup

150 g Bio-Erdbeeren

2 EL Amaretto (optional)

3 EL Pfeilwurzelmehl, aufgelöst in 60 ml kaltem Wasser

1. Alle Zutaten, mit Ausnahme des aufgelösten Pfeilwurzelmehls, in einen Mixer geben und gründlich mixen.
2. Die Mischung in einen Topf geben und bei starker Hitze zum Kochen bringen. Auf mittlere Hitze reduzieren, die Pfeilwurzelmischung zugeben und unter häufigem Umrühren 5 Min. kochen.
3. Das Ganze in die Eismaschine geben und nach Anweisung des Herstellers einfrieren.

Tipps und Tricks vom Küchenchef

Wenn Sie keine Eismaschine haben, geben Sie das Gelato in einen Glasbehälter und frieren es 3 Std. lang ein. Dann aus dem Gefrierfach nehmen und auftauen lassen, bis es knapp weich ist. Vor dem Servieren in der Küchenmaschine durchmixen.

ESPRESS. MAGNIFICO

60 ml Wasser

2 EL gemahlener Espresso

500 ml Sojasahne

180 ml Kokosmilch (kein Light-Produkt)

125 ml Agavensirup oder reiner Ahornsirup

1 TL Kaffeeextrakt

3 EL Pfeilwurzelmehl, aufgelöst in 60 ml kaltem Wasser

1. Das Wasser in einem kleinen Topf zum Kochen bringen. Den Espresso zufügen und von der Herdplatte nehmen.
2. 15 Min. abkühlen lassen. Gründlich abseihen und mit allen anderen Zutaten, mit Ausnahme des aufgelösten Pfeilwurzelmehls, in einem Topf bei mittelstarker Hitze zum Kochen bringen. Auf mittlere Hitze reduzieren, die Pfeilwurzelmischung zugeben und unter häufigem Umrühren 5 Min. kochen.
3. Das Ganze in die Eismaschine geben und nach Anweisung des Herstellers einfrieren.

Orangen-Anis-Cantuccini

Cantuccini (oder Biscotti di Prato) sind ein traditioneller Zwieback, der aus der Stadt Prato stammt und der Lieblingssnack von Plinius dem Älteren war (welchem ein unfehlbarer Geschmack nachgesagt wird, also können wir uns wohl auf ihn verlassen). Diese schnelle und einfache Variante nimmt viel weniger Zeit in Anspruch als die üblichen 90 Minuten. Für glutenfreie Cantuccini nehmen Sie glutenfreies Mehl (Seite 317). Reichen Sie dazu einen Espresso Smoothie (Seite 84), während Sie die Feinheiten von Berninis Statuen kontemplieren.

▸ FÜR 12 – 14 STÜCK

TROCKENE ZUTATEN

400 g weißes Dinkelmehl (mehr Infos zu glutenfreiem Mehl Seite 317)

60 ml Zuckerrohrsaft (ein Biozucker – Seite 319)

1 TL Backpulver

1 Messerspitze Meersalz

½ TL gemahlener Anis

FEUCHTE ZUTATEN

60 ml frisch gepresster Orangensaft

2 EL gemahlene Leinsamen, vermischt mit 6 EL Wasser

4 EL Kokosöl oder vegane Butter oder ungehärtetes Pflanzenfett

Schale von 1 Orange (1 TL)

½ TL Vanilleextrakt

1. Den Backofen auf 220 °C vorheizen. Ein Backblech gut einfetten oder mit Backpapier auslegen. Die trockenen Zutaten in einer großen Schüssel mischen.
2. Die feuchten Zutaten in einer anderen Schüssel verquirlen. Anschließend zu den trockenen Zutaten geben und alles gründlich verkneten.
3. 12 - 14 gleich große Kugeln formen und auf das vorbereitete Backblech legen. Die Kugeln dort zu ca. 1 cm dicken Plätzchen breit drücken.
4. 15 Min. backen. 5 Min. abkühlen lassen und dann auf ein Kuchengitter oder einen großen Teller legen.
5. Für traditionellere Cantuccini können Sie einen 20-25 cm langen Laib formen und 5 Min. backen. Den Laib dann in 1,5-2 cm dicke Scheiben schneiden und nochmals 10 Min. backen.

Variationen

- Haselnuss-Cantuccini: Fügen Sie 2-3 EL gemahlene Haselnüsse und ½ TL Haselnussextrakt zu.
- Lemon-Minz-Cantuccini: Statt Orangensaft nehmen Sie 2 EL frisch gepressten Zitronensaft und 2 EL Wasser, statt der Orangenschale ½ TL Zitronenschale und fügen 1 EL in feine Streifen geschnittene Minzblätter zu.
- Kokos-Cantuccini: Fügen Sie den trockenen Zutaten 40 g getrocknete Kokosnuss und den feuchten Zutaten 80 ml Kokosmilch zu, und nehmen Sie statt der im Rezept aufgeführten veganen Butter Kokosöl. Sie können auch 1 TL Kokosextrakt hinzugeben.
- Schoko-Cantuccini: Tunken Sie die abgekühlten Cantuccini in Schweizer Schokoladenfondue (Seite 297).
- Den Vanilleextrakt können Sie durch Himbeer-, Kaffee-, Mandel- oder Kokosextrakt oder Ihr Lieblingsaroma ersetzen.

Walnuss-Feigen-Crumble

Als eines der ersten Nahrungsmittel, die von den Menschen angebaut wurden und besonders bei den alten Römern beliebt waren, schmücken Feigen schon seit über elftausend Jahren unsere Menüs. Walnüsse und Feigen passen zusammen wie Romulus und Remus. Dieser Crumble ist italienisches Seelenfutter vom Feinsten. Als üppiges Dessert oder als Mitternachtssnack reichen Sie ihn zu veganer Eiscreme oder Cashewcreme (Seite 126) mit einem Spritzer Schokoladensoße vom Brotpudding (Seite 257).

▸ FÜR 6-8 PERSONEN

MASSE

- 600 g klein geschnittene frische Feigen
- 75 g Rosinen
- 50 g gehackte Walnüsse
- 2 TL Vanilleextrakt
- 60 ml Wasser oder Fruchtsaft
- 65 g brauner Biozucker oder Süßungsmittel nach Wahl (Seite 319)
- ½ TL Zimtpulver
- ¼ TL Kardamompulver
- 1 Messerspitze Muskatpulver
- 1 Prise Meersalz

BELAG

- 200 g Haferflocken
- 70 g Mehl (z.B. glutenfreies)
- 60 ml Fruchtsaft oder Wasser
- 3 EL brauner Biozucker oder Süßungsmittel nach Wahl
- 4 EL zerlassene vegane Butter
- 2 EL zerlassenes Kokosöl oder mehr Fruchtsaft oder Wasser
- ¼ TL Zimtpulver
- 1 Messerspitze Muskatpulver
- 1 Prise Kardamompulver
- 1 Prise Meersalz

1. Den Backofen auf 200 °C vorheizen. Eine 20 cm große Backform gut einfetten.
2. Die Zutaten für die Masse in einer großen Schüssel gründlich mischen. Die Mischung in die vorbereitete Backform geben.
3. Die Zutaten für den Belag in einer großen Schüssel gut miteinander vermengen und über die Masse streuen. 20 Min. backen. Wenn Sie mehr Zeit haben und die Streusel knuspriger möchten, backen Sie den Crumble weitere 5 Min. Warm mit veganer Eiscreme genießen, zum Beispiel mit Coconut Bliss – und Sie sind im Paradies!

Variationen

- Wenn Sie getrocknete Feigen verwenden, weichen Sie sie in 125 ml Fruchtsaft ein, während Sie den Rest des Rezepts zubereiten. Sie können auch 1-2 EL Rum oder Brandy hinzugeben, um die Feigen noch weicher zu machen.
- Statt Walnüssen können Sie auch Pekan-, Hasel-, Macadamia- oder Ihre Lieblingsnüsse nehmen.
- Die Feigen lassen sich durch Beerenobst, Pfirsiche, Mango oder Ananas ersetzen.
- Anstelle von veganer Butter können Sie Kokosöl verwenden.

Tiramisu im Glas

Tiramisu ist für die italienischen Desserts das, was die Decke der Sixtinischen Kapelle für die Innenarchitektur ist. Normalerweise benötigt die Zubereitung Stunden. Diese schnelle und einfache Version wird mit Sicherheit selbst die verwöhntesten Gaumen befriedigen. Sie hat alles, was ein luxuriöses Dessert braucht, benötigt aber nur einen Bruchteil der Zubereitungszeit. Für ein wirklich gelungenes Tiramisu brauchen Sie gute und feste vegane Biskuits oder Kekse, die sich beim Eintunken in den Espresso nicht gleich auflösen. Wenn Sie mehr Zeit haben, können Sie auch die Orangen-Anis-Cantuccini (Seite 80) für dieses Rezept verwenden. Servieren Sie das Tiramisu in Gläsern am Ende eines Festmahls, das solche italienischen Klassiker enthalten kann wie Gnocchi (Seite 48) und Parmesan-Auberginen-Türmchen (Seite 63).

▸ FÜR 6 PERSONEN

CREMESCHICHT

260 g rohe Cashewkerne

310 ml Mandel-, Kokos-, Hanf- oder Sojamilch (Seite 316)

60 ml Agavensirup, Biozucker oder Süßungsmittel nach Wahl (nach Geschmack) (Seite 319)

4 TL vegane Butter

2 TL Vanilleextrakt

2 TL Kaffeeextrakt

1 – 2 TL sehr fein gemahlener Kaffee

1 Prise Meersalz

BISKUITSCHICHT

180 ml zubereiteter Espresso

12 (5 cm große) vegane Biskuits oder Kekse, wie Löffelbiskuits oder Orangen-Anis-Cantuccini (Seite 80)

1 TL ungesüßtes Kakaopulver

2 EL geriebene dunkle Schokolade (s. Kasten)

1. Alle Zutaten für die Cremeschicht in einem starken Mixer oder in der Küchenmaschine sehr cremig schlagen. Falls nötig, nach und nach jeweils 1 EL Mandelmilch zugeben – je nach Stärke des Mixers. Der Belag muss cremig, leicht und locker, aber nicht dünnflüssig sein.
2. Je zwei Biskuits in den Espresso tunken und auf dem Boden eines Glases platzieren, dann einen zusätzlichen Espresso in die Gläser gießen. 60-125 ml Creme in jedes Glass geben und mit einem Spatel festdrücken. Falls gewünscht, können Sie diesen Schritt wiederholen, um eine zweite Schicht zu erhalten.
3. Das Tiramisu mit Kakaopulver bestäuben und geriebener Schokolade bestreuen.

Variationen

- Fügen Sie der Creme 60 ml Kahlúa (Kaffeelikör) hinzu.
- Ein zweischichtiges Dessert erhalten Sie, wenn Sie für jede Schicht nur die die halbe Menge verwenden.

Tipps und Tricks vom Küchenchef

Holen Sie Ihre Zitronenreibe hervor oder verwenden Sie die feine Seite Ihrer Küchenreibe, um Ihre Lieblingsschokolade als letzte Garnierung obenauf zu reiben.

Espresso Smoothie

Espresso ist der Lebenssaft Europas. Und niemand macht einen Espresso so wie die Italiener. Nachdem ich um elf Uhr nachts meine vierte Tasse für den Tag getrunken hatte, wusste ich, dass ich angekommen war. Vielleicht überrascht es Sie zu hören, dass Espresso weniger Coffein enthält als normal gebrühter Kaffee, da die längere Brühzeit mehr Koffein freisetzt. Genießen Sie diesen Nektar immer, wenn Sie einen Extraschub Energie brauchen.

FÜR 2 X 350 ML SMOOTHIE

- 60- 90 ml Espresso
- 375 ml Sojamilch oder eine andere Pflanzenmilch nach Wahl
- 1 große reife Banane
- 2 EL Mandel- oder Erdnussbutter
- 4 Eiswürfel
- 1 EL reiner Ahornsirup, dunkler Agavensirup oder ein Süßungsmittel nach Wahl (nach Geschmack)
- 1 Prise Zimtpulver
- 1 Prise Anispulver (optional)

Alle Zutaten in einem starken Mixer glatt mixen.

Variationen

- Experimentieren Sie mit verschiedenen milchfreien Milchvarianten, wie Hanf-, Reis-, Mandel- oder Hafermilch.
- Mit 2 EL ungesüßtem Kakaopulver wird der Espresso zum Mokka.
- Wenn Sie es gern dickflüssiger mögen, geben Sie mehr Bananen zu.
- Anstelle der Eiswürfel können Sie auch gefrorene Bananen nehmen.
- Ersetzen Sie das Anispulver durch Kardamom- oder Muskatpulver.

Tipps und Tricks vom Küchenchef

Pasta

Italien ist die Pasta-Hauptstadt des Universums.

Die zahllosen Pasta-Varianten werden in zwei Hauptkategorien eingeteilt: frische (die normalerweise mit Eiern zubereitet wird) und getrocknete Pasta. Das traditionelle Mehl ist Hartweizenmehl oder Hartweizengrieß. Seit dem erneut aufgeflammten Interesses am glutenfreien Kochen gibt es mittlerweile viele Pastas aus Naturreismehl (mein Favorit ist der von Tinkyada, eine ausgezeichnete Marke), aber auch aus Quinoa-, Mais- und Topinambur-Mehl.

Die Kochweise für Pasta, die die meisten Menschen kennen, ist die in kochendem Wasser. Eine kleine Menge Meersalz im Wasser entfaltet das Aroma jeder Pasta. (Einige italienische Großmütter empfehlen angeblich die Zugabe von so viel Salz, bis das Wasser wie Meerwasser schmeckt.) Die Kochzeit richtet sich nach der Art der Pasta. Die beliebteste Konsistenz ist al dente: weich gekocht, aber noch bissfest. Am besten halten Sie sich an die Kochanleitung auf der Verpackung. Wenn Ihre Soße gleichzeitig mit der Pasta fertig wird, spülen Sie letztere nicht ab, denn die Stärke an der Nudeloberfläche lässt die Soße besser haften.

Italienische Gewürzmischung

Legen Sie sich einen Vorrat dieser einfach herzustellenden Gewürzmischung an, um Ihren Lieblingsgerichten einen Hauch von Italien zu verleihen.

▸ FÜR CA. 25 G GEWÜRZMISCHUNG

3 EL getrocknetes Basilikum
2 EL getrocknete Petersilie
1 EL getrockneter Majoran
1 EL getrockneter Oregano
1 TL getrockneter Thymian
1 TL Knoblauchpulver

- Alle Zutaten in einer kleinen Schüssel gut miteinander vermischen. Im verschlossenen Gewürzbehälter an einem kühlen, trockenen Ort aufbewahren.

Weitere mögliche Zutaten: 1 EL getrockneter gerebelter Salbei, 2 TL getrocknete Zwiebelflocken, ½ TL Rosmarinpulver, 1 TL zerstoßene rote Paprikaflocken, 1 TL gemahlene Fenchelsamen

Balsamicoreduktion

Wenn man Balsamicoessig reduziert, erhält man einen vielseitig einsetzbaren Sirup mit der Süße und dem reichen Aroma des Balsamicoessigs, aber ohne dessen Intensität. Für das einfachste Rezept gießen Sie 500 ml hochwertigen Balsamicoessig in eine schwerbödige Kasserolle. Zum Kochen bringen, auf schwache Hitze reduzieren und ohne Deckel unter gelegentlichem Umrühren köcheln lassen, bis die Flüssigkeit die Konsistenz von Sirup hat und auf 125 ml eingekocht ist. Das Aroma der Reduktion können Sie durch Zugabe beliebig vieler der folgenden Zutaten verfeinern: 2 EL Vollrohrzucker oder brauner Biozucker (Seite 319), ein paar Zweige frischer Kräuter, wie Rosmarin oder Thymian, ein Dutzend ganzer Pfefferkörner, 2 ganze Knoblauchzehen und/oder 2-3 EL grob geschnittene Zwiebel. Wenn Sie Kräuter, Pfefferkörner, Knoblauch oder Zwiebel zugeben, seihen Sie die Mixtur vor dem Abkühlen durch ein feinmaschiges Sieb ab. Sie dickt dann beim Abkühlen ein. Eine wunderbare und einfache Reduktion erhalten Sie auch aus 1 Teil Rotwein und 1 Teil Balsamicoessig. In einem Glasgefäß im Kühlschrank bleibt sie monatelang haltbar. Füllen Sie sie in eine Quetschflasche um und beträufeln Sie damit Salate, Gemüse oder Hauptgerichte.

Um einen unglaublich guten **italienischen Dip** für Brot, Artischockenherzen oder auch gedämpftes Gemüse herzustellen, vermengen Sie folgende Zutaten in einer kleinen Schüssel: 125 ml Olivenöl, 1 EL Balsamicoessig, 1 EL fein gehackte frische glatte Petersilie, 1 EL Hefeflocken (optional), 1 fein gehackte Knoblauchzehe, 1 TL fein gehackter frischer Oregano, ½ TL getrockneter Thymian, ¼ TL fein gehackter frischer Rosmarin, ½ TL Meersalz (nach Geschmack), ¼ TL zerstoßene rote Paprikaflocken und ⅛ TL frisch gemahlener schwarzer Pfeffer.

Caprese: Eine Tomate (wenn möglich einer alten Sorte) in dicke Scheiben schneiden. Jede Tomatenscheibe mit einem frischen Basilikumblatt und einer Scheibe veganem Käse nach Mozzarella-Art belegen. Mit hochwertigem Olivenöl und Balsamicoessig beträufeln und mit einer Prise Meersalz und frisch gemahlenem schwarzen Pfeffer bestreuen.

Tofu- oder Tempeh-Parmesan: 400 g festen Tofu in drei gleiche Stücke oder 225 g Tempeh in zwei Hälften zerschneiden und nach den Anleitungen auf Seite 45 marinieren und backen. Tomatensoße und geriebenen veganen Käse nach Mozzarella-Art darüber geben. In den Backofen zurückschieben und weitere 10 Min. bei 190 °C backen, bis der Käse schmilzt.

TEIL 2

Frankreich

Welche Weisheit kannst du finden, die größer ist als Güte?

– Jean-Jacques Rousseau –

Frankreich nimmt in der Welt der Feinschmecker solch einen besonderen Platz ein, dass es für manche den ultimativen Maßstab für kulinarische Güte setzt. Der französische Einfluss ist so stark, dass viele der vertrauten zeitgenössischen kulinarischen Begriffe französischen Ursprungs sind. Alle von uns haben schon in einem Restaurant, einem Café oder einem Bistro gesessen und einen Apéritif oder ein Dessert aus dem Menü bestellt.

Die Kochschule Cordon Bleu, im späten 19. Jahrhundert in Frankreich gegründet, ist die größte kulinarische Institution der Welt. Vielleicht haben Sie schon von einer ihrer berühmtesten Absolventinnen, der Köchin und Kochbuchautorin Julia Child, gehört. Sie besuchte die Schule in den späten 1940ern und gehörte zu den Wegbereitern der Französischen Küche in den USA. Als ich meine ersten veganen Klassen im Pariser Gentle Gourmet B&B unterrichtete, konnte ich ihren Geist spüren.

Einst als Erzfeind der veganen Touristen verschrien, ist auch in Frankreich die Küche viel veganerfreundlicher geworden, zumindest in den Großstädten. In Paris, wo vegetarische und vegane Gerichte im Überfluss angeboten werden, ist die vegane Bewegung ganz sicher gesund und wohlauf. Aktivisten, wie die Chefköchin Deborah Pivain und ihre Kinder Alex und Caroline, haben die Paris Vegan Days aus der Taufe gehoben, ein jährlich stattfindendes Veganerfestival.

Wie in vielen europäischen Ländern ist die französische Küche sehr vielfältig. Es gibt zahlreiche Regionalküchen, die jede ihre eigenen kulinarischen Traditionen und lokalen Spezialitäten hat. Fahren Sie in die Bretagne oder die Normandie, durch das Loiretal, die Provence oder Burgund, nach Südfrankreich am Mittelmeerstrand entlang und in die Gebirgsregionen der Alpen, und Sie werden ein reiches Angebot an Gerichten und Geschmacksrichtungen vorfinden. Sie werden spanische, italienische, deutsche, schweizerische und belgische Einflüsse entdecken, wenn Sie sich den Grenzen dieser Regionen nähern.
Auf Ihren Reisen durch Frankreich werden Ihnen Gemüsearten wie Porree, Schalotten, Möhren, Grünen Bohnen, Auberginen, Zucchini, Speiserüben, Oliven und Knoblauch begegnen. Bei den Pilzen sind die Trüffel besonders populär, aber es gibt auch Pfifferlinge, Austernseitlinge und Steinpilze.

Ihre Gerichte werden mit Kräutern, wie Estragon, Lavendel, Kerbel, Majoran, Lorbeerblatt, Thymian, Salbei, Rosmarin, Bohnenkraut, Basilikum, Fenchel und Oregano gewürzt sein. Die berühmten Kräuter der Provence enthalten eine für die südfranzösischen Regionen typische Kräutermischung und sind seit den 1970er-Jahren unter diesem Namen im Handel erhältlich. Die Mischung kann variieren; übliche

Zutaten sind jedoch Thymian, Bohnenkraut, Fenchel, Basilikum und Lavendel. Das Rezept auf Seite 94 zeigt Ihnen, wie Sie Ihre eigene Kräutermischung herstellen können. Zu den beliebtesten Früchten gehören Orangen, Zitronen, Mandarinen, Grapefruits, Tomaten, Aprikosen, Pfirsiche, Weintrauben, Äpfel, Birnen, Pflaumen und Beerenfrüchte, wie Erdbeeren, Himbeeren, Brombeeren, Schwarze und Rote Johannisbeeren. Buchweizen und Weizen sind die auf dem Land angebauten Getreidearten. Unter den Nussfrüchten ist die Marone König.

Frankreich ist für seine butter- und cremereiche Küche bekannt. Mit dem Aufkommen veganer Butter sowie pflanzlicher Käse- und Milchsorten und Cremes sind nun viele dieser klassischen Gerichte auch dem experimentierfreudigen veganen Koch zugänglich. Ich habe in diesen Abschnitt ein breites Spektrum an Cuisine française aufgenommen. Sie finden hier vegane Versionen vieler Klassiker wie Französische Zwiebelsuppe, Quiche, Bœuf Bourguignon und Bouillabaisse, aber auch Soßen, die für uns bislang tabu waren, zum Beispiel Sauce Béarnaise, Béchamel, Mornay und Hollandaise. Lernen Sie die fleischlosen Versionen von Gänseleber, Weinbergschnecken und sogar Froschschenkeln (offiziell Kermit-sicher!) kennen. Die Krönung sind selbstredend die Desserts mit einer Auswahl an Schokoladen-Crêpes, Lavendel-Trüffeln und Birnentorte sowie einer gekochten und einer ungekochten Mousse au Chocolat. *Bon appétit!*

Falsche Gänseleber

Diese Pastete ist viel leichter als echte Gänseleber und wird aus Walnüssen und Pilzen zubereitet. Ich biete zwei Rezepte an – einmal roh und einmal gekocht –, damit Sie zwei unterschiedliche Varianten dieses Klassikers ausprobieren können. Reichen Sie diese gänsefreundliche Version zu Crackern, als eigenständiges Gericht oder als Bestandteil der italienischen Bruschetta (Seite 36).

GEKOCHT: FÜR 250 ML PASTETE

- 2 EL Olivenöl
- 55 g gewürfelte gelbe Zwiebel
- 3 EL in dünne Scheiben geschnittener Stangensellerie
- 2 Knoblauchzehen, zerdrückt oder fein gehackt
- 50 g gehackte Walnüsse
- 3 EL gewürfelte Möhren
- 3 EL in dünne Scheiben geschnittener Porree
- 6 EL gewürfelte Shiitake-Pilze
- ½ TL scharfes Chilipulver oder ¼ TL Cayennepfeffer (nach Geschmack)
- 60 ml Wein (s. Kasten) oder Gemüsebrühe (Seite 122)
- 4 TL Wasser
- 1 EL frisch gepresster Zitronensaft
- 1 TL gehackter frischer Thymian
- ½ TL fein gehackter frischer Rosmarin
- ¾ TL Meersalz
- ¼ TL frisch gemahlener schwarzer Pfeffer
- ½ TL weizenfreies Tamari oder eine andere Sojasoße (optional)
- ¼ - ½ TL Trüffelöl
- 2 EL vegane Mayonnaise (gekauft oder selbst gemacht – Seite 318; optional)

1. In eine kleine Schmorpfanne bei mittlerer Hitze Öl, Zwiebel, Sellerie und Knoblauch geben und 2 Min. unter ständigem Rühren anbraten. Walnüsse, Möhren, Pilze und Chilipulver zugeben und 3 Min. unter häufigem Umrühren braten. Falls nötig, immer etwas Gemüsebrühe zuschütten, um ein Anbrennen zu vermeiden.
2. Den Wein zugeben und 5 Min. unter häufigem Umrühren garen. Dann die restlichen Zutaten mit Ausnahme der Mayonnaise, falls gewünscht, **hinzufügen** und ca. 3 Min. kochen, bis die Möhren knapp weich sind.
3. Das Ganze mit der veganen Mayonnaise in die Küchenmaschine geben und vor dem Servieren glatt mixen.

Chefkoch Patrick empfiehlt

französischen Sauvignon Blanc

ROH ♥: FÜR 250 ML PASTETE

65 g Walnüsse

6 EL gewürfelte Pilze

2 EL fein gewürfelte gelbe Zwiebel

2 EL + 1 TL Olivenöl

1 Knoblauchzehe

3 EL gewürfelte Möhren

3 EL in dünne Scheiben geschnittener Porree

2 EL Wasser

½ TL scharfes Chilipulver oder ¼ TL Cayennepfeffer (nach Geschmack)

1 EL frisch gepresster Zitronensaft

1 TL gehackter frischer Thymian

½ TL fein gehackter frischer Rosmarin

½ TL Meersalz

¼ TL frisch gemahlener schwarzer Pfeffer

1 TL weizenfreies Tamari oder eine andere Sojasoße (optional)

¼ - ½ TL Trüffelöl

1. Die Walnüsse in einer kleinen Schüssel 20 Min. in Wasser einweichen, so dass sie davon bedeckt sind. Abgießen und gründlich abspülen.
2. Zusammen mit der restlichen Zutaten in die Küchenmaschine geben und alles glatt mixen.

Schneckenfreie Weinbergschnecken

Irgendwann in der Geschichte der Menschheit meinte wohl jemand, es wäre doch toll, Schnecken zu essen, und die Franzosen fanden an dieser Idee Gefallen. In unserer Version des französischen Klassikers ersetze ich die Schnecken durch Pilze. Eine gute Idee, oder? Am besten gelingen sie, wenn Sie sie in einer großen Schmorpfanne mit Deckel zubereiten. Wenn Sie Ihre Gäste an der Nase herumführen möchten, servieren Sie sie auf einem klassischen Schneckenteller – einer Porzellanplatte mit Mulden (erhältlich in Haushaltwarengeschäften oder im Internet). Genießen Sie die „Nicht-Schnecken" als Vorspeise für sich alleine oder mit Pesto Magnifico (Seite 66) oder auch als Beilage zu Tempeh-Schmorbraten mit Kräutern der Provence (Seite 114) oder Regenbogengemüse mit scharfer Béchamelsoße (Seite 115).

FÜR 16 VEGANE SCHNECKEN

18 Champignons

FÜLLUNG

2 TL Olivenöl

3 EL fein gehackte Schalotten

Pilzstiele (ca. 60 g)

1 Prise Meersalz

1 Prise frisch gemahlener schwarzer Pfeffer

¼ TL Muskatpulver

1 Prise Cayennepfeffer (optional)

SOSSE

1 TL Olivenöl

1 EL fein gehackte Schalotten

3-4 Knoblauchzehen, zerdrückt oder fein gehackt

125 ml Weißwein (s. Kasten)

1 EL frisch gepresster Zitronensaft

2 EL vegane Butter

1 TL veganer Dijon-Senf

1 Prise Meersalz

1 Prise gemahlener weißer Pfeffer oder frisch gemahlener schwarzer Pfeffer

1 EL fein gehackte frische glatte Petersilie

1. Die Pilze mit einer Pilzbürste oder einem sauberen, leicht feuchten Lappen säubern. Die Stiele entfernen. Den untersten Teil der Stiele abschneiden und wegwerfen. Die verbleibenden Stiele und zwei ganze Pilze in Würfel schneiden und für die Füllung beiseitestellen.
2. Die Füllung zubereiten: Eine kleine Schmorpfanne bei mittelstarker Hitze auf den Herd stellen. Öl und Schalotten in die Pfanne geben und in 2 Min. unter ständigem Rühren anbraten. Die Pilzwürfel und die restlichen Zutaten für die Füllung hinzufügen und unter häufigem Umrühren 3 Min. braten. Die Füllung in die Pilze geben.
3. Die Soße zubereiten: Öl in eine große Schmorpfanne geben und auf mittlerer Stufe erhitzen. Schalotten und Knoblauch 2 Min. unter ständigem Rühren anbraten. Auf Hitze reduzieren, Wein, Zitronensaft und vegane Butter zugeben und gut umrühren. Die restlichen Zutaten für die Soße mit Ausnahme der Petersilie zufügen und gut umrühren.
4. Die gefüllten Pilze vorsichtig mit der Füllung nach oben zur Soße in die Pfanne legen und 10 Min. garen, dabei vorsichtig umrühren und die Pilze häufig begießen. Vor dem Servieren mit frischer Petersilie bestreuen.

Chefkoch Patrick empfiehlt

französischen Sauvignon Blanc

Französische Linsensuppe mit Thymian

Französische Linsen, auch als Puy-Linsen bekannt, stammen aus der Gegend der Stadt Le Puy-en-Velay in der Auvergne. Da sie auf vulkanischem Boden wachsen, gelten sie unter den Linsen wegen ihres starken, pfeffrigen Geschmacks als hochgeschätzte Kostbarkeit. Der Tempeh-Bacon trägt zur Konsistenz und zum vielschichtigen Aroma des Gerichts bei. Das Salz fügen Sie erst hinzu, wenn die Linsen fertig gekocht sind, sonst werden sie hart. Damit die Zubereitungszeit 30 Minuten nicht übersteigt, erhitzen Sie die Gemüsebrühe vor dem Hinzufügen. Die Linsensuppe passt zu Pilaw mit Fenchel und Safran (Seite 112) und zu Sellerie mit Morchelsoße (Seite 105).

▸ FÜR 6 PERSONEN

- 2 EL Olivenöl
- 1 gelbe Zwiebel, klein geschnitten
- 60 g in dünne Scheiben geschnittener Stangensellerie
- 3 Knoblauchzehen, zerdrückt oder fein gehackt
- 1 TL Kräuter der Provence (S. 94, optional)
- 250 g trockene Französische Linsen
- 1,75 l heiße Gemüsebrühe (Seite 122) oder Wasser
- 135 g in dünne Scheiben geschnittene Möhren
- 2 TL frischer Thymian
- 1 TL fein gehackter frischer Majoran
- 2 EL fein gehackte frische glatte Petersilie
- 1 TL Meersalz (nach Geschmack)
- ¼ TL frisch gemahlener schwarzer Pfeffer
- 1 Prise Cayennepfeffer
- 2 TL weizenfreies Tamari oder eine andere Sojasoße (optional)
- 170 g veganer Speckersatz oder Tempeh-Bacon (Seite 309) (optional)

1. Den Backofen auf 200 °C vorheizen und ein Backblech einfetten. Das Olivenöl bei mittelstarker Hitze in einen großen Topf geben. Zwiebeln, Stangensellerie, Knoblauch und, falls gewünscht, Kräuter der Provence darin 3 Min. unter häufigem Umrühren anbraten.
2. Linsen und Gemüsebrühe hinzugeben und zugedeckt 15 Min. unter gelegentlichem Umrühren kochen. Die Möhren hinzufügen und unter gelegentlichem Umrühren 7 Min. kochen. Die restlichen Zutaten mit Ausnahme des Speckersatzes in den Topf geben und gut umrühren.
3. Inzwischen die Speckstreifen auf das vorbereitete Backblech legen und 10 Min. backen. Dann wenden und weitere 10 Min. backen. Den Speck aus dem Ofen nehmen und in kleine Stücke schneiden. Zur Seite stellen.
4. Zum Servieren die Suppe in Suppenschüsseln gießen und die gebackenen Speckwürfel obenauf geben. Wenn Sie keinen Speckersatz verwenden, salzen und pfeffern Sie nach Geschmack nach.

Variationen

- Ersetzen Sie die Möhren durch entkernte und klein geschnittene Paprikaschoten, Pilze oder Kohl.
- Statt der Petersilie können Sie frisches Basilikum oder 1 EL Dill nehmen.
- Bestreuen Sie die Suppe mit etwas zerbröckeltem Tofu-Feta (Seite 217).
- Wenn Sie mehr Zeit haben, nehmen Sie statt Linsen Schälerbsen, die sie am besten mehrere Stunden im Voraus oder über Nacht einweichen, dann abspülen und gut abtropfen lassen, bevor Sie sie weiterverwenden. Um die gewünschte Konsistenz zu erreichen, fügen Sie, falls nötig, mehr Brühe hinzu.

Französische Zwiebelsuppe

Die bescheidene Zwiebel bildet die Grundlage dieser köstlichen Suppe. Ich sage bescheiden, obwohl uralt eine ebenso passende Beschreibung wäre. Zwiebeln wurden schon in der Bronzezeit angebaut und gehören seit über 7000 Jahren zu den beliebtesten Nahrungsmitteln des Menschen. Der Schlüssel zum Erfolg bei diesem Gericht liegt darin, die Zwiebeln lange genug zu garen, damit sie ein wenig karamellisieren und ihre natürliche Süße freisetzen kann. Sollten Sie die klassische ofenfeste Schüsseln besitzen, ist es jetzt an der Zeit für ihren Einsatz, denn sie tragen viel zum Gelingen unseres Vorhabens bei. Reichen Sie die Suppe zu einem leichten Lunch mit frischem Baguette und Provenzalischem Gemüsesalat (Seite 99).

▸ FÜR 6-8 PERSONEN

- 2 EL Olivenöl oder vegane Butter
- 2 große gelbe Zwiebeln, in dünne Scheiben geschnitten
- 1 TL Meersalz (nach Geschmack)
- ½ TL frisch gemahlener schwarzer Pfeffer
- 180 ml Rotwein oder 250 ml Sherry (s. Kasten)
- 1 EL Balsamicoessig
- 1,5 l Gemüsebrühe (s. Tipps und Tricks)
- 3 Zweige Thymian
- 2 Lorbeerblätter
- 5 Zweige glatte Petersilie
- 200 g geriebener veganer Käse nach Mozzarella- oder Cheddar-Art oder 25 g Hefeflocken (nach Geschmack)

CROUTONS

- ½ Baguette
- 2 EL Olivenöl
- ¼ TL Meersalz
- ¼ TL frisch gemahlener schwarzer Pfeffer

1. Die Suppe zubereiten: Das Olivenöl in einen großen Topf geben und auf mittlerer Stufe erhitzen. Zwiebeln, Salz und Pfeffer hinzufügen und unter ständigem Rühren 5 Min. anbraten. Wein und Essig hinzugießen und unter häufigem Umrühren 10 Min. kochen; falls nötig, kleine Mengen Gemüsebrühe zuschütten, um ein Anbrennen zu vermeiden.
2. Auf mittlere Hitze reduzieren, Gemüsebrühe und Kräuter in den Topf geben und 15 Min. unter gelegentlichem Umrühren kochen.
3. Inzwischen die Croutons zubereiten: Den Backofen auf Grillstufe stellen und ein Backblech einfetten. Das Baguette in 1,5 cm dicke Scheiben schneiden und auf das vorbereitete Backblech legen. Mit Olivenöl begießen und mit Salz und Pfeffer bestreuen. 5 Min. grillen, bis das Baguette knusprig ist.
4. Vor dem Servieren die Lorbeerblätter und Thymianzweige entfernen. Die Suppe in backofenfeste Schüsseln gießen, je eine Baguettescheibe hineinlegen und mit veganem Käse bestreuen. Die Schüsseln ca. 5 Min. unter den Grill stellen, bis der Käse schmilzt. Wenn Sie keine backofenfesten Schüsseln haben, streuen Sie den Käse einfach vor dem Servieren über die Suppe.

Chefkoch Patrick empfiehlt

sortenreinen französischen Côtes du Rhône, Grenache oder Syrah

Variationen

- Geben Sie vor dem Grillen 3 Knoblauchzehen, zerdrückt oder fein gehackt, zur Suppe und/oder auf das Baguette.
- Bestreuen Sie das Baguette mit 1 EL Italienischer Gewürzmischung (Seite 86).
- Geben Sie zusammen mit den Zwiebeln 1 in Scheiben geschnittenen Riesen-Champignon (Portobello) dazu.
- Geben Sie zusammen mit den Zwiebeln 1 EL geräuchertes Paprikapulver zu.

Tipps und Tricks vom Küchenchef

Die Gemüsebrühe ist für dieses Gericht eine wichtige Zutat. Wenn Sie mehr Zeit haben, bereiten Sie Ihre eigene Gemüsebrühe zu (Seite 122). Wenn Sie gekaufte Brühe verwenden, empfehle ich Bioprodukte, vegane Gemüsebrühe oder Brühwürfel mit Gemüsearoma (ein Würfel auf 500 ml Wasser).

Maronencremesuppe

Maronen werden überreichlich auf der französischen Insel Korsika angebaut und in ganz Europa als beliebter Snack oder als Zutat verkauft. Als ich in den Tuilerien-Gärten gerade mit großem Genuss geröstete Maronen knabberte, überlegte ich, wie ich diese Leckerei in dieses Buch integrieren könnte – das Ergebnis ist diese reichhaltige Cremesuppe. Rösten Sie ein paar Maronen mehr, denn nicht alle eignen sich für die Suppe (s. Tipps und Tricks); die überzähligen können Sie dann als Snack verwenden. Wenn Sie mit den gerösteten Maronen anfangen oder wenn Sie gekaufte Maronen verwenden, sind sie locker in 30 Minuten mit der Suppe fertig. Genießen Sie sie warm zu Buchweizen-Galettes mit Estragoncreme (Seite 111).

FÜR 6-8 PERSONEN

- 2 TL Öl
- 1 gelbe Zwiebel, gewürfelt
- 3-4 Knoblauchzehen, zerdrückt oder fein gehackt
- 65 g gewürfelte Shiitake-Pilze oder Pfifferlinge
- 1,35 l heiße Gemüsebrühe (Seite 122) oder Wasser
- ca. 40 Maronen mit Schale oder 420 g geröstete Maronen
- 70 g gewürfelte Möhren
- 100 g entkernte und gewürfelte rote Paprika
- 2 EL frisch gepresster Zitronensaft
- 2 EL fein gehackter Schnittlauch
- 2 TL fein gehackter frischer Majoran oder 1 TL getrockneter
- 1¾ TL Meersalz (nach Geschmack)
- ¼ TL frisch gemahlener schwarzer Pfeffer
- 1 Prise TL Cayennepfeffer

1. Den Backofen auf 260 °C vorheizen. Mit einem Messer vorsichtig (und ich meine wirklich vorsichtig!) ein Kreuz in die Oberseite jeder Marone einschneiden. Die Maronen auf ein Backblech legen und 20 Min. backen, bis die Schale leicht geschwärzt und das Fruchtfleisch goldbraun ist.
2. Inzwischen einen großen Topf bei mittelstarker Hitze aufstellen. Öl, Zwiebeln, Knoblauch und Pilze in den Topf geben und unter ständigem Rühren 5 Min. anbraten. Die Gemüsebrühe dazuschütten und 10 Min. kochen. Bei schwacher Hitze stehen lassen, bis die Maronen fertig sind.
3. Die Maronen vorsichtig aus der Schale lösen und mit 750 ml Gemüsebrühe im Mixer sämig rühren. In den Topf geben.
4. Die restlichen Zutaten hinzufügen und alles bei mittelstarker Hitze 7 Min. unter gelegentlichem Umrühren kochen. Je nach Stärkegehalt der Maronen werden Sie etwas Brühe zugeben müssen, um die gewünschte Konsistenz zu erlangen. Falls ja, würzen Sie mit Salz und Pfeffer nach Geschmack nach.

Variationen

- Reichen Sie die Suppe mit einem Schlag veganem Sauerrahm (Seite 282).
- Geben Sie 2 TL fein gehackten frischen Salbei und 1 TL frischen Thymian dazu.

Tipps und Tricks vom Küchenchef

Sobald die Maronen geröstet sind, säubern Sie sie sorgfältig von allen Schalen- und Innenhautresten. Für das Rezept wählen Sie nur die goldbraunen und knapp festen aus. Alle zu harten, schimmeligen oder lädierten Früchte werfen Sie weg.

Provenzalischer Gemüsesalat

Ein vergnügliches und erfrischendes Gericht aus frischem saisonalem Gemüse. Das Dressing, delikat mit traditionellen französischen Küchenkräutern gewürzt, schmeckt zu jedem Salat oder mit gedämpftem oder gebackenem Gemüse magnifique. Reichen Sie den Salat als Beigabe zu Seitan Bourguignon (Seite 118), Quiche Monet (Seite 119) oder Tofumuscheln mit Safran-Kräuter-Butter (Seite 116).

▸ FÜR 4-6 PERSONEN

Provenzalisches Dressing

- 1 EL Kräuter der Provence (Seite 130)
- 3 EL Olivenöl
- 1 EL frisch gepresster Zitronensaft
- 1 Knoblauchzehe, zerdrückt oder fein gehackt
- 2 TL Rotweinessig
- 2 TL veganer Dijon-Senf
- 1 TL reiner Ahorn-, Agaven- oder Kokosblütensirup (Seite 319)
- ½ TL Meersalz
- ¼ TL frisch gemahlener schwarzer Pfeffer
- ¼ TL zerstoßene rote Paprikaflocken
- Trüffelöl (Seite XXVII) (optional)

Salat

- 2 mittelgroße Tomaten, entkernt und in 1,5 cm große Stücke geschnitten
- 125 g entkernte und klein geschnittene Salatgurke
- 2 EL fein gehackte frische glatte Petersilie
- 125 g klein geschnittene und gekochte grüne Bohnen
- 200 g Mais
- 2-3 EL in dünne Scheiben geschnittene Frühlingszwiebel
- 2-3 EL klein geschnittene Oliven (optional)

1. Für das Dressing alle Zutaten in einer kleinen Schüssel gut miteinander verquirlen.
2. Für den Salat die übrigen Zutaten in einer großen Schüssel mischen. Das Dressing über den Salat geben und gründlich unterheben.
3. Am besten schmeckt der Salat, wenn Sie ihn vor dem Servieren mindestens 10 Min. ziehen lassen.

Vegane Bouillabaisse

Ein traditionelles Eintopfgericht, das normalerweise aus verschiedenen Fischen und Meeresfrüchten besteht und dessen Wurzeln bis 600 v. Chr. zurückreichen, als die alten Griechen in der provenzalischen Hafenstadt Marseille herumlungerten. Diese innovative Version erhält ihr typisches Seearoma durch die Braunalge Arame. Wenn Sie mehr Zeit haben, können Sie ein Kräutersträußchen vorbereiten (s. Kasten). Die Bouillabaisse servieren Sie als Teil einer französischen Mahlzeit zu Pilaw mit Fenchel und Safran (Seite 112) und Provenzalischem Gemüsesalat (Seite 99).

▸ FÜR 4-6 PERSONEN

- 400 g fester Tofu
- 60 ml frisch gepresster Zitronensaft
- 250 ml Weißwein (s. Kasten)
- 1 EL Olivenöl
- 2 EL gewürfelte Schalotten
- 6 EL in dünne Scheiben geschnittener Stangensellerie
- 3 EL fein gehackte oder in dünne Scheiben geschnittene Fenchelknolle
- 2 Knoblauchzehen, zerdrückt oder fein gehackt
- ½ TL entkernte und gewürfelte scharfe Chilischoten
- 65 g gewürfelte Shiitake-Pilze
- 750 ml heiße Gemüsebrühe (Seite 122) oder Wasser
- 2 Lorbeerblätter
- 25 g Arame Algen
- ½ TL Safranfäden
- 2 TL frischer Thymian
- 1 EL fein gehackte frische glatte Petersilie
- 200 g entkernte und klein geschnittene Tomaten
- 1¾ TL Meersalz
- ¼ TL frisch gemahlener schwarzer Pfeffer
- fein gehackte frische glatte Petersilie zum Garnieren

1. Den Tofu in drei Scheiben schneiden. Die Scheiben aufeinanderlegen und dreimal quer und viermal längs durchschneiden. Diese Würfel mit dem Zitronensaft und 125 ml Wein in ein flaches Gefäß geben und 10 Min. ziehen lassen. Dabei gelegentlich vorsichtig umrühren und darauf achten, dass sie immer knapp mit der Marinade bedeckt sind.
2. Inzwischen einen großen Topf auf den Herd stellen und auf mittlerer Stufe erhitzen. Öl, Schalotten, Stangensellerie, Fenchel, Knoblauch, Chilischoten und Shiitake-Pilze hineingeben und unter ständigem Rühren 3 Min. anbraten.
3. Hitze reduzieren, die restlichen 125 ml Wein und die Gemüsebrühe dazuschütten, Lorbeerblätter, Arame Algen und Safran zugeben und gut umrühren. Thymian und Petersilie hinzufügen und 10 Min. unter gelegentlichem Umrühren kochen.
4. Den Tofu mit der Marinade zugeben und 10 Min. kochen, dabei von Zeit zu Zeit vorsichtig umrühren. Tomaten, Salz und Pfeffer hinzufügen und gut umrühren. Die Lorbeerblätter herausnehmen, mit Petersilie garnieren und bon appétit!

Chefkoch Patrick empfiehlt

französischen Roséwein oder kalifornischen Chardonnay

Variationen

- Backen Sie den Tofu bei 200 °C, bevor Sie ihn in die Bouillabaisse geben.
- Anstatt frischer können Sie auch getrocknete Shiitake-Pilze nehmen. Weichen Sie drei oder vier getrocknete Pilze ca. 10 Min. in 250 ml kochendem Wasser ein, bis sie weich genug zum Schneiden sind. Mit dem Einweichwasser können Sie einen Teil der Gemüsebrühe ersetzen.
- Wenn Sie mehr Zeit haben, lassen Sie die Bouillabaisse weitere 20 Min. kochen, damit sie aromatischer wird.

Tipps und Tricks vom Küchenchef

Kräutersträußchen

Anstatt der losen Blätter verwenden Sie Thymianzweige und binden Sie diese zusammen mit Lorbeerblättern und Petersilie mit einem Stück Küchenschnur zusammen.

Pommes frites

Für den politisch korrekten Amerikaner sind es Freedom fries, für den weniger korrekten French fries – auf den europäischen Speisekarten sind sie allgegenwärtig. Tatsächlich sind Pommes frites eines der Grundnahrungsmittel veganer Touristen in Frankreich. Lesen Sie unter Variationen nach, wie dieses populäre Gericht in den verschiedenen Ländern serviert wird. Wenn Sie mehr Zeit zur Verfügung haben, lassen Sie sie 10 Minuten länger im Backofen, damit sie knuspriger werden. Servieren Sie sie als Beilage zu Tofumuscheln mit Safran-Kräuter-Butter (Seite 116), Seitan Bourguignon (Seite 118) oder Rührtofu mit Schnittlauch und Wildpilzen (Seite 120).

▸ FÜR 4-6 PERSONEN

4 mehligkochende Kartoffeln (ca. 1,5 kg) (Seite 120)

3 EL Olivenöl

1 TL Meersalz

½ TL frisch gemahlener schwarzer Pfeffer

1. Den Backofen auf 230 °C vorheizen. Ein oder zwei Backbleche gut einfetten.
2. Die Kartoffeln in 1,5 cm dicke Scheiben und jede Scheibe in 1,5 cm breite Streifen schneiden. Zusammen mit den restlichen Zutaten in eine Schüssel geben und vorsichtig wenden, um sie rundum mit dem Öl zu benetzen.
3. Auf das vorbereitete Backblech legen und ca. 15 Min. backen, bis sie knapp weich sind.
4. Mit Ketchup oder einer der folgenden Zutaten reichen.

Variationen

- Probieren Sie verschiedene Kartoffelsorten, Yamswurzeln oder Süßkartoffeln aus oder auch Pastinaken. Die Backzeit bleibt ungefähr dieselbe. Lassen Sie die Pommes Frites so lange im Backofen, bis ein Messer leicht durch das Gemüse gleitet.
- Für Knoblauch-Fritten fügen Sie dem Olivenöl drei zerdrückte oder fein gehackte Knoblauchzehen hinzu.
- Servieren Sie sie mit einer Ketchup-Mayonnaise aus gleichen Teilen Ketchup und veganer Mayonnaise (gekauft oder selbst gemacht – Seite 318).
- Wenn Sie Käse-Fritten möchten, bestreuen Sie sie vor dem Servieren mit geriebenem veganem Käse oder begießen Sie sie mit Soße Mornay (Seite 115).
- Ein italienisches Flair erhalten Sie, wenn Sie dem Öl 1 EL Italienische Gewürzmischung (Seite 86) zufügen.
- Belgische Frites servieren Sie mit veganer Mayonnaise (gekauft oder selbst gemacht – Seite 318).
- Für britische Chips – mit Salz und Essig – geben Sie nach dem Backen und vor dem Servieren 1 EL oder mehr Malzessig oder einen anderen Essig dazu.
- Wünschen Sie griechische Akzente, reichen Sie Tsatsiki (Seite 216) dazu.

Grüne Bohnen mit Beurre blanc

Die französische Küche ist für ihre üppigen und ausschweifenden Zutaten bekannt, wie Butter und Creme. Mit dem Aufkommen veganer Butter können nun auch Veganer zu besonderen Gelegenheiten die Aromen der traditionellen französischen Küche genießen. Beurre blanc ist eine helle Buttersoße. Diese hier wird aus Weißwein und veganer Butter zubereitet. Sie eignet sich als Beilage zu Tempeh-Schmorbraten mit Kräutern der Provence (Seite 114) oder zur Quiche Monet (Seite 119).

▸ FÜR 4-6 PERSONEN

450 g grüne Bohnen, die Stiele entfernen

1 EL Olivenöl

3 Knoblauchzehen, zerdrückt

2 EL gewürfelte Schalotten

2 EL frisch gepresster Zitronensaft

1 EL Weißweinessig

60 ml Weißwein (s. Tipp)

½ TL Meersalz

¼ TL frisch gemahlener schwarzer Pfeffer

1 Prise Cayennepfeffer

3 EL eiskalte vegane Butter

3 EL Mandelblättchen, geröstet (Seite 307)

1. Einen mittelgroßen Topf mit Dämpfeinsatz 2,5 cm hoch mit Wasser füllen. Wasser zum Köcheln bringen. Die grünen Bohnen in den Dämpfeinsatz geben und zugedeckt ca. 5 Min. knapp weich dämpfen. Aus dem Dämpfeinsatz nehmen und in einem Durchschlag unter fließend kaltem Wasser oder in einer Schüssel mit Eis abkühlen, um den Garprozess zu unterbrechen. Gut abtropfen lassen.
2. Inzwischen das Olivenöl in eine große Schmorpfanne bei mittelstarker Hitze geben. Knoblauch und Schalotten hineingeben und unter ständigem Rühren 3 Min. anbraten.
3. Auf mittlere Hitze reduzieren, die restlichen Zutaten mit Ausnahme von Bohnen, veganer Butter und Mandelscheiben zufügen und unter häufigem Umrühren 5 Min. garen.
4. Die grünen Bohnen hineingeben und ca. 3 Min. erhitzen, dabei mit einer Zange wenden. Die Bohnen herausnehmen und auf eine Servierplatte legen.
5. Die Pfanne von der Kochplatte nehmen. Die kalte Butter mit einem Schneebesen unterschlagen, um eine cremige Soße zu erhalten. Die grünen Bohnen mit der Soße begießen und mit Mandelscheiben bestreuen.

Chefkoch Patrick empfiehlt

französischen Sauvignon Blanc

Variationen

- Statt der grünen Bohnen können Sie auch die gleiche Menge Broccoli oder Blumenkohlröschen nehmen.
- Anstelle der Mandeln können Sie gehackte Haselnüsse oder Pekannüsse verwenden.
- Diese Soße ist auch als Beigabe zu gedämpftem Gemüse très chic. Bereiten Sie nur das Rezept ohne Gemüse zu und begießen Sie dann gedämpftes Gemüse Ihrer Wahl damit.

Sellerie mit Morchelsoße

Der Knollensellerie ist die Selleriewurzel, stammt aber von einer anderen Sorte ab als der Stangensellerie. Mit seinem sellerie- und petersilienartigen Aroma eignet er sich hervorragend zum Braten und Backen. Speisemorcheln (s. Tipps und Tricks) haben eine wunderschöne Honigfarbe und sind eine hochgeschätzte Delikatesse. Wenn Sie keine frischen Morcheln bekommen können, nehmen Sie getrocknete. Fügen Sie diese beiden Rockstars zusammen – et voilà! Servieren Sie das Gericht zu Veganer Bouillabaisse (Seite 100) und Pilaw mit Fenchel und Safran (Seite 112) oder verwenden Sie es als Füllung für Buchweizen-Galettes (Seite 111).

FÜR 6 PERSONEN

- 65 g frische Speisemorcheln, den holzigen Stiel entfernen
- 60 ml Olivenöl
- 60 g Schalottenscheiben
- 3 – 4 Knoblauchzehen, fein gehackt oder zerdrückt
- 1 Knollensellerie, geschält und in dünne Spalten geschnitten (s. Tipps und Tricks)
- 500 ml Gemüsebrühe (Seite 122) oder Wasser
- 2 EL Hefeflocken (optional)
- 2 EL weißes Dinkelmehl
- ¾ TL Meersalz (nach Geschmack)
- ½ TL frisch gemahlener schwarzer Pfeffer
- 1 Prise Cayennepfeffer oder nach Geschmack
- 3 EL fein gehackter frischer Schnittlauch
- 1 EL fein gehackter frischer Estragon (optional)

1. Die Morcheln gründlich unter kaltem Wasser abspülen und vom Schmutz befreien. In einem Durchschlag abtropfen lassen.
2. 2 EL Olivenöl bei mittelstarker Hitze in eine große Schmorpfanne geben. Schalotten und Knoblauch hinzufügen und 3 Min. unter häufigem Umrühren anbraten. Den Sellerie dazugeben und 5 Min. braten, dabei häufig umrühren und, falls nötig, immer etwas Wasser zuschütten, um ein Anbrennen zu vermeiden.
3. Morcheln, Gemüsebrühe und, falls gewünscht, Hefeflocken dazugeben und alles zusammen unter häufigem Umrühren 5 Min. garen.
4. Für die Mehlschwitze das Mehl und die verbleibenden 2 EL Olivenöl in einer kleinen Schüssel zu einem Brei verrühren.
5. Die Mehlschwitze in die Schmorpfanne geben und unter häufigem Umrühren 5 Min. kochen. Die Soße dickt dabei ein. Die restlichen Zutaten hinzufügen und vor dem Servieren gut umrühren.

Variationen

- Verwenden Sie statt Morcheln Shiitake-Pilze, Austernseitlinge oder Champignons.
- Den Sellerie können Sie durch die gleiche Menge an Kartoffeln ersetzen.
- Anstatt Estragon nehmen Sie fein gehackten frischen Dill oder 2 EL fein gehacktes Basilikum oder glatte Petersilie.

Tipps und Tricks vom Küchenchef

Schneiden Sie die Sellerieknolle nach dem Schälen halb durch und dann in Viertel. Entfernen Sie das weiche Innere und schneiden Sie sie dann für das Rezept in dünne Spalten. Wenn Sie getrocknete Morcheln verwenden, geben Sie 125 ml oder 20 g Trockenpilze in 250 ml heißes Wasser und weichen sie darin 5 Min. ein. Dann abgießen, gut abspülen und mit 500 ml heißem Wasser oder Gemüsebrühe in eine Schüssel geben. Mit der zweiten Portion des Einweichwassers können Sie bei diesem Rezept die Gemüsebrühe ersetzen.

Spargel Hollandaise

Es tobt ein erbitterter Streit darüber, ob die Soße französischen oder holländischen Ursprungs ist. Seit etwa 1600 gehört sie zu den fünf Grundsoßen der französischen Haute Cuisine. Wer immer sie auch erfunden hat – diese reichhaltige Soße wird traditionell mit einer Emulsion aus Eiern und Butter hergestellt. Unsere Version kreiert die dekadente Fülle dieser besonderen Tafelfreude stattdessen mit veganer Mayonnaise und Butter. Reichen Sie sie zu Tempeh-Schmorbraten mit Kräutern der Provence (Seite 114) oder Tofu Mediterran mit Pistazienkruste (Seite 286) und Safran-Quinoa-Pilaw (Seite 289).

▸ FÜR 4-6 PERSONEN

- 1 großer Bund Spargel
- 2 EL vegane Butter
- 1 EL Hefeflocken
- ¼ TL Kurkumapulver
- 180 ml vegane Mayonnaise (gekauft oder selbst gemacht – Seite 318)
- 1 Prise Meersalz
- 1 Prise gemahlener weißer Pfeffer
- 1 Prise Cayennepfeffer (optional)
- 1 EL ungesüßte Sojamilch oder Sojasahne
- 1 ½ EL frisch gepresster Zitronensaft
- Paprikapulver
- Schwarze Sesamsamen

1. Einen mittelgroßen Topf mit Dämpfeinsatz 2,5 cm hoch mit Wasser füllen. Das Wasser bei mittelstarker Hitze zum Köcheln bringen. Den Spargel hineingeben und zugedeckt ca. 6 Min. knapp weich dämpfen. Den Topf von der Kochplatte nehmen, den Spargel abgießen und auf eine Servierplatte legen.
2. Inzwischen die vegane Butter in eine kleine Schmorpfanne bei schwacher Hitze geben. Sobald die Butter schmilzt, auf schwache Hitze reduzieren. Die restlichen Zutaten mit Ausnahme des Zitronensafts zugeben und einige Minuten lang köcheln lassen, dabei unablässig schlagen (der Schneebesen muss in ständiger Bewegung sein, damit die Soße nicht gerinnt). Den Zitronensaft zufügen und gut unterschlagen. Die Soße vom Herd nehmen und über den gedämpften Spargel geben. Mit etwas Paprikapulver und Schwarzen Sesamsamen garnieren.

Grillchampignons mit Sauce Béarnaise

Wie die Hollandaise ist auch die Sauce Béarnaise eine Grundsoße der französischen Küche, die traditionell aus geklärter Butter und Eigelb zubereitet wird. Ihre Erfindung wird Restaurantchef Collinet zugeschrieben, der auch durch seine Pommes soufflées berühmt geworden ist. Diese Version erhält ihre gelbe Farbe von der Kurkuma, einem Gewürz, das in indischen Currys verwendet wird. Dieses Gericht eignet sich als Beilage zu Quiche Monet (Seite 119) oder Seitan Bourguignon (Seite 118). Die Soße schmeckt wunderbar zu gegrilltem Tofu oder Tempeh (Seite 310).

FÜR 4 PERSONEN

- 1 EL weizenfreies Tamari oder eine andere Sojasoße
- 1 EL Olivenöl
- 2 TL Rotweinessig
- 4 Riesen-Champignons (Portobello; s. Kasten)

SAUCE BÉARNAISE

ERGIBT CA. 250 ML SOSSE

- 1 TL Olivenöl
- 2 EL gewürfelte Schalotten
- 125 ml vegane Mayonnaise (gekauft oder selbst gemacht – s. S. Seite 318)
- 1 EL vegane Butter
- 60 ml ungesüßte Sojamilch
- ½ TL Kurkumapulver
- 1 Prise Meersalz
- 1 Prise frisch gemahlener schwarzer Pfeffer
- 1 TL fein gehackter frischer Estragon
- 1 TL fein gehackter frischer Kerbel (optional)
- 1 TL Weißweinessig

1. Einen Grill vorheizen. Tamari, Olivenöl und Essig in einer Auflaufform verrühren. Die Champignons zugeben und 10 Min. marinieren, dabei gelegentlich wenden.
2. Für die Soße eine kleine Schmorpfanne bei mittelstarker Hitze aufstellen, Öl und Schalotten hineingeben und unter ständigem Rühren 2 Min. anbraten. Auf mittlere Hitze reduzieren, die restlichen Zutaten hinzufügen und unter gelegentlichem Umrühren 5 Min. kochen.
3. Die Pilze grillen, bis sich Grillstreifen zeigen und die Pilze knapp weich sind, etwa 7 Min. auf jeder Seite. Vor dem Servieren mit Soße beträufeln.

Variationen

- Sie können die Pilze auch bei 200 °C im Ofen backen.
- Die Pilze lassen sich durch Tofu- oder Tempehschnitzel ersetzen (Seite 310).
- Geben Sie 2 TL Kapern an die Soße.

Tipps und Tricks vom Küchenchef

Wenn Sie möchten, können Sie die Lamellen der Pilze mit einem Löffel entfernen, das ergibt eine bessere Konsistenz. Auch die Haut sollte vorsichtig abgezogen werden, damit sie die Marinade besser aufnehmen können.

Röstkürbis mit Trüffelcremesoße

Trüffel sind sehr wertvolle Speisepilze. Und wenn ich sage „sehr wertvoll“, dann meine ich damit, dass Sie Ihre Eigentumswohnung am Meer verkaufen müssten, um sich die teuerste Variante leisten zu können, denn erst kürzlich wurde das Kilogramm Trüffel für über 300 000 Dollar an den Mann gebracht! Glücklicherweise gibt es Trüffelöl, das unseren Gerichten das geschätzte Aroma verleihen kann. Für die auf Cashewkernen basierende Cremesoße macht bereits eine kleine Menge davon viel aus. Die Soße passt gut zu gedämpftem Gemüse oder zu Tofu- oder Tempehschnitzeln (Seite 310). Reichen Sie das Gericht als Beilage zu Tofumuscheln mit Safran-Kräuter-Butter (Seite 116) oder Tempeh-Schmorbraten mit Kräutern der Provence (Seite 114).

FÜR 2 – 4 PERSONEN

1 mittelgroßer Moschuskürbis (ca. 1 kg), entkernt und in 1,5 cm dicke Scheiben geschnitten

Olivenöl

1 Prise Meersalz

1 Prise frisch gemahlener schwarzer Pfeffer

fein gehackter frischer Estragon

KARAMELLISIERTE ZWIEBEL

1 EL Olivenöl

1 große gelbe Zwiebel, in dünne Scheiben geschnitten

1 TL Zucker (optional)

2 TL Rotweinessig

wenige Tropfen Trüffelöl (optional)

1 Prise Meersalz (nach Geschmack)

SOSSE

75 g rohe Cashewkerne

310 ml ungesüßte Soja-, Reis- oder eine andere milchfreie Milch

¼ TL Trüffelöl (nach Geschmack) (Seite XXVII)

¼ TL Meersalz

1 Prise gemahlener weißer Pfeffer

1 TL fein gehackter frischer Estragon oder Dill

1. Den Backofen auf 230 °C vorheizen. Die Kürbisscheiben in einer Schüssel mit Olivenöl beträufeln, salzen und pfeffern und in dieser Marinade wälzen. Auf ein Backblech mit Rand oder in eine Auflaufform geben und das Gefäß ca. 1 cm hoch mit Wasser füllen. Ca. 20 Min. backen, bis der Kürbis so weich ist, dass ein Messer leicht eindringen kann.
2. Inzwischen die Cashewkerne in ca. 500 ml Wasser 15 Min. einweichen. Währenddessen die Zwiebel zubereiten: Das Öl in eine Schmorpfanne bei mittelstarker Hitze geben und die Zwiebel darin 3 Min. unter ständigem Rühren anbraten. Die restlichen Zutaten für die Zwiebelmischung hinzufügen und die Zwiebel darin 15 Min. unter gelegentlichem Umrühren karamellisieren.
3. Wenn die Cashewkerne richtig eingeweicht sind, werden sie abgegossen und gut abgespült und dann in einem starken Mixer mit den restlichen Zutaten für die Soße mit Ausnahme des Estragons glatt gemixt. Alles in einen kleinen Topf geben und bis zum Servieren bei geringer Hitze warm halten.
4. Vor dem Servieren jede Kürbisscheibe mit Soße beträufeln, karamellisierte Zwiebel obenauf geben und mit Estragon garnieren.

Variationen

- Statt Moschuskürbis können Sie auch Riesenkürbis, Eichelkürbis, Delicata-Kürbis oder Pumpkin-Sorten verwenden.
- Ersetzen Sie den Kürbis durch Yamswurzeln oder Süßkartoffeln.
- Bestreichen Sie den Kürbis mit veganer Butter, bevor Sie die Zwiebel darauflegen.
- Wenn Sie mehr Zeit haben, können Sie die Zwiebel bis zu 45 Min. bei schwacher Hitze und unter häufigem Umrühren noch stärker karamellisieren.

Tipps und Tricks vom Küchenchef

Ich sage meinen Schülern immer: „Wenn ihr eure Gäste mit euren Kochkünsten beeindrucken wollt, braucht ihr nur Zwiebeln zu braten.“ Innerhalb weniger Minuten wird die Küche voller Leute sein, die Ihnen sagen, wie gut das riecht und was für ein großartiger Koch Sie sind!

„Kermits Freude“: Falsche Froschschenkel mit Schalotten-Knoblauch-Topping

Das war das letzte Rezept, das ich für dieses Buch kreiert habe. Es ist mein Kommentar zur „guten Idee“, Froschschenkel zu essen, auf die, ähnlich wie bei den Weinbergschnecken, mal irgendjemand im Verlauf der Geschichte gekommen ist. Es ist das dritte Gericht meiner so genannten „Freudenserie“, zu der auch die Peking-Ente „Daffys Freude“ aus The 30 Minute Vegan‘s Taste of the East und der thunfischfreie Salat „Charlies Freude“ aus Vegan Fusion World Cuisine gehören. Sie können sich denken, warum Kermit erfreut ist, wenn wir Tofu anstelle seiner Schenkel verwenden! Genießen Sie das Gericht als Teil einer Mahlzeit aus Sellerie mit Morchelsoße (Seite 105) und Safran-Quinoa-Pilaw (Seite 289).

FÜR 6 PERSONEN

MARINADE

3 EL frisch gepresster Zitronensaft

3 EL Hefeflocken

2 TL Olivenöl

½ TL Meersalz

¼ TL frisch gemahlener schwarzer Pfeffer

einige Tropfen Liquid Smoke (Flüssigrauch; optional)

einige Tropfen Trüffelöl (optional)

400 g fester Tofu

SCHALOTTEN-KNOBLAUCH-TOPPING

2 TL Olivenöl

60 g gewürfelte Schalotten

3 Knoblauchzehen, zerdrückt oder fein gehackt

½ TL entkernte und klein geschnittene scharfe Chilischoten

60 ml Weißwein (s. Kasten)

1 EL vegane Butter

¼ TL Meersalz (nach Geschmack)

1 EL frisch gepresster Zitronensaft

2 EL fein gehackte frische glatte Petersilie

2 TL fein gehackter frischer Estragon

1. Den Backofen auf der höchsten Grillstufe (ca. 260 °C) vorheizen. Alle Zutaten für die Marinade mit Ausnahme des Tofu in einer Auflaufform gründlich miteinander vermengen. Den Tofu in drei gleiche Scheiben und jede Scheibe in fünf lange Streifen schneiden. Den Tofu so in die Marinade legen, dass Platz zwischen den Streifen bleibt und sie knusprig werden können. Die Streifen in der Marinade wenden, um sie rundum zu benetzen. 20 Min. grillen, dabei nach 10 Min. wenden.
2. Inzwischen Öl, Schalotten, Knoblauch und Chilischoten in einer kleinen Schmorpfanne 3 Min. bei mittelstarker Hitze anbraten und gelegentlich umrühren. Auf schwache Hitze reduzieren und 5 Min. unter gelegentlichem Umrühren weiter braten. Die restlichen Zutaten für das Topping hinzugeben und unter gelegentlichem Umrühren 5 Min. garen.
3. Den Tofu auf einer Platte oder auf einzelnen Tellern mit dem Schalotten-Knoblauch-Topping obenauf anrichten.

Chefkoch Patrick empfiehlt

trockenen französischen Chardonnay oder Chablis

Buchweizen-Galettes mit Estragoncreme

Galettes sind ein beliebtes Gericht aus der Bretagne, wo Buchweizenfelder die Landschaft zieren. Wenn Sie kein Buchweizenmehl bekommen, können Sie sich Ihr eigenes aus Buchweizengrütze mahlen. Wir braten hier kleine Galettes, die zusammengerollt werden, um die Füllung aufzunehmen. Und für die Füllung sind der Fantasie keine Grenzen gesetzt, ob nun süß oder herzhaft. Unter Variationen finden Sie weitere Vorschläge. Diese herzhafte Variante passt perfekt zu Suppen und Eintöpfen, wie der Französischen Zwiebelsuppe (Seite 96), der Veganen Bouillabaisse (Seite 100) oder der Maronencremesuppe (Seite 98).

▸ FÜR 9 GALETTES

GALETTES

- 150 g Buchweizenmehl
- 70 g weißes Dinkelmehl
- ½ TL Meersalz
- ¼ TL Backnatron
- 430 ml Wasser
- 1 EL gemahlene Leinsamen, vermischt mit 3 EL Wasser
- 2 EL Öl
- ½ TL frisch gepresster Zitronensaft oder Apfelessig
- Öl zum Braten

ESTRAGONCREME

- 125 ml vegane Mayonnaise (gekauft oder selbst gemacht – Seite 318)
- 1 Knoblauchzehe, zerdrückt oder fein gehackt
- 1 Prise Meersalz
- 1 Prise frisch gemahlener schwarzer Pfeffer
- 1 Prise zerstoßene rote Paprikaflocken
- 2 EL fein gehackter Estragon
- 1 Tropfen Trüffelöl (optional)
- 1 EL fein gehackter frischer Schnittlauch (optional)

1. Für den Galette-Teig in einer Schüssel Buchweizenmehl, Dinkelmehl Salz und Backnatron mischen. In einer anderen Schüssel Wasser, Leinsamenmischung, Öl und Zitronensaft verrühren. Die flüssige Mischung zur Trockenmischung geben und zu einem Teig verkneten. Beiseitestellen.
2. In einer großen Bratpfanne ein wenig Öl bei starker Hitze erhitzen. 60 ml Teig in die Pfanne gießen, mit einem Pfannenwender dünn ausstreichen, sodass ein etwa 15 cm großer Pfannkuchen entsteht. Die Galette ca. 2 Min. braten, bis der Teig Blasen wirft. Vorsichtig wenden und je nach Hitze der Pfanne eine weitere Minute braten, bis beide Seiten goldbraun sind.
3. Während die Galettes braten, die Estragoncreme zubereiten. Dazu alle Zutaten in einer kleinen Schüssel gründlich verrühren.
4. Vor dem Servieren auf jeder Galette 2 EL Estragoncreme verstreichen und sie zu einer ca. 5 cm dicken Rolle zusammenrollen.

Variationen

- Fügen Sie zur Füllung Spinat, rote Zwiebelscheiben und Tomatenscheiben zu.
- Für eine süße Galette nehmen Sie den Schoko-Haselnuss-Aufstrich (Seite 122) oder die Bliny-Füllung (Seite 292) und bestreuen das Ganze mit Puderzucker.
- Probieren Sie die Galettes mit veganem Frischkäse und Konfitüre oder veganem Frischkäse, Chutney und Avocado aus.
- Geben Sie die Grillchampignons mit Sauce Béarnaise dazu (Seite 107).
- Mixen Sie die Estragoncreme mit Pesto Magnifico (Seite 66), und geben Sie Tomatenscheiben dazu.
- Weitere Vorschläge finden Sie bei den Variationen der Schoko-Haselnuss-Crêpes (Seite 122).

Pilaw mit Fenchel und Safran

Machen Sie aus Ihrem gewöhnlichen Reis etwas Außergewöhnliches! Der Safran, das kostbarste Gewürz der Welt (Seite XX), verleiht ihm Farbe und ein ausgeprägtes Aroma. Um dieses Gericht in 30 Minuten zubereiten zu können, nehmen wir weißen Basmati-Reis. Sie können jedoch ebenso gut jedes andere Getreide verwenden und Ihr Lieblingsgemüse dazugeben, um einen Pilaw zu zaubern, der Ludwig XIV. würdig wäre. Servieren Sie ihn als Teil einer Fusionsmahlzeit mit Tempeh-Sauerbraten (Seite 255), Grilltofu mit Meerrettichsoße (Seite 193) oder Zitronen-Tempeh mit Spargelcremesoße (Seite 74).

▸ FÜR 6-8 PERSONEN

1 EL Olivenöl

2 EL fein geschnittene Schalotten

50 g in dünne Scheiben geschnittener Fenchel

430 g ungekochter weißer Basmati-Reis

875 ml Gemüsebrühe (Seite 122) oder Wasser

1 TL Meersalz (nach Geschmack)

¼ - ½ TL Safranfäden

1 Prise frisch gemahlener schwarzer Pfeffer

2 EL frisch gepresster Zitronensaft

2 – 3 EL vegane Butter (optional)

2-3 EL gehackter Schnittlauch

½ TL zerstoßene rote Paprikaflocken (optional)

1. In einem mittelgroßen Suppentopf Schalotten und Fenchel im Olivenöl bei mittelstarker Hitze 3 Min. unter häufigem Umrühren anbraten.
2. Den Reis hinzugeben und 1 Min. lang rühren. Gemüsebrühe, Salz und Safranfäden hinzugeben und zum Kochen bringen. Auf schwache Hitze reduzieren, den Topf zudecken und ca. 15 Min. köcheln lassen, bis die ganze Flüssigkeit absorbiert ist. Den Topf von der Kochplatte nehmen und zugedeckt weitere 5 Min. ziehen lassen.
3. Die restlichen Zutaten hinzufügen und vor dem Servieren vorsichtig mit einer Gabel auflockern.

Variationen

- Hier sind viele Variationen möglich!
- Geben Sie zusammen mit den Schalotten 2 TL Fenchelsamen hinzu.
- Geben Sie zusammen mit den Schalotten 1 EL fein gehackten Knoblauch oder frischen Ingwer hinzu.
- Geben Sie zusammen mit den Schalotten 65 g in dünne Scheiben geschnittene Pilze, z.B. Shiitake oder Champignons, hinzu.
- Geben Sie 100 g in dünne Scheiben geschnittene Frühlingszwiebel zum fertigen Reis.
- Ersetzen Sie den Safran durch 1 TL Kurkumapulver, das Sie zusammen mit den Schalotten hinzufügen.
- Statt Schnittlauch können Sie auch 3 EL beliebiger frischer Kräuter verwenden, z.B. Basilikum, glatte Petersilie oder Koriander.
- Fügen sie zusätzliche Kräuter hinzu, z.B. 1 EL Kräuter der Provence (Seite 130), Majoran, Rosmarin oder Thymian.
- Nehmen Sie statt weißem ungeschälten Basmati-Reis, einen anderen Naturreis oder auch Quinoa. Eine Kochanleitung finden Sie auf Seite 311.

Tempeh-Schmorbraten mit Kräutern der Provence

Und noch ein weiterer umwerfender Auftritt für die berühmten Kräuter der Provence! Hier verleihen sie dem Tempeh würziges Aroma, indem Sie ihn schmoren und in einer Tomatenbouillon köcheln lassen. Das ist das Gericht, das die Partygäste an der Côte d'Azur beeindruckt, wenn sie nach einer Alternative zu den ewigen Meeresfrüchten suchen. Reichen Sie dazu Pilaw mit Fenchel und Safran (Seite 112) und Grüne Bohnen mit Beurre blanc (Seite 104).

▸ FÜR 4-6 PERSONEN

MARINADE

- 3 EL Olivenöl
- 2 EL weizenfreies Tamari oder eine andere Sojasoße
- 450 g Tempeh
- 1 kleine gelbe Zwiebel, klein geschnitten
- 2 EL Kräuter der Provence (Seite 130)
- 375 ml heiße Gemüsebrühe (Seite 122) oder Wasser
- 2 EL Rotweinessig
- 170 g Tomatenmark
- 3 Tomaten, entkernt und in 1,5 cm große Würfel geschnitten
- ½ TL Meersalz (nach Geschmack)
- ¼ TL frisch gemahlener schwarzer Pfeffer
- 2-3 EL in dünne Scheiben geschnittene Kalamata-, schwarze oder grüne Oliven
- 3 EL fein gehackte frische glatte Petersilie

1. Für die Marinade 2 EL Olivenöl und die Sojasoße in einer 3,5 l-Auflaufform verrühren. Das Tempeh in acht 0,5 cm dicke Scheiben schneiden und in die Marinade legen. 5 Min. stehen lassen und gelegentlich wenden, damit alle Seiten gut benetzt werden.
2. Inzwischen das restliche Olivenöl in eine große Schmorpfanne geben und auf mittlerer Stufe erhitzen. Zwiebeln und Kräuter der Provence hinzufügen und 3 Min. unter häufigem Umrühren anbraten. Die Tempeh-Scheiben mit der Marinade in die Pfanne geben und 5 Min. schmoren, dabei vorsichtig mit dem Pfannenheber wenden.
3. Hitze reduzieren, Gemüsebrühe, Essig, Tomatenmark, Tomaten, Salz und Pfeffer hinzugeben und 10 Min. schmoren, dabei vorsichtig umrühren und die Tempeh-Scheiben gelegentlich wenden. Vor dem Servieren mit Oliven und Petersilie garnieren.

Variationen

- Wenn Sie mehr Zeit haben und das Tempeh knuspriger werden soll, können Sie es noch vor der Zwiebel in Schritt 2 in die Schmorpfanne geben. Auf jeder Seite 3 Min. anbraten und aus der Pfanne nehmen. Noch einen EL Öl in die Pfanne geben, die Zwiebeln hinzufügen und weitermachen, wie im Rezept beschrieben.
- Statt Tempeh können Sie auch festen bis sehr festen Tofu verwenden.
- Geben Sie zusammen mit der Zwiebel 3 zerdrückte oder fein gehackte Knoblauchzehen dazu.
- Geben Sie zusammen mit der Zwiebel 150 g entkernte und klein geschnittene rote Paprikaschoten oder klein geschnittene Pilze dazu.

Regenbogengemüse mit scharfer Béchamelsoße

Béchamel ist eine traditionelle helle Soße, die aus Milch hergestellt und mit Butter und Mehl angedickt wird. Sie gilt als eine der „Muttersoßen" der französischen Küche, da sie die Grundlage für viele andere Soßen bildet, einschließlich der unten beschriebenen Soße Mornay. Das Rezept ergibt genügend Soße für weiteres gedämpftes Gemüse oder gegrillte Tofu- oder Tempehschnitzel (Seite 310). Dieses farbenfreudige Gericht macht sich toll in einer Fusionsmahlzeit mit Gebackenem Schnitzel (Seite 250) und Safran-Quinoa-Pilaw (Seite 289).

▸ FÜR 4 PERSONEN

- 150 g kleine Broccoliröschen
- 250 g kleine Blumenkohlröschen
- 135 g in dünne Scheiben geschnittene Möhren
- 50 g gestiftelter Rotkohl
- 150 g entkernte und gewürfelte rote Paprikaschoten
- 3 EL fein gehackte glatte Petersilie

SCHARFE BÉCHAMELSOSSE

- 2 EL zerlassene vegane Butter
- 2 EL Dinkelmehl
- 1 EL Olivenöl
- 2-3 EL gewürfelte Schalotten
- 2 Knoblauchzehen, zerdrückt oder fein gehackt
- 1 TL entkernte und gewürfelte scharfe Chilischoten oder zerstoßene rote Paprikaflocken nach Geschmack
- 500 ml ungesüßte Sojamilch
- ¼ TL Meersalz (nach Geschmack)
- 1 Prise gemahlener weißer Pfeffer
- 1 Prise geräuchertes Paprikapulver (optional)

1. Einen mittelgroßen Topf mit Dämpfeinsatz ca. 2,5 cm hoch mit Wasser füllen und dieses bei mittelstarker Hitze zum Köcheln bringen. Broccoli, Blumenkohl und Möhren in den Dämpfeinsatz legen und zugedeckt ca. 5 Min. knapp weich dämpfen. Den Topf von der Kochstelle nehmen, den Rotkohl hinzufügen und zugedeckt stehen lassen.
2. Inzwischen die Béchamelsoße zubereiten. Dazu Butter und Mehl in einer kleinen Schüssel verrühren. Das Olivenöl in einer kleinen Schmorpfanne bei mittelstarker Hitze erhitzen. Darin Schalotten, Knoblauch und Chilischoten 3 Min. unter häufigem Umrühren anbraten. Sojamilch, Salz, weißen Pfeffer und, falls gewünscht, Räucherpaprika dazugeben und 3 Min. erhitzen bzw. so lange, bis die Milch zu kochen beginnt. Auf mittlere Hitze reduzieren und die Butter-Mehl-Mischung unterrühren. Ca. 3 Min. kochen, bis die Soße eindickt.
3. Das Gemüse dekorativ auf einer Servierplatte oder auf einzelnen Tellern anrichten, mit Soße begießen und mit rotem Paprika und Petersilie garnieren.

Variation

- Für eine Soße Mornay fügen Sie 90 g geriebenen veganen Käse nach Mozzarella- oder Cheddar-Art zur Béchamelsoße hinzu, sobald sie einzudicken beginnt.

Tofumuscheln mit Safran-Kräuter-Butter

Wenn wir die Meeresfrüchte in diesem Gericht durch Tofu ersetzen, wird sich Ihr „Oooh!“ ganz sicher in ein „Olala!“ verwandeln. Holen Sie Ihre ovalen Ausstechformen hervor, um eine Muschelform zu gestalten. Safran, das Kronjuwel des Gewürzreiches, verleiht dieser reichhaltigen veganen Buttersoße seine Magie, indem er ihr eine goldene Färbung und ein nobles Aroma schenkt. Servieren Sie das Gericht mit Spinat-Lauch-Reis (Seite 221) und Biergeschmortem Blattgemüse (Seite 126).

▸ FÜR 4 PERSONEN

- ¼ TL Safranfäden (Seite XXII)
- 2 EL heißes Wasser
- 60 ml frisch gepresster Zitronensaft
- 1 EL Olivenöl
- ¼ TL Meersalz
- 1 Prise frisch gemahlener schwarzer Pfeffer
- 1 Prise Cayennepfeffer
- 400 g sehr fester Tofu
- 4 EL vegane Butter
- 3 EL Weißwein (s. Tipp; optional)
- 1 - 2 Knoblauchzehen, zerdrückt oder fein gehackt
- 1 EL fein gehackter frischer Majoran
- ½ TL getrockneter Thymian
- Schwarze Sesamsamen
- frischer Dill oder glatte Petersilienblätter

1. Den Backofen auf 190 °C vorheizen. Den Safran in einer kleinen Schüssel in heißem Wasser einweichen und ziehen lassen, während Sie den Rest des Gerichts zubereiten. 3 EL Zitronensaft, Olivenöl, Salz, Pfeffer und Cayennepfeffer in einer 3,5-Liter-Auflaufform verrühren.
2. Den Tofu längs in drei gleich große Scheiben schneiden. Wenn Sie eine kleine ovale Ausstechform zur Hand haben, stechen Sie so viele Stücke wie möglich aus – wenn nicht, schneiden Sie jede Tofuscheibe in zwölf Stücke – und marinieren Sie diese 5 Min. in der Auflaufform; dabei einmal wenden, um sie gleichmäßig zu benetzen. Dann 20 Min. backen.
3. Inzwischen die vegane Butter bei mittlerer Hitze in einer kleinen Schmorpfanne zerlassen. Dann den Knoblauch, den restlichen Zitronensaft, Majoran und Thymian und, falls gewünscht, den Wein zugeben und gut durchrühren. Den Safran zusammen mit dem Einweichwasser hinzufügen, um auch das kleinste Stückchen der kostbaren Fäden zu nutzen. Gut umrühren und auf schwache Hitze reduzieren, bis der Tofu fertig ist.
4. Zum Anrichten ein wenig Buttersoße auf jeden Teller geben, die Tofumuscheln darauf legen, nochmals mit Buttersoße beträufeln und mit ein paar Schwarzen Sesamsamen sowie Dill oder Petersilienblättern garnieren.

Chefkoch Patrick empfiehlt
französischen Sauvignon Blanc

Variationen

- Nehmen Sie statt Majoran frischen Oregano oder Dill.
- Wenn Sie keinen Safran haben, können Sie ½ TL Kurkumapulver zur Soße geben, sobald die Butter geschmolzen ist.
- Ersetzen Sie den Tofu durch Tempeh oder Riesen-Champignonwürfel (Portobello).

Seitan Bourguignon

Bœuf Bourguignon ist ein französisches Fleischgericht, das mit rotem Burgunder zubereitet wird. Ein klassisches Beispiel für soziale Mobilität: Ursprünglich eine Bauernmahlzeit, wird es heute in den feinsten französischen Restaurants auf der ganzen Welt serviert. Unsere vegane Geschmacksexplosion nimmt statt Rindfleisch Seitan, einen veganen Fleischersatz aus Weizen. Wenn Sie mehr Zeit haben, lassen Sie das Gericht bei geringerer Temperatur länger garen. Es passt gut zu einem französischen Mahl mit Röstkürbis mit Trüffelcremesoße (Seite 108) und Provenzalischem Gemüsesalat (Seite 99).

▸ FÜR 6-8 PERSONEN

- 2 EL Olivenöl
- 1 gelbe Zwiebel, in halbe Ringe geschnitten
- 3 Knoblauchzehen, zerdrückt oder fein gehackt
- 1 TL getrockneter Thymian
- 450 g Seitan, in ca. 2 cm dicke Stücke geschnitten
- 75 g Champignons, geviertelt oder halbiert
- 500 ml heiße Gemüsebrühe (Seite 311) oder Wasser
- 625 ml Burgunder (s. Tipp)
- 2 Lorbeerblätter
- 1 EL weizenfreies Tamari oder eine andere Sojasoße
- 150 g Perlzwiebeln
- 1 klein geschnittene Möhre
- 3 EL Tomatenmark
- 2-3 EL fein gehackte glatte Petersilie
- 1 TL Meersalz (nach Geschmack)
- 1/4 TL frisch gemahlener schwarzer Pfeffer

1. Das Olivenöl in einen großen Topf bei mittelstarker Hitze geben. Zwiebel, Knoblauch und Thymian darin anbraten und häufig umrühren.
2. Den Seitan und die Pilze hinzugeben und 2 Min. unter häufigem Umrühren anbraten. Auf mittlere Hitze reduzieren, Gemüsebrühe, Wein, Lorbeerblätter, Tamari und Perlzwiebeln hinzugeben und 10 Min. ohne Deckel und unter gelegentlichem Umrühren kochen. Möhren und Tomatenmark hinzufügen und unter gelegentlichem Umrühren 10 Min. kochen.
3. Die restlichen Zutaten hinzufügen und gut durchrühren. Vor dem Servieren die Lorbeerblätter entfernen. Lassen Sie es sich schmecken!

Variationen

- Geben Sie zusammen mit Salz und Pfeffer 1/4 TL Liquid Smoke (Flüssigrauch) dazu.
- Belegen Sie jede Portion mit klein geschnittenem veganem Speck oder Tempeh-Bacon (Seite 309).
- Wenn Sie sich glutenfrei ernähren, verwenden Sie statt Seitan Tempeh- oder feste bis sehr feste Tofuwürfel.

Chefkoch Patrick empfiehlt

französischen Pinot Noir oder Syrah Côtes du Rhône

Quiche Monet

Dieses Gericht, ein Ableger der berühmten Quiche Lorraine, die normalerweise Speck und Eier enthält, wurde von einem Besuch im Garten von Claude Monet in Giverny inspiriert und enthält Seidentofu. Zusammen mit Provenzalischem Gemüsesalat (Seite 99) und Grünen Bohnen mit Beurre blanc (Seite 104) ergibt es eine köstliche Zwischenmahlzeit.

FÜR 4-6 PERSONEN

- 1 veganer Mürbeteig (22 cm Durchmesser) (verwenden Sie, wenn möglich, Teig aus Dinkelmehl)
- 1 EL Öl
- 150 g in Scheiben geschnittener Lauch, gründlich gewaschen und abgetropft
- 3 Knoblauchzehen, zerdrückt oder fein gehackt
- 30 g gewürfelte Pfifferlinge, Shiitake-Pilze oder Champignons
- 110 g gewürfelter veganer Speck oder Tempeh-Bacon (Seite 309)
- 1 Packung Seidentofu (350 g)
- 225 g fester Tofu, zerbröckelt oder gerieben
- 2 EL ungesüßte Soja-, Reis- oder Mandelmilch
- 2 EL Hefeflocken
- 2 EL Tahin (Sesampaste)
- 1 EL frisch gepresster Zitronensaft
- ¾ TL Meersalz (nach Geschmack)
- ½ TL Kurkumapulver
- 1 Prise frisch gemahlener schwarzer Pfeffer
- ¼ TL Cayennepfeffer
- 1 EL fein gehackter frischer Estragon
- 2 TL getrockneter oder 1 EL fein gehackter frischer Majoran
- 90 g geriebener veganer Käse nach Cheddar- oder Mozzarella-Art (optional)

1. Den Backofen auf 230 °C vorheizen. Den Mürbeteig in eine Tarteform legen, einen Rand andrücken, mit einer Gabel einige Löcher in den Teig stechen und 10 Min. backen, dann aus dem Ofen nehmen.
2. Inzwischen in einer großen Schmorpfanne Lauch und Knoblauch in dem Öl bei mittelstarker Hitze 2 Min. anbraten, dabei ständig rühren. Die Pilze und den veganen Speck hinzugeben und unter häufigem Umrühren 3 Min. braten.
3. Tofu, Sojamilch, Hefeflocken, Tahin, Zitronensaft, Salz, Pfeffer und Cayennepfeffer in der Küchenmaschine cremig schlagen. Mit den restlichen Zutaten in die Schmorpfanne geben und gut durchrühren.
4. Die Masse in die Tarteform auf den Teig schütten und 10 Min. backen. Dann die Temperatur auf 220 °C herunterschalten und weitere 10 Min. backen. Warm oder kalt servieren.

Variationen

- Wenn die Quiche cremiger werden soll, nehmen Sie statt festem Tofu zusätzliche 350 g Seidentofu.
- Statt Pfifferlingen können Sie auch Shiitake-Pilze, Austernseitlinge oder Champignons verwenden.
- Fügen Sie 1 EL Kräuter der Provence (Seite 130) hinzu.
- Geben Sie zusammen mit den Pilzen 75 g gehackten frischen Spinat zur Masse.

Rührtofu mit Schnittlauch und Wildpilzen

Mit dieser Version des populären Gerichts, die wir mit Kräutern der Provence würzen, können Sie sich nun auch Ihr Rührei gönnen. Die Wildpilze verleihen ihm einen tiefen, waldigen Geschmack, doch Sie können sie genauso durch alle möglichen exotischen Pilze ersetzen, die Sie finden können. Der Rührtofu passt zu einem französischen Brunch mit Pommes Frites (Seite 102) und Spargel Hollandaise (Seite 106).

▸ FÜR 2 – 4 PERSONEN

- 2 EL Olivenöl
- 2-3 EL klein geschnittene Schalotten
- 1 mittelgroße Lauchstange, gründlich gesäubert und in dünne Scheiben geschnitten
- 45 g in dünne Scheiben geschnittene Wildpilze (Seite XXV)
- 2 Knoblauchzehen, zerdrückt oder fein gehackt
- 2 TL Kräuter der Provence (Seite 130)
- 400 g fester Tofu, zerbröckelt
- 3 EL Hefeflocken
- 2 EL Tahin (Sesampaste; optional)
- 1 EL weizenfreies Tamari oder eine andere Sojasoße
- 1 EL frisch gepresster Zitronensaft
- ¼ TL frisch gemahlener schwarzer Pfeffer
- ¼ TL Meersalz (nach Geschmack)
- 3 EL fein gehackter frischer Schnittlauch
- 1 EL fein gehackter frischer Estragon

1. Das Öl in eine große Schmorpfanne bei mittelstarker Hitze geben. Schalotten, Porree, Lauch, Knoblauch und Kräuter der Provence darin unter häufigem Umrühren 3 Min. braten.
2. Den Tofu hinzufügen und unter häufigem Umrühren 5 Min. mitbraten. Dann die restlichen Zutaten mit Ausnahme von Schnittlauch und Estragon hinzugeben und unter häufigem Umrühren 5 Min. garen. Je nach Marke des verwendeten Tofus werden Sie 2 - 3 EL Wasser zuschütten müssen, um eine feuchte Konsistenz zu erhalten.
3. Vor dem Servieren Knoblauch und Estragon dazugeben und gut umrühren.

Variationen

- Es gibt viele Möglichkeiten, das Gericht zu variieren.
- Ersetzen Sie die Pilze durch Gemüsearten wie entkernte und klein geschnittene Paprikaschoten, entkernte und klein geschnittene Romatomaten oder geriebene Möhren.
- Mit anderen Kräutern können Sie verschiedene landestypische Aromen kreieren:
  - Für ein italienisches Flair nehmen Sie statt Kräutern der Provence 1 EL Italienische Gewürzmischung (Seite 86).
  - Tomaten-Basilikum-Rührtofu: Ersetzen Sie die Pilze durch 2-3 EL eingeweichte und in dünne Scheiben geschnittene sonnengetrocknete Tomaten. Den Schnittlauch, die Kräuter der Provence und den Estragon können Sie durch 2 EL fein gehacktes Basilikum und 1 TL frischen Oregano ersetzen.
  - Griechischer Kalamata-Rosmarin-Rührtofu: Geben Sie 3-6 EL in dünne Scheiben geschnittene Kalamata-Oliven dazu. Statt Kräutern der Provence und Estragon nehmen Sie 1 EL fein gehackten frischen Rosmarin.

Schoko-Haselnuss-Crêpes

Für manche Leute ist die Crêpe das Nationalgericht Frankreichs. Bei meiner ersten Reise nach Paris, als ich noch kein Veganer war, gehörten Crêpes au chocolat zu meinen vier Grundnahrungsmitteln. Wie bei der Buchweizen-Galette gibt es auch hier zahllose Füllungen, ob süß oder herzhaft, die sie zur Crêpe Ihrer Träume machen können. Gehen Sie aufs Ganze und richten Sie eine Fête des crêpes aus – und seien Sie gespannt, wer die innovativste Füllung kreiert. Einige Vorschläge von mir finden Sie unten. Wenn Sie keine Crêpespfanne haben, nehmen Sie eine große Bratpfanne oder eine Schmorpfanne.

▸ FÜR 6 CRÊPES

CRÊPETEIG: TROCKENE ZUTATEN

150 g weißes Dinkelmehl

1 Prise Meersalz

2 EL Zucker (Seite 319)

¼ TL Backnatron

CRÊPETEIG: FEUCHTE ZUTATEN

250 ml Sojamilch

60 ml Wasser

2 EL zerlassene vegane Butter

½ TL frisch gepresster Zitronensaft oder Apfelessig

½ TL Vanilleextrakt (oder ein anderer Aromaextrakt)

Öl für die Crêpes

Puderzucker (optional)

SCHOKO-HASELNUSS-AUFSTRICH

120 g Haselnussbutter

3 EL ungesüßtes Kakaopulver

3 EL reiner Ahornsirup oder Süßungsmittel nach Wahl

¼ TL Haselnussextrakt

125 ml Soja-, Reis- oder Mandelmilch (Seite 316)

Erdbeeren, in Scheiben geschnitten (optional)

1. Zur Zubereitung des Crêpeteigs die trockenen und die feuchten Zutaten in zwei getrennten Schüsseln vermengen. Dann die feuchten zu den trockenen Zutaten geben und alles gut verrühren. Der Teig hat die richtige Konsistenz, wenn er zwar dünnflüssiger als Pfannkuchenteig, aber dick genug ist, um am Löffel haften zu bleiben.
2. Zur Zubereitung des Schoko-Haselnuss-Aufstrichs in einer Schüssel die Nussbutter mit dem Kakaopulver verkneten. In einer zweiten Schüssel Ahornsirup, Haselnussextrakt und Sojamilch verrühren. Die Ahornsirup-Mischung nach und nach zur Nussbutter-Mischung hinzufügen und gut unterrühren. Falls nötig, noch mehr Sojamilch zugießen, um eine streichfähige Konsistenz zu erhalten. Beiseitestellen.
3. Eine Crêpepfanne bei starker Hitze auf den Herd stellen und leicht einfetten. Ungefähr 2-3 EL Teig auf die Pfanne gießen und so dünn wie möglich ausstreichen. Je nach Pfannenhitze etwa 3 Min. braten, bis die ganze Oberfläche Blasen schlägt. Vorsichtig wenden und weitere 3 Min. braten. Wiederholen Sie diesen Vorgang, bis der ganze Teig aufgebraucht ist. Zwischendurch den Teig immer einmal umrühren, damit er seine gleichmäßige Konsistenz behält.
4. Die fertigen Crêpes in der Mitte mit etwa 2 EL der Schokomischung bestreichen. Falls gewünscht, die Erdbeeren darauf platzieren, und dann zwei gegenüber liegende Seiten der Crêpe bis zur Mitte einschlagen. Die Crêpe wenden, so dass der Einschlag unten liegt. Vor dem Servieren, falls gewünscht, mit Puderzucker bestreuen.

Variationen

- Statt Haselnussbutter können Sie auch Mandelbutter, Erdnussbutter, Cashewbutter oder Tahin (Sesampaste) nehmen.
- Es muss kein Haselnussextrakt sein – möglich sind auch Orangen-, Kaffee- oder Minzextrakt.
- Vorschlag für eine süße Füllung:
- Cashewcreme (Seite 126) mit frischen Erdbeerscheiben
- Vorschläge für herzhafte Fusionsfüllungen:
- Italienisch: Rucola und Pesto
- Deutsch: gut abgetropftes Biergeschmortes Blattgemüse (Seite 244) mit veganen Bratwurst-Scheiben (Seite 253)
- Britisch: dünne Grilltofu-Scheiben mit Meerrettichsoße (Seite 193)
- Rumänisch: Scheiben Transsylvanischer Auberginentomaten (Seite 277)
- Spanisch: mit der Füllung der Empanadas (Seite 148)
- Sie können auch jede Füllung der Buchweizen-Galettes (Seite 111) verwenden.

Lavendeltrüffel

Oh ja, das entspannende Spa- und Wellnesskraut findet durchaus auch in der kulinarischen Welt seine innovativen Anwendungen. Hier verleihen wir damit den himmlisch duftenden Schokoladenköstlichkeiten ihr Aroma (für mehr Informationen zum Kochen mit Lavendel Seite XX). Süßen Sie nach Geschmack, da manche Schokochips mehr Zucker enthalten als andere.

▸ FÜR CA. 20 TRÜFFEL

- 125 ml Kokosmilch (kein Light-Produkt)
- 2 EL zum Verzehr geeignete Lavendelblüten
- 1 EL reiner Ahorn-, Agaven- oder Kokosblütensirup (Seite 319) (nach Geschmack)
- 1 TL Vanilleextrakt
- 1 Prise Kardamompulver (optional)
- 2 EL ungesüßtes Kakaopulver
- 200 g dunkle vegane Schokochips
- Lavendelblüten zum Garnieren

1. Die Kokosmilch in einen kleinen Topf bei sehr schwacher Hitze geben. Die Lavendelblüten hinzufügen und unter gelegentlichem Umrühren 15 Min. köcheln lassen. Die Blüten abseihen und wegwerfen. Die Milch in einer kleinen Schlüssel beiseitestellen. Sirup, Vanille und, falls gewünscht, Kardamom hinzugeben und gut umrühren. Das Kakaopulver auf einem kleinen Teller ausstreuen.
2. 10 Min. nach Erhitzen der Kokosmilch die Schokochips im Wasserbad bei mittlerer Hitze schmelzen, bis sie eine glatte, klumpenfreie und cremige Konsistenz haben; dabei nur ein- oder zweimal umrühren. (Wenn Sie keinen Wasserbadtopf haben, können Sie eine Glas- oder Edelstahlschüssel auf einen 2,5-5 cm hoch mit kochendem Wasser gefüllten Topf stellen.)
3. Wenn die Schokolade geschmolzen ist, die Milchmischung zugießen und gut umrühren. Für ca. 5 Min. in den Kühlschrank stellen, bis die Masse fest genug zum Portionieren ist.
4. Mit einem Portionierer oder einem gerundeten Esslöffel kleine Kugeln formen. Die Kugeln auf den Teller mit dem Kakaopulver legen und rundum leicht mit Kakaopulver bestäuben. Jeden Trüffel mit ein paar Lavendelblüten bestreuen. Die Trüffel auf ein mit Backpapier ausgelegtes oder leicht eingefettetes Backblech legen und für ca. 10 Min. in den Kühlschrank stellen, bis sie abgekühlt sind.

Variationen

- Dekorieren Sie jeden Trüffel vor dem Bestäuben mit einer entkernten Kirsche oder einem kleinen Stück kandierten Ingwer, einem veganen Marshmallow oder einer Trockenfrucht, wie etwa Papaya, Feige oder Aprikose.
- Statt mit Kakao können Sie die Trüffel auch mit veganem Puderzucker bestäuben.
- Fügen Sie der geschmolzenen Schokolade ½ TL Chipotle-Pulver (geräucherte Jalapeño-Chilis) hinzu.

Birnentarte mit Cashewcreme und frischen Beeren ♥

Die Birnentarte, die bereits seit Marie Antoinettes Zeiten die Tafeln des französischen Adels schmückte, gibt ein perfektes Finale für jedes Gourmet-Festmahl ab. Mit einem Walnuss-Dattel-Boden und einem Cashewcreme-Belag zeigt dieses Rohkostrezept, dass lebendige Nahrung nicht nur lebenssprühend gesund ist, sondern auch überraschend lecker sein kann. Wenn Sie die volle Lebensfreude entfesseln wollen, bestreichen Sie den Boden mit einer Schicht Mousse au Chocolat (Seite 129), bevor Sie Birnen und Cashewcreme hinzugeben.

▸ FÜR EINE 22 CM GROSSE TORTE

BODEN

250 g fein geschnittene entsteinte Datteln (z.B. Medjool-Datteln)

150 g gehackte Pekannüsse

1 Prise Zimtpulver

1 Prise Kardamompulver

CASHEWCREME

125 g rohe Cashewkerne

125 - 180 ml Wasser

2 EL Agaven-, Kokosblüten- (Seite 319) oder reiner Ahornsirup (nach Geschmack)

1 Prise Meersalz

BELAG

2 EL frisch gepresster Zitronensaft

3 EL reiner Ahorn-, Agaven- oder Kokosblütensirup

1 Prise Zimtpulver

1 Prise Muskat-, Kardamom- oder Pimentpulver

2 große, reife Birnen, in ca. 1 cm dicke Scheiben geschnitten

250 g frisches Beerenobst, gründlich abgespült und abgetropft

Minzblätter

1. Die Cashewkerne in einer Schüssel mit 500 ml Wasser einweichen. Für den Belag Zitronensaft, Ahornsirup, Zimt und Muskat in einem großen, flachen Gefäß verrühren. Die Birnenscheiben vorsichtig unterheben.
2. Für den Boden eine 22 cm große Tarteform einfetten. Die Pekannüsse in der Küchenmaschine fein zerkleinern. Datteln, Zimt und Kardamom hinzufügen und mit der Pulsfunktion an der Küchenmaschine mixen, bis alle Zutaten zermahlen sind. Bitte nicht zu fein mahlen, sonst wird der Boden nicht mürbe genug.
3. Den Boden in die Tarteform geben und festdrücken, sodass die Mischung zusammenklebt. Wenn das nicht gelingt, noch einmal kurz in der Küchenmaschine durchmahlen. Je nach Feuchtigkeitsgehalt der Datteln müssen Sie vielleicht etwas Wasser oder Saft vom Belag hinzufügen, damit der Boden bindet.
4. Für die Cashewcreme die Cashewkerne gut abtropfen lassen und abspülen. In einem starken Mixer mit 125 - 180 ml Wasser und dem Agavensirup cremig schlagen. Die benötigte Wassermenge hängt von der Stärke des Mixers ab.
5. Den Boden gleichmäßig mit dem Belag bedecken und die Birnenscheiben darauf kunstvoll anordnen. Versuchen Sie, eine Spirale zu formen, bei der jede Birnenscheibe die benachbarte ein Stück überlappt.
6. Mit frischen Beeren und Minzblättern dekorieren. Wenn Sie mehr Zeit haben, stellen Sie die Tarte vor dem Servieren 15 Min. oder länger kühl.

Variationen

- Fügen Sie zum Boden 2 EL rohe Mandelbutter hinzu.
- Fügen Sie zum Boden 2 EL rohe Kakaonibs (geröstete und gebrochene Kakaobohnen) hinzu.
- Ersetzen Sie die Pekannüsse durch Mandeln oder Walnüsse und die Datteln durch getrocknete Feigen.
- Die Cashewkerne für die Creme können Sie durch Macadamianüsse ersetzen.
- Für eine mehrfarbige Creme mixen Sie unter die Hälfte der Cashewcreme 55 g frische Heidelbeeren oder Erdbeeren und dekorieren Sie die Torte nach Gusto mit beiden Cremes. Seien Sie kreativ!
- Experimentieren Sie mit verschiedenen Birnensorten, wie etwa Anjou, Williams Christ oder Vereinsdechant.
- Ersetzen Sie die Birnen durch Äpfel, Pfirsiche oder Nektarinen.
- Lavendel-Cashewcreme: 2 EL Lavendelblüten mit 3 EL kochendem Wasser überbrühen und 20 Minuten einweichen, abseihen und das Wasser zusammen mit den Cashewkernen in den Mixer geben. Die Blüten wegwerfen. Die fertige Tarte können Sie mit ein paar frischen Lavendelblüten bestreuen.

Variationen: Mousse au chocolat

- Geben Sie 1 TL Aromaextrakt nach Wahl zu, z.B. Orange, Haselnuss, Kaffee oder Himbeere.
- Eine schärfere Note geben Sie der Mousse mit ¼ TL Cayennepfeffer oder ½ TL Chilipulver.

Mousse au Chocolat

Ein weiteres Grundgericht im kulinarischen Repertoire Frankreichs, die Mousse au Chocolat, ist ein garantierter Publikumserfolg. Ein weiteres Mal biete ich eine gekochte und eine rohe Variante an, sodass Sie Aroma und Konsistenz miteinander vergleichen können. Bei der gekochten Version nehmen wir geschmolzene Schokochips und Kokosmilch als Cremebasis, bei der rohen Version Avocados und rohes Kakaopulver. Reichen Sie sie zu Cashewcreme (Seite 126) und garnieren Sie sie mit frischen Beeren und Minzblättern als perfekte Krönung Ihres französischen Festmahls.

GEKOCHT: FÜR 4-6 PERSONEN

- 230 g dunkle vegane Schokochips
- 155 ml Kokosmilch (kein Light-Produkt)
- 60 ml Sojasahne oder Sojamilch
- 2 EL Kokosöl (optional)
- 3 EL reiner Ahornsirup – oder nach Geschmack, je nach Süße der Chips und der Sojasahne
- 2 TL gemahlene Leinsamen, vermischt mit 1 EL Wasser
- ½ TL Vanilleextrakt
- 1 Prise Zimtpulver
- 1 Prise Kardamompulver
- 1 Prise Muskatpulver
- 1 Prise Meersalz
- 4 Erdbeeren, in Scheiben geschnitten
- 8 Minzblätter

1. Die Schokochips, wie auf Seite 125 beschrieben, im Wasserbad schmelzen. Die restlichen Zutaten mit Ausnahme der Erdbeeren und der Minzblätter unterrühren.
2. In eine kleine Schüssel geben und 20 Min. im Gefrierfach fest werden lassen.
3. Mit einem Handmixer oder in der Küchenmaschine schaumig schlagen. Vor dem Servieren mit Erdbeeren und Minzblättern dekorieren.

ROH ♥: FÜR 2 – 4 PERSONEN

- 4-6 große Medjool-Datteln, entsteint
- 60 ml Wasser oder rohe Mandel- oder Macadamiamilch (Seite 316)
- 1 große Avocado, entsteint und püriert
- 3 EL ungesüßtes Kakaopulver
- 1 TL gemahlene Leinsamen, vermischt mit 1 EL Wasser
- 2 EL Kokosöl
- 1 Prise Meersalz
- 1 Prise Zimtpulver
- 1 Prise Kardamompulver
- 1 Prise Muskatpulver
- ½ TL Vanilleextrakt oder Samen aus 1 Vanilleschote (optional)
- 2 EL Agavensirup oder reiner Ahornsirup (nach Geschmack)
- 2 EL Kokosraspeln

1. Die Datteln 15 Min. in einer kleinen Schüssel in 60 ml Wasser einweichen.
2. Zusammen mit dem Einweichwasser in die Küchenmaschine geben, alle restlichen Zutaten, mit Ausnahme der Kokosraspeln, hinzufügen, und glatt mixen. Jetzt abschmecken: Je nach Geschmack der Avocados werden Sie nachsüßen müssen. Wenn das der Fall ist, noch einmal mixen.
3. Auf eine große oder mehrere kleine Schalen verteilen und mit Kokosraspeln bestreuen.

Kräuter der Provence

Erstellen Sie Ihre eigene Version dieser klassischen französischen Kräutermischung. Sie können, wenn nötig, ruhig eine oder zwei (oder drei) Zutaten weglassen. Je nach ihren persönlichen Vorlieben können Sie sogar mit verschiedenen Mengen derselben Zutaten experimentieren.

FÜR CA. 30 G KRÄUTERMISCHUNG

- 2 EL getrockneter Thymian
- 2 EL getrocknetes Sommer-Bohnenkraut
- 2 EL getrockneter Majoran
- 1 EL getrockneter Rosmarin
- 1 EL getrockneter Estragon
- 1 EL getrockneter Oregano
- 1 EL getrocknetes Basilikum
- 1 EL getrockneter Salbei
- 2 TL zum Verzehr geeignete, zerstoßene Lavendelblüten
- 2 TL getrocknete Fenchelsamen

Alle Zutaten in einer Schüssel gut miteinander vermischen. In einem Glasgefäß an einem kühlen, dunklen Platz aufbewahren.

Kräuter-Aioli

Aioli ist eine traditionelle provenzalische Soße aus Knoblauch, Olivenöl und Eiern. Diese eierfreie Version ist ein Feuerwerk aus Aromen und ein spektakulärer Aufstrich für Sandwiches und Wraps. Probieren Sie die Aioli auf frischem Baguette, Bruschetta (Seite 36) oder Babe's Bocadillos (Seite 147).

▸ FÜR 250 ML DRESSING

250 ml vegane Mayonnaise (gekauft oder selbst gemacht – Seite 318)

1 – 2 Knoblauchzehen, zerdrückt oder fein gehackt

1 EL fein gehackte frische glatte Petersilie

¾ TL fein gehackter frischer Rosmarin

½ TL frischer Thymian

½ TL veganer Dijon-Senf (optional)

1. Alle Zutaten miteinander verrühren und in einem luftdichten Behälter bis zu einer Woche im Kühlschrank aufbewahren.
2. Am besten in einem Glasbehälter im Kühlschrank aufbewahren und innerhalb einer Woche verbrauchen.

Variationen

- Für ein Chipotle-Aioli fügen Sie 12 Chipotles (geräucherte Jalapeño-Chilis) hinzu, die Sie vorher eingeweicht und dann entkernt und fein gehackt haben.
- Für einen französischen Zwiebel-Dip fügen Sie 2 TL getrocknete Zwiebeln und ½ TL Zwiebelpulver hinzu.
- Rösten Sie ein paar Knoblauchzehen und mixen Sie sie dann in einer kleinen Küchenmaschine mit der veganen Mayonnaise.

Crême fraîche

Für eine schnelle und einfache vegane Crême fraîche zur Garnierung Ihrer Gerichte können Sie den veganen Sauerrahm (Seite 282) ohne Dill verwenden. Eine Rohkost-Variante erhalten Sie mit dem Rezept für die Cashewcreme (Seite 126), wenn Sie Süßungsmittel und Vanille weglassen und dafür 1 EL frisch gepressten Zitronensaft sowie ¼ TL Meersalz (nach Geschmack) zufügen.

Schnelle und einfache Rezepte von Chefköchin Deborah Brown Pivain vom Gentle Gourmet in Paris

Hier ein typischer Sommersalat aus Nordfrankreich: Babykartoffeln dämpfen und in Scheiben schneiden. Grüne Bohnen leicht dämpfen und abschrecken. Radieschen in dünne Scheiben schneiden. Möhren leicht dämpfen, abschrecken und in stark diagonale Scheiben schneiden. Alles in einer französischen Vinaigrette aus 1 EL Rotweinessig auf je 3 EL Olivenöl, 1 TL körnigen Senf und einer Mischung aus fein gehackten frischen Kräutern schwenken. Als Kräuter passen Kerbel und Schnittlauch besonders gut, und Borretsch und Kapuzinerblüten machen den Salat perfekt. Sie können ihn auf einem Teller mit gemischten grünen Salatblättern anrichten.

Salade Rubis ♥

Das ist mein liebster französischer Wintersalat, weil er nur aus dunkelroten Zutaten besteht. Mischen Sie zwei rote Beter (eine rohe und in Spiralen geschnittene und eine gebratene und in Scheiben geschnittene) mit getrockneten Cranberries, Radicchio, rotem Chicorée und einem ungeschälten, in sehr dünne Scheiben geschnittenen roten Apfel. Dazu passt das Primavera-Dressing (Seite 58).

Und hier mein berühmter Melonen-Cocktail ♥

Eine reife Charentais-Melone (die französische Cantaloupe-Melone) kühl stellen, bis sie sehr kalt ist. Dann aufschneiden und schälen und vier Fünftel der Stücke in den Mixer geben, dazu 1 TL fruchtiges Olivenöl, 1 TL oder mehr klein gehackten frischen Estragon und ein wenig frisch gemahlenen Pfeffer. Das Ganze mixen, bis die Masse ganz glatt ist. In Gläser oder Suppenteller abfüllen und mit sehr dünnen Radieschenscheiben, gehacktem Estragon, den in kleine Stücke geschnittenen restlichen Melonenstücken und einer Borretschblüte belegen.

TEIL 3

Spanien & Portugal

Das Wissen um das Mögliche ist der Beginn des Glücks.

— George Santayana —

Spanien hat etwas an sich, was romantische Bilder heraufbeschwört. Sind es die von der Sonne geküssten roten Ziegeldächer, die Flamenco-Tänzer oder etwa die Töpfe voll dampfender Paella? Die kulinarische Szene in Spanien und Portugal ist zugegebenermaßen, nun ja – weniger als veganerfreundlich. Es gibt jedoch ein paar populäre traditionelle Gerichte, wie etwa Gazpacho oder Romesco, die von Natur aus vegan sind. Eine Zuflucht finden vegetarische Touristen eher in den südlichen Regionen, wo der mediterrane (und auch der nordafrikanische) Einfluss zu spüren ist. Die westlichen und nördlichen Regionen sind stärker von der französischen Küche beeinflusst und verwenden mehr Fleisch.

In der Welt der Feinschmecker ist Spanien wahrscheinlich am besten für seine Tapas bekannt, die kleinen Appetithappen, größer als eine Vorspeise und kleiner als ein Hauptgericht, die dort ein fester Bestandteil der Esskultur sind. Am Schluss dieses Kapitels finden Sie einen Vorschlag für eine in 30 Minuten zubereitete vegane Tapas-Fiesta.

Die spanische Küche hat in letzter Zeit eine globale Renaissance erfahren, vor allem seit der Gründung von Ferran Adriàs Restaurant elBulli in der Provinz Girona. Er ist ein Wegbereiter für die so genannte Molekularküche, in der die Ernährungswissenschaft eine große Rolle bei der Kreation und Präsentation der Gerichte spielt. Die Verwendung von Trockeneis zum schnellen Einfrieren und von Aufschäumgeräten zur Erzeugung einmaliger Texturen sind nur zwei Beispiele für die vielen faszinierenden Techniken in diesem neu aufkommenden Trend. Ich hatte die Gelegenheit, einer Demonstration von Herrn Adrià in Amsterdam beizuwohnen und war verblüfft über die enorme Kreativität, die die Molekularküche ermöglicht. Auch wenn die meisten Heimköche noch nicht gleich ihre Aufschäumgeräte oder ihren flüssigen Stickstoff für die nächste Cocktailparty hervorholen werden, ist es doch spannend zu beobachten, wie sich dieser Trend auf die vegane Küche auswirken wird.

Zu den beliebten Gemüsearten in spanischen und portugiesischen Vorratskammern gehören Artischocken, Zwiebeln, Pilze, Kohl, Chilischoten, Kartoffeln, Oliven und Knoblauch. Beim Obst finden wir Äpfel, Granatäpfel, Feigen, Kirschen, Birnen, Avocados und Tomaten. Von den Hülsenfrüchten stehen uns Linsen, Ackerbohnen und Kichererbsen zur Verfügung. Spanien ist einer der Spitzenproduzenten von Mandeln, Walnüssen und Haselnüssen. Decken Sie sich mit Küchenkräutern und Gewürzen, einschließlich Petersilie, Koriander, Safran und Paprika, ein. Geräucherter Paprika ist eine besonders aromatische Zutat, die es sowohl in einer scharfen als auch in einer milden (oder süßen) Variante gibt.

Obwohl das Hauptaugenmerk in diesem Teil auf der

spanischen Küche liegt, habe ich doch auch einige portugiesische Gerichte aufgenommen: Feijoada (herzhafte Bohnensuppe) und portugiesischen Milchreis. Wer Lust auf Abenteuer hat, kann die unermessliche Welt der Empanadas erforschen, einer Teigtasche mit einer Unzahl möglicher Füllungen, die sowohl herzhaft als auch süß sein können. Ich stelle Ihnen zwei kalte Suppen vor: den berühmten Gazpacho und den weniger bekannten, doch ebenso köstlichen Ajoblanco, der auf Mandeln basiert.

Weitere Gerichte sind ein veganer Bocadillo, das spanische Schinken-Käse-Sandwich, sowie ein einfacher Apfel-Haselnuss-Salat und Paprika-Tofu. Selbstverständlich kommt kein Kapitel über die spanische Küche ohne eine vegane Paella aus, die von Valencia aus ihren Weg um die kulinarische Welt gemacht hat. Beenden Sie Ihre Fiesta mit einer Auswahl an Schokoladenfeigen, Mandelkrokant und veganem Flan und dazu einem Glas Horchata oder Virgin Sangría.

Gefüllte Mais-Safran-Pilze

Diese Pilze werden bei Ihrer nächsten Tapas-Party in jeder Hinsicht in aller Mund sein. Safran verleiht allem, womit er in Berührung kommt, höhere Weihen, so auch dieser gefüllten Leckerei (mehr zu Safran Seite XX). Die Füllung kann für eine Vielzahl anderer Gerichte verwendet werden. Reichen Sie die Pilze als Vorspeise vor jeder anderen spanischen Mahlzeit.

FÜR 12 GEFÜLLTE PILZE

PILZMARINADE

1 EL Olivenöl

2 TL Rotweinessig

1 EL weizenfreies Tamari oder eine andere Sojasoße

2 EL frisch gepresster Zitronensaft

12 große Champignons, Stiele entfernent

FÜLLUNG

1 EL Olivenöl

2 EL fein gewürfelte gelbe Zwiebel

3 EL gewürfelter Stangensellerie

2 Knoblauchzehen, zerdrückt oder fein gehackt

1 Prise Safranfäden in 60 ml heißem Wasser oder Gemüsebrühe

4 EL Semmelbrösel

3 EL Mais

¼ TL Meersalz (nach Geschmack)

1 Prise frisch gemahlener schwarzer Pfeffer

1 Prise zerstoßene rote Paprikaflocken

2 TL Hefeflocken (optional)

1 TL fein gehackter frischer Estragon

2 EL geriebener veganer Käse nach Cheddar- oder Mozzarella-Art (optional, aber empfohlen)

1. Den Backofen auf 200 °C vorheizen. Die Zutaten für die Marinade in einer Auflaufform mit 20 cm Durchmesser verrühren. Die Pilze mit einer Pilzbürste oder einem leicht angefeuchteten Lappen reinigen und in die Marinade legen, bis die Füllung fertig ist. Dabei regelmäßig wenden, um sie vollständig zu benetzen.
2. Für die Füllung Olivenöl in eine kleine Schmorpfanne bei mittelstarker Hitze geben. Zwiebel, Stangensellerie und Knoblauch darin 3 Min. unter häufigem Umrühren anbraten. Die restlichen Zutaten, mit Ausnahme von Estragon und Käse, aber einschließlich des Safrans zusammen mit dem Einweichwasser, hinzugeben und 3 Min. unter häufigem Umrühren garen. Den Estragon zufügen und umrühren.
3. Die Pilze mit der fertigen Masse füllen. Sie können auf jedem Pilz einen kleinen Hügel aus der Füllung formen. Falls gewünscht, mit veganem Käse bestreuen und vor dem Servieren 20 Min. backen.

Variationen

- Nehmen Sie statt Estragon 1 EL frische glatte Petersilie oder Basilikum, beides fein gehackt.
- Den Mais können Sie durch gehackte Wal-, Pekan- oder Haselnüsse ersetzen.
- Anstatt mit Rotweinessig können Sie die Marinade auch mit Balsamicoessig würzen und 1 TL reinen Ahornsirup sowie 1 TL veganen Dijon-Senf hinzufügen.
- Für Anhänger der glutenfreien Ernährung gibt es auch glutenfreie Semmelbrösel.

Gazpacho ♥

Diese Kaltschale aus rohem Gemüse stammt aus Andalusien, ist aber in ganz Spanien und Portugal beliebt (und übrigens auch in Lateinamerika). Es ist ein wahres Fest in der Schüssel. Wählen Sie die besten Tomaten aus, die Sie finden können, und Ihre Mühen werden mehr als belohnt werden. Ich empfehle Biotomaten einer alten Sorte aus der Region, wenn Sie so etwas auftreiben können. Auch ein hochwertiges Olivenöl wird den Geschmack spürbar steigern. Reichen Sie die Suppe zu Gefüllten Mais-Safran-Pilzen (Seite 138) und Spanischem Reis (Seite 154).

▸ FÜR 6 PERSONEN

875 g Tomaten mit Saft, fest ausgepresst und in Stücke geschnitten

1 gewürfelte rote Zwiebel

2 Knoblauchzehen, zerdrückt oder fein gehackt

2 EL frisch gepresster Limettensaft

1 kleine grüne Paprikaschote, entkernt und gewürfelt

2 EL Rotweinessig

2 EL Olivenöl

1½ TL gemahlener Kreuzkümmel (optional geröstet; Seite 307)

½ TL Meersalz (nach Geschmack)

1 Prise frisch gemahlener schwarzer Pfeffer

1 Prise Cayennepfeffer

125 g entkernte und gewürfelte Salatgurke

1 EL fein gehackte frische Minze

½ Avocado, geschält, entsteint und in 1,5 cm große Würfel geschnitten

1. Alle Zutaten, mit Ausnahme von 2 EL roter Zwiebel, der Gurke, der Minze und der Avocado, in einem starken Mixer zerkleinern. Für ein Gazpacho mit mehr Biss können Sie für einen Teil der Suppe statt des Mixers die Pulsfunktion der Küchenmaschine verwenden. Alles in eine große Schüssel geben.
2. Die restlichen Zwiebeln, Gurke und Minze zufügen und verrühren. Am besten schmeckt die Suppe, wenn sie vor dem Anrichten 20 Min. oder länger gekühlt wird. Vor dem Servieren mit Avocadowürfeln belegen.

Variationen

- Garnieren Sie die Kaltschale mit einem Klecks veganem Sauerrahm (Seite 282) und einem frischen Korianderblatt.
- Geben Sie zusammen mit dem Kreuzkümmel 1 TL geräuchertes Paprikapulver dazu.
- Geben Sie vor dem Mixen 1 Scheibe Röstbrot hinzu.
- Geben Sie vor dem Mixen 1 TL entkernte und gewürfelte Jalapeño-Chilis hinzu.
- Geben Sie nach dem Mixen 2 EL fein gehacktes frisches Basilikum, Koriander oder glatte Petersilie dazu.
- Geben Sie nach dem Mixen 200 g Mais dazu.

Ajoblanco

Ajoblanco ist die Stiefschwester des Gazpacho und stammt ebenso wie er aus Andalusien. Es ist eine erfrischende Kaltschale auf Mandelbasis. Machen Sie es den Bewohnern von Granada nach und genießen Sie sie mit einer gebackenen Kartoffel oder während Ihrer Siesta mit Babe's Bocadillos (Seite 147) und Apfel-Haselnuss-Salat mit Fenchel (Seite 145).

▸ FÜR 4-6 PERSONEN

175 g Mandelblättchen

2 große Knoblauchzehen

1 l Wasser

2 EL Olivenöl

2 TL Sherryessig oder 1 TL Rotweinessig

180 g in Würfel geschnittenes einfaches Brot (kein Mehrkorn- oder Roggenbrot)

½ TL Meersalz (nach Geschmack)

½ TL scharfe Chilischoten, entkernt und gewürfelt

1/2 gewürfelte rote Zwiebel (optional)

12 – 18 grüne Weintrauben, halbiert

1. Alle Zutaten, mit Ausnahme der Weintrauben, im Mixer glatt mixen.
2. 10-15 Min. im Gefrierfach kühlen.
3. Mit Weintrauben garnieren und genießen!

Variationen

- Fügen Sie ¼ TL Safranfäden zu, die Sie vorher 10 Min. in Wasser eingeweicht haben.
- Statt Mandeln können Sie auch Macadamianüsse oder Cashewkerne nehmen.

Wenn Sie mehr Zeit haben

Am besten schmeckt der Ajoblanco, wenn Sie ihn vor dem Servieren statt im Gefrierfach 30 Min. oder länger im Kühlschrank ruhen lassen.

Portugiesische Feijoada

Dieser herzhafte portugiesische Bohneneintopf wird traditionell mit Schweinefleisch zubereitet. Nehmen Sie statt dessen ein paar Tropfen Liquid Smoke (Flüssigrauch), und Sie machen Miss Piggy glücklich. Mit Spanischem Reis (Seite 154), dazu Radicchio-Chicorée-Salat mit Fenchelscheiben und italienischer Vinaigrette (Seite 46) ergibt das eine wunderbare Mahlzeit.

FÜR 6-8 PERSONEN

1 EL Olivenöl

1 gelbe Zwiebel, klein geschnitten

3 Knoblauchzehen, zerdrückt oder fein gehackt

225 g Seitanstreifen oder Tofuschinken (Seite 147)

1 l heiße Gemüsebrühe (Seite 311) oder Wasser

2 Lorbeerblätter

1 große Möhre, in Scheiben geschnitten

¾ TL Liquid Smoke (Flüssigrauch)

1 Dose (425 g) Schwarze Bohnen, abgetropft und abgespült, oder 285 g gekochte (Seite 314)

1 Dose (425 g) Pintobohnen, abgetropft und abgespült, oder 300 g gekochte (Seite 314)

2 EL weizenfreies Tamari oder eine andere Sojasoße

120 g klein geschnittener Markstammkohl, Mangold oder Grünkohl

1 EL fein gehackter frischer Koriander

2 TL gemahlener Koriander

½ TL Meersalz (nach Geschmack)

¼ TL frisch gemahlener schwarzer Pfeffer

¼ TL zerstoßene rote Paprikaflocken

1. In einem großen Topf Zwiebel und Knoblauch im Öl bei mittelstarker Hitze 2 Min. unter ständigem Rühren anbraten. Den Seitan hinzugeben und gut umrühren.
1. Gemüsebrühe, Lorbeerblätter, Möhren und Liquid Smoke hinzufügen und unter gelegentlichem Umrühren 10 Min. kochen.
1. Die restlichen Zutaten in den Topf geben, auf mittlere Hitze reduzieren und 10 Min. unter gelegentlichem Umrühren kochen. Vor dem Servieren die Lorbeerblätter herausnehmen.

Variationen

- Für eine dickere Suppe pürieren Sie kurz vor dem Servieren 500 ml des Topfinhalts im Mixer. Dann zurück in den Topf geben und gut umrühren.
- Fügen Sie 200 g in Scheiben geschnittene vegane Würstchen oder veganen Fleischersatz hinzu.
- Wenn Sie sich glutenfrei ernähren, ersetzen Sie den Seitan durch in Liquid Smoke marinierten und gebackenen Tofu oder Tempeh (Seite 310).
- Verwenden Sie die Hülsenfrüchte Ihrer Wahl: Augenbohnen, Cannellini-Bohnen oder Kichererbsen.
- Statt Koriander können Sie frischen Dill oder andere frische Küchenkräuter Ihrer Wahl verwenden.

Apfel-Haselnuss-Salat mit Fenchel ♥

Diese einfache und erfrischende Rohkost entfaltet ein ganzes Bouquet von Aromen. Wenn man Walnüsse einweicht, verleiht ihnen das einen beinahe buttrig süßen Geschmack. Vergessen Sie nicht, von der Limette erst die Schale abzureiben, bevor Sie sie auspressen. Diesen leichten Obstsalat können Sie als eigenständiges Gericht servieren.

▸ FÜR 4-6 PERSONEN

1 großer Apfel ohne Kerngehäuse und in 1,5 cm große Würfel geschnitten; probieren Sie die Sorten Honeycrunch, Red Delicious, Granny Smith oder Gala

90 g grob gehackte Haselnüsse

60 g gewürfelter Stangensellerie

50 g gehobelter Fenchel (s. Tipps und Tricks auf S. 13)

¼ TL Limettenschalen

2 EL frisch gepresster Limettensaft

1 EL frische Minze, zusammengerollt und in feine Streifen geschnitten (Chiffonade)

1 Prise Chilipulver, geräuchertes Paprikapulver oder Chipotle-Pulver (geräucherte Jalapeño-Chilis)

1 Prise Zimt

1 TL reiner Ahornsirup oder Agavensirup (nach Geschmack, je nach Süße der Äpfel)

Alle Zutaten in einer Schüssel gut miteinander vermischen. Am besten schmeckt der Salat, wenn Sie ihn vor dem Servieren 10 Min. im Kühlschrank stehen lassen.

Variationen

- Statt Haselnüssen können Sie auch Mandelblättchen, Walnüsse, gehackte Pekannüsse oder Pistazien verwenden.
- Zur Verstärkung des Aromas können Sie die Haselnüsse rösten (Seite 307).

Portugiesischer Milchreis (Arroz Doce)

Milchreis ist ein Gericht, das sich seinen Weg in viele Landesküchen gebahnt hat, und das aus gutem Grund. Reis, Zucker und – in diesem Fall – cremige vegane Sojasahne ergeben eine Kombination, die einfach schmecken muss. Probieren Sie verschiedene vegane Milchprodukte, Aromaextrakte, Süßungsmittel, Nussfrüchte und Früchte aus, und Sie werden sehen, dass es eine unendliche Bandbreite an möglichen Variationen gibt. Der Milchreis passt zu einer Dessert-Auswahl aus Schokoladenfeigen (Seite 160) und Mandelkrokant (Seite 163), ergibt mit frischem Obst aber auch ein wahrhaft luxuriöses Frühstück!

FÜR 4-6 PERSONEN

200 g ungekochter weißer Basmatireis

375 ml Wasser

375 ml vegane Sojasahne oder Soja-, Hanf-, Reis-, Kokos- oder Mandelmilch (Seite 316)

1 Prise Meersalz

¼ TL Zimt

1 Prise Piment- oder Muskatpulver

½ TL locker gepackte Orangenschale

¼ TL locker gepackte Zitronenschale

½ TL Vanilleextrakt

¼ TL Mandelextrakt oder ½ TL Haselnussextrakt (optional)

5 EL Zucker (Seite 319)

2 EL reiner Ahornsirup oder weitere Süßsungsmittel, je nach Geschmack

2-3 Rosinen, Korinthen, Sultaninen oder andere klein geschnittene Trockenfrüchte oder vegane Schokochips (optional)

65 g gehackte Pistazien

2-3 EL vegane Sojasahne mit Haselnussgeschmack (optional)

1. Alle Zutaten, außer den Rosinen und, falls gewünscht, den Pistazien und der Haselnuss-Sojasahne, in einem Topf verrühren und bei starker Hitze zum Kochen bringen. Den Topf zudecken, auf schwache Hitze reduzieren und 20 Min. kochen.
2. Falls gewünscht, die Rosinen hinzugeben, umrühren und unter gelegentlichem Umrühren 5 Min. kochen.
3. Vor dem Servieren, falls gewünscht, Pistazien und Sojasahne (mit Haselnussgeschmack) auf den Reis geben. Warm servieren.

Variationen

- Wenn Sie statt Basmati- Naturreis verwenden, nehmen Sie 125 ml Wasser mehr.
- Andere Geschmacksvarianten ergeben sich, wenn Sie verschiedene Milchsorten kombinieren, z.B. halb und halb Hanf- und Kokosmilch.
- Statt Pistazien können Sie gehackte Pekan-, Wal- oder Macadamianüsse nehmen – roh oder geröstet.
- Mischen Sie die Pistazien mit 2-3 EL gerösteten Kokosraspeln.

Tipps und Tricks vom Küchenchef

Die Zugabe von Zitronen-, Limonen- oder Orangenschale ist ein einfaches und wirksames Mittel, um den Geschmack eines Gerichts schlagartig zu steigern. Verwenden Sie eine Microplane Reibe (eines meiner liebsten Küchengeräte) oder die feine Seite einer Käsereibe und reiben Sie nur die äußerste Schicht der Fruchtschale ab. Wenn Sie zu tief reiben, reiben Sie auch die weiße Fruchthaut mit ab, und die ist bitter. Sie können auch mit einem Gemüseschäler dünne Zesten schälen, die Sie vor der Zugabe klein schneiden.

Babe's Bocadillos

Bocadillos sind die Schinken-Käse-Sandwiches der Iberischen Halbinsel. Wir machen unseren Schinken hier aus mariniertem und gebackenem Tofu. Unser Bocadillo eignet sich hervorragend für eine Suppe-Sandwich-Kombination mit Gazpacho (Seite 141) oder Ajoblanco (Seite 142). Den Tofu können Sie auch allein als Speck-Ersatz zur Spanischen Omelette (Seite 149) und Pommes frites (Seite 102) reichen.

▸ FÜR 4-6 PERSONEN

TOFUSCHINKEN

- 2 EL weizenfreies Tamari oder eine andere Sojasoße
- 1 EL Olivenöl
- 1 TL geräuchertes Paprikapulver oder ½ TL Liquid Smoke (Flüssigrauch)
- 1 EL frischer oder 1 TL getrockneter Oregano
- 1 TL reiner Ahornsirup
- 400 g fester Tofu

BEILAGEN

- Steingemahlener Senf (optional)
- 60-125 ml vegane Mayonnaise (gekaufte oder selbst gemachte – Seite 318), Kräuter-Aioli (Seite 131) oder Pesto Magnifico (Seite 66)
- 8-12 Brotscheiben
- 170-225 g veganer Käse nach Cheddar- oder Mozzarella-Art
- 4-6 Tomatenscheiben
- 4-6 rote Zwiebelscheiben

1. Den Backofen auf 200 °C vorheizen. Alle Zutaten für den Tofuschinken, mit Ausnahme des Tofu, auf ein Backblech geben und gut verrühren. Den Tofu halb durchschneiden und jede Hälfte nochmals in sechs dünne Scheiben schneiden.
2. Die Tofuscheiben auf das Backblech legen und einige Minuten marinieren. Nach 1 Min. wenden, damit die Scheiben gleichmäßig benetzt werden. 20 Min. backen, dabei nach 10 Min. wenden.
3. Inzwischen die Beilagen vorbereiten. Für jeden Bocadillo zwei Brotscheiben mit Mayonnaise und, falls gewünscht, Senf oder einem anderen Belag bestreichen und mit Schinken, Käse, Tomaten und Zwiebelscheiben belegen.

Variation

- Ersetzen Sie den Tofu durch in dünne Scheiben geschnittenes Tempeh.

Empanadas

Eine Ode an gefüllte Teigtaschen! Als Hinterlassenschaft der Maurischen Invasion haben die Empanadas ihre Wurzeln im mittelalterlichen Spanien und Portugal und zieren sogar noch die Seiten eines Katalanischen Kochbuchs aus dem frühen 16. Jahrhundert. Seitdem haben sie ihren Siegeszug um die ganze Welt angetreten. Es sind unendlich viele Füllungen möglich – einige davon werden unten in den Variationen aufgezählt. Reichen Sie sie entweder als eigenständiges Gericht mit Veganem Sauerrahm (Seite 282) oder als Teil einer globalen Fusionsmahlzeit mit Pesto Magnifico (Seite 66), der Soße vom Käsetoast (Seite 166) oder Gebackenen Tomaten mit Knoblauchsoße (Seite 72).

▸ FÜR 6 PERSONEN

TEIG: TROCKENE ZUTATEN

- 300 g weißes Dinkelmehl
- ¼ TL Backnatron
- 1 Prise Meersalz

TEIG: FEUCHTE ZUTATEN

- 75 ml Wasser
- 4 EL zerlassene vegane Butter oder Kokosöl
- 1 TL gemahlene Leinsamen, vermischt mit 1 EL Wasser
- ¼ TL frisch gepresster Zitronensaft oder Apfelessig

FÜLLUNG

- 1 EL Öl
- 1 kleine gewürfelte gelbe Zwiebel
- 50 g in dünne Scheiben geschnittener Lauch
- 2 Knoblauchzehen, zerdrückt oder fein gehackt
- 200 g fein geschnittene vegane Würstchen oder Fleischersatz
- ½ TL Paprikapulver (z.B. geräuchertes)
- 1½ EL Tomatenmark
- 3 EL Wasser
- 2 TL weizenfreies Tamari oder eine andere Sojasoße
- 1 TL Rotweinessig
- 2 TL frisch gepresster Limonen- oder Zitronensaft (optional)
- Meersalz und frisch gemahlener schwarzer Pfeffer

1. Den Backofen auf 220 °C vorheizen und ein Backblech einfetten. Für den Empanada-Teig die trockenen und die feuchten Zutaten in zwei getrennten Schüsseln gründlich vermischen bzw. verrühren. Die feuchte zur trockenen Mischung geben, zu einem Teig kneten und zu einer Kugel formen.
2. Für die Füllung Zwiebel, Lauch und Knoblauch im Öl in einer Schmorpfanne bei mittelstarker Hitze 2 Min. unter ständigem Rühren anbraten. Die Würstchen hinzugeben und 3 Min. unter häufigem Umrühren braten. Die restlichen Zutaten hinzufügen, nach Geschmack würzen, umrühren und 3 Min. unter häufigem Umrühren garen.
3. Den Teig auf einem sauberen und trockenen Schneidbrett zu einer Rolle formen und diese in vier gleich große Stücke schneiden. Mit einem Nudelholz oder den Händen jedes Teigstück zu einem 10 cm großen Kreis ausrollen. 2 - 3 EL Füllung in die Mitte jedes Kreises geben, den Teigkreis in der Mitte zusammenfalten und die Ränder fest zusammendrücken. Sie können den Rand auch mit einer Gabel einkerben.
4. Die Empanadas auf das vorbereitete Backblech legen und 15 Min. backen. Falls gewünscht, können Sie jede Empanada nach 10 Min. Backzeit mit veganer Butter beträufeln. Servieren Sie sie mit veganem Sauerrahm (Seite 302).

Variationen

- Statt veganer Würstchen können Sie auch Tofu, Tempeh, Seitan oder Tofuschinken (Seite 307) verwenden.
- Wenn Sie es lieber süß mögen, füllen Sie die Empanadas mit der Füllung des Apfelstrudels (Seite 149) und bestäuben Sie sie mit Puderzucker.

Spanische Omelette

Achtung, Veganer! Eine Tortilla in Spanien ist nicht dasselbe wie eine Tortilla im Rest der Welt. Bestellen Sie in Spanien eine, und Sie werden sehr zu Ihrem Leidwesen eine Omelette aus Kartoffeln und Eiern bekommen. Diese vegane 30-Minuten-Version ersetzt die Eier durch Tofu. Ich empfehle, eine backofenfeste Pfanne zu verwenden, z.B. aus Gusseisen, falls Sie eine haben. Sie können die Omeletten als eigenständiges Gericht mit Vollkorntoast zum Frühstück servieren oder als vollständige Mahlzeit mit Spanischem Reis (Seite 154) oder Pommes frites (Seite 102) und Tomatensalat „Retro“ (Seite 36).

FÜR 6-8 PERSONEN

- 1 EL Öl
- 1 große gelbe Zwiebel, in dünne Halbringe geschnitten
- 2 Knoblauchzehen, zerdrückt oder fein gehackt
- 2 kleine festkochende oder vorwiegend festkochende Kartoffeln, gelb- oder rotschalig, in dünne Scheiben geschnitten
- 350 g Seidentofu
- 225 g fester Tofu, zerbröckelt oder gerieben
- 2 EL Hefeflocken
- 2 EL ungesüßte Sojamilch
- 1 EL frisch gepresster Zitronensaft
- ¾ TL Kurkumapulver
- 1 TL Meersalz (nach Geschmack)
- ¼ TL frisch gemahlener schwarzer Pfeffer (nach Geschmack)
- 2 TL Paprikapulver

1. Den Backofen auf 200 °C vorheizen. Zwiebel und Knoblauch in dem Öl in einer großen Schmorpfanne unter ständigem Rühren 2 Min. anbraten.
2. Die Kartoffeln dazugeben und ca. 7 Min. knapp weich garen. Dabei, falls nötig, kleine Mengen Wasser oder Gemüsebrühe (Seite 311) zugießen, um ein Anbrennen zu vermeiden.
3. Die restlichen Zutaten im Mixer oder in der Küchenmaschine glatt mixen, in die Schmorpfanne geben und gut umrühren. Abschmecken und, falls nötig, mit Salz und Pfeffer nachwürzen. Wenn Sie eine backofenfeste Pfanne benutzen, können Sie sie jetzt in den Backofen stellen. Wenn nicht, die Masse in eine Backform mit 20 cm Durchmesser geben. 20 Min. backen. Wenn Sie mehr Zeit haben, lassen Sie die Tortilla vor dem Servieren 10 Min. abkühlen.

Variationen

- Machen Sie das Beste aus Ihrem Omelette-Genuss durch Zugabe einer oder aller der folgenden Zutaten: 1 TL entkernte und gewürfelte Chilischoten, 120 g dünne vegane Schinkenscheiben, 1/2 in dünne Scheiben geschnittene Paprika und/oder Pilze.
- Für ein Zarangollo (ein populäres Gericht, das der spanischen Tortilla ähnelt, aber mit Zucchini zubereitet wird) ersetzen Sie die Kartoffeln durch Zucchinischeiben.

Escalivada

Escalivada ist ein katalanisches Gericht aus Grillgemüse, dessen Hauptzutaten meistens Auberginen und Paprika sind. Der Name bedeutet wörtlich „in heißer Asche gegart". Um den authentischen Geschmack zu erhalten, brauchen Sie einen Holzgrill. Doch auch Gas- oder Holzkohlegrills und selbst der Backofen liefern hervorragende Ergebnisse. Dazu passen Artischockenherzen mit Safran-Paella (Seite 156), Moussaka (Seite 228) oder Tempeh-Schmorbraten mit Kräutern der Provence (Seite 130).

FÜR 4 PERSONEN

- 3 EL Olivenöl
- 1 EL Rotweinessig
- 2 Knoblauchzehen, zerdrückt oder fein gehackt
- 1 TL Meersalz (nach Geschmack)
- ½ TL frisch gemahlener schwarzer Pfeffer
- 125 ml Portwein oder Gemüsebrühe
- 1 mittelgroße Aubergine oder Zucchini, in dicke Scheiben geschnitten
- 1 rote Paprikaschote, halbiert und entkernt
- 1 grüne Paprikaschote, halbiert und entkernt
- 3 mittelgroße Romatomaten
- 1 Stange Lauch, halbiert und gründlich gewaschen
- 2-3 EL in Scheiben geschnittene grüne oder Kalamata-Oliven
- 2 EL fein gehackte frische glatte Petersilie
- 2-3 EL in Scheiben geschnittene Frühlingszwiebel

1. Den Grill vorheizen (s. Hinweise unter Variationen). Für die Marinade Olivenöl, Essig, Knoblauch, Salz, Pfeffer, Paprika und Portwein in einer 3,5-Liter-Kasserolle verrühren. Auberginen, Paprika, Tomaten und Lauch von allen Seiten mit der Marinade benetzen und auf den Grill legen.
2. Das Gemüse ca. 10 Min. grillen, bis es knapp weich ist und Grillstreifen bekommt. Beim Grillen gelegentlich wenden und mit Marinade begießen.
3. Das Grillgemüse in 2,5 cm große Stücke schneiden und in einer großen Schüssel mit den verbleibenden Zutaten und der restlichen Marinade vermengen. Warm servieren.

Variationen

- Grillen Sie zusätzlich einen Riesen-Champignon (Portobello) und eine oder zwei milde Chilischoten mit.
- Würzen Sie die Marinade mit 1 EL Paprikapulver.
- Wenn Sie das Gemüse nicht grillen, sondern backen wollen, heizen Sie den Backofen auf 200 °C vor. Geben Sie alle Zutaten, mit Ausnahme von Oliven, Petersilie und Frühlingszwiebel, in eine Kasserolle und fügen Sie ¼ TL Liquid Smoke (Flüssigrauch) oder 1 EL geräuchertes Paprikapulver hinzu, um ein rauchiges Aroma zu erhalten. Ca. 20 Min. unter gelegentlichem Umrühren backen, bis das Gemüse weich ist. Mit dem fertigen Gemüse verfahren Sie, wie unter 3. beschrieben.

Weiße Bohnen mit Pilzen und Sherry

Hier haben wir die Bohnen aus dem spanischen „Reis mit Bohnen“, der weltweit Beifall findet. Das ist ein Thema mit vielen Variationen – weiter unten finden Sie einige Vorschläge dazu. Reichen Sie die Bohnen zu – Sie haben richtig geraten – Spanischem Reis (Seite 154). Dazu noch Escalivada (Seite 151), und Sie haben eine komplette Mahlzeit.

FÜR 2 – 4 PERSONEN

- 2 TL Öl
- 1 kleine gewürfelte gelbe Zwiebel
- 4 Knoblauchzehen, zerdrückt oder fein gehackt
- ½ TL entkernte und gewürfelte scharfe Chilischoten
- 75 g gewürfelte Shiitake-Pilze
- 1 Dose (400 g) Weiße Bohnen, abgetropft und abgespült, oder 320 g gekochte (Seite 314)
- 1 Dose (400 g) Tomaten, klein geschnitten, oder 350 g gewürfelte Tomaten mit Saft
- 125 ml trockener Sherry
- ½ TL veganer Dijon-Senf
- 1 TL getrockneter Thymian
- 2 TL Rotweinessig
- ½ TL geräuchertes Paprikapulver
- 2 TL frisch gepresster Limettensaft
- ¾ TL Meersalz (nach Geschmack)
- 1 Prise frisch gemahlener schwarzer Pfeffer
- 1 EL weizenfreies Tamari oder eine andere Sojasoße (nach Geschmack)
- 2 EL fein gehackte frische glatte Petersilie
- ¼ TL zerstoßene rote Paprikaflocken oder Cayennepfeffer

1. In einem Topf Zwiebel, Knoblauch, Chilischoten und Pilze in dem Öl bei mittelstarker Hitze 3 Min. unter ständigem Rühren anbraten.
2. Bohnen und Tomaten hinzufügen, auf mittlere Hitze reduzieren und unter häufigem Umrühren 5 Min. garen.
3. Die restlichen Zutaten hinzufügen und unter gelegentlichem vorsichtigem Umrühren 5 Min. garen.

Variationen

- Nehmen Sie statt Petersilie frischen Koriander.
- Anstelle der Weißen Bohnen können Sie auch Cannellini-Bohnen, Augenbohnen, Ackerbohnen oder Schwarze Bohnen verwenden.
- Die Pilze lassen sich durch Paprikaschoten oder Zucchini ersetzen.

Kichererbsen mit gebackenem Knoblauch

Eine der am frühesten kultivierten Nutzpflanzen, die Kichererbse (auch Felderbse genannt), wurde von den Menschen bereits in der Jungsteinzeit und womöglich noch früher verzehrt. Für die neuzeitlichen Knoblauchliebhaber unter uns ist dies ein einfaches Gericht, das mit vielen anderen Hülsenfrüchten zubereitet werden kann. Reichen Sie es als Beilage zu Spanischem Reis (Seite 154) und Rosenrotkohl (Seite 246).

▸ FÜR 4 PERSONEN

15-20 Knoblauchzehen

2 EL Olivenöl

1 große gewürfelte gelbe Zwiebel

60 g in dünne Scheiben geschnittener Stangensellerie

1 kleine rote Paprikaschote, entkernt und gewürfelt

1 Dose (425 g) Kichererbsen, abgetropft und abgespült, oder 300 g gekochte (Seite 314)

1 TL Paprikapulver

¼ TL Chili- oder Chipotlepulver (geräucherte Jalapeño-Chilis)

2 EL frisch gepresster Zitronensaft

2 TL Rotweinessig

2-3 EL in dünne Scheiben geschnittene spanische Oliven

2-3 EL in dünne Scheiben geschnittene Frühlingszwiebel

¼ TL Meersalz

1 Prise frisch gemahlener schwarzer Pfeffer

2 EL fein gehackte frische glatte Petersilie oder Basilikum

einige Liquid Smoke (Flüssigrauch; optional)

1. Den Backofen auf 200 °C vorheizen. Die Knoblauchzehen mit 1 EL Olivenöl in einer kleinen Kasserolle vermengen und 10 Min. backen.
2. Inzwischen das restliche Olivenöl in eine große Schmorpfanne geben und darin Zwiebeln, Sellerie und Paprikaschote 3 Min. bei mittelstarker Hitze unter häufigem Umrühren anbraten. Kichererbsen, Paprika- und Chilipulver hinzufügen und unter häufigem Umrühren 7 Min. braten.
3. Die restlichen Zutaten, einschließlich des gebackenen Knoblauchs, hinzugeben und vor dem Servieren gut durchrühren.

Variationen

- Anstelle der Kichererbsen können Sie auch andere Hülsenfrüchte verwenden, wie etwa Schwarze Bohnen, Augenbohnen oder Pintobohnen.
- Geben Sie zusammen mit der roten Paprika 150 g klein geschnittene Zucchini oder Pilze dazu.
- Geben Sie zusammen mit den Kichererbsen 200 g Mais dazu.
- Fügen Sie dem Knoblauch vor dem Backen 2-3 EL gewürfelten Fenchel hinzu.
- Verwenden Sie statt spanischen Oliven eine Sorte Ihrer Wahl.
- Wenn Sie geräucherten Paprika nehmen, lassen Sie den Liquid Smoke weg.

Spanischer Reis

Der in der ganzen spanisch sprechenden Welt von Madrid bis Tijuana populäre Spanische Reis ist einfach zubereitet und eine fantastisch Art, den Geschmack einer bescheidenen Schüssel Reis aufzubessern. Reichen Sie ihn als Beilage zu einer Mahlzeit Ihrer Wahl, wie etwa Tempeh in Romesco (Seite 158) oder Paprika-Tofu (Seite 157) und Kichererbsen mit Gebackenem Knoblauch (Seite 153).

FÜR 6 KLEINE PORTIONEN

- 2 TL Olivenöl
- 1 gewürfelte gelbe Zwiebel
- 2 Knoblauchzehen, zerdrückt oder fein gehackt
- ½ TL entkernte und gewürfelte scharfe Chilischoten
- 1 TL Paprikapulver, am besten geräuchertes
- ¾ TL Meersalz
- 320 g ungekochter weißer Basmatireis
- 500 ml Gemüsebrühe (Seite 311) oder Wasser
- 1 Dose (400 g) feuergeröstete Tomaten, nicht abgetropft, oder 350 g klein geschnittene Tomaten mit Saft
- 80 g in dünne Scheiben geschnittene spanische Oliven (optional)
- 2 EL Kapern (optional)

1. Das Öl in einen Topf geben und auf mittlerer Stufe erhitzen. Zwiebel, Chilischoten, falls gewünscht, Paprikapulver und Salz mit dem Öl verrühren. 2 Min. unter ständigem Rühren anbraten. Den Reis hinzugeben und 1 Min. unter ständigem Rühren anbraten.
2. Brühe und Tomaten und, falls gewünscht, Oliven und Kapern, hinzufügen und unter gelegentlichem Umrühren zum Kochen bringen. Den Topf zudecken, auf schwache Hitze reduzieren und ca. 20 Min. kochen, bis die ganze Flüssigkeit absorbiert ist.
3. Den Reis von der Kochplatte nehmen und 5 Min. ziehen lassen. Dann vorsichtig durchrühren und anrichten.

Variationen

- Geben Sie zusammen mit der Brühe ¼ - ½ TL Safranfäden dazu (mehr über Safran Seite XX).
- Geben Sie zusammen mit der Zwiebel 2-3 EL entkernte und gewürfelte Paprikaschoten und gewürfelte Pilze dazu.
- Geben Sie nach dem Kochen 45 g Mandelblättchen zum Reis.

Artischockenherzen mit Safran-Paella

Paella, das Kronjuwel der spanischen Küche mit Wurzeln in Valencia, beinhaltete normalerweise Meeresfrüchte. Wir nehmen dafür Artischockenherzen, Kichererbsen und Safran. Für das Seearoma sorgen die weiter unten erwähnten Arame Algen und Shiitake-Pilze. Dieses Fast-30-Minuten-Gericht wird anstatt über offenem Feuer bei hoher Temperatur im Backofen gegart. Wir verwenden auch schnell kochenden Basmatireis anstelle von Rundkorn-Naturreis. Wenn Sie Ihre Gäste beeindrucken möchten, servieren Sie das Gericht in einer Paellapfanne (eine flache Pfanne mit schrägem Rand und zwei Griffen) mit frischen Zitronenspalten als Garnierung. Kreieren Sie die spanische Mahlzeit Ihrer Träume und servieren Sie die Paella zusammen mit Gefüllten Mais-Safran-Pilzen (Seite 138), Paprika-Tofu (Seite 157) und – falls noch Platz im Magen ist – Veganem Flan (Seite 164).

FÜR 6 PERSONEN

- 250 g ungekochter Basmatireis
- 500 ml heiße Gemüsebrühe (Seite 311) oder Wasser
- 60 ml Rotwein (optional; s. Tipp)
- 1 TL Meersalz (nach Geschmack)
- 200 g eingelegte Artischockenherzen, klein geschnitten
- 1 Dose (400 g) feuergeröstete Tomaten oder 350 g Tomaten mit Saft
- 3 EL frisch gepresster Zitronensaft
- 2 EL fein gehackte frische glatte Petersilie
- 1 Dose (425 g) Kichererbsen, abgetropft und abgespült, oder 300 g gekochte (Seite 314)
- ¼ TL frisch gemahlener schwarzer Pfeffer
- ¼ TL zerstoßene rote Paprikaflocken oder Cayennepfeffer oder ½ TL entkernte und gewürfelte scharfe Chilischoten
- ¼ TL Safranfäden, eingeweicht in 2 EL heißem Wasser (mehr über Safran Seite XX)

1. Den Backofen auf 230 °C vorheizen.
2. Alle Zutaten, mit Ausnahme des Safrans, in einer 3,5 l-Kasserolle verrühren. Den Safran mit dem Einweichwasser hinzugeben (achten Sie darauf, dass kein Fädchen verloren geht) und gut umrühren.
3. Zugedeckt 25 Min. backen. Heiß servieren.

Variationen

- Probieren Sie die Zugabe von 3 EL Arame Algen, die in 250 ml heißem Wasser eingeweicht wurden. Mit dem Einweichwasser können Sie den entsprechenden Teil Gemüsebrühe ersetzen.
- Nehmen Sie statt Kichererbsen gekochte Ackerbohnen.
- Fügen Sie 30 g gewürfelte Shiitake-Pilze hinzu.
- Statt Basmati können Sie auch Naturreis nehmen; dann brauchen Sie 875 ml Wasser oder Gemüsebrühe.

Chefkoch Patrick empfiehlt

sortenreinen spanischen Tempranillo

Paprika-Tofu

Paprikapulver wird aus gemahlenen Paprika- oder Chilischoten hergestellt, die überall in Spanien und Ungarn angebaut werden. Es verleiht den Gerichten eine rote Farbe und ein einzigartiges Aroma. Wenn Sie einen Ethno-Markt oder einen Gewürzladen in der Nähe haben, können Sie verschiedene Arten spanischen Paprikas ausprobieren – dulce, picante oder auch geräuchert. Der Paprika-Tofu passt zu Spanischem Reis (Seite 154) und Gazpacho (Seite 141).

▸ FÜR 4 PERSONEN

- 3 EL Olivenöl
- 2 EL weizenfreies Tamari oder eine andere Sojasoße
- 1 EL reiner Ahornsirup oder Süßungsmittel nach Wahl
- 4 Knoblauchzehen, zerdrückt oder fein gehackt
- 400 g fester oder sehr fester Tofu
- 1 gelbe Zwiebel, in dünne Scheiben geschnitten
- 1 rote Paprikaschote, entkernt und in dünne Scheiben geschnitten
- 1 Zucchini, in dünne Scheiben geschnitten
- 2 EL Gemüsebrühe (Seite 311) oder Wasser
- 1 EL frisch gepresster Zitronensaft
- 1 EL Balsamicoessig
- 1 EL Paprikapulver (z.B. geräuchertes)
- ¾ TL Meersalz
- ¼ TL Chilipulver
- ¼ TL frisch gemahlener schwarzer Pfeffer

1. Den Backofen auf 220 °C vorheizen. 1 EL Olivenöl, die Sojasoße und den Ahornsirup in einer 3,5-Liter-Kasserolle verrühren. Den Tofu der Länge nach in vier Scheiben schneiden und 5 Min. unter gelegentlichem Wenden in der Marinade liegen lassen.
2. Inzwischen die restlichen Zutaten, einschließlich der restlichen 2 EL Olivenöl, in einer großen Schüssel miteinander vermengen, sodass das Gemüse rundum benetzt ist. In die Kasserolle auf die Tofuscheiben geben und zudecken.
3. Vor dem Servieren ca. 20 Min. knapp weich backen. Wenn Sie mehr Zeit haben und das Gericht aromatischer werden soll, backen Sie es 10 Min. länger.

Variationen

- Sie können den Tofu und das Gemüse auch in getrennten, gut eingefetteten Kasserollen backen und erst zum Schluss kombinieren.
- Wenn Sie das Gericht aus dem Ofen nehmen, können Sie es mit einer Mischung aus 2 EL fein gehackter frischer glatter Petersilie, 1 EL fein gehacktem frischem Majoran und 2 TL fein gehacktem frischem Estragon bestreuen.
- Statt Tofu können Sie auch Tempeh, Riesen-Champignons (Portobello) oder 1,5 cm dicke Auberginenscheiben nehmen.
- Den Balsamicoessig können Sie durch Rotweinessig ersetzen.

Tempeh in Romesco

Wenn Romesco auf der Speisekarte steht, sagt Ihnen schon der Klang des Namens, dass Sie sich auf eine kräftige, reich gewürzte Soße gefasst machen können. Die mit einer Mandelmischung angedickte Tomaten-Paprika-Soße stammt aus der Stadt Tarragona in Katalonien. Reichen Sie dieses herzhafte Gericht zu Spanischem Reis (Seite 154) und Gemischtem Wildsalat mit Haselnuss-Vinaigrette (Seite 242).

FÜR 6-8 PERSONEN

450 g Tempeh

TEMPEH-MARINADE

- 3 EL weizenfreies Tamari oder eine andere Sojasoße
- 1½ EL Olivenöl
- 1 EL Rotweinessig

ROMESCO

- 100 g Mandeln
- 3 EL Olivenöl
- 1 kleine gelbe Zwiebel, klein geschnitten
- 6 Knoblauchzehen
- 50 g Fenchelscheiben, das Grün nicht wegwerfen
- 1 mittelgroße rote Paprikaschote, entkernt und klein geschnitten
- 3 - 4 Tomaten, in 1,5 cm große Stücke geschnitten
- 1 Ancho (getrocknete Poblano-Frucht, eine Chilisorte), in heißem Wasser eingeweicht, dann entkernt und klein geschnitten
- 125 ml Rotwein (optional; s. Tipp)
- 1 EL Rotweinessig
- 2 TL Paprika
- ¼ TL zerstoßene rote Paprikaflocken
- 1½ TL Meersalz (nach Geschmack)
- ½ TL frisch gemahlener schwarzer Pfeffer

1. Den Backofen auf 220 °C vorheizen. Die Mandeln auf einem kleinen Backblech 5 Min. im Backofen rösten und dann in eine kleine Schüssel geben.
2. Die Backtemperatur auf 190 °C reduzieren. Das Tempeh in acht Scheiben schneiden. Einen Topf mit Dämpfeinsatz 1,5 cm hoch mit Wasser füllen und bei mittelstarker Hitze zum Sieden bringen. Die Tempehscheiben in den Dämpfeinsatz legen und 10 Min. dämpfen.
3. Alle Zutaten für die Marinade in einer 3,5-Liter-Kasserolle verrühren. Die gedämpften Tempehscheiben 5 Min. unter gelegentlichem Wenden darin marinieren. 10 Min. backen.
4. Inzwischen das Olivenöl in eine große Schmorpfanne bei mittelstarker Hitze geben. Zwiebel, Knoblauch, Fenchel und Paprikaschoten unter häufigem umrühren 5 Min. darin anbraten. Die restlichen Zutaten für die Soße, mit Ausnahme der Mandeln und des Fenchelgrüns, hinzugeben und unter häufigem Umrühren 5 Min. kochen.
5. Die Soße zusammen mit den Mandeln in einem leistungsstarken Mixer cremig schlagen und wieder bei schwacher Hitze in die Schmorpfanne geben.
6. Vor dem Servieren jede Tempehscheibe großzügig mit Soße begießen und mit dem Fenchelgrün garnieren.

Chefkoch Patrick empfiehlt

sortenreinen spanischen Rosé oder Rioja

Variationen

- Nehmen Sie statt Tempeh Tofu, Champignons oder 1,5 cm dicke Auberginenscheiben.
- Ersetzen Sie die rote Paprika durch Ñoras – getrocknete kleine, herzförmige süße Paprikaschoten, die in der spanischen Küche ausgiebig Verwendung finden.
- Fügen Sie der Soße im Mixer zwei Scheiben Toast hinzu.
- Sie können das Gericht auch mit gerösteten Mandelblättchen garnieren (Seite 307).

Schokoladenfeigen

Machen Sie sich auf ein kulinarisches Fest gefasst – mit diesem einfachen und doch exotischen Dessert. Probieren Sie verschiedene Feigensorten aus, zum Beispiel Black Mission, kalifornische Calimyrna oder griechische Kadota. Besonders köstlich schmecken Sie mit Cashewcreme (Seite 126).

FÜR 12 GEFÜLLTE FEIGEN

- 2 ½ EL dunkle vegane Schokochips
- 3 EL gehackte rohe Mandeln
- Schale von 1 Orange
- ½ TL Vanilleextrakt
- 60 ml frisch gepresster Orangensaft
- 1 Prise Salz
- 1 Prise Zimt
- 1 Prise Kardamompulver
- 12 frische Feigen
- 12 ganze Mandeln (optional geröstet; Seite 307)
- frische Minzblätter

SOSSE

- 60 ml frisch gepresster Orangensaft
- 3 EL Dattelsirup (Seite 321)
- 1 Prise Zimt

1. Den Backofen auf 200 °C vorheizen. Schokochips, Mandeln, Vanille, Orangensaft, Orangenschale, Salz, Zimt und Kardamom in der Küchenmaschine mit der Pulsfunktion ca. 1 Min. schlagen, bis Mandeln und Schokochips gut zerkleinert sind. Die Masse soll nicht breiig werden! In eine kleine Schüssel geben.
2. Die äußerste Spitze der Feigen abschneiden. Mithilfe eines ½ TL großen Maßlöffels jede Frucht leicht aushöhlen, mit der Masse füllen und obenauf eine ganze Mandel setzen. Die Feigen in eine kleine Kasserolle legen.
3. Für die Soße alle Soßenzutaten gründlich mixen. Die Soße in die Kasserolle gießen und alles 10 Min. backen. Mit Minzblättern garnieren und warm servieren.

Variationen

- 1 Prise Cayennepfeffer oder Chilipulver gibt der Füllung zusätzlichen Pfiff.
- Statt Schokochips können Sie auch Trockenfrüchte, wie Rosinen oder Korinthen, oder klein geschnittene Aprikosen, Papaya oder Mango nehmen.
- Ersetzen Sie die Mandeln durch Hasel-, Pekan- oder Walnüsse – roh oder geröstet (Seite 307).
- Sie können die Mandeln auch durch Sonnenblumenkerne, Hanfsamen oder Kürbiskerne ersetzen.
- Für eine Rohkost-Variante nehmen Sie statt Schokochips Kakaonibs (geröstete und gebrochene Kakaobohnen) und verzichten Sie auf das Backen.
- Wenn Sie statt frischer Feigen getrocknete Calimyrna-Feigen nehmen, lassen Sie das Dessert 5 Min. länger im Backofen.

Mandelkrokant

Wie können so wenig Zutaten so gut schmecken? Möglicherweise wegen der Kombination aus Zucker und veganer Butter. Der Zucker bildet einen Sirup, der die gerösteten Mandeln zusammenhält. Servieren Sie den Krokant bei Ihrer nächsten Flamencoparty zusammen mit Horchata (Seite 166).

FÜR 12 PERSONEN

- 350 g hellbrauner Zucker
- 125 ml Wasser
- 125 ml Naturreissirup (optional)
- 8 EL vegane Butter
- 1 TL Vanilleextrakt
- 1 Prise Meersalz
- 150 g geröstete Mandelblättchen
- ½ TL Backnatron
- 1 - 2 EL grobes Meersalz (optional)

1. Ein Backblech oder eine 3,5-Liter-Kasserolle (alternativ: 30 cm Springform) mit Backpapier auslegen.
2. Alle Zutaten, mit Ausnahme der Mandeln, des Backnatrons und des Salzes, in eine große, schwerbödige Pfanne bei mittelstarker Hitze geben und gut durchrühren. Ca. 10 Min. auf 150 °C erhitzen. Die Temperatur mit einem Zuckerthermometer überprüfen. Die Masse nicht umrühren! Wenn man sie zu kurz erhitzt, ergibt sie keinen Krokant – erhitzt man sie zu lange, brennt sie an. Behalten Sie sie also gut im Auge.
3. Mandeln und Backnatron zugeben, gut umrühren und die Masse auf das Backblech oder in die Backform geben. Mit einem Spatel zu einer 0,5 cm dicken Schicht verstreichen. Jetzt können Sie sie, falls gewünscht, gleichmäßig mit grobem Salz bestreuen.
4. 10 Min. in den Kühlschrank stellen, bis der Krokant aushärtet. Mit der Hand in zwölf Stücke brechen und genießen!

Variationen

- Geben Sie zusammen mit den Mandeln 150 g vegane Schokochips dazu.
- Geben Sie zusammen mit dem Salz 1 TL geräuchertes Paprikapulver dazu.

Veganer Flan

Ein Flan ist ein Pudding, der normalerweise aus Milch, Eiern und Zucker zubereitet wird. Er wurde von den Römern erfunden und über Generationen hinweg von den Einwohnern Spaniens weiterentwickelt und perfektioniert. Wir verwenden vegane Sojasahne und Seidentofu als Basis und dicken mit Agar-Agar-Flocken an. Zur Verfeinerung wird er mit einem süßen Karamellsirup beträufelt. Den Sirup sollten Sie erst kurz vor dem Anrichten zubereiten. Flan ist eine passende Nachspeise für jede spanische Mahlzeit, für die Sie mit Sicherheit von allen Seiten ein Gracias ernten werden.

▸ FÜR 4 PERSONEN

PUDDING

- 250 ml vegane Sojasahne oder Soja- oder Kokosmilch
- 2 EL Agar-Flocken (s. Kasten)
- 350 g Seidentofu
- 60 ml Agaven- oder Kokosblütensirup (Seite 319)
- 2 TL Vanilleextrakt
- 1 Prise Meersalz
- 4 frische Minzblätter

KARAMELLSIRUP

- 90 g Vollrohrzucker oder brauner Biozucker (Seite 319)
- 60 ml Wasser
- 1 TL Vanilleextrakt
- 1 TL frisch gepresster Zitronensaft

1. Die Sojasahne und die Agar-Flocken in einer Kasserolle bei mittelstarker Hitze ca. 12. Min. unter häufigem Schlagen kochen, bis die Agar-Flocken sich aufgelöst haben.
2. Inzwischen Tofu, Agavensirup, Vanilleextrakt und Salz in einen Mixer geben.
3. Wenn die Agar-Flocken sich aufgelöst haben, die Milchmischung in den Mixer gießen und alles gründlich mixen. In vier Auflaufförmchen füllen und in den Kühlschrank stellen. Ca. 30 Min. kühlen, bis die Masse fest ist.
4. Die Karamellsoße erst kurz vor dem Anrichten zubereiten: Dazu alle Zutaten 5 Min. in einer Kasserolle bei schwacher Hitze unter häufigem Umrühren kochen.
5. Zum Anrichten die Flans aus den Förmchen auf eine Servierplatte stürzen und mit je 1 EL Soße begießen. Vor dem Servieren mit Minzblättern garnieren. Sie werden nicht einmal mehr Zeit haben, „lecker!“ zu sagen.

Variationen

- Statt Sojasahne können Sie auch Reis- oder Mandelmilch nehmen, doch Soja- oder Kokosmilch ergeben eine sahnige Konsistenz.
- Ersetzen Sie den Agavensirup durch reinen Ahornsirup oder ein Süßungsmittel Ihrer Wahl. Denken Sie daran: Je dunkler das Süßungsmittel, umso dunkler der Flan.

Agar ist ein Seetang, der zum Andicken von Desserts, Soßen und Puddings verwendet wird. Da er sich sehr gut als vegane Gelatine einsetzen lässt, ist er eine Hauptzutat der Kanten genannten japanischen Geleewürfel. Anders als andere marktübliche Verdickungsmittel, wie etwa Maisstärke oder Pfeilwurzel, muss Agar mehrere Minuten lang erhitzt werden, bis er vollständig aufgelöst ist.

Horchata

Aller Wahrscheinlichkeit nach wird Ihr Lebensmittelgeschäft keine Erdmandeln, die spanischen Chufa, führen, aus denen dieses aus Valencia stammende aromatische Getränk im Original zubereitet wird. Probieren Sie einfach unsere Version, in der wir die Cremebasis aus Mandeln und Reis herstellen. Für optimale Ergebnisse werden Sie ein sehr feines Haarsieb brauchen. Das ist ein verlockendes Erfrischungsgetränk, während Sie Ihre Schokoladenfeigen (Seite 160) oder Ihren Mandelkrokant (Seite 163) knabbern.

FÜR 4-6 PERSONEN

- 225 g ungekochter Naturreis
- 65 g Mandeln, Cashewkerne oder Macadamia-Nüsse
- 1 l Wasser
- 2-3 EL Agavensirup, reiner Ahornsirup oder Süßungsmittel nach Wahl (nach Geschmack; Seite 319)
- 2 Zimtstangen
- 1 Vanilleschote oder 2 TL Vanilleextrakt
- 1 Prise Salz

1. Reis und Mandeln in einer Schüssel mit reichlich Wasser übergießen, sodass sie davon bedeckt sind. 15 Min. einweichen, dann abgießen und gut abspülen.
2. Zusammen mit den restlichen Zutaten in einem Mixer cremig schlagen. Durch ein feinmaschiges Sieb oder ein Filtersäckchen in einen Krug gießen. Vor dem Servieren gut umrühren. Mit Eiswürfeln servieren.

Variationen

- Wenn Sie Erdmandeln finden können, nehmen Sie die!
- Wenn Sie mehr Zeit haben, lassen Sie die Horchata vor dem Servieren 30 Min. im Kühlschrank stehen.
- Rosenwasser-Horchata: Fügen Sie nach dem Abseihen 2 TL zum Verzehr geeignetes Rosenwasser hinzu und rühren Sie gut um.

Oliven in Kräutermarinade ♥

170 g entsteinte Oliven, 1 EL klein gehackte frische glatte Petersilie oder Koriander, 1 TL frischen Thymian und ¼ TL geräuchertes Paprikapulver in einer kleinen Schüssel vermengen und zu Tapas reichen.

Virgin Sangría ♥

500 ml Traubensaft, 250 ml Apfel- oder Birnensaft, 125 ml frisch gepressten Orangensaft, 500 ml Sprudelwasser, 1 EL frisch gepressten Zitronen- oder Limonensaft, eine in Scheiben geschnittene Orange, einen entkernten und in Scheiben geschnittenen Apfel, eine entkernte und in Scheiben geschnittene Birne und eine in Scheiben geschnittene Limone in einen großen Krug geben und 15 Min. ins Gefrierfach stellen. Wenn Sie mehr Zeit haben, lassen Sie die Sangría länger oder sogar über Nacht im Kühlschrank stehen. Mit Eiswürfeln servieren. Sie können statt der genannten natürlich auch Früchte Ihrer Wahl, wie Pfirsiche, Ananas, Heidelbeeren oder Erdbeeren, verwenden.

Kreieren Sie Ihr persönliches Tapas-Menü!

Wie bereits erwähnt, sind Mahlzeiten im Tapas-Stil in ganz Spanien außerordentlich beliebt. Diese trendige Esskultur bahnt sich jetzt ihren Weg in die Restaurants der ganzen Welt. Anstatt ein komplettes Hauptgericht pro Person zu bestellen, besteht eine Tapas-Mahlzeit aus mehreren kleinen Gerichten, die sich die ganze Gruppe teilt. Diese Art zu essen zeichnet sich vor allem durch die kleineren Portionen aus. Ihre Tapas-Party kann praktisch alle denkbaren Gerichte enthalten, sogar Suppen. Hier ein paar Vorschläge mit den Rezepten aus diesem Teil.

Gefüllte Mais-Safran-Pilze

Babe‘s Bocadillos

Empanadas

Apfel-Haselnuss-Salat mit Fenchel

Kichererbsen mit Gebackenem Knoblauch

Weiße Bohnen mit Pilzen und Sherry

Paprika-Tofu (in kleine Portionen aufgeteilt)

Escalivada

Spanisches Omelette

Spanischer Reis

Tempeh in Romesco (in kleine Portionen aufgeteilt)

Oliven in Kräutermarinade

Gazpacho oder Ajoblanco (in kleinen Gläsern serviert)

TEIL 4

Grossbritannien & Irland

Die Vorstellungskraft ist der Anfang der Schöpfung. Man stellt sich vor, was man will – man will, was man sich vorstellt – und am Ende erschafft man, was man will.

— *George Bernard Shaw* —

Von den Leprechauns und den Druiden zum Ungeheuer von Loch Ness sind die britischen Inseln und Irland von Mysterien und Sagen durchwoben. Ob Sie einen Trip nach Stonehenge, in die Londoner Metropole oder zum Stein der Sprachgewandtheit planen – überall erwartet Sie ein Abenteuer. Jede Region – England, Schottland, Wales und Irland – hat ihre eigene, unverwechselbare Küche. Großbritannien ist ein Schmelztiegel, in den Einwanderer aus Indien, Pakistan, dem Mittleren Osten und Asien, aber auch vom europäischen Kontinent ihre kulinarischen Schätze eingebracht haben. In diesem kleinen Buchteil konzentriere ich mich auf einige der traditionelleren Gerichte.

England hat eine lange Geschichte des Vegetarismus vorzuweisen, und hier wurden sowohl die Vegetarian Society als auch die Vegan Society gegründet. George Cheyne, ein berühmter Arzt und Zeitgenosse Sir Isaac Newtons, plädierte schon zu Beginn des 18. Jahrhunderts für eine vegetarische Lebensweise. Meine persönliche Bekanntschaft mit der britischen Küche schloss ich in meinem Studienjahr an der London School of Economics, wo ich viele eigentümliche britische Essgewohnheiten kennenlernte, wie Baked Beans auf Toast zum Frühstück (Seite 204) oder die vegetarische Würzpaste Marmite, einen Hefeextrakt, der als Nebenprodukt beim Bierbrauen anfällt. (Der offizielle Werbeslogan von Marmite: Love it or hate it („Liebe es oder hasse es“) mag Ihnen einen Hinweis auf seinen Geschmack geben.)

Das Engagement ist auch in der heutigen Generation noch sehr stark. Die britischen Tierschutzgesetze für die Landwirtschaft gehören zu den stabilsten auf der ganzen Welt. Und die englischen Köche, die so lange für ihre fade Kost geschmäht wurden, beschreiten inzwischen neue Wege, darunter auch tierproduktfreie. Es war mir wirklich eine Ehre, meinen ersten internationalen Workshop zur Vegan Fusion Cuisine in Europa bei meinem letzten Besuch in England abhalten zu dürfen (auch wenn mein Akzent und mein Gebrauch des Wortes awesome[1] für die Teilnehmer eine ständige Quelle der Belustigung war). Das Motto des Kurses war „Go Vegan and Live!“ (Werde Veganer und lebe!).

In den Vorratskammern dieser Länder finden sich Gemüsearten wie Möhren, Kartoffeln, Kohl, Grünkohl, Meerrettich, Rhabarber, Broccoli, Tomaten, Knoblauch, Lauch, Pastinaken, Spargel, Stangensellerie, Gurken, Erbsen und Speiserüben. Populäre Früchte sind Pfirsiche, Orangen, Zitronen, Beerenfrüchte, Äpfel, Kirschen, Weintrauben, Birnen und Pflaumen. Küchenkräuter und Gewürze werden durch Petersilie, Schnittlauch, Koriander, Majoran, Rosmarin, Krause Minze und Ingwer vertreten. Bei den Nüssen finden wir Haselnüsse, und verbreitete Getreidearten sind Roggen, Hafer, Gerste und Weizen.

1 *awesome* (Am.) = fantastisch, toll, Spitze / *awesome* (Br.) = fürchterlich, furchterregend (Anm. d. Ü.)

Aufgenommen in diese Sektion habe ich herzhafte Gerichte, wie Shepherd's Pie (Schäferkuchen) und Gemüse-Potpie, aber auch vegane Übersetzungen von Bangers and Mash (Kartoffelbrei mit Würstchen), Käsetoast und Irish Stew. Die Kuchenabteilung bietet Ihnen Schottische Haferplätzchen, Schottische Crumpets, Yorkshire Pudding, Irisches Natronbrot und Korinthen-Scones. Genießen Sie ein alkoholfreies Ingwerbier (das aus Großbritannien stammt) und eine Englische Creme zum Abschluss einer großartigen Mahlzeit.

Sahnepastinaken und Topinambur-Suppe

In diesem Gericht trifft die Alte Welt auf die Neue Welt. Wurzelgemüse, wie die Pastinake, ist in etlichen Ländern Europas beliebt, und dazu gehört auch Großbritannien. Der Topinambur, mancherorts auch als Erdapfel, Erdbirne oder Jerusalem-Artischocke bezeichnet, ist eine Wurzelknolle, die aus Nordamerika stammt. Er schmeckt wunderbar gebacken oder auch roh gerieben in Salaten. Für eine britische Mahlzeit aus Suppe und Salat servieren Sie dazu Grünkohlsalat mit Cranberries und Walnüssen (Seite 180).

▸ FÜR 6 PERSONEN

- 3 EL Olivenöl
- 350 g Topinambur, gründlich gereinigt und in 1,5 cm große Würfel geschnitten
- ¾ TL Meersalz (nach Geschmack)
- ¼ TL frisch gemahlener schwarzer Pfeffer
- 1 gelbe Zwiebel, klein geschnitten
- 100 g in dünne Scheiben geschnittener Stangensellerie
- 4 Knoblauchzehen, zerdrückt oder fein gehackt
- 2 Pastinaken, klein geschnitten
- 1 l heiße Gemüsebrühe (Seite 311) oder Wasser
- 500 ml ungesüßte Soja-, Reis- oder Mandelmilch (Seite 316)
- 1 Prise Cayennepfeffer
- 1 TL klein gehackter frischer Dill oder ½ TL getrockneter
- 3 EL Hefeflocken oder 90 g geriebener veganer Käse nach Cheddar- oder Mozzarella-Art
- 200 g Mais (optional)

1. Den Backofen auf 220 °C vorheizen. 2 EL Öl, den Topinambur und jeweils 1 Prise Salz und Pfeffer in einer kleinen Backform vermengen und 15 Min. backen.
2. Inzwischen Zwiebel, Sellerie und Knoblauch in dem restlichen Öl in einem großen Topf bei mittelstarker Hitze unter häufigem Umrühren 3 Min. anbraten. Pastinaken, Gemüsebrühe, Sojamilch und Cayennepfeffer hinzugeben und unter gelegentlichem Umrühren 12 Min. kochen.
3. Falls gewünscht, die Hefeflocken einrühren. Den Topfinhalt zusammen mit dem Topinambur vorsichtig in einen starken Mixer geben und cremig schlagen. Je nach Größe Ihres Mixers müssen Sie das vielleicht portionsweise tun. Die Mischung zurück in den Topf schütten.
4. Die restlichen Zutaten einrühren. Vor dem Anrichten 3 Min. kochen.

Variationen

- Statt Dill können Sie 2 EL klein gehackten frischen Koriander, glatte Petersilie oder Basilikum nehmen.
- Ersetzen Sie den Mais durch Gemüse Ihrer Wahl, z.B. fein geschnittene Pilze, Zucchini, Broccoli oder Blumenkohl.

Bangers and Mash

Nein, das ist nicht der Name der neuesten britischen Punkband, sondern Kartoffelbrei mit Würstchen und Soße, ein in ganz England populäres Gericht. Das Bang soll sich auf den Klang beziehen, den die Würstchen beim Kochen von sich geben, und Mash ist der Kartoffelbrei. Sie werden dieses Gericht in drei Töpfen bzw. Pfannen gleichzeitig zubereiten müssen – einen für die Kartoffeln, einen für die Soße, eine Pfanne für die veganen Würstchen –, bis sich alles in einem finalen Crescendo zu Ihrer Tafelfreude vereint. Komplett wird die Mahlzeit mit Gebackenen Zwiebeln mit Tomaten und Dill (Seite 182).

FÜR 4-6 PERSONEN

Kartoffelbrei nach Rezept (Seite 196)

1 EL Öl

1 große in dünne Scheiben geschnittene gelbe Zwiebel

400 g vegane Würstchen oder Fleischersatz

Meersalz und frisch gemahlener schwarzer Pfeffer

ZWIEBELSOSSE (ca. 625ml)

ergibt ca. 625 ml Soße

2 EL Öl (z.B. Distel-, Kokos- oder Olivenöl)

1 in dünne Scheiben geschnittene gelbe Zwiebel

3 Knoblauchzehen, zerdrückt oder fein gehackt

3 EL weißes Dinkelmehl

500 ml Gemüsebrühe (Seite 311) oder Wasser

2 EL weizenfreies Tamari oder eine andere Sojasoße (nach Geschmack)

2 EL Hefeflocken

¼ TL Meersalz (nach Geschmack)

1 Prise frisch gemahlener schwarzer Pfeffer

1 Prise zerstoßene rote Paprikaflocken

einige Tropfen Liquid Smoke (Flüssigrauch; optional) oder ½ TL geräuchertes Paprikapulver

1 EL gehackte frische Petersilie oder fein gehackter frischer Salbei

1. Den Kartoffelbrei zubereiten und bei schwacher Hitze warm stellen.
2. Für die Soße das Öl in einen Topf bei mittelstarker Hitze geben und Zwiebeln und Knoblauch darin 3 Min. unter ständigem Rühren anbraten. Wenn Sie mehr Zeit haben, können Sie sie weitere 5 Min. unter häufigem Umrühren dünsten; dabei, falls nötig, kleine Mengen Wasser hinzugeben, um ein Anbrennen zu vermeiden. Das Mehl hinzugeben und unter ständigem Rühren 1 Min. erhitzen. Die restlichen Zutaten, mit Ausnahme der Petersilie, unterrühren und 5 Min. unter gelegentlichem Umrühren kochen. Petersilie hinzugeben, umrühren und bei schwacher Hitze servierfertig kochen. Falls nötig, mit Tamari abschmecken.
3. Inzwischen 1 EL Öl bei mittelstarker Hitze in eine Schmorpfanne geben und die Zwiebelscheiben unter ständigem Rühren darin anbraten. Die vegane Wurst hinzugeben und 10 Min. braten, dabei vorsichtig umrühren und die Wurst mit einer Zange wenden.
4. Wenn alles fertig ist, den Kartoffelbrei auf einem Teller anrichten, die Würstchen darauflegen und großzügig mit Soße begießen.

Variationen

- Zusammen mit der Zwiebel können Sie 30 g in Scheiben geschnittene Shiitake-Pilze oder entkernte und in Scheiben geschnittene Paprikaschoten zur Soße geben.
- Statt Würstchen können Sie Tempeh oder Tofu (Seite 310) bzw. Tempeh-Bacon (Seite 309) oder Tofuschinken (Seite 147) nehmen.

Irish Stew

In den Pubs um den Stein der Sprachgewandtheit werden Sie dieses vegane Irish Stew vermutlich nicht auf der Karte finden. Ich schätze sogar, Sie werden es in ganz Irland nicht finden. Wir ersetzen die Tierprodukte in diesem dicken, sättigenden und köstlichen Gericht durch Seitan. Den i-Punkt setzt der schwere, süße Geschmack des Guinness Biers. Reichen Sie dazu Irisches Natronbrot (Seite 190) und Ingwerbier (Seite 202).

▸ FÜR 4 PERSONEN

- 2 EL Olivenöl
- 1 gelbe Zwiebel, klein geschnitten
- 4 Knoblauchzehen, zerdrückt oder fein gehackt
- 2 TL fein gehackter frischer Rosmarin
- 225 g Seitan nach Rindfleisch-Art oder ein anderer veganer Fleischersatz, klein geschnitten
- 1 kleine Kartoffel, in 1,5 cm große Stücke geschnitten
- 375 ml Bier (s. Tipp)
- 3 EL Tomatenmark
- 750 ml heiße Gemüsebrühe (Seite 311) oder Wasser
- 1 TL Meersalz (nach Geschmack)
- ¼ TL gemahlener schwarzer Pfeffer
- 2 EL fein gehackte frische glatte Petersilie
- 1 Prise Cayennepfeffer
- 1 EL Pfeilwurzelmehl, in 2 EL kaltem Wasser aufgelöst

1. Das Olivenöl bei mittelstarker Hitze in einen 3-Liter-Topf geben. Zwiebel, Knoblauch und Rosmarin hineingeben und unter häufigem Umrühren 3 Min. anbraten. Den Seitan hinzufügen und 3 Min. braten, mehrfach wenden.
2. Kartoffeln, Bier und Tomatenmark in den Topf geben und unter häufigem Umrühren 3 Min. kochen. Dann die Gemüsebrühe zuschütten und 15 Min. kochen, dabei gelegentlich umrühren. Die restlichen Zutaten, mit Ausnahme der Pfeilwurzelmischung, hinzufügen und gut durchrühren. Wenn Sie mehr Zeit haben und den optimalen Geschmack herausholen wollen, kochen Sie alles unter gelegentlichem Umrühren weitere 10 Min.
3. Die Pfeilwurzelmischung in den Topf geben und ca. 2 Min. unter ständigem Rühren kochen, bis das Stew dick wird.

Variationen

- Wenn Sie möchten, können Sie 150 g geschnittene Möhren, Pastinaken, Pilze oder Gemüse Ihrer Wahl hinzugeben.
- Wer Wert auf glutenfreie Ernährung legt, ersetzt den Seitan durch Tempehwürfel oder gewürfelten festen bis sehr festen Tofu. Die Tempeh- oder Tofuwürfel können Sie vor der Zugabe zum Eintopf im Ofen backen (Seite 310).

Chefkoch Patrick empfiehlt

Guinness Extra Stout oder ein anderes Starkbier

Brunnenkresse mit Himbeer-Vinaigrette ♥

Die überall in Großbritannien angebaute, nährstoffreiche Brunnenkresse ist eine der ältesten Nahrungspflanzen des Menschen. Genießen Sie sie mit dieser würzigen Vinaigrette zu einem britischen Menü aus Grilltofu mit Meerrettichsoße (Seite 193), Glasiertem Wurzelgemüse (Seite 181) und Englischer Creme (Seite 201).

▸ FÜR 4 PERSONEN

- 200 g Brunnenkresse
- 12 Grüne Bohnen, halbiert
- 12 Cherrytomaten

DRESSING (ca. 250 ml)

- 135 g Himbeeren
- 125 ml Distelöl
- 1 EL roher Apfelessig
- 2 TL reiner Ahornsirup (nach Geschmack)
- 4 TL frisch gepresster Limettensaft
- 1 TL weizenfreies Tamari oder eine andere Sojasoße
- ¼ TL geschälter und fein geschnittener frischer Ingwer
- 1 Prise Cayennepfeffer oder zerstoßene rote Paprikaflocken
- 1 Prise Meersalz (nach Geschmack)
- 1 Prise frisch gemahlener schwarzer Pfeffer

1. Die Salatzutaten in einer Schüssel auf einzelnen Salattellern anrichten.
2. Die Zutaten für das Dressing in einem starken Mixer gründlich verrühren.
3. Das Dressing über den Salat träufeln – und genießen. Das Dressing hält sich bis zu 5 Tagen in einem Glasbehälter im Kühlschrank.

Variationen

- Statt Himbeeren können Sie Erdbeeren nehmen.
- Sie können die Himbeeren auch durch die gleiche Menge an gebratenen roten Paprikaschoten ersetzen.
- Statt Brunnenkresse eignen sich auch Rucola, Keimpflanzen und/oder gemischte Salatblätter.
- Fügen Sie dem Salat klein geschnittenes Gemüse Ihrer Wahl zu, z.B. Paprikaschoten, Pilze oder Rotkohl.

Grünkohlsalat mit Cranberries und Walnüssen ♥

Grünkohl ist der König des Grüngemüses, eine der gesündesten Ergänzungen Ihrer Lebensweise. Wenn Sie sicher sein wollen, dass Ihr Körper alle Nährstoffe aufnimmt, essen Sie ihn roh. Wenn Sie das Dressing einmassieren, wird er weich und unwiderstehlich. Also schalten Sie Enya ein und massieren Sie weiter! Wenn Sie mehr Zeit zur Verfügung haben, stellen Sie den Salat vor dem Servieren für 20 Min. oder mehr in den Kühlschrank. Reichen Sie ihn zu Shepherdess's Pie (Seite 196), Grilltofu mit Meerrettichsoße (Seite 193) oder Bangers and Mash (Seite 176).

▸ FÜR 4-6 PERSONEN

45 g Walnüsse

500-800 g Grünkohl (12 - 18 Blätter von ca. 20 cm Länge) gut abspülen, die Stängel entfernen und in mundgerechte Stücke reißen

75 g getrocknete Cranberries

2-3 EL Frühlingszwiebeln, in dünne Scheiben geschnitten

DRESSING

3 EL Olivenöl

2 EL Hefeflocken

1 EL frisch gepresster Zitronensaft

½ TL Englischer Senf oder ein anderer Senf

1 TL Rotweinessig

1 TL reiner Ahornsirup oder Agavensirup

1 TL weizenfreies Tamari oder eine andere Sojasoße (nach Geschmack)

1 Prise Cayennepfeffer

1 Prise Meersalz

1. Die Walnüsse mit 250-500 ml Wasser in eine kleine Schüssel und den Grünkohl in eine große Schüssel geben.
2. Für das Dressing alle Zutaten in einer kleinen Schüssel gründlich verquirlen.
3. Das Dressing auf den Grünkohl gießen und jedes Stück damit einreiben. Das kann 5-10 Minuten dauern, je nachdem, wie entspannt Sie Ihren Grünkohl haben möchten.
4. Die Walnüsse abgießen, gut abspülen und zusammen mit den Cranberries und den Frühlingszwiebeln zum Grünkohl geben. Vor dem Servieren alles gut vermengen.

Variationen

- Es sind zahllose Variationen möglich. Sobald der Grünkohl ausreichend mit Dressing eingerieben ist, können Sie 100-200 g gemischtes Gemüse, wie Möhren, Pastinaken, Bete oder Daikon-Rettich, dazugeben. Andere mögliche Gemüsearten sind Mais, in dünne Scheiben geschnittener Stangensellerie, fein geschnittener Rotkohl oder rote Zwiebeln. Ich denke, Sie verstehen, worum es mir geht.
- Fügen Sie 2 EL einer Mischung aus gehackten frischen Kräutern hinzu, wie etwa Basilikum, Thymian, Oregano und glatte Petersilie.

Glasiertes Wurzelgemüse

Das ist ein einfaches, köstlich gebackenes Gemüsemedley, bei dem wir den bei glasierten Möhrengerichten häufig verwendeten Honig durch Agavensirup oder Ahornsirup ersetzen. Der Topinambur macht es schön knusprig. Wenn Sie die Kombination aus gebackenen Pastinaken und Topinambur einmal probiert haben, werden Sie für den Rest Ihres Lebens dazu bekehrt sein. Servieren Sie das Gemüse bei einem Fusion-Menü zu Tofu-Scaloppine (Seite 73), Rührtofu mit Schnittlauch und Wildpilzen (Seite 120) oder Babe's Bocadillos (Seite 147).

▸ FÜR 2 – 4 PERSONEN

2 Möhren, klein geschnitten

2 Pastinaken, klein geschnitten

2 Topinambur, klein geschnitten

2 EL Olivenöl

½ TL Meersalz

¼ TL frisch gemahlener schwarzer Pfeffer

¼ TL zerstoßene rote Paprikaflocken

1½ EL Agaven-, Kokosblüten- (Seite 319) oder reiner Ahornsirup

1½ TL Apfel-, Balsamico- oder Rotweinessig

1 EL vegane Butter (optional)

2 EL fein gehackte frische glatte Petersilie

1. Den Backofen auf 220 °C vorheizen. Möhren, Pastinaken, Topinambur, Olivenöl, Salz, Pfeffer und Paprikaflocken in einer großen Backform gut verrühren und 15 Min. backen.
2. Die restlichen Zutaten, mit Ausnahme der Petersilie, hinzugeben, umrühren und die Backform wieder in den Ofen schieben. Weitere 5 Min. backen. Falls nötig, mit Salz und Pfeffer nachwürzen. Mit Petersilie garnieren und warm servieren.

Variationen

- Dieses Gericht schmeckt mit jedem Wurzelgemüse gut, das Sie bei der Hand haben, so auch mit Wurzelsellerie, Roter Bete, Speiserüben, Rettich oder Yamswurzel.
- Geben Sie zusammen mit oder anstelle der Petersilie 1 EL klein gehackte frische Kräuter, wie Dill, Koriander oder Basilikum, dazu.

Gebackene Zwiebel mit Tomaten und Dill

Hier ein schnelles und einfaches Rezept für gebackenes Gemüse, das als Beilage zu jedem Hauptgericht in diesem Buch gereicht werden kann. Insbesondere die Tomaten sind Teil des traditionellen English Breakfast, zu dem auch Baked Beans auf Toast (Seite 204) gehören. Sie können jedes Gemüse Ihrer Wahl verwenden – sehen Sie dazu die Vorschläge unter Variationen. Es passt unter anderem zu Grilltofu mit Meerrettichsoße (Seite 193), Moussaka (Seite 228) oder Tempeh in Romesco (Seite 158).

▸ FÜR 4 PERSONEN

- 2 kleine gelbe Zwiebeln
- 2 mittelgroße Tomaten, halbiert
- 2 TL Olivenöl
- ½ TL Meersalz
- 1 Prise frisch gemahlener schwarzer Pfeffer
- 70 g Grünkohl in mundgerechten Stücken
- 1 TL Balsamicoessig
- 2 EL vegane Butter (optional)
- 1 - 2 TL frischer Dill oder Sauerampfer

1. Den Backofen auf 220 °C vorheizen. Die Zwiebeln halbieren. Zusammen mit den Tomaten in eine gefettete Backform legen, mit 1 TL Olivenöl beträufeln und mit einer Prise Salz und Pfeffer würzen. 15 Min. backen. Wenn Sie mehr Zeit haben und den optimalen Geschmack herausholen wollen, backen Sie die Zwiebeln 10 Min., bevor Sie die Tomaten hinzufügen.
2. Inzwischen den Grünkohl mit dem restlichen Olivenöl in eine Schüssel geben und mehrere Minuten lang damit einreiben.
3. Nach 15 Min. Backzeit den Grünkohl zu den Zwiebeln und Tomaten in den Backofen geben und weitere 5 Min. backen. Vor dem Servieren mit Essig beträufeln und mit Dill und dem restlichen Salz und Pfeffer bestreuen und, falls gewünscht, die vegane Butter obenauf geben.

Variationen

- Das ist ein Musterrezept für gebackenes oder gebratenes Gemüse. Statt Zwiebeln und Tomaten eignen sich auch Zucchini, Paprikaschoten, Kohl und sogar Broccoli oder Blumenkohl.
- Anstelle von Grünkohl können Sie auch Mangold oder Markstammkohl verwenden.
- Den Dill können Sie durch 1 EL klein gehackte frische glatte Petersilie, Basilikum oder Koriander ersetzen.
- Probieren Sie verschiedenartige Essigsorten aus.

Pastinaken-Colcannon

Es ist leichter zu kochen als auszusprechen: Colcannon ist irisch und heißt so viel wie „weißköpfiger Kohl". Traditionell wird dieser Eintopf aus zerstampften Kartoffeln und Grünkohl oder Kohl zubereitet. Wir fügen noch Pastinaken hinzu. Geben Sie die Sojamilch nach Gefühl dazu, bis die gewünschte cremige Konsistenz erreicht ist. Pastinaken stammen aus Europa, gehören, wie die Möhren, zur Familie der Doldenblütler und haben einen süßen, sahnigen Geschmack. Sie schmecken gedämpft sehr gut, ganz hervorragend aber auch gebacken oder roh an einen Salat gerieben. Servieren Sie Ihr Colcannon zu Grilltofu mit Meerrettichsoße (Seite 193), Tempeh-Schmorbraten mit Kräutern der Provence (Seite 114) oder Tofu Cacciatore (Seite 68).

▸ FÜR 4-6 PERSONEN

1 große mehlig- oder vorwiegend festkochende Kartoffel, klein geschnitten

2 kleine Pastinaken, klein geschnitten

4-6 Knoblauchzehen

250 ml Soja-, Reis- oder Mandelmilch (optional warm)

2 EL vegane Butter (optional)

¾ TL Meersalz (nach Geschmack)

¼ TL frisch gemahlener schwarzer Pfeffer

100 g fein gehackter entstielter Grünkohl

3 EL fein gehackte frische glatte Petersilie

1 Prise zerstoßene rote Paprikaflocken

1. Einen Topf mit Dämpfeinsatz 2,5 cm hoch mit Wasser füllen und zum Köcheln bringen. Kartoffeln, Pastinaken und Knoblauch in den Dämpfeinsatz legen und ca. 15 Min. dämpfen, bis das Gemüse knapp weich ist.
2. Das Wasser wegschütten, das Gemüse in den Topf (ohne Dämpfeinsatz) legen und mit einem Kartoffelstampfer oder einem massiven Rührbesen zerstampfen. Die restlichen Zutaten hinzugeben und gut durchrühren.

Variationen

- In dieser Version wird der Grünkohl durch die Hitze der gekochten Kartoffeln und Pastinaken leicht angegart. Wenn Sie möchten, können Sie ihn separat dämpfen oder anbraten, bevor Sie die anderen Zutaten hinzufügen.
- Ersetzen Sie die Petersilie durch andere frische Kräuter. Versuchen Sie z.B. 2 TL gehackten frischen Rosmarin, Oregano, Dill oder Majoran.

Irischer Champ mit knusprigen Zwiebeln

Champ (irisch: brúitín), von manchen auch „Poundies“ genannt, ist ein irischer Kartoffelbrei mit Butter, Milch und Frühlingszwiebeln. Wir brauchen nur die Milchprodukte durch tierproduktfreie Alternativen ersetzen und haben schon ein veganes Gericht. Die gebratenen Zwiebeln sorgen für ein grandioses Geschmackserlebnis. Sie können den Champ für den Kartoffelbrei mit Würstchen verwenden (Bangers and Mash – Seite 176) oder im Rahmen eines Fusionsmenüs zu Grillchampignons mit Sauce Béarnaise (Seite 107) und Biergeschmortem Blattgemüse (Seite 244) reichen.

FÜR 4-6 PERSONEN

- 1 EL Olivenöl
- 1 gelbe Zwiebel, gewürfelt
- 2 mittelgroße mehligkochende Kartoffeln, in 1,5 cm große Stücke geschnitten
- 1 kleine in dünne Scheiben geschnittene Frühlingszwiebeln
- 2 EL vegane Butter
- ¾ TL Meersalz (nach Geschmack)
- ¼ TL frisch gemahlener schwarzer Pfeffer
- 125 ml ungesüßte Sojamilch
- 90 g geriebener veganer Käse nach Cheddar- oder Mozzarella-Art (optional)

1. Das Olivenöl in einer kleinen Schmorpfanne bei mittlerer Hitze erhitzen. Die gelbe Zwiebel zugeben und 15-20 Min. dünsten, dabei häufig umrühren und, falls nötig, immer etwas Wasser zugießen, um ein Anbrennen zu vermeiden.
2. Inzwischen einen Topf mit Dämpfeinsatz 2,5 cm hoch mit Wasser füllen und zum Köcheln bringen. Die Kartoffeln im Dämpfeinsatz zugedeckt ca. 15 Min. knapp weich dämpfen. In eine große Schüssel geben.
3. Die Zwiebel zusammen mit den restlichen Zutaten zu den Kartoffeln geben und alles pürieren.

Variation

- Ersetzen Sie die gedünstete Zwiebel durch 3 EL fein gehackten Lappentang (Dulse), 3 EL fein gehackten Schnittlauch und 3 EL fein gehackte frische glatte Petersilie.

Schottische Crumpets

Obwohl ich den Ausdruck tea and crumpets *schon jahrelang gehört hatte, war ich mir nie ganz sicher, was ein Crumpet eigentlich ist. Auch für Sie ist es vielleicht interessant zu erfahren, dass das Pfannkuchen sind, die seit Jahrhunderten zur britischen Kochkultur gehören. Hier eine pikante Variante dieses populären Kuchens. Reichen Sie ihn als eigenständiges Gericht zu … richtig geraten – Tee oder als Beilage zu einer Schüssel Sahnepastinaken und Topinambur-Suppe (Seite 174).*

▸ FÜR 8 CRUMPETS

TROCKENE ZUTATEN

- 225 g weißes Dinkelmehl
- 1 TL Backpulver
- ¼ TL Meersalz

FEUCHTE ZUTATEN

- 310 ml ungesüßte Sojamilch
- 2 EL gemahlene Leinsamen, vermischt mit 6 EL Wasser
- 1 EL weiche vegane Butter
- 1 EL frisch gepresster Zitronensaft
- 2-3 EL fein gehackte Frühlingszwiebeln
- 1 EL gehackter Schnittlauch
- Öl zum Braten
- Veganer Sauerrahm (Seite 282)
- Gurkenscheiben
- Tomatenscheiben
- Meersalz und frisch gemahlener schwarzer Pfeffer

1. Die trockenen und die feuchten Zutaten in separaten Schüsseln mischen. Die feuchte Mischung in die trockene einrühren.
2. Ein wenig Öl in einer großen Bratpfanne eine Minute lang bei starker Hitze erhitzen. 2-3 EL Teig in die Pfanne gießen und zu einem 10 cm großen Pfannkuchen verstreichen. Vorsichtig eingießen, damit das Öl nicht spritzt. Ca. 3 Min. braten, bis der Pfannkuchen überall Blasen schlägt.
3. Den Pfannkuchen wenden und weitere 3 Min. braten, dabei 5-10 Sek. mit dem Pfannenwender niederdrücken, damit er richtig durchbrät. Wieder wenden und noch 1 Min. braten, dabei noch einmal 5-10 Sek. niederdrücken. Die Pfannkuchen bis zum Servieren auf einem Teller stapeln.
4. Vor dem Servieren jeden Pfannkuchen mit etwas veganem Sauerrahm sowie einigen Gurken- und Tomatenscheiben belegen und mit je 1 Prise Salz und Pfeffer bestreuen.

Variation

- Wenn Sie den Crumpet lieber süß mögen, geben Sie 2 EL Biozucker (Seite XIV) zu den trockenen Zutaten. Lassen Sie die Frühlingszwiebeln und den Schnittlauch weg und servieren Sie ihn mit veganer Butter, Konfitüre und Mandelbutter oder Puderzucker.

Yorkshire Pudding

Im Unterschied zu dem, was Sie wahrscheinlich als Pudding kennen, ist dies eher ein Brot, das im 18. Jahrhundert im englischen Yorkshire erfunden wurde. Traditionell wird der Yorkshire Pudding im Ofen unter dem Schmorbraten mitgebacken, sodass der heruntertropfende Bratensaft dem Brot zusätzliches Aroma verleiht (habe ich Ihnen schon Appetit gemacht?). Zum Glück verlangt unser Rezept Flüssigrauch statt Bratensaft. Servieren Sie den Pudding mit Gemüse-Potpie (Seite 194) und Zwiebelsoße (Seite 176).

▸ FÜR 6 PERSONEN

TROCKENE ZUTATEN

225 g weißes Dinkelmehl

¼ TL Meersalz

¾ TL Backnatron

FEUCHTE ZUTATEN

250 ml ungesüßte Sojamilch

2 EL gemahlene Leinsamen, vermischt mit 6 EL Wasser

2 EL vegane Butter oder Öl

¼ TL Liquid Smoke (Flüssigrauch)

¾ TL Apfelessig

1. Den Backofen auf 230 °C vorheizen.
2. Die trockenen und die feuchten Zutaten in separaten Schüsseln vermischen und die feuchte Mischung in die trockene einrühren.
3. Sechs Vertiefungen einer Muffinform einfetten und jede Vertiefung mit ca. 6 EL Teig füllen. Ca. 15 Min. backen. Der Pudding ist fertig, wenn er sich beim Eindrücken wieder hebt. Warm servieren.

Käsetoast

Dieses Gericht heißt auf Englisch Welsh Rarebit, was manchmal auch zu Welsh Rabbit („Welscher Hase") verballhornt wird. Als ich es dem Namen nach für dieses Buch auswählte, dachte ich deshalb zunächst, ich würde ein kaninchenfreies Gericht entwickeln. Erst später begriff ich, dass Rarebit das walisische Äquivalent zu Käsetoast ist, dem obendrein noch Bier zugefügt wird. Das funktioniert durchaus! Sie können es so, wie es ist, als Mitternachtssnack oder kleinen Imbiss zwischen den Mahlzeiten genießen.

▸ FÜR 4-6 PERSONEN

4 Englische Muffins oder 8 Scheiben Toast

KÄSESOSSE

- 2 EL vegane Butter oder Öl
- 2 EL Mehl (z.B. weißes Dinkelmehl oder glutenfreies Mehl)
- 180 ml Sojasahne oder Soja-, Reis- oder eine andere milchfreie Milch
- ½ TL Senfpulver oder 1 EL veganer Dijon-Senf
- 1 Prise Cayennepfeffer
- 1 EL Hefeflocken
- 2 TL vegane Worcestershiresoße (optional)
- ½ TL Paprikapulver (z.B. geräuchertes)
- ¼ TL Meersalz (nach Geschmack)
- 1 Prise frisch gemahlener schwarzer Pfeffer
- 125 ml Starkbier (s. Tipp)
- 235 g geriebener veganer Käse nach Cheddar-Art

1. Butter und Mehl in einem Topf bei mittelstarker Hitze 1 Min. unter ständigem Rühren anschwitzen. Hitzezufuhr etwas reduzieren, die restlichen Zutaten – mit Ausnahme von Bier und Käse – hinzufügen und unter häufigem Umrühren 5 Min. kochen.
2. Auf schwache Hitze reduzieren, Bier und Käse zufügen und unter häufigem Umrühren 5 Min. kochen.
3. Die Muffins oder den Toast goldbraun toasten und auf einzelnen Servierplatten auslegen.
4. Vor dem Servieren großzügig mit Soße begießen.

Variation

- Wenn Sie mehr Zeit haben, nehmen Sie statt Toast Irisches Natronbrot (Seite 190) oder Schottische Crumpets (Seite 187).

Chefkoch Patrick empfiehlt

Guinness Extra Stout oder ein anderes Starkbier

Irisches Natronbrot

Der irische Glücksklee war mit mir, als ich mein erstes Natronbrot buk, das so heißt, weil als Treibmittel Natron statt Hefe verwendet wird. Normalerweise wird es mit Buttermilch zubereitet; wir nehmen stattdessen Sojamilch mit frischem Zitronensaft. Das Brot wird eingeschnitten, damit es innen schneller gar wird. Es eignet sich als eigenständiger Imbiss oder als perfekte Beilage zu Irish Stew (Seite 177).

▸ FÜR 8-10 PERSONEN

TROCKENE ZUTATEN

385 g weißes Dinkelmehl

2 EL Rohrzucker (Seite 319)

1¼ TL Backnatron

½ TL Meersalz

FEUCHTE ZUTATEN

180 ml Sojamilch

2 EL frisch gepresster Zitronensaft

½ TL Apfelessig

1 EL gemahlene Leinsamen, vermischt mit 3 EL Wasser

75 g Rosinen (optional)

1. Den Backofen auf 220 °C vorheizen. Ein Backblech einfetten oder mit Backpapier auslegen. Die feuchten Zutaten in einer Schüssel verquirlen und 5 Min. stehen lassen. Inzwischen die trockenen Zutaten in einer anderen Schüssel vermengen. Die feuchte zur trockenen Mischung geben und zu einem Teig verkneten. Falls nötig, noch mehr Sojamilch hinzugeben, damit der Teig feucht und fest wird und zu einer Rolle geformt werden kann.
2. Den Teig auf ein mit Mehl bestäubtes Brett legen, zu einer Rolle formen und diese in zwei Hälften schneiden. Zwei runde Brote formen und auf das vorbereitete Backblech legen. In jedes Brot mit einem Messer ein großes X einschneiden.
3. 15 Min. goldbraun backen. Aus dem Ofen nehmen und auf dem Backblech 5 Min. abkühlen lassen, bevor Sie die Brote auf ein Kuchengitter oder eine saubere Servierplatte legen. Warm mit veganer Butter genießen.

Variationen

- Für ein Starkbierbrot ersetzen Sie Sojamilch, Zitronensaft und Essig durch die gleiche Menge Starkbier, z.B. Guinness Extra Stout.
- Sie können den trockenen Zutaten 1 EL Kümmel beimischen.
- Statt Rosinen können Sie beliebige Trockenfrüchte nehmen, wie klein geschnittene Datteln, Aprikosen oder Feigen.
- Sie können auch die Hälfte der Rosinen durch Körner ersetzen, wie etwa Sonnenblumen- oder Kürbiskerne. Es eignen sich auch fein gehackte Nüsse, wie Wal-, Pekan- oder Macadamanüsse.

Grilltofu mit Meerrettichsoße

Den Meerrettich, der allen Gerichten eine feurige Würze verleiht, verwendeten schon die alten Griechen und Ägypter in ihren Küchen, und das mittelalterliche Brauchtum ist voll davon. Wie auch Senf, Wasabi, Broccoli und Kohl, gehört er der Familie der Kreuzblütengewächse an. Die Briten essen ihre Koteletts häufig mit einer sahnigen Meerrettich-Senf-Soße. Dieses Rezept ergibt genügend Soße für zwei Portionen Tofu. Das Gericht passt zu Irischen Champ mit knusprigen Zwiebeln (Seite 184) und Brunnenkresse mit Himbeer-Vinaigrette (Seite 178).

▸ FÜR 4 PERSONEN

TOFU-MARINADE

- 1 EL Olivenöl
- 2 EL weizenfreies Tamari oder eine andere Sojasoße
- ¼ TL zerstoßene rote Paprikaflocken
- 400 g fester Tofu, in 4 Scheiben geschnitten

MEERRETTICHSOSSE

- 500 ml ungesüßte Sojamilch
- 3 - 4 EL Meerrettich (s. Kasten)
- ½ TL Senfpulver
- 2 EL Hefeflocken
- ¼ TL Meersalz (nach Geschmack)
- 1 Prise gemahlener weißer Pfeffer
- 1 Prise Cayennepfeffer (nach Geschmack)
- 3 EL Mehl (z.B. weißes Dinkelmehl oder glutenfreies Mehl)
- 2 EL vegane Butter oder Olivenöl
- 2 EL fein gehackte frische glatte Petersilie
- schwarze Sesamsamen

1. Einen Grill auf hoher Hitze vorheizen. Alle Zutaten für die Marinade, mit Ausnahme der Tofuscheiben, in einer kleinen Kasserolle verrühren. Den Tofu hineinlegen und 10 Min. marinieren, dabei gelegentlich wenden, damit er überall benetzt wird. Die Tofuscheiben auf den Grill legen und ca. 5 Min. auf jeder Seite grillen, bis der Tofu durchgegart ist und Grillstreifen bekommt.
2. Inzwischen Sojamilch, Meerrettich, Senf, Hefeflocken, Salz, weißen Pfeffer und Cayennepfeffer in einer Kasserolle bei mittelstarker Hitze 5 Min. unter häufigem Rühren kochen.
3. Mehl und Butter in einer kleinen Schüssel zu einer Einbrenne verrühren. Die Einbrenne in die Kasserolle einrühren und ca. 5 Min. mit einem Schneebesen weiterrühren, bis die Soße dick wird.
4. Vor dem Servieren die Tofuscheiben mit der Soße beträufeln und mit Petersilie und schwarzen Sesamsamen garnieren.

Variationen

- Sie können den Tofu auch backen, statt ihn zu grillen. Heizen Sie dazu den Backofen auf 190 °C vor und marinieren Sie den Tofu, wie oben beschrieben. Dann 20 Min. backen.
- Statt Tofu können Sie Tempeh, Riesen-Champignons (Portobello) oder in dicke Scheiben geschnittene Auberginen oder Zucchini verwenden.
- Die Petersilie können Sie durch frischen Koriander oder Basilikum oder 1 EL fein gehackten Dill ersetzen.

Tipps und Tricks vom Küchenchef

Frischer Meerrettich allein hat oft nicht viel Aroma. Nehmen Sie lieber die im Handel erhältlichen Fertigzubereitungen.

Gemüse-Potpie

Als Inbegriff der Pub-Mahlzeit schlechthin und Liebling aller Fans von Fertiggerichten gibt es Potpie in vielen Formen und Größen. Normalerweise wird diese Pastete aus verschiedenen Fleischsorten zubereitet. Wir bevorzugen eine sanftere Version, in der Tofu die uneingeschränkte Herrschaft hat. Reichen Sie dazu Pastinaken-Colcannon (Seite 183) und Zwiebelsoße (Seite 176).

FÜR 4-6 PERSONEN

1 ungebackene vegane Pastete ohne Füllung („Krustade" mit Boden und Deckel) – entweder fertige, vorzugsweise aus Dinkelmehl, oder selbst gemachte (s. Kasten)

Veganer Sauerrahm (Seite 282)

FÜLLUNG

1 EL Öl

1 große gewürfelte gelbe Zwiebel

2-3 Knoblauchzehen, zerdrückt oder fein gehackt

60 g gewürfelter Stangensellerie

175 g gewürfelte, vorwiegend festkochende Kartoffeln

225 g fester Tofu, gerieben oder zerbröckelt (Seite 307)

225 g Tiefkühl-Mischgemüse aus Mais, Erbsen und Bohnen

3-4 EL Tomatenmark

250 ml Wasser

1 TL Meersalz

¼ TL frisch gemahlener schwarzer Pfeffer

1 Prise Cayennepfeffer oder ¼ TL zerstoßene rote Paprikaflocken

4 TL weizenfreies Tamari oder eine andere Sojasoße (nach Geschmack)

1 EL Hefeflocken (optional)

1 EL vegane Worcestershiresoße (optional)

1. Den Backofen auf 220 °C vorheizen. Mit einer Gabel einige Löcher in die untere Teighülle stechen und 10 Min. backen. Aus dem Ofen nehmen und beiseitestellen.
2. Inzwischen die Füllung vorbereiten: Das Öl in eine große Schmorpfanne bei mittelstarker Hitze geben und Zwiebel, Knoblauch und Stangensellerie 3 Min. unter ständigem Rühren darin anbraten. Kartoffeln und Tofu hinzufügen und unter häufigem Umrühren 3 Min. dünsten; falls nötig, kleine Mengen Wasser zugießen, um ein Anbrennen zu vermeiden. Die restlichen Zutaten für die Füllung hinzugeben und 5 Min. unter gelegentlichem Umrühren garen. Die Füllung in die gebackene Pastetenhülle geben.
3. Den Teigdeckel auflegen und die Ränder abdichten.
4. Ca. 20 Min. goldbraun backen. Mit einem Schlag Veganem Sauerrahm (Seite 282) servieren.

Variationen

- Wenn Sie mehr Zeit haben, machen Sie den gesamten Pastetenteig selbst, indem Sie die doppelte Menge an Zutaten für den Pastetendeckel (s. Kasten) nehmen und den Teig in zwei Hälften teilen.
- Es eignet sich jedes Gemüse Ihrer Wahl als Füllung, z. B. Paprika, Kohl, Zucchini oder aber auch Pilze.
- Den Tofu können Sie durch klein geschnittenes Tempeh oder Seitan ersetzen.

Wenn Sie mehr Zeit haben

Mit diesem Rezept können Sie den Teigdeckel für die Pastete selbst machen. Brauchen Sie auch noch den Boden, verdoppeln Sie die Zutaten und teilen Sie den Teig dann vor dem Ausrollen in zwei Hälften.

160 g weißes Dinkelmehl

2 EL vegane Butter oder Kokosöl

2 EL Wasser

¼ TL Meersalz

1 TL gemahlene Leinsamen, vermischt mit 1 EL Wasser

Alle Zutaten in einer Schüssel verkneten. Eine Kugel formen und auf eine mit Mehl bestäubte Fläche legen, z.B. ein Küchenbrett. Mit einem mit Mehl bestäubten Nudelholz auf ca. 22 cm Durchmesser ausrollen. Diesen Teigdeckel auf die gefüllte Pastete legen und am Rand der unteren Pastete entlang festdrücken. Mit einer Gabel einige Löcher in den Deckel stechen und in den Backofen stellen.

Shepherdess' Pie

Nicht zu verwechseln mit Shepherd's Pie („Schäferkuchen": mit Kartoffelbrei überbackenes Lammhackfleisch) oder gar Cottage Pie („Hüttenkuchen": mit Kartoffelbrei überbackenes Rindhackfleisch), die beide aus Tierprodukten bestehen. Nein, unsere „Schäferin" ist zufällig Veganerin und bevorzugt Tempeh. Das ist ein ebenso herz- wie nahrhaftes Seelenfutter, das Sie durch die kalten Nächte bringen wird. Reichen Sie dazu Grünkohlsalat mit Cranberries und Walnüssen (Seite 180), und beenden Sie das Mahl mit einem Ingwerbier (Seite 202).

▸ FÜR 4 PERSONEN

KARTOFFELBREI

2 mehlig- oder vorwiegend festkochende Kartoffeln, klein geschnitten (wenn Sie mehr Zeit haben, können Sie sie schälen)

125 ml ungesüßte Soja-, Reis- oder eine andere milchfreie Milch

2 EL vegane Butter (optional)

½ TL Salz (nach Geschmack)

¼ TL frisch gemahlener schwarzer Pfeffer

FÜLLUNG

1 EL Öl

1 große gewürfelte gelbe Zwiebel

3 Knoblauchzehen, zerdrückt oder fein gehackt

60 g gewürfelter Stangensellerie

½ gewürfelte Möhre

65 g gewürfelte Pilze (Shiitake, weiße oder braune Champignons oder Pilze Ihrer Wahl)

225 g Tempeh, klein geschnitten

2 EL fein gehackte frische glatte Petersilie

1 EL fein gehackter frischer Salbei

¼ TL zerstoßene rote Paprikaflocken (optional)

3 EL Hefeflocken (optional)

1 EL Agavensirup, reiner Ahornsirup oder Süßungsmittel nach Wahl (optional)

2 TL vegane Worcestershiresoße (optional)

2 EL weizenfreies Tamari oder eine andere Sojaoße (nach Geschmack)

375 ml Wasser

2 EL weißes Dinkelmehl, vermischt mit 2 EL Olivenöl

BELAG

Paprikapulver (z.B. geräuchertes)

veganer Sauerrahm (Seite 282)

frische Petersilie

1. Die Kartoffeln vorbereiten: Einen großen Topf mit Dämpfeinsatz ca. 2,5 cm hoch mit Wasser füllen und zum Köcheln bringen. Die Kartoffeln in den Dämpfeinsatz legen. Zudecken, auf mittlere Hitze reduzieren und ca. 10 Min. dämpfen, bis die Kartoffeln knapp weich sind. In ein Durschlagsieb schütten und gut abtropfen lassen. In einer Schüssel mit den restlichen Zutaten für den Kartoffelbrei mithilfe eines Stampfers oder eines starken Schneebesens pürieren. Nach Geschmack salzen und beiseitestellen.
2. Inzwischen die Füllung zubereiten: Den Backofen auf der höchsten Grillstufe (ca. 260 °C) vorheizen und eine 20 cm große Auflaufform einfetten. Das Öl in einer großen Schmorpfanne erhitzen und Zwiebel, Knoblauch und Sellerie bei mittelstarker Hitze darin 3 Min. unter ständigem Rühren anbraten. Möhre, Pilze und Tempeh

hinzufügen und 8 Min. unter häufigem Umrühren dünsten. Falls nötig, kleine Mengen Wasser hinzugeben, um ein Anbrennen zu vermeiden. Die restlichen Zutaten hinzufügen und unter häufigem Umrühren 5 Min. garen. Das Ganze in die vorbereitete Auflaufform geben.

3. Den Kartoffelbrei gleichmäßig auf der Füllung verstreichen. Sie können mehrmals mit einer Gabel von einer Seite zur anderen über den Kartoffelbrei fahren. Mit Paprika bestreuen und 5-10 Min. backen.
4. Reichen Sie den Schäferinnenkuchen mit einem Schlag veganem Sauerrahm und einem Zweig frischer Petersilie.

Variationen

- Probieren Sie verschiedene Gemüsearten aus, z.B. eine Mischung aus tiefgekühltem Mais, Erbsen und Bohnen.
- Nehmen Sie statt Kartoffeln Süßkartoffeln.
- Um Öl zu sparen, ersetzen Sie Dinkelmehl und Wasser durch 2 EL Pfeilwurzelpulver, das in 60 ml kaltem Wasser aufgelöst wurde.

Korinthen-Scones

Im kulinarischen Imperium Großbritanniens geht die Sonne nie unter. Scones stammen aus dem Schottland des 15. Jahrhunderts und sind heute das Aushängeschild der britischen Teatime, die die Welt im Sturm erobert hat. Viel Vergnügen bei der Kreation mannigfaltiger Variationen mit diesem Rezept als Basis! Servieren Sie sie zum Tee oder als Teil eines Fusionsfrühstücks zur Spanischen Omelette (Seite 149).

▸ FÜR 8 SCONES

TROCKENE ZUTATEN

385 g weißes Dinkelmehl

90 g Rohrzucker (Seite 319)

1 TL Backpulver

½ TL Zimt

¼ TL Muskatpulver

1 Prise Meersalz

3 EL Korinthen

3 EL gehackte Walnüsse

FEUCHTE ZUTATEN

4 EL zerlassene vegane Butter

125 ml Sojamilch

2 EL gemahlene Leinsamen, vermengt mit 6 EL Wasser

1 TL Vanilleextrakt

1. Den Backofen auf 220 °C vorheizen. Ein Backblech einfetten oder mit Backpapier auslegen. Die trockenen und die feuchten Zutaten in separaten Schüsseln vermengen bzw. verrühren. Dann die feuchten zu den trockenen Zutaten geben und zu einem Teig verkneten.
2. Für jeden Scone ca. 180 ml Teig auf das vorbereitete Backblech schöpfen.
3. Ca. 15 Min. goldbraun backen und aus dem Ofen nehmen. 5 Min. auf dem Backblech auskühlen lassen und dann auf ein Kuchengitter oder eine Servierplatte legen. Noch warm mit veganer Butter und Konfitüre oder Tahin (Sesampaste) servieren.

Variationen

- Ersetzen Sie die Walnüsse durch Pistazien, Mandeln, Macadamia- oder Haselnüsse.
- Statt Korinthen können Sie Rosinen oder klein gehackte Trockenfrüchte, wie Aprikosen, Datteln oder Papaya, verwenden.
- Walisischer Pfannkuchen: Den Teig in eine eingefettete Grillpfanne gießen und auf jeder Seite 4 Min. braten. Dabei mit dem Pfannenwender niederdrücken, damit er auch innen gut durchbrät.
- Vanille-Pfirsich-Scones: Ersetzen Sie Walnüsse und Korinthen durch klein geschnittene Pfirsiche, und fügen Sie weitere 2 TL Vanilleextrakt oder das Mark einer Vanilleschote hinzu (Seite 213).
- Kakao-Bocksdorn-Scones: Ersetzen Sie die Walnüsse durch Kakaonibs (geröstete und gebrochene Kakaobohnen) und die Korinthen durch Bocksdornbeeren (Goji).
- Pikante Scones: Geben Sie anstelle der Korinthen und des Vanilleextrakts 2-3 EL geriebenen veganen Käse nach Cheddar- oder Mozzarella-Art, 1 EL klein gehackten frischen Schnittlauch und 2 TL klein gehackten frischen Dill zum Teig.
- Weitere pikante Variationen erhalten Sie durch Zugabe von 2-3 EL klein geschnittener, sonnengetrockneter Tomaten und 1 EL klein gehacktem frischem Rosmarin oder 2-3 EL klein geschnittener Oliven und 2-3 EL in dünne Scheiben geschnittener Frühlingszwiebeln. Lassen Sie dann die Korinthen und den Vanilleextrakt weg.

Schottische Haferplätzchen

Was man nicht alles lernt, wenn man ein Kochbuch schreibt! Haferplätzchen sind offenbar das Lieblingsfrühstück von Königin Elizabeth II. und standen jahrhundertelang als Grundnahrungsmittel auf dem schottischen Speiseplan. Genießen Sie sie als Teil eines elisabethanischen Frühstücks warm mit Konfitüre und veganer Butter oder Mandelbutter. Lang lebe die Königin!

▸ FÜR 8 PERSONEN

TROCKENE ZUTATEN

200 g Haferflocken

150 g weißes Dinkelmehl

3 EL Vollrohrzucker oder brauner Biozucker (Seite 319)

¼ TL Meersalz

1 TL Backnatron

3 EL Trockenfrüchte: Rosinen, klein geschnittene Datteln, Feigen, Aprikosen oder kandierter Ingwer

¼ TL Zimt

1 Prise Muskatpulver

FEUCHTE ZUTATEN

180 ml Sojamilch

4 EL zerlassene vegane Butter

3 EL reiner Ahornsirup

1 EL frisch gepresster Zitronensaft

1 TL Vanilleextrakt

1. Den Backofen auf 220 °C vorheizen. Eine 20 cm große Backform einfetten. Die trockenen und die feuchten Zutaten in separaten Schüsseln vermengen bzw. verrühren, dann die feuchten zu den trockenen Zutaten geben und zu einem Teig verkneten.
2. Den Teig sofort in die vorbereitete Backform geben und 20 Min. backen.
3. Vor dem Servieren in acht Stücke schneiden.

Variation

- Verleihen Sie Ihrer schottischen Leckerei einen Hauch von tropischem Flair, indem Sie 2 EL Kokosraspeln unter die trockenen Zutaten mischen.

Englische Creme

Die englischen Cremedesserts, die seit dem Mittelalter über Generationen hinweg weitergegeben wurden, werden traditionell aus Eigelb und Milch oder Sahne hergestellt. In diesem Rezept nehmen wir als Basis Sojasahne und dicken sie mit Kudzu Wurzel an, einer stärkehaltigen Wurzelknolle, die Sie in Ihrem Bioladen bekommen. Und wieder einmal greifen wir zum bewährten Kurkuma, um eine schöne gelbe Farbe zu erhalten. Die Englische Creme passt als leichtes Dessert zum Shepherdess' Pie (Seite 196).

▸ FÜR 4 PERSONEN

- 500 ml Sojasahne oder -milch
- 6 EL Zucker (nach Geschmack – je nach Süße der Sojasahne)
- ¼ TL Kurkumapulver
- ¼ TL Zimt
- 1 Prise Muskatpulver
- 1 Prise Meersalz
- 2 TL Vanilleextrakt
- 2 EL Kudzu Wurzel, aufgelöst in 60 ml kaltem Wasser (s. Kasten)
- Erdbeeren
- frische Minzblätter

1. Sojasahne, Zucker, Kurkuma, Zimt, Muskat und Meersalz in einem kleinen Topf bei mittelstarker Hitze unter häufigem Schlagen 5 Min. erhitzen. Wenn die Sahne zu kochen beginnt, die Hitze reduzieren.
2. Vanille und die Kudzumischung hinzufügen und gut verquirlen. 15 Min. kochen, bis die Creme dick wird. In einzelne Auflaufförmchen gießen und für ca. 10 Min. ins Gefrierfach stellen, bis die Creme fest ist. Wenn Sie mehr Zeit haben, können Sie sie 30 Min. lang im Kühlschrank fest werden lassen.
3. Vor dem Servieren mit Erdbeeren und Minzblättern garnieren.

Variationen

- Statt Vanilleextrakt können Sie auch das Mark einer Vanilleschote nehmen (s. Kasten).
- Statt Sojasahne eignet sich auch Reis-, Hanf- oder Mandelmilch oder eine Mischung daraus.
- Geben Sie eine Prise Kardamom- oder Pimentpulver dazu.
- Geben Sie 70 g veganer Schokochips dazu.

Tipps und Tricks vom Küchenchef

Vanilleschoten auskratzen

Die Vanilleschote vorsichtig mit einem Messer auf einer Seite längs aufschneiden. Mit einem Löffel oder einem Schälmesser alle Samen aus dem Inneren nebst dem anhaftenden Öl herausschaben. Die ausgekratzte Schote können Sie für mehrere Wochen in ein Gefäß mit Agavensirup legen; so bekommt er ein schönes Vanillearoma.

Tipps und Tricks vom Küchenchef

Was ist Kudzu?

Kudzu ist eine Kletterpflanze, die in Japan und Südost-China heimisch ist und heute auch überall im Süden der Vereinigten Staaten wächst. Die stärkehaltige Wurzel wird zum Andicken von Suppen, Soßen und Puddings verwendet.

Ingwerbier

Das ist eine alkoholfreie Version des Getränks, für das England seit dem 19. Jahrhundert berühmt ist. Ingwer ist eine der gesünderen Zutaten in unseren Vorratskammern; er gilt als wirksames Stärkungsmittel und regt die Verdauung an. Je nachdem, wie scharf Sie Ihr Bier mögen, können Sie zwei bis drei 285 ml-Portionen brauen. Genießen Sie dieses spritzige Getränk zu allen Mahlzeiten, oder spülen Sie damit ihren Käsetoast hinunter (Seite 189).

▸ FÜR ZWEI 300 ML-GLÄSER BIER

5 EL Ingwer, geschält und in dünne Scheiben geschnitten

2 EL frisch gepresster Limettensaft

250 ml Wasser

3 EL Biozucker oder Süßungsmittel nach Wahl

475 ml Sprudelwasser

1. Den Ingwer mit dem Wasser in einem Mixer zu einem glatten Sirup mixen. Durch ein feinmaschiges Sieb abgießen, sodass Sie so viel Flüssigkeit wie möglich gewinnen.
2. Den Sirup in einen kleinen Topf schütten, den Zucker zufügen und bei mittlerer Hitze ca. 10 Min. auf die Hälfte einkochen. Den Limettensaft unterrühren.
3. In zwei Gläser mit Eiswürfeln füllen, mit Sprudelwasser auffüllen und nochmals umrühren.

Variationen

- ♥ Um ein stärker gewürztes Rohkostgetränk zu erhalten, kochen Sie den Ingwersirup nicht.
- Sie können dem Ingwer vor dem Mixen 3 EL frische Minze beifügen.

Baked Beans auf Toast

1 Dose (425 g) Pintobohnen, abgetropft und abgespült, oder 300 g gekochte Pintobohnen in einem kleinen Topf bei schwacher Hitze erhitzen. 2 EL Tomatenmark und 180 ml Wasser zufügen und nach Geschmack salzen und pfeffern. Auf Toast servieren. Passt auch zu gebackenen Tomaten (Seite 182).

Erbsenpüree

Das ist eine schnelle Alternative zum populären britischen Erbsenpüree, für das man frische Erbsen über Nacht einweicht und sie vor dem Servieren mit Backnatron mehrere Stunden lang kocht. Für diese Version bringen Sie einige Tassen Wasser zum Kochen. 285 g Tiefkühlerbsen hineingeben und 5 Min. kochen. Abgießen und mit 2 EL fein gehackter glatter Petersilie, 1 EL fein gehacktem frischem Majoran und 2 EL fein gehackter frischer Minze in der Küchenmaschine pürieren. Nach Geschmack mit Meersalz und frisch gemahlenem schwarzem Pfeffer würzen. Wenn Sie möchten, können Sie 60 ml ungesüßte Soja-, Reis- oder Mandelmilch zugeben. Warm zu Bangers and Mash (Seite 176) oder als Beilage zu Shepherdess' Pie (Seite 196) servieren.

Backkartoffeln

Backkartoffeln mit allen denkbaren und vor allem undenkbaren Füllungen sind die Standardmahlzeit in den Pubs und Cafés in ganz Großbritannien. Hier ein paar Vorschläge für Füllungen: veganer Sauerrahm (Seite 282) mit frischem Schnittlauch; Baked Beans (Seite 204), bestreut mit geriebenem veganem Käse nach Cheddar- oder Mozzarella-Art; gedämpftes Gemüse, geschwenkt in Pesto Magnifico (Seite 66) oder Italienischer Vinaigrette (Seite 47); Gedämpftes Blattgemüse mediterran (*Chorta*; Seite 234) mit gebratenen Pilzen und veganem Sauerrahm (Seite 282).

TEIL 5

Griechenland

Von der Liebe berührt, wird jeder zum Dichter

— Platon —

Wie die meisten schöpferischen Unternehmungen ruht auch dieses Buch auf den Schultern derer, die vor uns kamen. Der Vorfahre, auf dessen Schultern die meisten Kochbuchautoren stehen, ist der Grieche Archestratos, der 330 v. Chr. das erste bekannte Kochbuch verfasste. Wie Sie sich vorstellen können, ist seitdem eine Menge geschehen und sind in der viertausendjährigen Kochgeschichte Griechenlands viele Teller zerschlagen worden. Ja, sogar unser Fast Food können wir bis ins alte Griechenland zurückverfolgen, wo Aristoteles und Sokrates Souvlaki, Gyros und Spanakopita als Schnellimbiss verzehrten.

Griechenland ist nicht nur die Geburtsstätte der Demokratie, sondern auch die des modernen europäischen Vegetarismus. Wie schon in der Einleitung zu diesem Buch erwähnt, soll bereits Pythagoras, der berühmte griechische Philosoph und Mathematiker (der Typ mit dem Dreieckssatz), nach Indien gereist sein und von den Weisen, die ihm dort begegneten, die vegetarische Lebensweise erlernt haben. Der Rest ist, wie es so schön heißt, Geschichte.

Wenn man Griechenland erkundet, wird die Vergangenheit wirklich lebendig und greifbar. Als veganer Tourist war ich entzückt, Salate, gefüllte Paprikaschoten, Ackerbohnen in Tomatensoße und gedämpftes Gemüse mit Zitronensaft genießen zu können, um nur einige der Gerichte zu nennen, die bei mir jeden Tag auf den Tisch kommen dürfen. Als mediterranes Land basiert Griechenlands Küche weitgehend auf pflanzlicher Nahrung. Viele Gerichte weisen italienische und französische Einflüsse auf, manche lassen sich bis ins Osmanische Reich zurückverfolgen und haben türkische, arabische oder persische Wurzeln, darunter auch zwei der hier enthaltenen Rezepte: Moussaka und Tsatsiki.

Beliebte Gemüsearten in Griechenland sind Tomaten, Kartoffeln, Grüne Bohnen, Spinat, Auberginen, Okra, Zwiebeln, Knoblauch und grüner Paprika. Zu den Früchten gehören Oliven und Zitrusfrüchte, wie Zitronen, Orangen und Bitterorangen. Unter den Kräutern und Gewürzen finden wir Thymian, Oregano, Basilikum, Fenchelsamen, Dill, Minze, Lorbeerblätter, Zimt und Gewürznelken. Einheimische Getreidearten sind Weizen und Gerste. Pita, ein Fladenbrot, ist sehr verbreitet und wird zu vielen Mahlzeiten gereicht. Zu den häufig anzutreffenden Hülsenfrüchten gehören Ackerbohnen, Linsen, Limabohnen und Augenbohnen. Wein ist das beliebteste Getränk, das angeblich auf der griechischen Insel Ikaria erfunden wurde.

Ähnlich wie die spanischen Tapas ist die griechische „Meze“ eine Zusammenstellung vieler kleiner Gerichte, die als Imbiss oder auch als Vorspeise oder Dessert verzehrt werden. Auf Seite 180 finden Sie Vorschläge für eine vegane Meze aus den Rezepten in diesem Buchteil.

Auf unserer kulinarischen Reise durch Griechenland finden Sie auch eine vegane Version des populären Gyros. Ein veganer Feta kommt in unserer Spanakopita zum Einsatz und als Belag beim Gurken-Feta-Salat. Natürlich fehlen auch himmlische Desserts, wie Baklava und Halva, nicht, die selbst einer Aphrodite würdig wären. Darauf stoßen wir mit einem Glas Luisa-Tee an!

Gefüllte Weinblätter (Dolma)

Als Leckerbissen des Osmanischen Reichs sind Gefüllte Weinblätter zum Markenzeichen der griechischen Küche geworden und in der ganzen Region von Russland bis Kreta bekannt. Am längsten dauert das Rollen der Weinblätter. Um den Zeitrahmen von 30 Minuten nicht allzu sehr zu überschreiten, verwenden Sie nur die Hälfte der Füllung für die Dolmades und reichen Sie die andere Hälfte als nettes eigenständiges Gericht. Dolma wird warm oder kalt als Teil einer Meze zusammen mit Tsatsiki (Seite 216) gereicht.

▸ FÜR 24 DOLMADES

48 Weinblätter

FÜLLUNG

▸ ERGIBT CA. 450 ML FÜLLUNG

- 150 g weißer Basmatireis
- 375 ml Gemüsebrühe (Seite 222) oder Wasser
- 1 Knoblauchzehe, zerdrückt oder klein gehackt
- 1 TL Meersalz
- 3 EL fein gewürfelte Kalamata-Oliven
- 3 EL gewürfelte rote Zwiebel
- 2 EL Tomatenmark
- 2 EL Pinienkerne (optional geröstet – Seite 212)
- 1 EL frische Minze, zusammengerollt und in feine Streifen geschnitten (Chiffonade)
- 1 EL fein gehackte frische glatte Petersilie
- 1 TL fein gehackter frischer Dill
- ½ TL gemahlener Koriander
- 1 Prise frisch gemahlener schwarzer Pfeffer
- 1 EL frisch gepresster Zitronensaft
- 1 TL Balsamicoessig

1. Die Weinblätter abspülen und beiseitelegen.
2. Den Reis mit Gemüsebrühe, Knoblauch und Salz in einem Topf bei starker Hitze zum Kochen bringen. Den Topf zudecken, die Hitze reduzieren und ca. 10 Min. köcheln lassen, bis die Flüssigkeit vollständig absorbiert ist. 5 Min. ziehen lassen, dann mit einer Gabel vorsichtig auflockern.
3. Inzwischen die restlichen Zutaten in einer kleinen Rührschüssel vermengen. Die Mischung in den Topf mit dem Reis geben und durchrühren.
4. Zwei Weinblätter so auf einer sauberen, trockenen Oberfläche übereinanderlegen, dass sich die Ränder leicht überlappen. 1 gehäuften EL der Reismischung in der Mitte des unteren Weinblatts auf der Seite des Blattgrunds platzieren. Die Seiten einschlagen und das Blatt vorsichtig von unten zusammenrollen; dabei auch das obere Blatt mit einrollen. Die Roulade soll etwa 3,5-4 cm hoch und 7,5 cm lang und so fest wie möglich gewickelt sein. Auf diese Art alle Weinblätter füllen und wickeln. Kalt oder warm servieren.

Variationen

- Geben Sie ½ TL Zimt und 2 EL Korinthen hinzu.
- Wenn Sie mehr Zeit haben, nehmen Sie statt Basmati- Naturreis, Quinoa oder Hirse (Seite 311).
- Die Weinblätter können Sie auch durch leicht gedämpfte Blätter von Markstammkohl, Mangold oder Grünkohl ersetzen.

Bulgur-Pilaw mit Korinthen

Bulgur ist vorgekochter Weizen, aus dem nach dem Trocknen die Kleie entfernt wurde. Er ist im ganzen Osmanischen Reich bekannt und gehört zur türkischen, armenischen und arabischen Küche. (Wer sich glutenfrei ernährt, kann den Bulgur problemlos durch Quinoa ersetzen.) Korinthen sind kleine, kernlose Rosinen aus Trauben, die im ganzen Mittelmeerraum angebaut werden. Um dieses Gericht im 30-Minuten-Rahmen zu halten, bereiten Sie alle Zutaten vor, während der Bulgur einweicht. Es sind zahllose Variationen möglich. Servieren Sie es als Teil einer leichten Mahlzeit zu Ackerbohnen mit Petersilie, Oregano und Thymian (Seite 219) und Kichererbsen-Cremesuppe (Seite 213).

▸ FÜR 6 PERSONEN

750 ml kochendes Wasser oder Gemüsebrühe (Seite 311)

2 EL vegane Butter oder Olivenöl

1 TL Meersalz (nach Geschmack)

280 g ungekochter Bulgur (s. Kasten)

¼ TL frisch gemahlener schwarzer Pfeffer (nach Geschmack)

2 EL fein gehackte frische glatte Petersilie

3 EL in dünne Scheiben geschnittene Frühlingszwiebeln

75 g Korinthen oder geschwefelte Rosinen

3 EL gewürfelte Kalamata-Oliven

1 EL frische Minze, zusammengerollt und in feine Streifen geschnitten (Chiffonade)

2 TL frisch gepresster Zitronensaft

½ TL locker gepackte Zitronenschale

¼ TL zerstoßene rote Paprikaflocken (nach Geschmack)

3 EL Mandelblättchen oder gehackte Pistazien (optional)

1. Wasser, Butter und Salz zum Kochen bringen.
2. Den Bulgur in eine große Schüssel schütten, mit dem kochenden Wasser übergießen, gut umrühren und zudecken. Ca. 25 Min. einweichen, bis der Bulgur zart ist. Das überschüssige Wasser abgießen und den Bulgur mit einer Gabel auflockern.
3. Die restlichen Zutaten hinzugeben und vorsichtig unterrühren.

Variationen

- Für ein glutenfreies Gericht ersetzen Sie den Bulgur durch Quinoa (Inkareis). Kochanleitung s. Tabelle auf Seite 312.
- Fügen Sie dem Kochwasser 2 fein gehackte Knoblauchzehen hinzu.
- Sie können 150 g Gemüse, wie etwa Pilze, Paprikaschoten oder Rotkohl, anbraten und zum fertigen Pilaw hinzufügen.
- Versuchen Sie das Ganze einmal mit einer geriebenen Möhre oder Roter Bete.
- Statt Petersilie können Sie Basilikum oder Koriander verwenden.
- Die Minze lässt sich durch 2 TL gehackten frischen Dills ersetzen.

Tipps und Tricks vom Küchenchef

Bulgur gibt es in verschiedenen Korngrößen. Falls erhältlich, nehmen Sie für dieses Gericht eine mittel- oder großkörnige Sorte. Sie können auch feinkörnigen Bulgur nehmen, dann brauchen Sie evtl. kein überschüssiges Einweichwasser abgießen.

Kichererbsen-Cremesuppe (Revithia)

Seit der Neusteinzeit sättigt sie den kleinen Hunger, und sie ist ein unverzichtbarer Bestandteil der mediterranen sowie der arabischen Küche: Die Kichererbse ist eine der ältesten Nutzpflanzen. Diese unvergessliche Suppe ist einfach göttlich, wenn sie mit Pita und einer Beilage aus gemischten Oliven serviert wird.

FÜR 6 PERSONEN

- 1 EL Olivenöl
- 1 gewürfelte gelbe Zwiebel
- 4-6 ganze Knoblauchzehen
- 100 g in dünne Scheiben geschnittener Stangensellerie
- 1 TL klein gehackter frischer Rosmarin
- 2 TL fein gehackter frischer Oregano
- ½ TL getrockneter Thymian
- ½ TL entkernte und gewürfelte Chilischoten oder ¼ TL Cayennepfeffer oder zerstoßene rote Paprikaflocken
- 1 Möhre, klein geschnitten
- 750 ml heiße Gemüsebrühe (Seite 222) oder Wasser
- 375 ml ungesüßte Soja-, Reis- oder Mandelmilch
- 2 Dosen (425 g) Kichererbsen, abgetropft und abgespült, oder 600 g gekochte Kichererbsen (Seite 219)
- 2 EL frisch gepresster Zitronensaft
- 2 EL Hefeflocken (optional)
- 1 EL weizenfreies Tamari oder eine andere Sojasoße
- 2 TL Balsamicoessig
- 1½ TL Meersalz (nach Geschmack)
- ¼ - ½ TL zerstoßene rote Paprikaflocken
- 2 EL fein gehackte frische glatte Petersilie
- 200 g fein geschnittene Tomaten
- frischer Dill oder extra Rosmarin
- schwarze Sesamsamen

1. Das Öl in einem großen Topf bei mittelstarker Hitze erhitzen. Zwiebel, Knoblauch, Sellerie, Rosmarin, Oregano und Thymian dazugeben und umrühren. 3 Min. unter häufigem Umrühren braten. Möhren, Gemüsebrühe, Sojamilch und 1 Dose Kichererbsen in den Topf geben und unter gelegentlichem Umrühren 10 Min. kochen.
2. Den Topfinhalt vorsichtig in einen Mixer schütten und cremig mixen. Zurück in den Topf schütten. Die restlichen Zutaten (einschließlich der zweiten Dose Kichererbsen), mit Ausnahme der Tomaten, hinzugeben und unter gelegentlichem Umrühren 5 Min. kochen.
3. Vor dem Servieren die Tomaten hinzufügen und vorsichtig umrühren. Mit frischen Kräutern und schwarzen Sesamsamen garnieren.

Variationen

- Statt Kichererbsen eignen sich auch weiße Bohnen.
- Sie können anstelle von Petersilie auch Koriander oder Basilikum verwenden.

Rote Linsensuppe (Fakés)

Als Sokrates mit Platon diskurrierte, stand wahrscheinlich eine Schüssel Linsensuppe auf dem Speiseplan. Sie ist eine Hauptnahrung in allen griechischen Haushalten, doch lassen Sie sich von ihrem Namen nicht irreführen – diese Suppe ist kein „Fake“, sondern das einzig Wahre. Hülsenfrüchte wie Linsen sind seit biblischen Zeiten für ihre gesundheitsfördernde Wirkung bekannt. Traditionell wird diese Suppe mit Tomaten zubereitet, doch es sind sehr viele Variationen möglich. Damit die Linsen zart werden, salzen Sie sie erst, wenn sie vollständig gar sind. Um ein außergewöhnliches Athener Suppengericht mit Salat zu kreieren, reichen Sie dazu Gurken-Feta-Salat (Seite 217).

▸ FÜR 6 PERSONEN

- 2 EL Olivenöl
- 1 gelbe Zwiebel, klein geschnitten
- 100 g in Scheiben geschnittener Stangensellerie
- 1 große Möhre, in Scheiben geschnitten
- 3 Knoblauchzehen, zerdrückt oder klein gehackt
- 2 EL frischer Oregano oder 4 TL getrockneter
- 2 TL getrockneter Thymian
- 1 Lorbeerblatt
- 250 g trockene rote Linsen
- 1,5 l heiße Gemüsebrühe (Seite 222) oder Wasser
- 1 Dose (400 g) geschnittene feuergeröstete Tomaten mit Brühe oder 360 g entkernte und gewürfelte Tomaten mit Saft
- 170 g Tomatenmark (optional, aber empfohlen, wenn Sie frische statt Dosentomaten verwenden)
- 1 EL Balsamicoessig
- 3 EL fein gehackte frische glatte Petersilie
- 2 EL frischer Majoran oder 4 TL getrockneter (optional)
- 2 TL fein gehackter frischer Rosmarin (optional)
- 1 EL weizenfreies Tamari oder eine andere Sojasoße (optional)
- ½ TL Meersalz (nach Geschmack)
- ½ TL frisch gemahlener schwarzer Pfeffer (nach Geschmack)
- ½ TL zerstoßene rote Paprikaflocken

1. Das Olivenöl in einem großen Topf bei mittelstarker Hitze erhitzen. Zwiebel, Sellerie, Möhren, Knoblauch, Oregano, Thymian und Lorbeerblatt darin 3 Min. unter häufigem Umrühren anbraten. Linsen und Gemüsebrühe hinzugeben und 10 Min. unter gelegentlichem Umrühren kochen.
2. Tomaten und, falls gewünscht, Tomatenmark hinzufügen und 5-10 Min. kochen, bis die Linsen knapp weich sind.
3. Vor dem Servieren die restlichen Zutaten dazugeben, das Lorbeerblatt herausnehmen und umrühren. Wenn Sie mehr Zeit haben und den optimalen Geschmack erzielen wollen, lassen Sie die Suppe vor dem Anrichten weitere 10 Min. bei schwacher Hitze köcheln.

Variationen

- Richten Sie die Suppe mit 150 g klein geschnittenem Tempeh-Bacon (Seite 309) an.
- Geben Sie mit der Zwiebel 65 g Shiitake- oder Champignonscheiben und/oder 50 g Fenchelscheiben dazu.
- Sie können die fertige Suppe mit zerbröckeltem Tofu-Feta (Seite 217) bestreuen.
- Wenn Sie mehr Zeit haben, nehmen Sie statt roter grüne Linsen.

Tsatsiki

Versuchen Sie einmal, das fünfmal so schnell zu sagen! Diese Delikatesse, eine im ganzen Land populäre kalte Joghurt-Gurken-Soße, wird in der Türkei, in Zypern, in Bulgarien und in den kaukasischen Staaten angeboten. Sie ist sogar noch in Irak und im Iran beliebt. Manchmal wird sie als Vorspeise serviert, aber Sie können Sie auch als Beilage zu Gyros (Seite 225), Gemista (Seite 222) oder Ackerbohnen mit Petersilie, Oregano und Thymian (Seite 219) reichen.

FÜR 500 ML SOSSE

- 1 mittelgroße Gurke, geschält, halbiert und entkernt
- 500 ml vegane Mayonnaise (gekauft oder selbst gemacht – Seite 318)
- 2 EL frische Minze, zusammengerollt und in feine Streifen geschnitten (Chiffonade)
- 60 ml frisch gepresster Zitronensaft
- 4-6 Knoblauchzehen, zerdrückt oder fein gehackt
- 1 EL fein gehackter frischer Dill oder 1 TL getrockneter
- 1 Prise Meersalz (nach Geschmack)
- 1 Prise frisch gemahlener schwarzer Pfeffer
- 1 Prise Cayennepfeffer

1. Die Gurke mit dem groben Reibeisen zerkleinern. Es sollten ca. 160 g werden.
2. Die gehobelte Gurke in einer großen Schüssel mit den restlichen Zutaten vermengen. Wenn das Tsatsiki saurer sein soll, fügen Sie noch extra Zitronensaft zu.

Gurken-Feta-Salat

Der Fetakäse mit seiner unverwechselbaren würzigen Note ist ein traditioneller Bestandteil griechischer Salate und zahlreicher anderer populärer Gerichte aus Griechenland. Diese Version basiert auf Tofu und erhält ihre Würze von der Misopaste und vom Zitronensaft. Wenn Sie genügend Zeit haben, bereiten Sie den Tofu-Feta am Vortag zu und marinieren Sie ihn über Nacht im Kühlschrank, bevor Sie ihm zum Salat hinzufügen. Dieser Multikulti-Salat eignet sich als Beilage zu Moussaka (Seite 228), Manicotti (Seite 62) oder Shepherdess' Pie (Seite 225).

▸ FÜR 4 PERSONEN

TOFU-FETA

400 g fester bis sehr fester Tofu, geviertelt

60 ml frisch gepresster Zitronensaft

1 EL Miso light (Seite XIV)

1 TL fein gehackter frischer Oregano

1 EL fein gehackte frische glatte Petersilie

½ TL Meersalz

¼ TL frisch gemahlener schwarzer Pfeffer

DRESSING

2 EL Olivenöl

2 TL Rotweinessig

¼ TL zerstoßene rote Paprikaflocken

½ TL Meersalz

¼ TL frisch gemahlener schwarzer Pfeffer

1 TL Agaven- oder Kokossirup (Seite 221) oder reiner Ahornsirup

SALAT

280 g entkernte und gewürfelte Gurke

3 EL gewürfelte rote Zwiebel

1 EL Kapern

2 EL frische Minze, zusammengerollt und in feine Streifen geschnitten (Chiffonade)

ca. 115 g gemischter Salat oder Kopfsalat nach Wahl

8-12 entsteinte Kalamata-Oliven

1. Einen 3-Liter-Topf mit Dämpfeinsatz 1,5 cm hoch mit Wasser füllen. Das Wasser bei mittelstarker Hitze zum Köcheln bringen. Den Tofu in den Dämpfeinsatz legen und 5 Min. zugedeckt dämpfen. Von der Kochplatte nehmen und unter kaltem Wasser abspülen.
2. Inzwischen die restlichen Zutaten für den Tofu-Feta in einer kleinen Schüssel verquirlen. Den Tofu in die Schüssel bröckeln und unterheben. Mindestens 5 Min. (am besten über Nacht) ziehen lassen.
3. Für das Dressing alle Zutaten in einer kleinen Schüssel verquirlen.
4. Gurke, rote Zwiebel und Minze in einer kleinen Schüssel vermengen. Den Tofu-Feta unterheben.
5. Den Salat in eine große Schüssel geben und die Hälfte des Dressings unterheben. Auf einzelne Servierplatten verteilen. Obenauf die Feta-Mischung geben und mit dem restlichen Dressing beträufeln. Vor dem Servieren mit Oliven belegen.

Variation

- Wenn Sie sich richtig austoben wollen, fügen Sie Ihrer Kreation klein geschnittene Artischockenherzen, sonnengetrocknete Tomaten und Palmherzen hinzu.

Ackerbohnen mit Petersilie, Oregano und Thymian

Sie sind nicht gerade der letzte Schrei, denn Ackerbohnen (auch Saubohnen oder Puffbohnen genannt) gehören seit 6000 v. Chr. zusammen mit Linsen, Erbsen und Kichererbsen zum mediterranen Nahrungsspektrum. Häufig werden sie mit einer schlichten Tomatensoße serviert. Reichen Sie sie im Rahmen eines bacchantischen Festmahls zu Gemista (Seite 222), Gurken-Feta-Salat (Seite 217) und Bulgur-Pilaw mit Korinthen (Seite 212).

FÜR 6 PERSONEN

- 2 Dosen (425 g) Ackerbohnen, abgetropft und abgespült, oder 680 g gekochte Ackerbohnen (s. Kasten)
- 3 EL Tomatenmark
- 180 ml Wasser
- 2 EL fein gehackte frische glatte Petersilie
- 1 EL fein gehackter frischer Oregano
- 1 TL frischer Thymian
- 2 TL Rotweinessig
- ½ TL entkernte und gewürfelte scharfe Chilischoten oder ¼ TL zerstoßene rote Paprikaflocken
- 1 TL Meersalz (nach Geschmack)
- ¼ TL frisch gemahlener schwarzer Pfeffer
- 2 TL weizenfreies Tamari oder eine andere Sojasoße (optional)

1. Die Ackerbohnen in einem kleinen Tiegel bei schwacher Hitze erwärmen.
2. Die restlichen Zutaten hinzugeben und gut umrühren.
3. Unter gelegentlichem Umrühren 5 Min. kochen. Warm oder auf Raumtemperatur abgekühlt servieren.

Variationen

- Braten Sie eine kleine gewürfelte Zwiebel und zwei Zehen zerdrückten oder fein gehackten Knoblauch unter häufigem Umrühren einige Minuten in 2 TL Öl an, bevor Sie die Bohnen hinzugeben.
- Statt Ackerbohnen können Sie auch Augenbohnen, Limabohnen oder beliebige andere Bohnen verwenden.
- Bamies: Ersetzen Sie die Bohnen durch gebratene Okra.
- Ackerbohnenaufstrich: Verarbeiten Sie alle Zutaten in der Küchenmaschine zu einer glatten Masse. Um die gewünschte Konsistenz zu erhalten, geben Sie zusätzlich Wasser hinzu. Nach Geschmack mit extra Salz und Pfeffer nachwürzen.

Tipps und Tricks vom Küchenchef

Ackerbohnen kocht man in ungesalzenem, kochendem Wasser. Frische Bohnen brauchen ca. 20 Minuten, ganze, uneingeweichte trockene Bohnen ca. 2,5 Stunden. Damit sie besser gelingen, blanchieren Sie die getrockneten Bohnen rasch, um die äußere Haut zu entfernen. Die enthäuteten Bohnen weichen Sie über Nacht ein und kochen sie dann ca. 1,5 Stunden. Warnung: Wenn Sie frische Ackerbohnen verwenden, wird das Ihre Kochgeduld auf eine harte Probe stellen. Was wie ein Berg Schoten aussieht, ergibt in Wirklichkeit nur eine Handvoll Bohnen. Doch Ihre Mühe wird reichlich belohnt! (Anmerkung: Es kommt zwar äußerst selten vor, doch manche Menschen reagieren stark allergisch auf Ackerbohnen. Sollten Sie Bedenken haben, holen Sie den Rat eines qualifizierten Arztes ein.)

Spinat-Lauch-Reis (Prasorizo)

Spinat mit Lauch ist eine klassische Kombination in vielen Landesküchen und das aus gutem Grund! Hier hilft Sie Ihnen, aus einem einfachen Reisgericht ein kulinarisches Erlebnis zu zaubern. Natürlich können Sie statt Basmati-Reis auch Ihr Lieblingsgetreide verwenden, nur könnte die Zubereitung dann etwas länger dauern. Prasorizo passt im Rahmen einer Fusionsmahlzeit sehr gut zu Tempeh in Romesco (Seite 158), Ungarischem Gulasch (Seite 282) oder Tofu-Scaloppine (Seite 73).

▸ FÜR 6-8 PERSONEN

- 1 EL Olivenöl
- 1 große Stange Lauch, in dünne Scheiben geschnitten, abgespült und gut abgetropft
- 3-4 Knoblauchzehen, zerdrückt oder fein gehackt
- 450 g ungekochter weißer Basmati-Reis
- 1 TL getrockneter Oregano
- ½ TL getrockneter Thymian
- 875 ml Gemüsebrühe (Seite 311) oder Wasser
- 1½ TL Meersalz (nach Geschmack)
- 2 EL vegane Butter (optional)
- 75 g in dünne Streifen geschnittener und dicht gepackter Spinat, abgespült und gut abgetropft, oder 140 g Tiefkühl-Spinat, aufgetaut und gut abgetropft
- 2 EL frisch gepresster Zitronensaft
- ½ TL Zitronenschale

1. Das Olivenöl in einen Topf bei mittelstarker Hitze geben. Lauch, Knoblauch, Reis, Oregano und Thymian 3 Min. unter häufigem Umrühren darin anbraten.
2. Gemüsebrühe, Salz und, falls gewünscht, vegane Butter hinzugeben und zum Kochen bringen. Die Hitze reduzieren, zudecken und ca. 15 Min. köcheln lassen, bis die gesamte Flüssigkeit absorbiert ist. Von der Kochplatte nehmen und 5 Min. ziehen lassen.
3. Vor dem Servieren Spinat, Zitronensaft und Zitronenschale hinzufügen und alles vorsichtig durchrühren.

Variationen

- Ersetzen Sie die getrockneten Kräuter durch 3 EL frische Kräuter, wie Koriander, Basilikum oder glatte Petersilie. Heben Sie diese allerdings erst zum Schluss unter.
- Probieren Sie statt der angegebenen Kräuter 1 TL getrockneten oder 1 EL fein gehackten frischen Dill aus.
- Zusammen mit der Gemüsebrühe können Sie mehrere ganze Knoblauchzehen zugeben.
- Wenn Sie statt Reis Quinoa oder Hirse nehmen, müssen Sie die Flüssigkeitsmenge entsprechend anpassen (Seite 312).
- Wenn Sie mehr Zeit haben, nehmen Sie ungeschälten Basmati-Reis oder einen anderen Naturreis. Kochanleitungen ab (Seite 312).

Gefülltes Gemüse (Gemista)

Als veganer Tourist in Griechenland seufzte ich immer erleichtert auf, wenn ich Gemista auf der Karte entdeckte. Das mit Reis und Kräutern gefüllte Gemüse, meistens Paprika, war unter den ganzen tierprodukthaltigen Gerichten auf der Speisekarte ein willkommener Anblick. Warm mit Gurken-Feta-Salat (Seite 217) und Limabohnen-Salat mit Roter Bete (Seite 224) servieren.

FÜR 4 PERSONEN

- 200 g ungekochter weißer Basmati-Reis
- 430 ml Gemüsebrühe (Seite 311) oder Wasser
- ¼ TL Meersalz
- 4 Paprikaschoten
- 1 EL Olivenöl
- 1 gewürfelte gelbe Zwiebel
- 3 große Knoblauchzehen, zerdrückt oder fein gehackt
- 1 Dose (400 g) gewürfelte feuergeröstete Tomaten mit Brühe oder 360 g Tomaten mit Saft
- 2 EL Tomatenmark
- 2 EL frisch gepresster Zitronensaft
- 2 EL fein gehackte frische glatte Petersilie
- 1 EL gehackter frischer Oregano
- 1 EL frische Minze, zusammengerollt und in feine Streifen geschnitten (Chiffonade)
- ½ TL Meersalz
- ¼ TL frisch gemahlener schwarzer Pfeffer
- ¼ TL zerstoßene rote Paprikaflocken

1. Den Backofen auf 200 °C vorheizen. Reis, Gemüsebrühe und Salz in einem Topf bei starker Hitze zum Kochen bringen. Zudecken, die Hitze reduzieren und ca. 10 Min. köcheln lassen, bis die gesamte Flüssigkeit absorbiert ist. 5 Min. ziehen lassen, dann vorsichtig mit einer Gabel auflockern.
2. Inzwischen von jeder Paprikaschote einen reichlich 0,5 cm hohen Deckel abschneiden. Die Deckel sehr4 klein schneiden und beiseitelegen. Aus den Paprikaschoten die Häute und das Kerngehäuse entfernen und die ausgehöhlten Schoten in eine kleine Auflaufform stellen, die reichlich 0,5 cm hoch mit Wasser gefüllt ist. Die Form in den Backofen stellen und die Füllung zubereiten.
3. Zwiebel und Knoblauch mit dem Öl in einer Schmorpfanne bei mittelstarker Hitze 2 Min. unter ständigem Rühren anbraten. Die fein geschnittenen Paprikadeckel hinzugeben und 2 Min. unter häufigem Umrühren braten. Die restlichen Zutaten hinzufügen, durchrühren und 3 Min. unter häufigem Umrühren garen. Zusammen mit dem gekochten Reis in eine Schüssel geben und gut durchmischen. (Wenn Schmorpfanne oder Reistopf groß genug sind, kann man die Zutaten auch darin mischen.)
4. Die Paprika aus dem Ofen nehmen, vorsichtig mit der Reismischung füllen (halten sie die Schoten mit einem Topfhandschuh fest) und vor dem Servieren weitere 10 Min. backen. Wenn Ihre Auflaufform einen Deckel hat, können Sie den gern benutzen, ansonsten decken Sie sie vor dem Backen mit Folie ab.

Variationen

- Statt Paprika können Sie auch große Tomaten nehmen. Die Tomaten halbieren und das Innere entfernen und dann insgesamt nur 10 Minuten backen.
- Zusammen mit den Paprikadeckeln können Sie 65 g klein geschnittene vegane Würstchen, Tempeh oder festen Tofu in die Schmorpfanne geben.
- Als Füllung für die Paprikaschoten eignet sich auch die Spanakopita-Füllung (Seite 226).
- Ersetzen Sie die Petersilie durch Basilikum-Chiffonade (frischer Basilikum zusammengerollt und in feine Streifen geschnitten) oder 2 TL fein gehackten frischen Dill.
- Fügen Sie zusammen mit der Zwiebel 65 g gewürfelte Pilze oder Zucchini hinzu.

Limabohnen-Salat mit Roter Bete

Die Limabohne (aufgrund ihrer Form auch Mondbohne genannt) stammt zwar aus Südamerika, ist aber in der griechischen und zentralasiatischen Küche eine verbreitete Zutat. Sie hat keinen sonderlich guten Ruf, gehört aber zu den wirklich leckeren Lebensmitteln, die man probieren muss, um sich ein Urteil zu bilden. Richten Sie dieses kräftige Gericht auf einem Bett aus Kopfsalat und als Beilage zu Gyros (Seite 225) und Gemista (Seite 222) an.

FÜR 6 PERSONEN

- 2 Rote Beten, gründlich gereinigt oder geschält und in 0,5 cm große Stücke geschnitten
- 450 g tiefgekühlte Limabohnen
- ½ TL Salz + ½ TL Meersalz (nach Geschmack)
- 2 EL Olivenöl
- 2 Knoblauchzehen, zerdrückt oder fein gehackt
- 3 EL klein geschnittene Kalamata-Oliven
- 2 EL frisch gepresster Zitronensaft
- 1 EL fein gehackter frischer Dill
- ¼ TL frisch gemahlener schwarzer Pfeffer
- 1 Prise Cayennepfeffer
- 2 EL vegane Mayonnaise (gekauft oder selbst gemacht – Seite 318) und/oder 1 EL vegane Butter (optional)

1. Einen großen Topf mit Dämpfeinsatz ca. 2,5 cm hoch mit Wasser füllen. Das Wasser zum Köcheln bringen. Die Rote Bete im Dämpfeinsatz zugedeckt bei schwacher Hitze ca. 15 Min. dämpfen, bis sie knapp weich ist. Abgießen und in eine große Schüssel legen.
2. Inzwischen in einem anderen Topf 2 l Wasser zum Kochen bringen. Die Hitze auf Köcheln reduzieren, die Limabohnen mit ½ TL Salz hineingeben und 10-12 Min. unter gelegentlichem Umrühren kochen, dann abgießen.
3. Die Bohnen zusammen mit den restlichen Zutaten zur Roten Bete geben. Vor dem Servieren gut durchmischen.

Variationen

- Sie können die Rote Bete auch backen. Heizen Sie dazu den Backofen auf 200 °C vor. Die Rote Bete in einer Auflaufform mit Olivenöl und einer Prise Salz und Pfeffer vermischen. 20-25 Min. knapp weich backen und in eine große Schüssel geben.
- Statt Roter Bete eignen sich auch Möhren oder Pastinaken.
- Statt Dill können Sie auch andere fein gehackte frische Kräuter nehmen, z.B. Thymian, Oregano, Kerbel oder Estragon.
- Ersetzen Sie die Limabohnen durch Hülsenfrüchte Ihrer Wahl, wie Augen-, Pinto- oder Cannellini-Bohnen.

Gyros

Sie haben ihn wahrscheinlich schon gesehen: den Block aus unidentifizierbarem Fleisch in Form eines umgekehrten Dreiecks auf einem Drehspieß vor einem griechischen oder orientalischen Restaurant. Die abgeschnittenen Fleischstücke werden dann mit anderen Zutaten in ein Fladenbrot gepackt, und das Essen ist fertig. Wir verwenden statt Fleisch Seitan, das Sie mit allen Beilagen in einer Pita genießen werden. Wenn Sie das volle Geschmackserlebnis suchen, nehmen Sie sich die Zeit, Pommes frites (Seite 102) und Tsatsiki (Seite 216) zuzubereiten.

▸ FÜR 2 – 4 PERSONEN

SEITAN

- 1 EL Olivenöl
- 1 gelbe Zwiebel, in dünne Ringe geschnitten
- 1 kleine Paprikaschote, in dünne Ringe geschnitten
- 2 – 3 Knoblauchzehen, zerdrückt oder fein gehackt
- 225 g Seitanstreifen
- 1/4 TL Liquid Smoke (Flüssigrauch)
- 1 EL fein gehackter frischer Oregano
- 1 TL fein gehackter frischer Rosmarin
- 1 Prise frisch gemahlener schwarzer Pfeffer
- 2 EL frisch gepresster Zitronensaft
- 2 TL weizenfreies Tamari oder eine andere Sojasoße

BEILAGEN

- 2-4 Pita (Fladenbrote)
- Tomatenscheiben
- rote Zwiebelringe
- Kopfsalatstreifen
- vegane Mayonnaise (gekauft oder selbst gemacht – Seite 318) oder Tsatsiki (Seite 216)
- Pommes Frites (optional; Seite 102)
- Scharfe Mediterrane Soße (Seite 307)

1. Den Seitan zubereiten: In eine Schmorpfanne bei mittelstarker Hitze Öl, Zwiebel, Paprika und Knoblauch geben und 2 Min. unter ständigem Rühren anbraten. Den Seitan hinzugeben und 2 Min. unter häufigem Umrühren braten. Auf schwache Hitze reduzieren, die restlichen Zutaten hinzugeben und 15 Min. unter gelegentlichem Umrühren garen.
2. Inzwischen die Beilagen vorbereiten: Die Fladenbrote in einer Bratpfanne oder im Backofen erhitzen.
3. Die Pita mit den Beilagen füllen, den Seitan hineinlegen und genießen. Wenn Sie es echt griechisch wollen, zerschlagen Sie den Teller nach dem Essen.

Variationen

- Statt Seitan können Sie auch vegane Wurst oder Würstchen oder vegane Hühnerprodukte nehmen (Seite XVI).
- Für eine glutenfreie Version ersetzen Sie den Seitan durch festen Tofu oder Tempeh.

Spanakopita

Auch wenn die Zubereitung dieses Gerichts 30 Minuten überschreitet, so wäre doch kein Kapitel über die griechische Küche vollständig ohne Spanakopita, die weltberühmte Spinat-Feta-Pastete. Wir verarbeiten zu diesem Zweck Tofu, Tahin und Hefeflocken zu einem veganen Käse, mit dem wir die Filoteig-Pastete füllen. Vergessen Sie nicht, den Blätterteig schon am Tag vorher zum Auftauen in den Kühlschrank zu legen. Spanakopita passt als Teil einer „Meze" gut mit Gefüllten Weinblättern (Seite 210), Tsatsiki (Seite 216) und Oliven in Kräutermarinade (Seite 168) zusammen.

FÜR 12 STÜCKE

- 8 Blätter Filoteig, vorzugsweise aus Bio-Dinkelmehl, nach Packungsanleitung aufgetaut
- Olivenöl zum Einfetten des Blechs und zum Begießen

TOFU-SPINAT-FÜLLUNG

- 2 EL Olivenöl
- 1 kleine gewürfelte gelbe Zwiebel
- 3 große Knoblauchzehen, zerdrückt oder fein gehackt
- 400 g fester Tofu, gut abgetropft und zerbröckelt
- 2 EL Hefeflocken
- 60 ml Tahin (Sesampaste; s. Kasten)
- 280 g aufgetauter und abgetropfter klein geschnittener Spinat
- 3 EL frisches Basilikum, zusammengerollt und in feine Streifen geschnitten (Chiffonade)
- 2 EL frisch gepresster Zitronensaft
- 1 EL weizenfreies Tamari oder eine andere Sojasoße
- 2 TL getrockneter Oregano
- 1 TL getrockneter Thymian
- ½ TL Meersalz (nach Geschmack)
- ¼ TL frisch gemahlener schwarzer Pfeffer
- ¼ TL zerstoßene rote Paprikaflocken
- 90 g geriebener veganer Käse nach Mozzarella-Art (optional)

1. Den aufgetauten Filoteig bei Raumtemperatur warm werden lassen. Den Backofen auf 220 °C vorheizen. Ein Backblech einfetten.
2. Die Füllung zubereiten: Das Olivenöl bei mittelstarker Hitze in einer Schmorpfanne erhitzen und darin Zwiebel und Knoblauch unter häufigem Umrühren 3 Min. anbraten. Den Tofu hinzugeben und unter häufigem Umrühren 3 Min. braten. Die restlichen Zutaten für die Füllung hinzufügen und 2 Min. garen, dabei gut umrühren, damit der Spinat sich gleichmäßig verteilt. Von der Kochplatte nehmen.
3. Ein Blatt Filoteig auf einer sauberen, trockenen Oberfläche auslegen und ein zweites darauflegen. Wenn Sie möchten, können Sie das erste Blatt vorher mit Öl begießen. Beide Teigblätter vertikal in drei gleich große Streifen schneiden. Die übrigen Teigblätter mit einem leicht angefeuchteten Tuch abdecken, damit sie nicht austrocknen. 2-3 EL Füllung auf dem kurzen unteren Rand des Teigstreifens platzieren und den Teig in Dreiecken wie einen Dreispitz zusammenfalten: Die untere rechte Ecke über die Füllung zu einem Dreieck falten, dann die linke Ecke nach oben zu einem Dreieck falten usw. Leicht mit Öl begießen. Dasselbe mit den restlichen Teigblättern wiederholen. Die Dreiecke auf das vorbereitete Backblech legen und ca. 20 Min. knusprig backen.

Tipps und Tricks vom Küchenchef

Verwenden Sie, falls möglich, ein cremiges Tahin (Sesammus). Ansonsten verrühren Sie es in einer kleinen Schüssel mit ein wenig Oliven- oder Sesamöl, um es geschmeidiger zu machen.

Variationen

- Sie können den tiefgekühlten Spinat durch frischen Spinat, Mangold oder Rote-Bete-Blätter ersetzen. Dazu die Blätter gründlich säubern, fein schneiden und 5 Min. dämpfen. Vor Gebrauch gut abtropfen lassen. 280 g tiefgekühlter Spinat entspricht ca. 75 g gedämpften und abgetropften frischen Blättern. Mit der doppelten Menge erhalten Sie eine spinatreichere Spanakopita.
- Wenn Sie mehr Zeit haben (sehr empfehlenswert!), geben Sie zusammen mit dem Spinat 2-3 EL sonnengetrocknete Tomatenscheiben und 2-3 EL Kalamata-Olivenscheiben in die Schmorpfanne.
- Die Füllung eignet sich auch für gefüllte Pilze (z.B. für die Grillchampignons mit Sauce Béarnaise, Seite 107) oder Tomaten. Wenn Sie Pilze füllen (am besten Champignons), schneiden Sie vorher die Stiele ab. Bei Tomaten schneiden Sie oben eine Scheibe ab und höhlen sie aus. 15 Min. bei 175 °C backen.
- Mit der Füllung lassen sich auch Zucchini- oder Auberginen-Rouladen zubereiten: Eine mittelgroße Zucchini in 0,5 cm dünne Scheiben schneiden. Die Scheiben auf ein gefettetes Backblech legen, leicht mit Olivenöl bestreichen und mit Meersalz und Pfeffer bestreuen. Im vorgeheizten Backofen bei 190 °C ca. 10 Min. knapp weich backen. Auf den unteren Rand jeder Scheibe einen großen Löffel Füllung geben und die Scheibe zusammenrollen. Die Rouladen vor dem Servieren für 5 Min. zurück in den Ofen stellen.

Moussaka

Die Mutter aller griechischen Gerichte, die traditionell aus Auberginen und Tomaten zubereitet wird. Verschiedene Versionen dieses Gerichts sind in vielen Ländern und Regionen bekannt, unter anderem in der Türkei, in Ungarn, den slawischen Ländern und im Mittleren Osten. Die griechische Moussaka enthält normalerweise Hackfleisch und wird mit einer Béchamelsoße zubereitet. Hier eine reichhaltige und luxuriöse 30-Minuten-Version einer Speise, deren Zubereitung sonst Stunden erfordert. Warm oder heiß serviert, passt sie wunderbar zu einer Beilage aus Chorta (Seite 234) und einem Salat, wie etwa Gurken-Feta-Salat (Seite 217) oder gemischtes Blattgemüse mit Haselnuss-Vinaigrette (Seite 242).

FÜR 6-8 PERSONEN

- 2 EL Olivenöl
- 1 kleine gelbe Zwiebel, gewürfelt
- 4 Knoblauchzehen, zerdrückt oder fein gehackt
- 1 kleine Aubergine, in 1,5 cm große Würfel geschnitten (s. Tipp)
- 225 g Tempeh, gewürfelt
- 180 ml Rotwein (s. Kasten), Gemüsebrühe (Seite 311) oder Wasser
- 1 Dose (400 g) feuergeröstete Tomaten oder 360 g gewürfelte und fest gepackte Tomaten mit Saft
- 2 EL Tomatenmark
- ¼ TL Zimt
- ¼ TL Pimentpulver
- ¼ TL zerstoßene rote Paprikaflocken
- 1 TL Meersalz (nach Geschmack)
- ¼ TL frisch gemahlener schwarzer Pfeffer
- 70 g Semmelbrösel
- 200 g geriebener veganer Käse

Chefkoch Patrick empfiehlt

sortenreinen griechischen Rotwein oder Sangiovese

BÉCHAMELSOSSE

- 310 ml ungesüßte Sojamilch
- ¼ TL Meersalz
- 3 EL Dinkelmehl
- 2 EL weiche vegane Butter oder Olivenöl

1. Den Backofen auf 220 °C vorheizen. Zwiebel und Knoblauch im Olivenöl in einer großen Schmorpfanne bei mittelstarker Hitze 3 Min. unter häufigem Umrühren anbraten. Aubergine, Tempeh, Wein, Tomaten, Tomatenmark, Zimt, Piment und Paprikaflocken hinzugeben und ca. 18 Min. unter häufigem Umrühren garen, bis die Aubergine knapp weich ist. Falls nötig, kleine Mengen Wasser zugießen, um ein Anbrennen zu vermeiden. Nach Geschmack mit Salz und Pfeffer würzen.
2. Inzwischen die Béchamelsoße zubereiten: Sojamilch und Salz in einer kleinen Kasserolle bei mittelstarker Hitze ca. 3 Min. bis kurz vor dem Kochen erhitzen und auf schwache Hitze reduzieren. Mehl und Butter in einer kleinen Schüssel zu einer Einbrenne verrühren. Die Einbrenne in die Sojamilch geben und ca. 3 Min. gut mit einem Schneebesen verrühren, bis die Soße dick wird.
3. Die Auberginenmischung in eine gefettete 20 cm große Backform geben und gleichmäßig mit Semmelbröseln bestreuen. Darauf die Béchamelsoße gießen und alles mit Reibekäse bestreuen.
4. Ca. 10 Min. backen, bis der Käse schmilzt. Beglückwünschen Sie sich selbst zu Ihrer Moussaka, bevor Sie sie warm servieren.

Variationen

- Wenn Sie mehr Zeit haben, können Sie die Aubergine in 0,5 cm dicke Streifen schneiden und sie, wie auf Seite 310 beschrieben, grillen. Anstatt die Aubergine mit der Tempeh-Schicht zu vermischen, können Sie Auberginenscheiben als unterste Schicht in die Backform legen; so wird das Gericht nämlich traditionell zubereitet.
- Ersetzen Sie den Tempeh mit der gleichen Menge an klein geschnittenem Seitan oder zerbröckeltem festem bis sehr festem Tofu.
- Wenn Sie sich glutenfrei ernähren, verwenden Sie glutenfreie Semmelbrösel.

Wenn Sie mehr Zeit haben

Sie können die Aubergine vor der Zubereitung in diesem Rezept auch anschwitzen (s. Kasten Seite 39). Schneiden Sie sie in 1,5 cm dicke Scheiben und diese dann in 1,5 cm große Würfel. Die Würfel ordnen Sie dann in einer Schicht auf einem Backblech oder in einer Backform an und bestreuen Sie großzügig mit Salz. 20-30 Min. stehen lassen, dann mit Wasser abspülen und gut abtrocknen.

Griechische Halva

Verschiedene Variationen dieser Süßspeise sind im ganzen Mittelmeerraum bekannt, aber auch im Mittleren Osten und sogar in Indien. In Europa wird sie aus gesüßtem Grieß hergestellt, während im Mittleren Osten häufig Sesamsamen verwendet werden. Der Sirup macht das Ganze perfekt. Genießen Sie Ihre Halva als Tüpfelchen auf dem i jeder griechischen Mahlzeit.

▸ FÜR 16 KLEINE LECKERBISSEN

500 ml vegane Sojasahne oder Kokos-, Soja-, Reis-, Mandel- oder Macadamia-Milch (Seite 316)

180 ml Wasser

65 g Biozucker oder Süßstoff nach Wahl (nach Geschmack)

4 EL vegane Butter

2 EL Olivenöl

2 TL Rosenwasser (optional, aber empfohlen)

½ TL Zimt

1 Prise Meersalz

200 g Grießmehl

2-3 EL Mandelblättchen oder gehackte Mandeln und 16 ganze rohe oder geröstete Mandeln

2-3 EL Rosinen

essbare Rosenblätter

kleine Minzblätter

SIRUP

1 EL frisch gepresster Zitronensaft

65 g Biozucker (Seite 319)

Zesten von einer Zitrone (s. Kasten)

250 ml Wasser

1 TL Vanilleextrakt

1 Stange Zimt

½ TL ganze Gewürznelken

1. Eine 20 cm große Backform einfetten.
2. Sahne und Wasser in einer Kasserolle bei mittelstarker Hitze erhitzen. Zucker, Butter, Olivenöl, Rosenwasser (falls gewünscht), Zimt und Salz hinzugeben und gut verquirlen. Unter häufigem Umrühren 3 Min. kochen.
3. Hitze reduzieren, langsam das Grießmehl einrühren und unter häufigem Umrühren 5 Min. kochen. Mandelblättchen und Rosinen hinzugeben und unter häufigem Umrühren 3 Min. kochen.
4. Die Mischung in die vorbereitete Backform gießen und gleichmäßig verteilen. Vier Reihen zu jeweils vier Mandeln im gleichen Abstand obenauf legen. In den Kühlschrank stellen und ca. 20 Min. kühlen, bis die Masse fest ist.
5. Inzwischen den Sirup zubereiten: Dazu alle Zutaten, einschließlich der Zitronenzesten, in einer kleinen Kasserolle bei mittelstarker Hitze erhitzen und unter häufigem Umrühren 5 Min. kochen. Auf schwache Hitze reduzieren und stehen lassen, bis die Halva servierfertig ist. Durch ein Sieb in eine kleine Schüssel abgießen.
6. Zum Servieren die Halva in 16 Quadrate schneiden. Mit Sirup übergießen und mit Rosen- und Minzblättern garnieren.

Variationen

- Statt Mandeln können Sie auch Pistazien, Walnüsse oder Pekannüsse nehmen.
- Die Rosinen können Sie durch Korinthen oder klein geschnittene getrocknete Aprikosen oder Feigen ersetzen.

Tipps und Tricks vom Küchenchef

In Schritt 5 geben wir Zitronenzesten (in Streifen abgeschälte Zitronenschale) in den Sirup. Das ist eine wirksame Methode, eine Flüssigkeit mit Zitronenaroma zu versetzen. Zum Schälen der Zitrone benutzen Sie eine Microplane Reibe, einen Zestenreißer, ein Küchenmesser oder einen Gemüseschäler. Achten Sie darauf, nicht zu viel von der weißen Haut abzuschälen, denn die ist bitter.

Baklava-Roulade

Dieses klassischerweise mit Honig getränkte Blätterteiggebäck ist eine weitere Delikatesse aus dem Osmanischen Reich, die in ganz Zentral- und Südwestasien bekannt ist. Keine griechische Mahlzeit wäre vollständig ohne diesen sündhaft guten Leckerbissen. Genießen Sie ihn nach der Moussaka (Seite 228) und vor dem rituellen Zerschlagen der Teller. Ein Rat: Folgen Sie der Packungsanleitung zum Auftauen des Filoteigs (Ich spreche aus Erfahrung!).

3 Blätter Filoteig, vorzugsweise aus Biodinkel, nach Packungsanweisung aufgetaut

4 EL vegane Butter oder Kokosöl

FÜLLUNG

135 g gehackte Pistazien

¼ TL Zimt

1 Prise Kardamompulver

3 EL Agavensirup

2 EL reiner Ahornsirup

1 EL frisch gepresster Zitronensaft

½ TL Zitronenschale

1 EL frisch gepresster Orangensaft

½ TL Rosenwasser (optional)

1 Prise Meersalz

1. Den Backofen auf 230 °C vorheizen. Die aufgetauten Teigblätter auf eine saubere, trockene Oberfläche legen und mit einem angefeuchteten Tuch abdecken. Die Butter in einem kleinen Tiegel bei schwacher Hitze zerlassen.
2. Inzwischen die Zutaten für die Füllung in der Küchenmaschine verarbeiten, bis die Pistazien fein gemahlen sind. Nicht zu lange mixen, weil die Füllung sonst zu breiig wird.
3. Ein Teigblatt so in eine 20 cm große Backform legen, dass die Hälfte über den Rand nach außen hängt. Die Hälfte in der Form mit geschmolzener veganer Butter bestreichen. Die überhängende Hälfte darüberfalten und auch mit Butter bestreichen. Diesen Vorgang mit jedem der restlichen Teigblätter wiederholen, sodass jede Schicht mit Butter bestrichen ist.
4. Die Füllung gleichmäßig auf dem Teig verstreichen, dabei an den Seiten je 2,5 cm und am oberen und unteren Rand je 5 cm frei lassen. Den Teig mit der Füllung vorsichtig so fest wie möglich zusammenrollen. Die Roulade mit der restlichen Butter bestreichen und ca. 15 Min. goldbraun backen. In 2,5 cm dicke Scheiben schneiden und warm oder gekühlt servieren.

Variationen

- Fügen Sie der Füllung 85 g Granatapfelkerne zu.
- Eine glutenfreie Version, die man allerdings nur noch mit Mühe Baklava nennen könnte, erhalten Sie, wenn Sie statt Filoteig angefeuchtete Reispapierhüllen nehmen, wie sie für Frühlings- und Sommerrollen verwendet werden. Platzieren Sie ein wenig Füllung in der Mitte des unteren Rands. Dann schlagen Sie die Seiten ein und rollen das Ganze von sich weg. Servieren Sie die Rouladen, wie sie sind, oder braten Sie sie in ein wenig Öl ca. 3 Min. scharf an, bis sie knusprig sind.

Vegane Meze-Party

Meze – ein Erbe aus dem Osmanischen Reich – ist eine Zusammenstellung kleiner Gerichte, die als Teil oder als Eröffnung eines großen Mahls gereicht werden. Die Portionen sind in der Regel etwas größer als eine Vorspeise. Dieser Brauch ist im ganzen Mittelmeerraum und im Mittleren Osten verbreitet. Wenn Sie Ihr Mahl auf typisch griechische Art (wenngleich wenig umweltfreundlich) beenden wollen, zerschlagen Sie anschließend die Teller.

Zu einer veganen Meze passen Gefüllte Weinblätter, Gurken-Feta-Salat, Spanakopita, Bulgur-Pilaw mit Korinthen, Gemista, Tsatsiki, Oliven in Kräutermarinade und/oder Ackerbohnen mit Petersilie und Thymian. Kleine Portionen Halva und Baklava machen das Ganze vollkommen!

Gedämpftes Blattgemüse mediterran (Chorta)

Das ist ein Standardrezept für gedämpftes Blattgemüse mit mediterranem Flair. Einen großen Topf mit Dämpfeinsatz 2,5 cm hoch mit Wasser füllen und bei starker Hitze zugedeckt zum Kochen bringen. Zwei Handvoll sehr gründlich gewaschenen, abgetropften und klein geschnittenen Spinat in den Dämpfeinsatz geben und zugedeckt ca. 3 Min. knapp weich dämpfen. Gut abtropfen lassen und mit dem Saft einer Zitrone in eine große Schüssel geben. Mit Olivenöl beträufeln und nach Geschmack salzen und pfeffern. Vorsichtig wenden. Sie können statt Spinat auch anderes Blattgemüse nehmen, wie Grünkohl, Mangold oder Markstammkohl. Oder Sie geben eine zerdrückte oder fein gehackte Knoblauchzehe und einen Schuss Balsamicoessig hinzu und garnieren das Ganze mit gerösteten Pinienkernen. Natürlich eignet sich dieses Rezept auch für die Zubereitung von Spargel, Zucchini, Broccoli oder einer Gemüsemischung Ihrer Wahl.

Krautsalat (Lachanosalata)

Dies ist ein weiteres schmackhaftes und erstaunlich einfach zuzubereitendes Gericht. Kohl fein hobeln und mit fein gehackter frischer Petersilie, Oregano und Thymian vermengen. Den Salat in frisch gepresstem Zitronensaft, Olivenöl und Rotweinessig wenden und nach Geschmack mit Meersalz und frisch gemahlenem schwarzem Pfeffer würzen.

Joghurt mit Honig (Yiaourti me Meli)

Für eine vegane Version des griechischen Dessert-Klassikers nehmen Sie veganen Joghurt, den Sie mit je einer Prise Zimt und Nelken würzen und nach Geschmack mit Agavensirup süßen.

Luisa-Tee

Lassen Sie für diesen griechisch inspirierten Tee 2 EL Zitronenverbene in 1 l heißem Wasser 10 Min. ziehen. Dann abgießen und nach Geschmack süßen. Warm oder als Eistee servieren.

TEIL 6

Deutschland

Stetige Gütigkeit vermag viel. Wie die Sonne das Eis zum Schmelzen bringt, bringt sie Missverständnisse, Misstrauen und Feindseligkeit zum Schwinden.

— *Albert Schweitzer* —

Von den Straßen Berlins bis zu den Gipfeln der Alpen vibriert Deutschland von der Energie einer neuen Generation, die vom Erbe der Vergangenheit durchdrungen ist. Einen der erhebendsten Augenblicke erlebte ich, als ich im Moment der Maueröffnung in Berlin am Checkpoint Charlie stand, umso mehr, als ich in Ostdeutschland an den Demonstrationen teilgenommen und am Tag zuvor Love Thy Neighbor („Liebe deinen Nächsten [auch: Nachbarn]“) an die Mauer geschrieben hatte. Seit der Wiedervereinigung sind die regionalen Kulturen und Küchen des Landes mehr miteinander verschmolzen.

Die deutsche Küche hat eine reiche, wenngleich vorwiegend auf Fleisch basierende Geschichte. Neben ihrer eigenen Entwicklung wurde sie auch stark von den Nachbarländern beeinflusst, insbesondere von Frankreich. Viele bekannte französische Soßen, wie Tartare, Hollandaise und Béarnaise, finden sich auf den meisten deutschen Speisekarten. Die beliebten dünnen Pfannkuchen, die mit Konfitüre serviert werden, sind das Gegenstück zur französischen Crêpe. Zusätzlich zu den französischen finden sich in Ostdeutschland osteuropäische und in Süddeutschland italienische Einflüsse. Viele der typisch deutschen Gerichte und Zutaten, wie Schnitzel und Strudel, sind auch in Österreich verbreitet.

Deutsche Rezepte auf vegane Ernährung umzustellen, ist gar nicht so einfach. Schließlich ist das die Welthauptstadt der Würstchen und des Aufschnitts (der passenderweise „Wurst“ genannt wird) in über 1500 Sorten (eine Menge Wurst!). Zum Glück für alle Wurstliebhaber, die gewillt sind, ihre schädliche Gewohnheit aufzugeben, sind mittlerweile vegane Wurstsorten erhältlich. Genießen Sie sie immer, wenn Sie einen „Wursthunger“ bekommen.

Beliebte Nahrungsmittel, die die deutschen Tische schmücken, sind Kartoffeln (Deutschland gehört zu

den Ländern mit dem höchsten Kartoffelverbrauch pro Kopf), vielerlei Kohlsorten (auch vergoren zu Sauerkraut), Spargel, Möhren, Bohnen, Speiserüben, Erbsen, Spinat, Gurken, Zwiebeln, Tomaten und Meerrettich. Beim Obst finden wir Äpfel, Kirschen, Pflaumen und Erdbeeren. Verbreitete Getreidesorten sind Weizen, Gerste, Hafer und Roggen.

Gebräuchliche Kräuter und Gewürze sind Kümmel, Anis, Zimt, Petersilie, Thymian, Lorbeerblätter, Schnittlauch, Wacholderbeeren, Kardamom, Senf, Dill, Majoran, weißer Pfeffer, Kamille und Pfefferminze.

Bier ist selbstverständlich das deutsche Nationalgetränk. Ich habe es mit Vergnügen für biergeschmortem Blattgemüse, Rosenrotkohl und Biersuppe verwendet. Unsere kulinarische Reise durch Deutschland wäre unvollständig ohne einen deutschen Kartoffelsalat, inspiriert durch die Großmutter meines Schwagers Bill. Vegane Versionen von Sauerbraten, Schnitzel und Bratwurst können jetzt, zusammen mit Beilagen, wie Spätzle und Spargel, Ihr nächstes *Potluck Dinner* krönen.

Leider haben wir, bei allem Respekt vor John F. Kennedy, der die berühmten Worte sprach: „Ich bin ein Berliner!“, keine marmeladegefüllten Krapfen zu bieten. Dafür können Sie in Apfelstrudel, Brotpudding mit Schokoladensoße oder Schwarzwälder Kirschtorte im Glas schwelgen. Und als überaus trendigen Abschluss Ihrer Mahlzeit können Sie einen Pflanzensaft verkosten.

Ich möchte mich beim ehemaligen Chefkoch des Blossoming Lotus, Surdham Daniele Göb, für seine Beratung bei diesem Kapitel bedanken. Er hat dieses Mal auch den Abschnitt „Deutschland schnell und einfach“ beigesteuert und war in München mein zuverlässiger Führer.

Biersuppe

Während Bier in Europa schon seit der Jungsteinzeit gebraut und getrunken wird, wären sich sicher viele einig, dass die Deutschen es hierin fast bis zur Perfektion gebracht haben. Diese Biersuppe wird eigentlich mit Käse zubereitet, ist jedoch in unserer Version nicht weniger cremig und reichhaltig als die klassische Variante. Wie Sie sich vorstellen können, dominiert das Bieraroma den Geschmack der ganzen Suppe, daher sollten Sie eines wählen, das Sie mögen, oder sich an die nachfolgenden Empfehlungen halten. Für eine Suppe mit Salat reichen Sie dazu gemischtes Blattgemüse mit Haselnuss-Vinaigrette (Seite 242) und ein paar Scheiben Pumpernickel.

▸ FÜR 4-6 PERSONEN

- 1 EL Traubenkern-, Distel-, Sonnenblumen-, Kokos- oder Olivenöl
- 1 gelbe Zwiebel, gewürfelt
- 3 EL in dünne Scheiben geschnittener Stangensellerie
- 3 Knoblauchzehen
- 350 g klein geschnittene Kartoffeln, vorwiegend festkochend oder Frühkartoffeln
- 300 ml Gemüsebrühe (Seite 252) oder Wasser
- 500 ml deutsches Bier (s. Tipp)
- 1½ TL Meersalz
- ¼ TL frisch gemahlener schwarzer Pfeffer
- 3 EL Hefeflocken
- 1 EL frisch gepresster Zitronensaft
- 1 TL Steingemahlener Senf
- 1 TL fein gehackter frischer Dill oder ½ TL getrockneter
- 90 g geriebener veganer Käse nach Cheddar-Art
- 2 TL weizenfreies Tamari oder eine andere Sojasoße (optional)

1. Öl, Zwiebel, Sellerie und Knoblauch in einen großen Topf bei mittelstarker Hitze geben und unter häufigem Umrühren 3 Min. anbraten. Kartoffeln, Gemüsebrühe und Bier hinzufügen und 10 Min. kochen, bis die Kartoffeln knapp weich sind, dabei gelegentlich umrühren.
2. Den Topf von der Kochplatte nehmen, Salz, Pfeffer, Hefeflocken, Zitronensaft und Senf hinzugeben und umrühren. Die Suppe vorsichtig in einen Mixer gießen und knapp cremig mixen.
3. Die Suppe zurück in den Topf schütten. Die restlichen Zutaten hinzufügen und unter gelegentlichem Umrühren 5 Min. bei schwacher Hitze kochen.

Chefkoch Patrick empfiehlt

Hefeweizen oder Weizenbier. Sie können auch Pilsner oder Helles ausprobieren.

Haselnuss-Vinaigrette

Haselnüsse gehören zu den in der europäischen Küche am häufigsten verwendeten Nüssen, vor allem in mitteleuropäischen Ländern wie Deutschland. Das ist ein äußerst vielseitiges Dressing, das viele verschiedene Variationen hergibt. Reichen Sie es mit Beilagen Ihrer Wahl zu gemischtem Wildgemüse oder jungem Rucola. Die Vinaigrette eignet sich auch als Soße für sautiertes Blattgemüse oder Stängelkohl mit Knoblauch und rotem Paprika (Seite 258).

FÜR 430 ML DRESSING

- 3 EL fein gehackte geröstete Haselnüsse (s. Kasten)
- 310 ml Distelöl
- 60 ml Wasser
- 3 EL roher Apfelessig
- 1 EL reiner Ahornsirup
- 1 EL frisch gepresster Zitronensaft
- 1/4 TL Meersalz
- 1 Prise frisch gemahlener schwarzer Pfeffer
- 1 kleine Knoblauchzehe
- 1 Prise Cayennepfeffer
- 2 1/2 TL weizenfreies Tamari oder eine andere Sojasoße oder extra Salz nach Geschmack
- 2 TL fein geschnittene Schalotten
- 2 TL fein geschnittener frischer Ingwer

1. Die Haselnüsse nach unten stehender Anleitung rösten und die Haut abziehen.
2. Mit den restlichen Zutaten in den Mixer geben und gründlich mixen. Bei einem starken Mixer, wie z.B. dem Vitamix, wählen Sie am besten eine geringe Umdrehungszahl, weil das Dressing sonst emulgiert.
3. Die Vinaigrette hält sich in einem Glasbehälter im Kühlschrank 4-5 Tage.

Variationen

- Für eine Rohkost ersetzen Sie die Haselnüsse durch Pekannüsse, Sonnenblumenkerne, Macadamianüsse oder beliebige andere Nüsse oder Kerne.
- Auch bei der gerösteten Variante können Sie mit beliebigen Nüssen oder Kernen experimentieren.

Tipps und Tricks vom Küchenchef

Haselnüsse rösten

Den Backofen auf 180 °C vorheizen. Die Haselnüsse auf ein Backblech legen und 10-12 Min. backen, bis die Haut dunkel wird und die Nüsse zu duften beginnen. Ein sauberes Geschirrtuch auf eine trockene Oberfläche legen. Die Nüsse in die Mitte des Tuchs schütten und das Tuch einschlagen, sodass die Nüsse bedeckt sind. Von oben auf die Nüsse drücken und kräftig rubbeln. Durch die Reibung wird der Großteil der Häute entfernt.

Sechskräutersaft ♥

Diese erfrischende Kombination aus sechs populären Kräutern und einem von Deutschlands beliebtesten Säften ist einfach zuzubereiten. Die Kräuter finden Sie unter den losen Kräutern oder Tees in Ihrem Bioladen. Bitte lassen Sie sich nicht entmutigen, wenn Sie nicht alle sechs beisammen haben; Sie können die Zusammensetzung und die Mengen ganz nach Ihrer Fantasie verändern. Genießen Sie diesen Saft zwischen den Mahlzeiten oder zur Schwarzwälder Kirschtorte im Glas (Seite 260).

FÜR 4 PERSONEN

1 l Wasser

2 EL Fenchelsamen

2 EL getrocknetes Zitronengras

2 EL getrocknete Hagebutten

2 EL getrocknete Hibiskusblüten

2 EL getrocknete Kamillenblüten

2 TL getrocknete Pfefferminzblätter

750 ml frisch gepresster Apfelsaft

Süßungsmittel nach Wahl

1. Das Wasser in einem kleinen Topf bei starker Hitze zum Kochen bringen. Den Topf von der Kochplatte nehmen.
2. Die Kräuter ins Wasser geben, umrühren und 20 Min. ziehen lassen, dann abgießen.
3. Den Saft hinzugeben und umrühren. Nach Geschmack süßen und nochmals umrühren. Auf vier Gläser mit Eiswürfeln verteilen.

Variationen

- Wenn Sie mehr Zeit haben, stellen Sie den Saft vor dem Servieren 30 Min. oder länger in den Kühlschrank.
- Statt Apfelsaft können Sie jeden beliebigen Fruchtsaft nehmen.
- Ein perlendes Erfrischungsgetränk erhalten Sie, wenn Sie 250 ml Sprudelwasser zum Saft geben und vor dem Servieren umrühren.

Biergeschmortes Blattgemüse

Dieses schlichte und gesunde Gericht ist vom Geschmack des Biers durchdrungen, während der Alkohol beim Schmoren verfliegt. Probieren Sie verschiedene Blattgemüse aus, um die feinen Aromakombinationen kennenzulernen. Es passt als Beilage zu jedem Hauptgericht, wie etwa Tempeh-Sauerbraten (Seite 255), Bratwurst mit Sauerkraut (Seite 253) oder Gebackenem Schnitzel (Seite 250).

▸ FÜR 4-6 PERSONEN

- 2 EL Olivenöl
- 1 EL fein gehackter Knoblauch oder frischer Ingwer
- 2 TL Kümmel (optional)
- ½ TL entkernte und gewürfelte Chilischoten oder ¼ TL zerstoßene rote Paprikaflocken
- 280 g gewaschener, klein geschnittener und dicht gepackter Grünkohl oder anderes grünes Blattgemüse, wie Mangold, Markstammkohl oder eine Mischung daraus
- 125 ml deutsches Bier (s. Tipp)
- 1 TL frisch gepresster Zitronensaft
- 2 TL Rotweinessig
- 1 Prise Meersalz
- frisch gemahlener schwarzer Pfeffer

1. Öl, Knoblauch, Kümmel (falls gewünscht) und Chilischoten in eine große Schmorpfanne bei mittelstarker Hitze geben und 1 Min. unter ständigem Rühren anbraten. Grünkohl und Bier hinzufügen und ca. 5 Min. schmoren, bis der Kohl knapp weich ist. Dabei häufig mit einer Zange umrühren und, falls nötig, kleine Mengen Wasser zugießen, um ein Anbrennen zu vermeiden.
2. Kurz vor dem Servieren in Zitronensaft und Rotweinessig schwenken. Nach Geschmack mit Salz und Pfeffer würzen und sofort servieren.

Variationen

- Fügen Sie dem Gemüse nach dem Schmoren 1 EL fein gehackten frischen Majoran hinzu.
- Geben Sie einige EL geröstete und klein gehackte Haselnüsse dazu.
- Sie können das Bier auch weglassen und den Rotweinessig durch 1 EL Balsamicoessig ersetzen.
- Geben Sie jeweils einige EL geröstete Pinienkerne und Kalamata-Oliven dazu.
- Wenn Sie ohne Öl kochen möchten, geben Sie 60 ml Wasser oder Gemüsebrühe in die Pfanne, bevor Sie den Knoblauch hinzugeben.

Chefkoch Patrick empfiehlt

Pilsner oder Lager

Rosenrotkohl

Als Kraftspender aus dem Pflanzenreich und eine der Gemüsekohlarten wurden die Vorfahren dessen, was wir heute Rosenkohl nennen, bereits zu Zeiten des Römischen Reichs angebaut. Das heutige Gemüse erhielt seinen Namen „Brüsseler Kohl“ nach der Stadt, in der Gerüchten zufolge im 14. Jahrhundert die prächtige Prozession des Ommegang ihren Ausgang nahm und jedes Jahr ein Bierfest gefeiert wird. Hier verleiht Bier unserer Kreation aus Rosenkohl und Rotkohl eine süße und würzige Note. Damit die Farben gut zur Geltung kommen, geben Sie den Essig erst kurz vor dem Servieren hinzu. Reichen Sie das Gemüse als Beilage zu Gebackenem Schnitzel (Seite 250), Bratwurst mit Sauerkraut (Seite 253) oder Tempeh-Sauerbraten (Seite 255).

▸ FÜR 4-6 PERSONEN

- 2 EL Olivenöl
- 450 g Rosenkohl, geputzt und halbiert oder geviertelt, gewaschen und abgetrocknet
- 250 ml deutsches Bier (s. Tipp)
- 100 g dünn gehobelter Rotkohl
- 2 TL roher Apfelessig oder Rotweinessig
- 2 TL weizenfreies Tamari oder eine andere Sojasoße (optional)
- 1 EL Senfpulver
- 1 TL Meersalz (nach Geschmack)
- 1/4 TL frisch gemahlener schwarzer Pfeffer
- 1/4 TL zerstoßene rote Paprikaflocken
- schwarze und weiße Sesamsamen

1. Das Öl in einer großen Schmorpfanne bei mittelstarker Hitze erhitzen und den Rosenkohl 5 Min. unter häufigem Umrühren darin anbraten.
2. Auf mittlere Hitze reduzieren, das Bier hinzugeben und unter häufigem Umrühren 5 Min. kochen. Den Rotkohl hinzugeben und unter gelegentlichem Umrühren 8 Min. kochen, bis der Rosenkohl knapp weich ist.
3. Die restlichen Zutaten hinzufügen, gut umrühren und vor dem Servieren mit weißen und schwarzen Sesamsamen garnieren.

Variation

- Geben Sie 75 g geröstete und klein gehackte Haselnüsse zu (Seite 242).

Chefkoch Patrick empfiehlt

Pilsner

Tipps und Tricks vom Küchenchef

Das große Geheimnis des Rosenkohls (Rezept)

Vielen Dank an Rezepttesterin Suzanne Rudolph für die Inspiration zu diesem Gericht! Sie hat das Rezept für Krossen Grünkohl aus dem Buch The 30-Minute Vegan abgewandelt, indem Sie Rosenkohlblätter statt Grünkohlblättern verwendet hat.

450 g Rosenkohl, gewaschen und geputzt

3 EL Olivenöl

2 EL Hefeflocken

¾ TL Meersalz

⅛ TL frisch gemahlener schwarzer Pfeffer

1. Den Backofen auf 190 °C vorheizen. Den Rosenkohl entblättern und die Blätter auf ein gefettetes Backblech geben. Ca. 15 Min. backen, bis die Blätter kross sind.
2. Die krossen Blätter in einer großen Schüssel vorsichtig unter die restlichen Zutaten heben. Warnung: Höchste Suchtgefahr!

Gebackener Spargel mit Muskatcremesoße

Spargel ist in Deutschland so beliebt, dass er oft als Königsgemüse bezeichnet wird. Der Gemüsespargel wird geradezu verehrt, besonders während der Haupterntezeit von Mitte Mai bis Mitte Juni, in der zuweilen ganze Speisekarten diesem einen Gemüse gewidmet sind. Sie können gern auch grünen Spargel verwenden oder bis zum Äußersten gehen und ihn durch Stängelkohl ersetzen. Die milchfreie Cremesoße ist eine zauberhafte Beigabe zu jedem gebackenen oder gegrillten Gemüse. Reichen Sie den Spargel zu Gebackenem Schnitzel (Seite 250) oder Tempeh-Sauerbraten (Seite 255).

▸ FÜR 2 – 4 PERSONEN

2 TL Olivenöl

2 TL frisch gepresster Zitronensaft

1 Prise Meersalz

1 Prise frisch gemahlener schwarzer Pfeffer

1 großer Bund Spargel, geschält und die holzigen Enden abgeschnitten

3 EL entkernte und gewürfelte rote Paprikaschoten

1 TL fein gehackter frischer Dill oder 1 EL fein gehackte frische glatte Petersilie

SOSSE

310 ml Soja-, Reis- oder Mandelmilch (Seite 258)

½ TL Meersalz

¼ TL Muskatpulver

1 Prise gemahlener weißer Pfeffer

1 Prise Cayennepfeffer

1 EL weiche vegane Butter oder Öl

5 TL weißes Dinkelmehl

55 g veganer Schinken, klein geschnitten (optional)

1. Den Backofen auf 200 °C vorheizen. Öl, Zitronensaft, Salz und Pfeffer in eine Backform oder auf ein Backblech geben. Den Spargel darin wälzen, bis er gut benetzt ist. Ca. 10 Min. knapp weich backen. Nach der Hälfte der Backzeit den Spargel vorsichtig wenden, damit er gleichmäßig durchgart.
2. Inzwischen die Soße zubereiten. Dazu die Sojamilch in einem kleinen Topf oder einer Schmorpfanne bei mittelstarker Hitze erwärmen. Salz, Muskat, Pfeffer und, falls gewünscht, Cayenne-Pfeffer hinzugeben und gründlich verquirlen.
3. Butter und Mehl in einer kleinen Schüssel miteinander vermengen. Die Einbrenne in den Topf geben und mit einem Schneebesen ca. 2 Min. schlagen, bis die Soße eindickt.
4. Den veganen Schinken hinzugeben und gut durchrühren. Unter gelegentlichem Umrühren 2 Min. kochen. Zum Anrichten den Spargel aus dem Ofen nehmen und großzügig mit Soße begießen. Mit roten Paprikawürfeln und Dill garnieren.

Variationen

- Statt weißem Spargel können Sie auch grünen Spargel, Stängelkohl, Broccoli oder Blumenkohl nehmen.
- Damit der Spargel krosser wird, lassen Sie ihn ca. 5 Min. länger backen, bis er leicht karamellisiert.
- Wenn Sie keinen veganen Schinken haben, können Sie ¼ TL Liquid Smoke (Flüssigrauch) zugeben.
- Sie können den Spargel vor dem Backen auch dämpfen: Füllen Sie einen großen Topf mit Dämpfeinsatz ca. 2,5 cm hoch mit Wasser, das Sie bei starker Hitze zum Kochen bringen. Den Spargel in den Dämpfeinsatz legen und 5 Min. dämpfen.

Deutscher Kartoffelsalat

Das ist nicht der typische Kartoffelsalat, den Sie bei Ihrem Stadtteilfest finden – es sei denn, Sie wohnen in München. In Süddeutschland wird der Kartoffelsalat traditionell mit Schinkenspeck zubereitet und warm gegessen. Für diese vegane Version nehmen wir Tempeh und bereiten eine warme Soße mit Öl und Essig zu. Reichen Sie den Kartoffelsalat zu Biersuppe (Seite 240) und gemischtem Blattgemüse mit Haselnuss-Vinaigrette (Seite 242) als Teil eines echt deutschen Menüs aus Suppe und Salat.

▸ FÜR 4-6 PERSONEN

- 1,35 kg Kartoffeln, in 1,5 cm große Würfel geschnitten
- 2 EL Olivenöl
- 1 große gewürfelte gelbe oder weiße Zwiebel
- 2 Knoblauchzehen, zerdrückt oder fein gehackt
- 1 entkernte und gewürfelte rote Paprikaschote
- 170 g (9 Streifen) veganer Speckersatz oder Tempeh-Bacon (Seite 309), gewürfelt
- 60 ml roher Apfelessig oder 3 EL Rotweinessig
- 1 EL Steingemahlener Senf
- 1½ TL Meersalz (nach Geschmack)
- ¼ TL frisch gemahlener schwarzer Pfeffer
- 2 EL frische glatte Petersilie
- 1 TL Paprikapulver (z.B. geräuchert; optional)

1. Einen mittelgroßen Topf mit Dämpfeinsatz 2,5 cm hoch mit Wasser füllen und bei starker Hitze zum Köcheln bringen. Die Kartoffelwürfel in den Dämpfeinsatz geben und zugedeckt ca. 12 Min. dämpfen, bis sie knapp weich sind.
2. Inzwischen das Öl in einer großen Schmorpfanne bei mittelstarker Hitze erhitzen und darin Zwiebel und Knoblauch unter häufigem Umrühren 3 Min. anbraten. Auf mittlere Hitze reduzieren, Paprikaschoten und Speckersatz zufügen und unter gelegentlichem vorsichtigem Umrühren 5 Min. braten.
3. Die garen und noch heißen Kartoffeln mit der Zwiebelmischung und den restlichen Zutaten in eine große Schüssel geben und alles vorsichtig miteinander vermengen.

Gebackenes Schnitzel

Abgesehen von dem Spaß, den es macht, diesen Namen in Ihrem besten deutschen Akzent auszusprechen, beschwört nichts sonst das Bild der deutschen Küche so deutlich herauf wie das Schnitzel. Es kommt ursprünglich aus Österreich und besteht aus einem platt geklopften Fleischstücke ohne Knochen. Unser tierfreundliches Schnitzel besteht aus Tofu, den wir in ein wenig Liquid Smoke marinieren, um ihm ein authentischeres Aroma zu verleihen. Die Krönung ist die Panade aus Cornflakes – eine Idee von Chefkoch Surdham Göb. Schnitzel passt zu Biergeschmortem Blattgemüse (Seite 244) und Spätzle (Seite 252).

▸ FÜR 4 PERSONEN

TOFUMARINADE

1 EL Olivenöl

2 EL weizenfreies Tamari oder eine andere Sojasoße

¼ TL Liquid Smoke (Flüssigrauch)

400 g fester Tofu

TAHIN-AUFSTRICH

2 EL Tahin (Sesampaste)

2 TL frisch gepresster Zitronensaft

2 - 3 EL Wasser

1 TL weizenfreies Tamari oder eine andere Sojasoße

PANADE

50 g Cornflakes oder Semmelbrösel

2 EL glutenfreies oder Dinkelmehl

1 TL Paprikapulver (z.B. geräuchertes)

1 Prise Meersalz

1 Prise frisch gemahlener schwarzer Pfeffer

1. Den Backofen auf 190 °C vorheizen. Für die Marinade Olivenöl, Sojasoße und Liquid Smoke auf einem kleinen Backblech verrühren. Den Tofu der Länge nach in vier Scheiben schneiden und 5 Min. in die Marinade legen. Nach der Hälfte der Zeit wenden, damit er gleichmäßig benetzt wird. 10 Min. in den Backofen stellen, dabei einmal nach 5 Min. wenden.
2. Inzwischen alle Zutaten für den Tahin-Aufstrich in eine kleine Schüssel geben, so viel Wasser zugießen, dass eine streichfähige Konsistenz entsteht, und alles verrühren.
3. Die Cornflakes in der Küchenmaschine mit der Pulsfunktion oder im Mörser zerstoßen und mit den restlichen Zutaten für die Panade in eine kleine Schüssel geben.
4. Den Tofu aus dem Ofen nehmen. Jedes Schnitzel beidseitig dünn mit der Tahin-Mischung bestreichen und großzügig mit Panade bedecken. Vor dem Servieren wieder in den Backofen stellen und weitere 10 Min. backen.

Variationen

- Statt Tofu können Sie auch Tempeh nehmen.
- Sie können die Schnitzel vor dem Servieren auch auf beiden Seiten wenige Minuten in Öl braten.

Spätzle

Wenn Sie einen Spätzlehobel oder eine Spätzlepresse haben, ist jetzt deren große Zeit gekommen! Die in der deutschen und österreichischen Küche beliebten Spätzle sind Teigwaren aus einem Eier-Mehl-Teig, der durch einen reibeisenähnlichen Hobel oder eine Presse in kochendes Wasser geschabt oder gedrückt wird, sodass kleine Klößchen oder Nudeln entstehen. Wir verwenden statt Eiern gemahlene Leinsamen als Bindemittel. Wenn Sie keinen Spätzlehobel haben, können Sie den Teig durch ein grobes Sieb oder einen Durchschlag drücken, brauchen dann aber mehr Flüssigkeit (s. unten), oder Sie schneiden ihn mit dem Messer in lange, dünne Streifen, die sie ins kochende Wasser gleiten lassen. Servieren Sie Spätzle zu Ihrem Oktoberfest zusammen mit Tempeh-Sauerbraten (Seite 255) und Rosenrotkohl (Seite 246).

▸ FÜR 4-6 PERSONEN

- 190 g weißes Dinkelmehl
- 2½ TL Meersalz (nach Geschmack)
- ½ TL Piment- oder Muskatpulver
- 1 EL gemahlene Leinsamen, vermengt mit 3 EL Wasser
- 125 ml ungesüßte Soja-, Reis- oder Mandelmilch (Seite 316)
- 1 EL weiche vegane Butter oder Öl
- 1 EL fein gehackter frischer Schnittlauch, glatte Petersilie oder Dill
- frisch gemahlener schwarzer Pfeffer

1. Einen großen Topf mit Wasser und, falls gewünscht, 2 TL Meersalz bei starker Hitze zum Kochen bringen. Inzwischen das Mehl, das restliche ½ TL Meersalz und das Pimentpulver in einer großen Schüssel vermischen.
2. Leinsamenpulver und Wasser in einer kleinen Schüssel verrühren. Sojamilch und vegane Butter unterrühren. Die feuchten mit den trockenen Zutaten verkneten.
3. Den Teig durch einem Spätzlehobel ins Kochwasser schaben und 3- 5 Min. kochen, bis die Spätzle an die Oberfläche steigen. Sie können den Teig auch auf einem sauberen, trockenen Schneidbrett in acht lange, dünne Streifen schneiden. Jeden Streifen leicht flach drücken, in ca. 2 cm große Stücke schneiden und vorsichtig ins Kochwasser gleiten lassen.
4. Die Spätzle mit einem Haarsieb oder einem Schaumlöffel aus dem Wasser nehmen. Mit veganer Butter anrichten, mit Schnittlauch bestreuen und nach Geschmack salzen und pfeffern.

Variationen

- Wenn Sie keinen Spätzlehobel haben, nehmen Sie 250 ml Sojamilch und drücken Sie den Teig mit einem Spatel durch ein Durchschllagsieb mit großen Löchern ins Kochwasser.
- Sie können den Geschmack noch steigern, wenn Sie die fertig gekochten Spätzle in heißem Öl in einer großen Schmorpfanne bei mittelstarker Hitze wenige Minuten anbraten, bevor Sie sie mit veganer Butter und Schnittlauch anrichten.

Bratwurst mit Sauerkraut

Um es gleich zu sagen: Das ist nicht Omas Bratwurst, wie Sie sie kennen. Mich schaudert, wenn ich an die Inhaltsstoffe einer klassischen Bratwurst denke, deren Wurzeln bis ins Deutschland von 1313 zurückreichen. Dank der Entwickler veganer Rezepte haben wir heute pflanzliche Alternativen, die uns den Geschmack genießen lassen, ohne unserer Gesundheit zu schaden. Servieren Sie sie mit zusätzlichem Sauerkraut und einem Klecks Senf oder Meerrettich und dazu gemischtes Blattgemüse mit Haselnuss-Vinaigrette (Seite 242).

▸ FÜR 4-6 PERSONEN

- 1 EL Öl
- 1 kleine gelbe Zwiebel, in dünne Halbringe geschnitten
- 2 Knoblauchzehen, zerdrückt oder fein gehackt
- 1½ TL Kümmel
- 55 g veganer Speckersatz oder Tempeh-Bacon, gewürfelt (Seite 309)
- 370-400 g vegane Wurst (z.B. Tofuwurst)
- 100 g Sauerkraut
- 125 ml Bier (s. Kasten)
- 1 EL Weißweinessig oder roher Apfelessig
- 2 TL Steingemahlener Senf
- ½ TL Meersalz (nach Geschmack)
- 1 Prise frisch gemahlener schwarzer Pfeffer
- frischer Dill

1. Zwiebel, Knoblauch und Kümmel mit dem Öl in einer großen Schmorpfanne bei mittelstarker Hitze unter ständigem Rühren 2 Min. anbraten.
2. Auf mittlere Hitze reduzieren, den Speckersatz und die vegane Wurst in die Pfanne geben und 10 Min. braten. Dabei gelegentlich mit einer Zange wenden und, falls nötig, kleine Mengen Wasser zugeben, um ein Anbrennen zu vermeiden.
3. Die restlichen Zutaten außer dem Dill hinzugeben und 5 Min. unter gelegentlichem vorsichtigem Umrühren garen. Vor dem Servieren mit frischem Dill garnieren.

Variationen

- Geben Sie zusammen mit der Zwiebel einen kleinen in dünne Scheiben geschnittenen grünen Apfel hinzu.
- Statt der veganen Wurst können Sie auch dicke Scheiben Tofu oder Tempeh verwenden. Die legen Sie vorher in die Marinade aus unserem Rezept für Gebackenes Schnitzel (Seite 250) und braten sie dann 20 Min.

Chefkoch Patrick empfiehlt

Brown Ale oder Oatmeal Stout

Chefkoch Patrick empfiehlt

Cabernet Sauvignon oder Merlot

Tempeh-Sauerbraten

Ursprünglich aus Pferdefleisch zubereitet (lecker!), ist Sauerbraten ein deutscher Schmorbraten und eines der Markenzeichen des Landes. Unsere pferdefreundliche Version besteht hauptsächlich aus Tempeh. Die braune Soße passt gut zu gegrilltem Tofu oder Tempeh (Seite 310) oder zu Hauptgerichten, wie Gebackenem Schnitzel (Seite 250). Genießen Sie den Sauerbraten zu Biergeschmortem Blattgemüse (Seite 244) und Safran-Quinoa-Pilaw (Seite 289).

▸ FÜR 4-6 PERSONEN

TEMPEH-MARINADE

3 EL Rotweinessig

2 EL weizenfreies Tamari oder eine andere Sojasoße

1 EL Olivenöl

¼ TL Muskatpulver

⅛ TL Nelkenpulver

450 g Tempeh

SOSSE

1 EL Öl

1 große gewürfelte gelbe Zwiebel

2 Knoblauchzehen, zerdrückt oder fein gehackt

½ TL entkernte und gewürfelte Chilischoten

70 g fein geschnittene Möhren

70 g fein geschnittene Pastinaken

130 g geschälte und klein geschnittene Selleriewurzel oder Stangensellerie

125 ml Rotwein (s. Tipp)

560 ml Gemüsebrühe (Seite 311) oder Wasser

1 TL Meersalz

1 EL weizenfreies Tamari oder eine andere Sojasoße

2 EL Tomatenmark

2 EL Hefeflocken

¼ TL frisch gemahlener schwarzer Pfeffer

2 TL fein gehackter frischer Dill

1. Den Backofen auf 190 °C vorheizen. Essig, Sojasoße, Olivenöl, Muskat und Nelken auf einem Backblech oder in einer Backform verrühren. Den Tempeh in acht 0,5 cm dicke Scheiben schneiden und in die Marinade legen. 5 Min. marinieren, dabei nach einigen Minuten wenden, damit die Scheiben gleichmäßig bedeckt werden. 15 Min. backen.
2. Inzwischen die Soße zubereiten. Das Öl in einer großen Schmorpfanne bei mittelstarker Hitze erhitzen und Zwiebel, Knoblauch und Chilischoten 3 Min. unter ständigem Rühren darin anbraten. Auf mittlere Hitze reduzieren, Möhren, Pastinaken und Sellerie hinzugeben und gut durchrühren.
3. Den Wein zugießen und umrühren und dabei den Bratensatz vom Boden der Pfanne lösen (diese Technik wird als Ablöschen oder Deglacieren bezeichnet). Die Gemüsebrühe hinzugeben und 10 Min. unter häufigem Umrühren kochen. Die restlichen Zutaten außer dem Dill einrühren. Die Soße von der Herdplatte nehmen.
4. Den Pfanneninhalt vorsichtig in einen Mixer geben und cremig rühren. Die Soße wieder in die Pfanne bei schwacher Hitze schütten.
5. Die Tempeh-Scheiben in die Pfanne geben und 5-15 Min. in der Soße kochen lassen. Jede Tempeh-Scheibe auf dem Teller großzügig mit Soße begießen und mit Dill garnieren. Guten Appetit!

Variation

- Den Tempeh können Sie durch Tofu oder ein veganes Hühnerschnitzel ersetzen (Seite XVI).

Gefüllte Bratäpfel

Dieses Rezept für eine typisch deutsche Weihnachts- und Winterdelikatesse ist ganz einfach zuzubereiten und durchaus gesund (die natürliche Süße kommt aus dem Fruchtzucker). Hier sind viele Variationen möglich. Wenn Sie mutig sind, ersetzen Sie die Äpfel durch Birnen oder Persimonen. Warm mit einer Kugel veganem Eis oder Cashewcreme (Seite 126) mit Kirschsoße (Seite 260) servieren.

▸ 8 PERSONEN

- 4 Äpfel (Jonagold, Gala o.ä.; Seite 303)
- 55 g Haferflocken
- 70 g fein gehackte Haselnüsse
- ½ TL Zimt
- ¼ TL Muskat-, Kardamom- und/oder Pimentpulver
- 1 Prise Meersalz
- 125 g Rosinen oder Korinthen
- 90 ml Dattelsirup (Seite 321) oder 2 EL Ahornsirup + 60 ml Wasser
- 4 EL vegane Butter (optional, aber so lecker!)
- 125 ml Apfelsaft oder 60 ml Wasser + 60 ml Dattelsirup (Seite 321)

1. Den Backofen auf 220 °C vorheizen. Das Kerngehäuse aus jedem Apfel entfernen und ein 1,5 cm großes Loch aushöhlen. Jeden Apfel quer halbieren.
2. Die restlichen Zutaten außer dem Apfelsaft in einer kleinen Schüssel vermengen. In jeden Apfel ca. 2-3 EL dieser Füllung geben, sodass sie oben einen kleinen Hügel bildet.
3. Die Äpfel in eine gefettete 20 cm große Backform legen und mit dem Apfelsaft begießen. Zugedeckt ca. 20 Min. backen, bis die Äpfel knapp weich sind. Die Backzeit hängt von der Größe und der Sorte der Äpfel ab. Warm mit Cashewcreme servieren.

Brotpudding mit Schokoladensoße

Halten Sie sich an Ihrem Glockenspiel fest, denn bei dieser Kombination aus warmem, süßem Brot und einer üppigen Schokoladensoße, die sehr an Arme Ritter erinnert, werden Sie schwach werden. Die Idee, Brotreste zu einer köstlichen Süßspeise zu verarbeiten, geht wohl bis ins Römische Reich zurück. Warm mit einem Schlag Cashewcreme (Seite 126) servieren.

▸ FÜR 6-8 PERSONEN

- etwa ½ Laib Brot, in 1,5 cm große Würfel geschnitten (s. Kasten)
- 75 g Rosinen
- 70 g geröstete Haselnüsse (Seite 242), grob gehackt
- 625 ml Sojasahne
- 65 g Biozucker oder 125 ml reiner Ahornsirup
- 2 EL vegane Butter
- 2 TL Vanilleextrakt
- ¾ TL Zimt
- ½ TL Muskat
- 1 Prise Meersalz
- 2 EL Pfeilwurzelpulver, in 3 EL Wasser aufgelöst

SCHOKOLADENSOSSE

- 90 ml reiner Ahorn-, Agaven- oder Kokosblütensirup
- 3 EL ungesüßtes Kakaopulver
- 1 TL Vanilleextrakt
- ¼ TL Zimt
- 2 EL Soja-, Reis- oder Kokosmilch oder vegane Sojasahne

1. Den Backofen auf 220 °C vorheizen. Brotwürfel, Rosinen und Haselnüsse in einer großen Schüssel vermengen.
2. Die Sojasahne in eine Kasserolle bei mittelstarker Hitze geben. Zucker, Butter, Vanille, Zimt, Muskat und Salz hinzufügen und unter gelegentlichem Rühren 5 Min. kochen. Wenn die Mischung zu kochen anfängt, die Hitze reduzieren. Die Pfeilwurzelmischung hinzugeben und ca. 3 Min. unter ständigem Rühren kochen, bis die Flüssigkeit eindickt.
3. Die Mischung in die Schüssel zu den Brotwürfeln gießen und gründlich verrühren. Alles in eine gefettete 20 cm große Backform geben und 15 Min. backen.
4. Inzwischen alle Zutaten für die Schokoladensoße in einer Rührschüssel mit einem Schneebesen gründlich verrühren. Beim Anrichten jede Portion mit der Soße beträufeln.

Variationen

- Ersetzen Sie die Haselnüsse durch Walnüsse, Pekannüsse, Mandeln oder Schalenfrüchte Ihrer Wahl.
- Die Rosinen lassen sich durch alle denkbaren Trockenfrüchte ersetzen, aber auch durch vegane Schokolade oder Johannisbrotchips – mmmh! Wenn sie die letztgenannten verwenden, können Sie sich die Schokoladensoße sparen.
- Sie können statt Rosinen auch frische Früchte nehmen, z.B. Beerenfrüchte oder klein geschnittene Bananen, Äpfel, Birnen oder Pfirsiche.
- Anstelle von Sojasahne eignen sich auch Soja-, Kokos-, Reis-, Mandel- oder Macadamiamilch (Seite 316).
- Für eine glutenfreie Version nehmen Sie glutenfreies Brot.

Tipps und Tricks vom Küchenchef

Für dieses Rezept eignet sich am besten einfaches Weißbrot, Sauerteigbrot oder Dinkelbrot. Meiden Sie die schwereren Vollkornbrote. Ich schrecke davor zurück, in meinen Rezepten altbackenes Brot zu verwenden, aber natürlich werden viele traditionelle Brotpuddings mit Brotresten zubereitet. Es ist Ihre Entscheidung!

Apfelstrudel

Was für die Amerikaner der Apfelkuchen, ist für die Deutschen und Österreicher der Apfelstrudel. (Nebenbei gesagt, gehört Strudel neben Schnitzel bei mir zu den „lustigen Worten, mit denen man seinen deutschen Akzent trainieren kann“). Äpfel sind eine Kulturpflanze, die in diesen Ländern in Hülle und Fülle angebaut wird. Probieren Sie alle erhältlichen Apfelsorten aus. Diese vegane Variante des Kult-Desserts genießt man am besten warm mit einer ordentlichen Portion veganer Eiscreme oder Cashewcreme (Seite 126).

FÜR 8-10 PERSONEN

FÜLLUNG

3 Äpfel (z.B. Jonagold oder Gala), geschält und in dünne Scheiben geschnitten

3 EL weißes Dinkelmehl oder glutenfreies Mehl

75 g Rosinen

65 g Zucker oder Süßungsmittel nach Wahl (die Menge hängt von der Süße der Äpfel ab; Seite 303)

3 EL frisch gepresster Zitronensaft

1 TL Zitronenschale

1 TL Vanilleextrakt

2 TL Mohnsamen

1½ TL Zimt

¼ TL Kardamompulver

1 Prise Meersalz

TEIG: FEUCHTE ZUTATEN

80 ml Sojasahne oder -milch

8 EL vegane Butter oder Kokosöl, nicht zerlassen

1½ EL gemahlene Leinsamen, vermengt mit 5 EL Wasser

vegane Butter oder Kokosöl zum Begießen

Puderzucker (optional)

TEIG: TROCKENE ZUTATEN

475 g weißes Dinkelmehl

2 EL Zucker (optional)

½ TL Backpulver

1 Prise Meersalz

1. Den Backofen auf 220 °C vorheizen. Ein großes Backblech einfetten oder mit Backpapier auslegen. Die Zutaten für die Füllung in einer großen Schüssel vermengen.
2. Die trockenen und die feuchten Zutaten für den Teig separat in zwei großen Schüsseln mischen. Die feuchten zu den trockenen Zutaten geben und zu einem Teig verkneten.
3. Den Teig auf eine saubere, mit Mehl bestäubte Oberfläche legen und mit einem bemehlten Nudelholz zu einem 30 x 20 cm großen Rechteck ausrollen. Falls nötig, kleine Mengen veganer Butter hinzugeben, damit der Teig schön geschmeidig wird. Die Teigplatte auf das vorbereitete Backblech legen.
4. Die Füllung in der Mitte der Teigplatte verstreichen, dabei an den Enden je 2,5 cm und an den Längsseiten je 7,5 cm freilassen. Die beiden Längsseiten anheben und zur Mitte hin einschlagen, sodass sie sich dort berühren. Entlang der Kontaktstelle einen Falz bilden und gut versiegeln. Mit veganer Butter oder Kokosöl begießen.
5. Ca. 15 Min. backen, bis der Teig durchgebacken und goldbraun ist. Noch einmal begießen und weitere 5 Min. backen. Warm oder kalt servieren.

Variationen

- Probieren Sie statt Äpfeln auch einmal anderes Obst aus, z.B. Birnen, Pfirsiche oder Nektarinen.
- Mit Puderzucker bestreuen und mit frischen Beeren belegen.
- Damit es schneller geht, können Sie auch 5 oder 6 Blätter fertigen Blätterteig verwenden. Legen Sie ein Teigblatt auf eine saubere, trockene Oberfläche und begießen Sie es mit zerlassener veganer Butter oder Kokosöl. Das zweite Teigblatt auf das erste legen und nochmals begießen. Dasselbe mit allen Teigblättern wiederholen. Dann weiter nach Rezept ab Schritt 4.

Schwarzwälder Kirschtorte im Glas

Das Aushängeschild unter den Süßspeisen der deutschen Küche, die Schwarzwälder Kirschtorte, ist in ihrer klassischen Form eine mehrschichtige Schokoladentorte mit Sahne und Kirschen. Die einzig wahre Version enthält das im Schwarzwald heimische Kirschwasser, das der Torte ihren Namen gibt. Ob Sie es glauben oder nicht – es gibt sogar ein Gesetz, das besagt, dass nur eine solche mit Kirschwasser zubereitete Torte sich Schwarzwälder Kirschtorte nennen darf. In unserer veganen 30-Minuten-Welt sehen wir das nicht so verbissen und verwenden keinen Alkohol. Stoßen Sie dafür mit einem Glas Sechskräutersaft (Seite 243) an.

▸ FÜR 12 PERSONEN

TEIG: TROCKENE ZUTATEN

225 g weißes Dinkelmehl

1 TL Backnatron

¼ TL Meersalz

½ TL Zimt

¼ TL Muskatpulver

60 g ungesüßtes Kakaopulver

235 g Biozucker (Seite 319)

TEIG: FEUCHTE ZUTATEN

250 ml Sojamilch oder Sojasahne

2 TL roher Apfelessig

125 ml Veganer Sauerrahm (Seite 282)

1 TL Vanilleextrakt

½ TL Mandelextrakt (optional)

2 EL gemahlene Leinsamen, vermengt mit 60 ml kaltem Wasser

SAHNESCHICHT

390 g rohe Cashewkerne

375 ml Soja-, Kokos- oder Mandelmilch (Seite 316)

60 ml Agaven- oder Kokosblütensirup oder ein helles Süßungsmittel nach Wahl (die Menge hängt von der Süße der Milch ab; Seite 319)

1 TL Vanilleextrakt

1 Prise Meersalz

KIRSCHSOSSE

2 Päckchen tiefgekühlte Kirschen (je 280 g), aufgetaut, oder frische, entsteinte Kirschen

250 ml tiefgekühltes Cranberry- oder Apfelsaftkonzentrat, aufgetaut

¾ TL Mandelextrakt

4 EL Pfeilwurzelpulver, aufgelöst in 125 ml kaltem Wasser

frische Minzblätter

1. Den Backofen auf 200 °C vorheizen. Ein 20 x 30 cm großes Backblech oder eine 3,5-Liter-Backform einfetten. Die trockenen und die feuchten Zutaten für den Teig in separaten Schüsseln mischen. Die feuchten zu den trockenen Zutaten geben und zu einem Teig verrühren. Den Teig auf das Backblech gießen und 20 Min. backen.
2. Inzwischen die tiefgekühlten Zutaten für die Cremeschicht in einen starken Mixer oder in die Küchenmaschine geben und cremig schlagen. Es hängt von der Stärke Ihres Mixers ab, wie viel Flüssigkeit Sie dafür noch hinzufügen müssen. Die Konsistenz soll cremig, aber nicht flüssig sein. Die Masse in eine Schüssel geben.
3. Für die Kirschsoße einen kleinen Topf bei mittelstarker Hitze aufstellen. Kirschen, Saftkonzentrat und Mandelextrakt hineingeben und unter ständigem

Rühren 2 Min. kochen. Das aufgelöste Pfeilwurzelpulver hinzugeben und ca. 3 Min. kochen, bis die Soße eindickt. Dabei ständig rühren, damit sich das Pfeilwurzelpulver vollständig auflöst. Den Topf von der Herdplatte nehmen.

4. Zum Anrichten 12 Dessertgläser bereitstellen. Den Kuchen in 24 gleich große Stücke schneiden. Jeweils ein Stück auf den Boden jedes Dessertglases legen. Einige EL Kirschsoße darauf geben, dann einige EL Creme. Nun die restlichen Kuchenstücke auf die Gläser verteilen. Wieder einige EL Soße und dann einige EL Creme darauf geben und alles mit einem EL Kirschsoße abschließen. Vor dem Servieren mit Minzblättern garnieren.

Variationen

- Sie können das Ganze natürlich auch als Schwarzwälder Kirschtorte servieren. Dafür streichen Sie die Creme auf den abgekühlten Kuchen, gießen die Kirschsoße darüber und sagen ein herzliches Dankeschön, bevor Sie die Torte in Stücke schneiden.
- Sollten Sie zufällig Kirschwasser im Hause haben, einen klaren Schnaps, der aus Kirschen destilliert wird, können Sie 2 – 3 EL davon zur Kirschsoße geben.

Veganes Oktoberfest

Beim größten Festival Deutschlands, das seit 1810 jährlich in München stattfindet, zelebrieren die Teilnehmer das Essen und Trinken. Es beginnt im späten September und dauert ungefähr zwei Wochen. Wie Sie sich vorstellen können, wird dabei eine Menge Wurst und Bier vertilgt. Hier ein veganes Oktoberfest, das Sie das ganze Jahr lang feiern können:

- Biersuppe
- Biergeschmortes Blattgemüse
- Rosenrotkohl
- Gebackener Spargel mit Muskatcremesoße
- Deutscher Kartoffelsalat
- Bratwurst und Sauerkraut mit Spätzle
- Gebackenes Schnitzel
- Apfelstrudel
- Schwarzwälder Kirschtorte im Glas
- Rote Grütze

Krautsalat mit Rotem Pfeffer ♥

½ Weißkohl (oder Spitzkohl, wenn sie welchen finden können)

2 EL Sonnenblumenöl

3 EL Weißweinessig

1 TL frisch gemahlener roter Pfeffer

Meersalz

Den Kohl in dünnstmögliche Streifen schneiden und mit dem Rest der Zutaten vermengen. Den Salat 10 Min. stehen lassen und nach Geschmack salzen. Dieser Salat ist eine blitzartig zuzubereitende Beilage im deutschen Stil. Der rote Pfeffer gibt ihm eine extravagante Note und Farbe.

Rote Grütze

Sie können die folgenden Beeren gern durch alle anderen verfügbaren Beeren in Bioqualität ersetzen.

60 g frische Schwarze Johannisbeeren

60 g frische Rote Johannisbeeren

60 g frische Himbeeren

125 Agavensirup oder Süßungsmittel nach Wahl und nach Geschmack

das Innere von ½ Vanilleschote oder 1 TL Vanilleextrakt

1½ TL Maisstärke

Die Beeren waschen, putzen und trocknen. Eine Bratpfanne bei mittlerer Hitze erhitzen und die Beeren im Agavensirup aufkochen. Sobald sie Saft lassen, von der Herdplatte nehmen und durch ein Sieb oder einen Durchschlag abgießen. Maisstärke und Vanille in den Saft geben und rühren, bis keine Klümpchen mehr vorhanden sind. Den Saft zum Kochen bringen und etwas abkühlen lassen, bevor Sie die Beeren wieder vorsichtig unterheben.

TEIL 7

Quer durch Europa

Hier ist das Wunder, das allen immer widerfährt, die wirklich lieben: je mehr sie geben, desto mehr besitzen sie.

— Rainer Maria Rilke —

Es ist ein wenig gewagt, die kulinarischen Traditionen eines Dutzends Länder in so einem kleinen Rezeptteil erfassen zu wollen, wenn doch jedes dieser Länder mit Fug und Recht seine eigene Sektion beanspruchen könnte. Erleichtert wurde die Auswahl durch die Tatsache, dass jede der hier hervorgehobenen Regionen zwar eine reichhaltige Landesküche vorzuweisen hat, die vegane Revolution sich aber immer noch ihren Weg in diesen Teil der Welt bahnt.

Bei der Recherche nach Rezepten für diesen Teil fiel mir auf, dass zwischen den populären Gerichten aus verschiedenen Ländern große Ähnlichkeiten bestehen. Zum Beispiel findet man überall in Europa verschiedene Varianten eines auf Kartoffelbrei basierenden Gerichts. So erinnern die in Schottland beliebten Kartoffelkuchen an die osteuropäischen Latkes, die wiederum den norwegischen Lefser ähnlich sind. Ein transsylvanisches Schmorgericht hat Ähnlichkeit mit Ungarischem Gulasch und sogar mit Irish Stew. Am Ende beschloss ich, eine große Vielfalt an Gerichten aufzunehmen, die meiner Meinung nach geeignet sind, die anderen Teile des Buches zu ergänzen.

Sie finden hier Rezepte aus Polen, Finnland, Island, Rumänien, Tschechien, Ungarn, Schweden, der Schweiz, den Niederlanden und solche osteuropäischen Ursprungs, die uns durch die jüdische Küche überliefert wurden. Als besonders bereichernd erwies sich die vegane Umstellung einiger Rezepte, mit denen ich aufgewachsen bin, wie Kascha Varnischkes, Kohlrouladen, Bliny und Latkes. Diese Gerichte haben es von meinen Vorfahren in Osteuropa bis zur Lower East Side von New York geschafft, wo meine Familie in den USA gelandet war.

Ich habe auch mediterran angehauchte Speisen aufgenommen, wie den Grünen Smoothie Mediterran und die Scharfe Mediterrane Soße, die aus in dieser Region verbreiteten Zutaten zubereitet werden. Das Highlight aber ist der Tofu Mediterran mit Pistazienkruste mit Safran-Quinoa-Pilaw, der von Vegan.com als Rezept des Jahres 2011 ausgewählt wurde.

Wenn Sie die Rezepte in diesem Teil ausprobieren, dann nehmen Sie sie als Ausgangspunkt für Ihre eigene Erkundungsreise in die Fusionsküche. Schauen Sie über den Tellerrand hinaus – weit über den Tellerrand hinaus –, wenn Sie die Zutaten aus Küchen verschiedener Länder miteinander kombinieren. Sie werden überrascht sein, welche Kreativität das in Ihnen freisetzt!

Grolsch
Zeezicht

Pistache Salée
Noisettes

Gebackene Latkes

Kein Chanukkah-Essen wäre komplett ohne Latkes, auch Kartoffelpuffer oder Reibekuchen genannt. Sie stammen aus Osteuropa und werden normalerweise mit Eiern zubereitet, während bei uns gemahlene Leinsamen den Teig zusammenhalten. Suchen Sie sich weiter unten einige von den vielen möglichen Variationen aus. Gönnen Sie sich eine Pause beim Drehen des Dreidels und genießen Sie die Latkes mit veganem Sauerrahm (Seite 282) oder Apfelsoße.

▸ FÜR 8 GROSSE LATKES

1 große mehligkochende Kartoffel, geschält und gerieben

¼ TL gewürfelte gelbe Zwiebel

5 EL weißes Dinkelmehl

1 EL gemahlene Leinsamen, vermengt mit 3 EL Wasser

¾ TL Meersalz

1 Prise zerstoßene rote Paprikaflocken (optional)

¼ TL Paprikapulver (optional; z.B. geräuchertes)

Wenn Sie mehr Zeit haben

Lassen Sie den Teig mindestens 10 Min. ruhen, bevor Sie die Reibekuchen formen und backen. Traditionelle Latkes bekommen Sie, wenn Sie die Reibekuchen in reichlich Öl braten. Ca. 5 Min. braten, bis beide Seiten goldbraun sind, dabei mit einem Pfannenwender niederdrücken und gelegentlich wenden, damit sie gleichmäßig benetzt werden. Nach dem Braten auf ein Küchenpapier legen, um das überschüssige Öl aufzunehmen.

1. Den Backofen auf 200 °C vorheizen und ein Backblech einfetten. Alle Zutaten in einer großen Schüssel mischen. Mit dem Reibeaufsatz Ihrer Küchenmaschine für die Kartoffeln können Sie das Ganze beschleunigen.
2. Für jeden Reibekuchen ca. 2-3 EL Teig auf das vorbereitete Backblech geben und auf etwa 0,5 cm flach drücken. 8 Min. backen.
3. Die Latkes wenden und nochmals ca. 8 Min. goldbraun backen.

Variationen

- Für kleinere Latkes nehmen Sie jeweils nur 2 EL Teig.
- Sie können die Kartoffel durch geriebene Süßkartoffel oder Yamswurzel ersetzen.
- Fügen Sie 1 EL fein gehackten frischen Dill, Petersilie oder Basilikum hinzu.
- Fügen Sie 2 EL fein gehackte Frühlingszwiebeln hinzu.
- Fügen Sie eine zerdrückte oder fein gehackte Knoblauchzehe und ½ TL entkernte und gewürfelte Chilischoten hinzu.
- Fügen Sie 65 g geschälte und geriebene Pastinaken oder Möhren hinzu.
- Italienische Latkes erhalten Sie durch Zugabe von 1 EL Italienische Gewürzmischung (Seite 86).
- Oder mexikanische, indem Sie 1 EL fein gehackten frischen Koriander und je 1 TL Chilipulver und gemahlenen Kreuzkümmel hinzugeben.
- Für einen Latkes-Genuss, der alles in den Schatten stellt, geben Sie 90 g geriebenen veganen Käse nach Cheddar- oder Mozzarella-Art hinzu.
- Wenn es glutenfrei sein soll, nehmen Sie statt Dinkelmehl Naturreismehl.

Piroggen mit Kartoffelfüllung (Pierogi Ruskie)

Diese aus Polen stammende Delikatesse, die die Tafeln in ganz Osteuropa ziert, wird Ihre nächste Potluck Party *in eine* Rocking Pierogi Party *verwandeln! Je weniger (und größere) Piroggen Sie machen, umso eher bleiben Sie im Zeitrahmen von 30 Minuten. Servieren Sie sie als festliche Vorspeise zu Gebackenen Latkes (Seite 268) mit veganem Sauerrahm (Seite 282) und Pesto Magnifico (Seite 66).*

▸ FÜR 6 PERSONEN

FÜLLUNG

1 Kartoffel, klein geschnitten

2 TL Öl

1 kleine gewürfelte gelbe Zwiebel

2 Knoblauchzehen, zerdrückt oder fein gehackt

60 g veganer Frischkäse oder Veganer Sauerrahm (Seite 282)

1 - 2 EL vegane Butter

½ TL Meersalz

1 Prise frisch gemahlener schwarzer Pfeffer

2 EL Hefeflocken (optional)

1 EL fein gehackter frischer Dill

1 Prise zerstoßene rote Paprikaflocken (optional)

TEIG: TROCKENE ZUTATEN

225 g weißes Dinkelmehl

¼ TL Meersalz

TEIG: FEUCHTE ZUTATEN

1 EL gemahlene Leinsamen, vermengt mit 3 EL Wasser

60 ml Wasser

2 EL Kokosöl oder vegane Butter, weich

1. In einem großen Topf Wasser zum Kochen bringen. Auf mittlere Hitze reduzieren, während Sie die Pierogi zubereiten. Das Wasser brauchen Sie am Ende zum Kochen.
2. Die Füllung zubereiten: Einen anderen Topf mit Dämpfeinsatz ca. 2,5 cm hoch mit Wasser füllen. Das Wasser bei starker Hitze zum Kochen bringen. Wenn es kocht, die Kartoffeln in den Dämpfeinsatz legen und zugedeckt ca. 10 Min. knapp weich kochen. Abgießen.
3. Inzwischen eine kleine Schmorpfanne bei mittelstarker Hitze auf den Herd stellen. Öl, Zwiebeln und Knoblauch hineingeben und unter ständigem Rühren 3 Min. anbraten. Auf schwache Hitze reduzieren und unter gelegentlichem Umrühren braten, bis die Kartoffeln gar sind. Mit den restlichen Zutaten für die Füllung einschließlich der Kartoffeln in eine Schüssel geben und mit einer Gabel oder einem starken Schneebesen gründlich zerdrücken.
4. Den Teig zubereiten: Trockene und feuchte Zutaten in getrennten Schüsseln mischen, dann die feuchten zu den trockenen Zutaten geben und gründlich vermengen. Den Teig auf ein mit Mehl bestäubtes Brett oder eine saubere, trockene Oberfläche legen und zu einer 25 cm langen Rolle formen. Die Rolle in 12 gleich große Stücke schneiden.
5. Jedes Stück mit einem bemehlten Nudelholz zu einem 7-8 cm großen Kreis ausrollen oder mit der Hand in diese Form kneten. Wenn Sie möchten, können Sie die Pierogi auch kleiner machen.
6. In die Mitte jedes Pierog einen gehäuften EL Füllung geben, den Teig in der Mitte überschlagen, sodass eine halbrunde Teigtasche entsteht, und die Ränder sorgfältig mit den Fingern oder mit einer Gabel zusammendrücken.

7. Das Wasser im großen Topf wieder zum Kochen bringen. Die Pierogi vorsichtig ins kochende Wasser gleiten lassen und ca. 5 Min. kochen, bis sie an die Oberfläche gestiegen sind. Je nach Größe des Topfes müssen Sie vielleicht in zwei Schüben kochen. Die Pierogi mit einem Schaumlöffel aus dem Wasser nehmen und auf eine Servierplatte legen. Sie können sie essen, wie sie sind, oder mit veganem Sauerrahm (Seite 282) und mit frischem Dill bestreut servieren.

Variationen

- Nehmen Sie statt Dill frische glatte Petersilie und/oder Basilikum.
- Unter die gekochten Kartoffeln können Sie auch 150 g Pesto Magnifico (Seite 66) mischen.
- Geben Sie zusammen mit der Zwiebel 65 g fein gewürfelte Pilze oder entkernte und fein gewürfelte Paprikaschoten zur Füllung.
- Statt Kartoffeln können Sie auch Süßkartoffeln oder gebackenen Kürbis nehmen.
- Versuchen Sie einmal, 1 kleine gewürfelte Zwiebel für wenige Minuten anzubraten, bevor Sie die Pierogi hinzugeben.
- Sie können die Pierogi vor dem Servieren auch auf einem gefetteten Backblech 5 Min. bei 220 °C backen.

Wenn Sie mehr Zeit haben

Um den optimalen Geschmack herauszuholen und die Pierogi authentischer zu genießen, können Sie sie nach dem Kochen ca. 8 Min. in Öl goldbraun braten. Dabei nach der Hälfte der Zeit vorsichtig wenden.

Borschtsch

Borschtsch stammt ursprünglich aus der Ukraine, ist in ganz Osteuropa populär und hat sich inzwischen seinen Weg über den Atlantik bis zu den Catskill Mountains im Bundesstaat New York gebahnt, die auch als Borschtsch-Gürtel bezeichnet werden. Grundlage dieser Suppe ist die bescheidene Rote Bete, unsterblich geworden durch das Buch Pan Aroma, die an Ihrem Schneidbrett und Ihren Händen keinen Zweifel über ihre Verwendung lassen wird. Damit die Suppe ihre volle Wirkung entfaltet, geben Sie einen Klecks veganen Sauerrahm (Seite 282) dazu und reichen Sie sie zu einem osteuropäischen Mahl zusammen mit Tempeh Stroganoff (Seite 291) und Isländischem Rotkohl (Seite 276).

▸ FÜR 6 PERSONEN

1 EL Öl

1 gelbe Zwiebel, gewürfelt

60 g in Scheiben geschnittener Stangensellerie

3 Knoblauchzehen

175 g klein gewürfelte Kartoffeln

1 gewürfelte Möhre oder Pastinake (oder je ½ von beiden)

3 Rote Beten, in 0,5 cm große Stücke geschnitten

1,35 l heiße Gemüsebrühe (Seite 311) oder Wasser

2 EL frisch gepresster Zitronensaft

1 EL Rotweinessig

1 EL weizenfreies Tamari oder eine andere Sojasoße (optional)

1¾ TL Meersalz

¼ TL frisch gemahlener schwarzer Pfeffer

½ TL Selleriesamen (optional)

1 EL fein gehackter frischer Dill

1 EL fein gehackte frische glatte Petersilie

130 g veganer Sauerrahm (Seite 282)

schwarze Sesamsamen

Dillzweige

1. Öl, Zwiebel, Sellerie und Knoblauch in einen großen Topf bei mittelstarker Hitze geben und unter ständigem Rühren 2 Min. anbraten. Kartoffeln, Möhren, Bete und Gemüsebrühe hinzufügen und ca. 15 Min. unter gelegentlichem Umrühren kochen, bis die Rote Bete knapp weich ist.
2. Zitronensaft und Essig, Sojasoße (falls gewünscht), Salz, Pfeffer und Selleriesamen (falls gewünscht) hinzugeben und umrühren. Alles vorsichtig in einen starken Mixer gießen und cremig mixen. Die Mischung in den Topf zurückschütten. Dill und Petersilie hinzufügen und umrühren.
3. Jede Schüssel mit Suppe mit einem Schlag Sauerrahm, ein paar schwarzen Sesamsamen und einem Dillzweig garnieren.

Variationen

- Für eine zusätzliche Geschmacksnote geben Sie zusammen mit der Gemüsebrühe 2 EL Tomatenmark hinzu.
- Sie können auch zusammen mit der Gemüsebrühe ½ TL Liquid Smoke (Flüssigrauch) hinzugeben.

Polnische Wurstsuppe

Kiełbasa, *die traditionelle polnische Wurst hält einen Spitzenplatz auf der Liste der Nahrungsmittel inne, die Sie zum Kardiologen bringen. Unsere kerngesunde Wurstsuppe ist eine Variante des Krupnik – der polnischen Graupensuppe. Wenn Sie mehr Zeit haben, kochen Sie gleich Krupnik nach unten stehender Anleitung. Für eine Fusionsmahlzeit servieren Sie die Suppe mit Pommes frites (Seite 102) und Radicchio-Chicorée-Salat mit Fenchelscheiben und Italienischer Vinaigrette (Seite 46).*

▸ FÜR 6 PERSONEN

1 EL Öl

1 gelbe Zwiebel, gewürfelt

60 g in dünne Scheiben geschnittener Stangensellerie

3 Knoblauchzehen, zerdrückt oder fein gehackt

½ TL entkernte und gewürfelte Chilischoten

1,25 l heiße Gemüsebrühe (Seite 311) oder Wasser

2 Lorbeerblätter

100 g gewürfelte Möhren

50 g gewürfelte Pilze

200 g vegane Wurst, in 1,5 cm dicke Scheiben geschnitten

135 g fein gehobelter Kohl

1½ EL fein gehackte glatte Petersilie

1 EL Balsamicoessig

1 TL fein gehackter frischer Dill

1 TL Meersalz

1 TL Kümmel

¼ TL frisch gemahlener schwarzer Pfeffer

2 TL weizenfreies Tamari oder eine andere Sojasoße (optional)

1. Öl, Zwiebel, Sellerie, Knoblauch und Chilischoten in einen großen Topf bei mittelstarker Hitze geben und unter ständigem Rühren 2 Min. anbraten.
2. Gemüsebrühe, Lorbeerblätter, Möhren und Pilze hinzufügen und unter gelegentlichem Umrühren 10 Min. kochen. Die vegane Wurst hinzugeben und unter gelegentlichem Umrühren 5 Min. mitkochen.
3. Den Kohl hinzugeben und unter gelegentlichem Umrühren 5 Min. kochen. Die restlichen Zutaten hinzugeben und unter gelegentlichem Umrühren weitere 5 Min. kochen. Die Lorbeerblätter vor dem Servieren herausnehmen.

Variationen

- Wenn Sie mehr Zeit haben, machen Sie aus der Wurstsuppe Krupnik. Bevor Sie den Kohl hinzufügen, geben Sie 55 g Graupen und 500 ml extra Wasser hinzu. 45 Min. kochen lassen, bis die Graupen knapp weich sind. Dann erst den Kohl und die restlichen Zutaten hinzufügen.
- Statt Karotten und Pilzen können Sie auch andere Gemüsearten verwenden, z.B. Zucchini, Broccoli, Paprikaschoten oder Blumenkohl.
- Ersetzen Sie die vegane Wurst durch Tofu, der mit Liquid Smoke mariniert und dann gebacken wurde (Seite 307).

Krautsalat

Dieser kalte Krautsalat, ein Grundbestandteil von Picknicks und kalten Buffets in aller Herren Länder, soll ursprünglich aus Holland stammen, wo er auf einer Öl-Essig-Basis angerichtet wird. Auch die osteuropäischen Varianten, einschließlich der serbischen und ungarischen, nehmen dafür Öl und Essig. Die Amerikaner, besonders im Südosten der USA, mischen Mayonnaise unter. Reichen Sie ihn im Rahmen einer Fusionsmahlzeit mit Babe's Bocadillos (Seite 147), Gebackenem Schnitzel (Seite 300) oder Quiche Monet (Seite 119).

FÜR 6 PERSONEN

300 g sehr fein gehobelter Weißkohl

150 g gehobelter Rotkohl

1 TL Selleriesamen

1 EL fein gehackter frischer Dill oder 2 EL fein gehackte frische glatte Petersilie

DRESSING

3 EL Olivenöl

2 EL Apfelessig

2 EL frisch gepresster Zitronensaft

1½ EL veganer Dijon-Senf oder Steingemahlener Senf (optional)

2 TL Agavensirup, reiner Ahornsirup oder Süßungsmittel nach Wahl (Seite 319)

1 Knoblauchzehe, zerdrückt oder fein gehackt (optional)

½ TL Meersalz

¼ TL frisch gemahlener schwarzer Pfeffer

¼ TL zerstoßene rote Paprikaflocken

1. Weißkohl, Rotkohl, Selleriesamen und Dill in einer großen Schüssel vermengen.
2. Die Zutaten fürs Dressing in einer kleinen Schüssel verrühren. Das Dressing in die große Schüssel schütten und unterheben. Am besten schmeckt der Salat, wenn Sie ihn vor dem Servieren 20 Min. oder länger kühl stellen.

Variationen

- Wenn Sie es lieber amerikanisch mögen, geben Sie 3-4 EL vegane Mayonnaise (gekauft oder selbst gemacht – Seite 292) dazu.
- Sie können noch 130 g gehobeltes Gemüse Ihrer Wahl hinzufügen, wie etwa Möhren, Daikon-Rettich, Jicama (Yambohne) oder Rote Bete.
- Den Dill können Sie durch andere frische Kräuter ersetzen, z.B. Basilikum, glatte Petersilie oder Koriander.

Isländischer Rotkohl

Ich liebe violette Lebensmittel. In der „Regenbogen-Ernährung" repräsentieren sie die höchste Schwingungsfrequenz im Spektrum. Dies ist ein traditionelles isländisches Gericht und angeblich Björks Lieblingsspeise. Die gelben Tomaten ergeben einen schönen Farbkontrast, aber Sie können sie natürlich durch jede beliebige rote Tomate ersetzen. Der Rotkohl ist eine passende Beilage zu Tempeh-Sauerbraten (Seite 255), Grilltofu mit Meerrettichsoße (Seite 193) oder Zitronen-Tempeh mit Spargelcremesoße (Seite 74).

FÜR 6 PERSONEN

- 100 g gewürfelte gelbe Tomaten
- 55 g gewürfelte und entkernte Gurke
- 1/4 TL Meersalz
- 1 Prise frisch gemahlener schwarzer Pfeffer
- 2 EL Olivenöl
- 1 kleine gelbe Zwiebel, in dünne Scheiben geschnitten
- 500 g sehr fein gehobelter Rotkohl
- 3 EL Rotweinessig
- 1 EL frisch gepresster Zitronensaft
- 1 EL vegane Butter (optional)

1. Tomaten und Gurken in einer kleinen Schüssel mit einer Prise Salz und Pfeffer mischen.
2. Das Öl in einer großen Schmorpfanne bei mittelstarker Hitze erhitzen. Die Zwiebel darin unter häufigem Umrühren 8 Min. dünsten; falls nötig, kleine Mengen Wasser hinzugeben, um ein Anbrennen zu vermeiden. Den Kohl hinzugeben, auf mittlere Hitze reduzieren und unter gelegentlichem Umrühren 5 Min. garen. Die restlichen Zutaten hinzugeben, gut umrühren und ca. 3 Min. unter gelegentlichem Umrühren garen, bis der Kohl knapp weich ist.
3. Mit Tomaten und Gurke anrichten und warm oder kalt servieren.

Transsylvanische Auberginentomaten

Das ist ein echtes Zigeunerrezept, das die Großmutter meines Freundes Harvey Goldstein aus der Alten Welt weitergegeben hat. Die Füllung weist eine verblüffende Ähnlichkeit mit dem bekannten arabischen Auberginenpüree Baba Ghanoush *auf und schmeckt unwiderstehlich auf Bruschetta (Seite 36) oder als Dip für Gemüsesticks. Reichen Sie die gefüllten Tomaten als Vorspeise vor Ungarischem Gulasch (Seite 282) oder Tempeh Stroganoff (Seite 291).*

▸ FÜR 4 PERSONEN

3 kleine Auberginen (ca. 250 g)

2 mittelgroße Tomaten

1 EL Olivenöl

3 EL gewürfelte gelbe Zwiebel

4-6 Knoblauchzehen, fein gehackt

1 EL frisch gepresster Zitronensaft

¼ - ½ TL Meersalz

1 Prise Cayennepfeffer (optional)

1 Prise frisch gemahlener schwarzer Pfeffer

Paprikapulver (z.B. geräuchertes)

2 TL fein gehackte frische glatte Petersilie

4-8 grüne oder schwarze Oliven, geviertelt

1. Jede Aubergine mit einer Gabel mehrmals einstechen. Die Auberginen auf ein Backblech legen und im Backofen bei höchster Grillstufe (ca. 260 °C) ca. 25 Min. grillen, bis die Haut runzelig wird und das Innere weich ist. Während des Grillens regelmäßig mit einer Zange wenden, um ein gleichmäßiges Garen zu gewährleisten.
2. Inzwischen die Tomaten quer halbieren und aushöhlen.
3. Das Öl in einer kleinen Schmorpfanne bei schwacher Hitze erhitzen. Die Zwiebel hineingeben und unter gelegentlichem Umrühren 15 Min. braten. Den Knoblauch hinzugeben und unter häufigem Umrühren 5 Min. braten; er soll nicht zu viel Farbe annehmen. Mit Zitronensaft, Salz, Cayennepfeffer (falls gewünscht) und Pfeffer in eine Schüssel geben und alles mischen.
4. Wenn die Aubergine gar ist, das Innere in einen Messbecher kratzen, bis es 200 g ergibt. In die Schüssel zur Zwiebel geben und alles vermengen.
5. Die Tomaten mit der Auberginenmischung füllen, mit einer Prise Paprikapulver und Petersilie bestreuen und die geviertelten Oliven darauflegen.

Variationen

- Belegen Sie jede Portion mit gebackener roter Paprika (Seite 54).
- Wenn Sie mehr Zeit haben, können Sie die Auberginen bei schwächerer Hitze länger grillen, z.B. ca. 50 Min. bei 200 °C oder bis die Haut runzelig und das Innere weich ist. Die Dauer hängt von der Größe der Auberginen ab.

Holländischer Stamppot

Als ich meine Freunde in Holland nach dem ultimativen holländischen Kultgericht fragte, antworteten alle im Brustton der Überzeugung: „Stamppot!“ Es ist ein sehr bodenständiges und nahrhaftes Gericht aus Kartoffelbrei und Grünkohl, das oft auch mit einer Wurst serviert wird. Ein weiteres Mal kommt uns die vegane Wurst zur Rettung, die es uns ermöglicht, dieses Gericht sogar noch authentischer nachzukochen. Wie wär's mit einer Fusionsmahlzeit aus Stamppot mit Zwiebelsoße (Seite 176), Roter Linsensuppe (Seite 214) und gemischtem Blattgemüse mit Haselnuss-Vinaigrette (Seite 242)?

▸ FÜR 2 – 4 PERSONEN

250 g in 0,5-1,5 cm große Stücke geschnittene Kartoffeln

2 TL Öl

1 kleine gelbe Zwiebel, klein geschnitten

200 g vegane Wurst, in dünne Scheiben geschnitten

70 g gewaschener und fein gehackter Grünkohl

½ TL Meersalz

1½ TL weizenfreies Tamari oder eine andere Sojasoße

1 EL vegane Butter (optional)

2 EL ungesüßte Soja-, Reis-, Kokos- oder Mandelmilch (Seite 316)

2 EL vegane Mayonnaise (gekauft oder selbst gemacht – Seite 292; optional)

2 TL veganer Dijon-Senf

1. Einen großen Topf mit Dämpfeinsatz ca. 2,5 cm hoch mit Wasser füllen und bei starker Hitze zum Kochen bringen. Die Kartoffeln in den Dämpfeinsatz geben, auf mittelstarke Hitze reduzieren und zugedeckt ca. 10 Min. knapp weich dämpfen.
2. Inzwischen das Öl in eine große Schmorpfanne bei mittelstarker Hitze geben und die Zwiebel darin unter ständigem Rühren 2 Min. anbraten. Die vegane Wurst dazugeben und unter häufigem Umrühren 5 Min. braten. Den Grünkohl hinzugeben und unter häufigem Umrühren ca. 4 Min. garen, bis er knapp weich, aber noch leuchtend grün ist. Auf schwache Hitze reduzieren.
3. Wenn die Kartoffeln gar sind, von der Herdplatte nehmen, abtropfen lassen und mit den restlichen Zutaten in eine Schüssel geben. Mit einer Gabel oder einem robusten Schneebesen pürieren. Vor dem Servieren das Kartoffelpüree in die Schmorpfanne geben und alles gut durchmischen.

Variationen

- Statt veganer Wurst eignet sich auch gebackener Tofu oder Tempeh (Seite 298).
- Probieren Sie verschiedene Kartoffelsorten aus, auch Yamswurzeln oder Süßkartoffeln.
- Den Grünkohl können Sie durch jedes beliebige Blattgemüse ersetzen, wie Spinat, Rucola, Mangold oder Markstammkohl.

Rumänische Mămăligă

Wenn Sie in Rumänien sind, machen Sie es wie die Rumänen. Diese cremige Polenta ist in Bukarest schwer in Mode. Mămăligă, ein Lieblingsgericht der Sinti und Roma in aller Welt, macht satt und eignet sich perfekt für einen kalten Wintermorgen. Belegen Sie ihn mit Bananenscheiben oder Beerenfrüchten und servieren Sie ihn warm zu einem Espresso Smoothie (Seite 84).

▸ FÜR 2 – 4 PERSONEN

875 ml Soja-, Reis- oder Mandelmilch (Seite 316)

1 TL Meersalz (nach Geschmack)

200 g Polenta

2 EL vegane Butter (optional)

1 Prise Zimt

1 Prise Kardamompulver

1. Die Sojamilch in einem großen Topf bei starker Hitze erhitzen. Sobald sie zu kochen beginnt, auf schwache Hitze reduzieren, salzen und nach und nach die Polenta einrühren.
2. Unter ständigem Rühren 5 Min. kochen. Falls gewünscht, die vegane Butter zugeben, würzen und unter gelegentlichem Umrühren 10 Min. kochen.

Variationen

- Wenn Sie Käse mögen, geben Sie 2-3 EL geriebenen veganen Käse nach Mozzarella- oder Cheddar-Art oder 2 EL Hefeflocken dazu. Lassen Sie dann den Zimt und das Kardamompulver weg.
- Mögen Sie es lieber pikant, geben Sie zur fertig gekochten Polenta 285 g Mais, eine Prise zerstoßene rote Paprikaflocken und 2 EL fein gehackte frische glatte Petersilie, Basilikum oder Koriander dazu.

Kascha Warnischkes

Kascha, die angeröstete Buchweizengrütze, ist ein uraltes Gericht osteuropäischer und slawischer Herkunft. In meiner Kindheit gab es regelmäßig Kascha Warnischkes, bei denen der Buchweizen mit Schmetterlingsnudeln und frisch gehackten Kräutern gemischt wird. Vielleicht wird es Sie überraschen, dass Buchweizen nicht mit dem Weizen verwandt und völlig glutenfrei ist. Die Eier aus dem traditionellen jüdischen Gericht tauschen wir gegen gemahlene Leinsamen und Wasser aus. Servieren Sie es als Beilage zu gebackenem Tofu oder Tempeh (Seite 298) mit Zwiebelsoße (Seite 176).

▸ FÜR 4-6 PERSONEN

- 340 g Schmetterlingsnudeln
- 1½ TL Meersalz (nach Geschmack)
- 2 EL Olivenöl
- 1 gelbe Zwiebel, gewürfelt
- 3 - 5 Knoblauchzehen, zerdrückt oder fein gehackt
- ¼ TL frisch gemahlener schwarzer Pfeffer
- 1 TL Paprikapulver (z.B. geräuchertes)
- 200 g ungekochte Buchweizengrütze (s. Kasten)
- 2 EL gemahlene Leinsamen, vermengt mit 60 ml Wasser
- 680 ml Gemüsebrühe (Seite 311) oder Wasser
- 4 EL gehackte frische glatte Petersilie

1. In einem großen Topf Wasser zum Kochen bringen. Die Schmetterlingsnudeln mit ¾ TL Meersalz darin nach Packungsanleitung ca. 8 Min. kochen, bis die Nudeln knapp weich sind. Die Kochzeit hängt von der Nudelmarke ab. Abgießen und in eine große Schüssel schütten.
2. Inzwischen das Olivenöl in einer großen Schmorpfanne bei mittelstarker Hitze erhitzen. Zwiebel, Knoblauch, das restliche Meersalz, Pfeffer und Paprikapulver darin 3 Min. unter häufigem Umrühren anbraten.
3. Die Buchweizengrütze in einer kleinen Schüssel mit der Leinsamenmischung verrühren. In die Schmorpfanne geben und 2 Min. unter häufigem Umrühren anbraten. Auf mittlere Hitze reduzieren, die Gemüsebrühe zugießen, umrühren und zudecken. Ca. 15 Min. kochen, bis die gesamte Flüssigkeit absorbiert und die Grütze weich ist.
4. Die Buchweizenmischung in die Schüssel mit den Nudeln geben, Petersilie hinzufügen und alles vorsichtig vermengen.

Variationen

- Statt Schmetterlingsnudeln können Sie natürlich jede Nudelsorte Ihrer Wahl nehmen.
- Die Petersilie lässt sich durch die gleiche Menge anderer frischer Kräuter ersetzen, z.B. Basilikum oder Koriander oder 2 EL fein gehackten Dill.

Tipps und Tricks vom Küchenchef

Buchweizen bekommt man in vielen Bioläden sowohl roh als auch angeröstet. Für dieses Rezept nehmen Sie bitte nur angerösteten Buchweizen. Sollten Sie keinen bekommen, können Sie ihn sich auch selbst rösten. Erhitzen Sie dazu eine große Schmorpfanne bei starker Hitze. Wenn die Pfanne heiß ist, die rohe Buchweizengrütze hineingeben und ca. 5 Min. unter ständigem Rühren dunkelbraun rösten.

Ungarischer Gulasch

Gulasch – ein Gericht, das viel besser schmeckt, als es klingt – wurde traditionell in eisernen Kesseln über dem offenen Feuer gekocht und besteht in erster Linie aus Paprika. Gulyás heißt auf Ungarisch „Rinderhirte“, und so kochten diese Arbeiter sich offensichtlich ihr Essen. Diese kuhfreundliche Version besteht aus Seitan und wird mit veganem Sauerrahm gereicht. Dazu passen Reisnudeln, Quinoa oder Reis mit Radicchio-Chicorée-Salat mit Fenchelscheiben und Italienischer Vinaigrette (Seite 46), Provenzalischer Gemüsesalat (Seite 297) oder Brunnenkresse mit Himbeer-Vinaigrette (Seite 178).

▸ FÜR 4-6 PERSONEN

2 EL Olivenöl

1 kleine gelbe Zwiebel, in dünne Scheiben geschnitten

4 Knoblauchzehen, zerdrückt oder fein gehackt

225 g Seitan

2 EL Paprikapulver (z.B. geräuchertes)

310 ml Wasser

180 g gewürfelte Pastinaken oder Möhren

1 kleine Kartoffel, in 0,5 cm große Würfel geschnitten

1 Lorbeerblatt

1 kleine grüne Paprikaschote, entkernt und gewürfelt

1 Dose (400 g) feuergeröstete Tomaten oder 360 g gewürfelte Tomaten mit Saft

1 Prise Cayennepfeffer

1½ TL Kümmel (optional)

1 TL Meersalz

1 Prise frisch gemahlener schwarzer Pfeffer

1 EL fein gehackter frischer Dill

2 EL Hefeflocken (optional)

VEGANER SAUERRAHM

200 g vegane Mayonnaise (gekauft oder selbst gemacht Seite 292)

1 EL frisch gepresster Zitronensaft

¼ TL fein gehackter frischer Dill oder 1 Prise getrockneter Dill (optional)

1. Das Öl in einem großen Topf bei mittelstarker Hitze erhitzen. Zwiebel, Knoblauch und Paprikapulver hineingeben und unter häufigem Umrühren 3 Min. anbraten.
2. Den Seitan hinzugeben und unter häufigem Umrühren 3 Min. braten. Wasser, Pastinaken, Kartoffel, Lorbeerblatt, grüne Paprika und Tomaten hinzugeben und zugedeckt ca. 15 Min. unter gelegentlichem Umrühren schmoren, bis die Kartoffel knapp weich ist. Wenn Sie mehr Zeit haben und mehr Geschmack wollen, lassen Sie das Ganze weitere 15 Min. bei schwacher Hitze vor sich hin köcheln, dabei gelegentlich umrühren.
3. Das Lorbeerblatt herausnehmen, Cayennepfeffer, Kümmel (falls gewünscht), Salz, Pfeffer und Hefeflocken (falls gewünscht) hinzugeben und umrühren.
4. Die Zutaten für den veganen Sauerrahm in einer kleiner Schüssel mischen. Den Gulasch mit einem Schlag Sauerrahm anrichten und mit Dill bestreuen.

Wenn Sie mehr Zeit haben

Da der Geschmack dieses Gerichts sich erst im Laufe der Zeit entfaltet, lassen Sie es bei schwacher Hitze bis zu 45 Min. schmoren, um in den vollen Genuss zu kommen.

Variationen

- Kartoffeln, Pastinaken und grüne Paprika können Sie mit der gleichen Menge anderer Gemüsearten ersetzen, z.B. Möhren, Stangensellerie, Broccoli, Blumenkohl, Pilzen oder Speiserüben.
- Statt Seitan können Sie auch vegane Würstchen oder anderen Fleischersatz nehmen.
- Für ein glutenfreies Gericht ersetzen Sie den Seitan durch gewürfelten festen bis sehr festen Tofu, Tempeh oder klein geschnittene Riesen-Champignons (Portobello).
- Probieren Sie geräuchertes Paprikapulver aus.

Kohlrouladen

Dieses Rezept ist eine echte Rückkehr zu meinen Wurzeln. Als sei es gestern gewesen, sehe ich meinen Großvater (und den wunderbaren Koch) Benjamin Bimstein vor mir, wie er diese Rouladen für unser Familienfest zubereitet. Kohlrouladen oder Krautwickel, die traditionell Fleisch enthalten, sind in ganz Osteuropa und Skandinavien beliebt und zudem seit vielleicht zweitausend Jahren ein Grundpfeiler der jüdischen Küche. Dieses Rezept wird zugegebenermaßen unseren 30-Minuten-Rahmen sprengen. Wenn es schneller gehen soll, lassen Sie einfach die Soße und das Backen weg und servieren Sie Ihre Rouladen mit einem Schlag veganem Sauerrahm (Seite 282). Wenn Sie aufs Ganze gehen wollen, reichen Sie dazu Borschtsch (Seite 272) und Krautsalat (Seite 275).

▸ FÜR 4-6 PERSONEN

1 großer Weißkohl

REIS

150 g ungekochter Basmati-Reis

375 ml Gemüsebrühe (Seite 311) oder Wasser

½ TL Meersalz

FÜLLUNG

1 EL Öl

1 kleine gewürfelte gelbe Zwiebel

2 Knoblauchzehen, zerdrückt oder fein gehackt

110 g Tempeh, fein geschnitten

60 ml Wasser

3 EL Tomatenmark

¾ TL Meersalz (nach Geschmack)

¼ TL frisch gemahlener schwarzer Pfeffer

½ TL entkernte und gewürfelte scharfe Chilischoten

1 EL fein gehackte frische glatte Petersilie

1 EL fein gehackter frischer Dill

2 TL Paprikapulver (z.B. geräuchertes)

2 EL Rosinen (optional)

SOSSE

3 EL Tomatenmark

180 ml Wasser

1 TL Süßungsmittel nach Wahl

½ TL Meersalz (nach Geschmack)

½ TL fein gehackter frischer Dill (optional)

1 Prise Cayennepfeffer (optional)

2 EL Rosinen (optional)

1. Den Backofen auf 220 °C vorheizen. Eine 20 cm große Backform einfetten. Das unterste Ende des Kohlkopfes abschneiden und sechs bis acht der größten Blätter vorsichtig abziehen. Einen Topf mit Dämpfeinsatz ca. 2,5 cm hoch mit Wasser füllen. Das Wasser bei starker Hitze zum Kochen bringen. Die Krautblätter in den Dämpfeinsatz legen und zugedeckt ca. 5 Min. dämpfen, bis sie knapp weich sind. Die Blätter vorsichtig herausnehmen und zum Abkühlen auf einen Teller legen.
2. In einem anderen Topf bei mittelstarker Hitze Reis, Gemüsebrühe und Salz zum Kochen bringen. Auf schwache Hitze reduzieren, zudecken und ca. 10 Min. kochen, bis die gesamte Flüssigkeit verbraucht ist. Von der Herdplatte nehmen und ungefähr 5 Min. ziehen lassen.

3. Inzwischen eine große Schmorpfanne bei mittelstarker Hitze auf den Herd stellen. Öl, Zwiebel und Knoblauch hineingeben und unter ständigem Rühren 2 Min. anbraten. Das Tempeh hinzugeben und unter häufigem Umrühren 3 Min. dünsten, dabei, falls nötig, kleine Mengen Wasser zugießen, um ein Anbrennen zu vermeiden. Die restlichen Zutaten für die Füllung hinzugeben und unter häufigem Umrühren 5 Min. garen, dabei wieder, falls nötig, kleine Mengen Wasser hinzufügen, um ein Anbrennen zu vermeiden. Von der Herdplatte nehmen.
4. Den garen Reis in die Schmorpfanne schütten und gut durchrühren.
5. Die Zutaten für die Soße in einer kleinen Schüssel verrühren. Ein Viertel der Soße in die vorbereitete Backform geben.
6. Auf jedes Krautblatt in die Mitte etwas Füllung geben. Die Seiten einschlagen und das Blatt vom Körper weg fest zusammenrollen. Die Rouladen in die Backform legen, mit der restlichen Soße übergießen, zudecken und 10 Min. backen.

Variation

- Nehmen Sie statt Basmati-Reis Naturreis, Hirse oder Quinoa (Seite 311).

Tofu Mediterran mit Pistazienkruste

Ich freue mich besonders, dieses Rezept vorstellen zu dürfen, weil es zusammen mit dem Safran-Quinoa-Pilaw zum „Rezept des Jahres 2011" bei vegan.com gekürt wurde. Dieses Gericht sollten Sie zubereiten, wenn Sie die Leute mit dem wunderbaren kulinarischen Potenzial von Tofu beeindrucken möchten. Es ist kreativ und bunt, hat mehrere Geschmacksschichten, eine herrliche Textur und eignet sich für viele Variationen. Da die Tomaten vor allem für den Belag verwendet werden, erhalten Sie die besten Ergebnisse, wenn sie möglichst frische Tomaten nehmen. Reichen Sie dazu Safran-Quinoa-Pilaw (Seite 289).

FÜR 4 PERSONEN

2 EL weizenfreies Tamari oder eine andere Sojasoße
1 EL Olivenöl oder ein Öl Ihrer Wahl (optional)
1 EL Wasser
400 g fester Tofu

TAHIN-AUFSTRICH

2 EL Tahin (Sesampaste)
1 TL weizenfreies Tamari oder eine andere Sojasoße
1 TL frisch gepresster Zitronensaft
2 EL Wasser oder mehr, je nach Konsistenz des Tahins

PISTAZIENKRUSTE

120 g geröstete, ungesalzene Pistazien
1 EL fein gehackte frische glatte Petersilie, Basilikum oder Küchenkräuter nach Wahl
½ TL getrockneter Oregano
¼ TL getrockneter Thymian
¼ TL zerstoßene rote Paprikaflocken
1 Prise Meersalz (nach Geschmack)
1 Prise frisch gemahlener schwarzer Pfeffer

MEDITERRANES GEMÜSE

120 g klein geschnittene Artischockenherzen
2 Tomaten, in 1,5 cm große Stücke geschnitten
35 g fein gehackter Rucola oder Spinat
3 EL fein gehackte Kalamata-Oliven
2 EL gewürfelte Frühlingszwiebel
1 EL Fenchel, in dünne Scheiben geschnitten oder gehobelt und klein geschnitten
1 EL Kapern
2 EL Basilikum, zusammengerollt und in feine Streifen geschnitten (Chiffonade)
2 TL fein gehackter frischer Oregano oder ½ TL getrockneter
½ TL frischer Thymian oder ¼ TL getrockneter
¼ TL Zitronenschale

DRESSING

2 EL Olivenöl
1 EL frisch gepresster Zitronensaft
2 TL Balsamicoessig
1 Knoblauchzehe, zerdrückt oder fein gehackt
¼ TL Meersalz (nach Geschmack)
¼ TL frisch gemahlener schwarzer Pfeffer

1. Den Backofen auf 190 °C vorheizen. Sojasoße, Olivenöl (falls gewünscht) und Wasser in einer Backform verrühren. Den Tofu in vier Scheiben schneiden und in die Backform legen. Unter regelmäßigem Wenden 5-30 Min. marinieren.
2. Während der Tofu mariniert wird, den Tahin-Aufstrich vorbereiten: Die Zutaten dafür in einer kleinen Schlüssel verrühren. Der Aufstrich soll eine glatte, streichfähige Konsistenz haben. Da die Konsistenz von Tahin oft stark schwankt, müssen Sie möglicherweise etwas mehr Wasser hinzufügen.
3. Den Tofu mit der Marinade in den Backofen stellen und 10 Min. backen. Inzwischen die Pistazienkruste zubereiten: Die Pistazien in der Küchenmaschine mit der Pulsfunktion grob zerkleinern. Bitte nicht zu lange hacken, damit keine Paste entsteht. Mit den restlichen Zutaten für die Kruste in eine Schüssel geben und alles vermengen.
4. Inzwischen die Zutaten für den Belag in einer Rührschüssel vorsichtig mischen. Die Zutaten für das Dressing in einer kleinen Schüssel verrühren, zum Belag geben und vorsichtig unterrühren.
5. Den Tofu aus dem Ofen nehmen und die Scheiben mithilfe eines Löffels mit dem Tahin-Aufstrich bestreichen. Darauf großzügig die Mischung für die Kruste verteilen und weitere 10 Min. backen.
6. Zum Anrichten die Tofuscheiben in Dreiecke schneiden (für kleinere Portionen können Sie jedes Dreieck nochmals halbieren) und auf eine Platte oder einzelne Teller verteilen. Auf jede Scheibe eine kleine Portion Mediterranes Gemüse geben und das Ganze mit Safran-Quinoa-Pilaw servieren, den Sie mit einem Servierring oder einem Messlöffel in Form bringen können. Die Teller mit Rucola oder wildem Blattsalat dekorieren.

Variationen

- Hier sind sehr viele Variationen möglich. Sie können den Tofu durch Tempeh oder Auberginen- oder Zucchini-Steaks ersetzen.
- Die Pistazien oder ein Teil davon können durch Macadamia-, Wal-, Pekannüsse oder Cashewkerne ersetzt werden.
- Versuchen Sie es einmal mit 3 EL Kokosraspeln, die Sie unter die Pistazienkruste mischen.
- Experimentieren Sie mit Ihren Lieblingsgewürzen und -kräutern.
- Je nach Ihren Vorlieben können Sie ruhig mehr Fenchel, Oliven, Knoblauch oder Kräuter nehmen.

Safran-Quinoa-Pilaw

Am einfachsten steigern Sie den Geschmack Ihres Gerichts durch einen Pilaw mit Gemüse und Kräutern. Der Safran steuert die schöne gelbe Farbe bei und verleiht der Quinoa eine besondere Note (mehr zu Safran Seite XX). Wenn Sie keinen Safran haben, können Sie ihn ruhig weglassen – Sie bekommen trotzdem einen wundervollen Pilaw als Beilage zu Tofu Mediterran mit Pistazienkruste (Seite 286).

▸ FÜR 4-6 PERSONEN

250 g ungekochter Quinoa (Inkareis), abgespült und gut abgetropft

560 ml Gemüsebrühe (Seite 311) oder Wasser

½ TL Meersalz (nach Geschmack)

½ TL Safranfäden

2-3 EL in dünne Scheiben geschnittene Frühlingszwiebel

1 EL frisch gepresster Zitronensaft

½ TL locker gepackte Zitronenschale (optional)

2 – 3 EL fein gehackte frische glatte Petersilie oder Basilikum, zusammengerollt und in dünne Streifen geschnitten (Chiffonade)

1. Die Quinoa mit Gemüsebrühe, Salz und Safran in einem Topf bei starker Hitze zum Kochen bringen.
2. Den Topf zudecken, auf schwache Hitze reduzieren und ca. 15 Min. köcheln lassen, bis die gesamte Flüssigkeit absorbiert ist. Anschließend noch 5 Min. ziehen lassen.
3. Die restlichen Zutaten hinzugeben und vorsichtig unterheben. Zum Anrichten die Quinoa in ein Auflaufförmchen, einen Servierring oder einen großen Messlöffel geben und festdrücken. Die Form nacheinander auf jeden Teller stürzen und mit Tofu Mediterran mit Pistazienkruste servieren.

Variationen

- Fügen Sie nach dem Kochen 75 g Nüsse hinzu, z.B. Pinienkerne, Mandelblättchen oder gehackte Walnüsse, Pistazien oder Pekannüsse.
- Fügen Sie nach dem Kochen 2-3 EL Trockenfrüchte hinzu, z.B. Korinthen oder Cranberries.
- Geben Sie nach dem Kochen 1 TL Zitronenschale hinzu.
- Statt Safran können Sie auch 1 TL geriebene frische Kurkuma verwenden.

Tipps und Tricks vom Küchenchef

Der Tofu Mediterran mit Pistazienkruste und Safran-Quinoa-Pilaw ist ein perfektes Musterrezept, aus dem Sie durch Austausch jeder beliebigen Zutat ein neues Gericht kreieren können.

Tofu: Der Tofu kann gegen Tempeh, Riesen-Champignons (Portobello), Auberginen oder Zucchini-Steaks ausgetauscht werden.

Marinade: Hier kann man zusätzliche Zutaten zufügen, wie Ahornsirup, Balsamicoessig, Naturreisessig, Mirin (ein süßer Reiswein), Currypaste oder frische Kräuter nach Wahl.

Tahin-Aufstrich: Statt Tahin können Sie Mandelbutter, Erdnussbutter oder eine andere Nussbutter nehmen. Der Zitronensaft lässt sich durch Limonensaft ersetzen. Außerdem können Sie zusätzliche Zutaten hinzufügen, wie fein gehackten Knoblauch, Ingwer oder diverse nationale Gewürze.

Kruste: Die Pistazien können gegen alle möglichen anderen rohen oder gerösteten Schalenfrüchte ausgetauscht werden, z.B. Macadamia-, Wal-, Pekan- oder Haselnüsse, Sonnenblumenkerne, Kürbiskerne oder Sesamsamen. Die Kräuter können Sie durch Kräuter Ihrer Wahl ersetzen, wie Koriander, Basilikum oder Dill. Sie können auch Krusten mit den Gewürzen verschiedener Landesküchen kreieren (mexikanisch: Chilipulver, Kreuzkümmel, Oregano; italienisch: Basilikum, Petersilie, Oregano, Rosmarin, Thymian; indisch: Currypulver, gemahlener Kreuzkümmel, gemahlener Koriander).

Pilaw: Statt Quinoa eignet sich auch jedes andere Getreide, wie Hirse, alle möglichen Reisarten, sogar Naturreisnudeln. Würzen Sie Ihren Pilaw mit Kräutern Ihrer Wahl.

Mediterranes Gemüse: Hier sind alle denkbaren Gemüsearten möglich – roh, gedämpft, gebacken, gebraten oder gegrillt.

Tempeh Stroganoff

Stroganoff ist normalerweise eine Sauerrahmsoße, die aus Russland stammt und in ganz Europa, einschließlich Skandinavien und Großbritannien, populär ist. Wir verwenden hier für unseren selbst gemachten Sauerrahm vegane Mayonnaise mit Zitronensaft. Die Soße passt zu Reisnudeln, Quinoa oder Naturreis, zusammen mit Chorta (Seite 234), Biergeschmortem Blattgemüse (Seite 244) oder Grünkohlsalat mit Cranberries und Walnüssen (Seite 180).

▸ FÜR 4-6 PERSONEN

TEMPEH-MARINADE

2 EL Olivenöl

2 EL weizenfreies Tamari oder eine andere Sojasoße

2 TL reiner Ahornsirup

3 EL Wasser

einige Tropfen Liquid Smoke (Flüssigrauch)

450 g Tempeh, in 1,5 cm große Würfel geschnitten

STROGANOFF

1 EL Olivenöl

1 gelbe Zwiebel, in dünne Scheiben geschnitten

3 Knoblauchzehen, zerdrückt oder fein gehackt

1 TL Paprikapulver (z.B. geräuchertes)

225 g Pilze, halbiert oder geviertelt (z.B. Champignons)

1 EL frisch gepresster Zitronensaft

200 g vegane Mayonnaise (gekauft oder selbst gemacht – Seite 292)

180 ml Soja-, Reis- oder Mandelmilch (Seite 316)

¾ TL Meersalz (nach Geschmack)

½ TL frisch gemahlener schwarzer Pfeffer

¼ TL Cayennepfeffer (nach Geschmack)

2-3 EL in dünne Scheiben geschnittene Frühlingszwiebel

1 EL fein gehackter frischer Dill

1. Den Backofen auf 190 °C vorheizen. Alle Zutaten für die Marinade in einer 20 x 30 cm großen Backform verrühren. Die Tempehwürfel mit der Marinade vermischen. 5 Min. unter gelegentlichem Umrühren marinieren, sodass sie rundum benetzt sind. 15 Min. backen.
2. Inzwischen das Öl in einer großen Schmorpfanne bei mittelstarker Hitze erhitzen. Darin Zwiebel, Knoblauch und Paprikapulver 3 Min. unter häufigem Umrühren anbraten. Pilze und Zitronensaft hinzufügen und unter häufigem Umrühren 3 Min. dünsten. Auf mittlere Hitze reduzieren, vegane Mayonnaise, Milch, Salz, Pfeffer und Cayennepfeffer hinzugeben und umrühren.
3. Die Tempehwürfel und den Inhalt der Backform hinzugeben und unter gelegentlichem Umrühren 5 Min. garen. Vor dem Servieren mit Frühlingszwiebeln und Dill garnieren.

Variationen

- Statt Tempeh können Sie Tofu oder Seitan nehmen.
- Statt Dill eignet sich jedes beliebige Küchenkraut, wie etwa Basilikum, Koriander oder glatte Petersilie.

Heidelbeer-Bliny

Dieses Gericht weckt viele Kindheitserinnerungen, als wir immer liebevoll und mit großem Trara die tiefgekühlten Bliny auftauten und sie für eine besondere Mahlzeit aufwärmten. Dass man sie auch komplett selbst und noch dazu vegan machen kann, war eine echte Offenbarung für mich. Bliny sind slawischen Ursprungs und Teil der osteuropäischen Küche. Sie können vielerlei Füllungen und Beläge haben, sowohl süße als auch herzhafte. Hier eine der bekanntesten Füllungen. Um sich gesünder zu ernähren, können Sie das Anbraten zum Schluss weglassen. Servieren Sie sie zu Ihrer nächsten Chanukkah-Feier mit Gebackenen Latkes (Seite 268) und veganem Sauerrahm (Seite 282).

FÜR 6 BLINY

- 1 Portion Crêpes (Seite 122)
- Öl zum Braten
- Puderzucker (optional)
- frische Minzblätter (optional)

FÜLLUNG

- 200 g fester Tofu
- 225 g veganer Frischkäse
- 1 EL Hefeflocken
- 2 EL Tahin (Sesampaste)
- 1 - 2 EL frisch gepresster Zitronensaft
- 2-3 EL Biozucker (Seite XIV)
- ¼ TL Meersalz

HEIDELSBEERSOSSE

- 225 g tiefgekühlte oder frische Heidelbeeren
- 125 ml Wasser (bei frischen Heidelbeeren 60 ml mehr)
- 2 EL Biozucker (nach Geschmack)
- 1 Prise Kardamompulver
- 1 EL Pfeilwurzelpulver, aufgelöst in 2 EL kaltem Wasser

1. Die Crêpes nach Rezept zubereiten und auf einem Teller stapeln.
2. Die Füllung zubereiten: Einen Topf mit Dämpfeinsatz 2,5 cm hoch mit Wasser füllen und bei starker Hitze zum Köcheln bringen. Den Tofu in den Dämpfeinsatz legen, zudecken und 5 Min. dämpfen. Den Tofu herausnehmen und unter kaltem Wasser abspülen.
3. Inzwischen die restlichen Zutaten für die Füllung in einer Schüssel vermengen. Den Tofu in die Schüssel bröseln und unterheben.
4. Für die Soße alle Zutaten, mit Ausnahme der Pfeilwurzelmischung, in einen kleinen Topf bei mittlerer Hitze geben und umrühren. 5 Min. unter gelegentlichem Umrühren kochen. Die Pfeilwurzelmischung hinzugeben, auf schwache Hitze reduzieren und umrühren. Bei schwacher Hitze kochen, bis die Bliny fertig sind, dabei gelegentlich umrühren.
5. Für die Bliny ca. 3 EL Füllung auf der unteren Hälfte jeder Crêpe verteilen, dabei einen ca. 2,5 cm breiten Rand freilassen. Den unteren Rand nach oben über die Füllung klappen, dann beide Seiten bis zur Mitte einschlagen. Nun den ganzen Pfannkuchen vom Körper weg zusammenrollen, sodass eine feste Rolle entsteht, aus der nur der obere Rand herausragt. Dasselbe mit den restlichen Crêpes wiederholen, dabei ca. 125 ml Füllung zum Garnieren übrig lassen.
6. Etwas Öl in einer großen Schmorpfanne erhitzen. Die Bliny in die Pfanne legen und auf jeder Seite 3 Min. braten. Warm mit Puderzucker, falls gewünscht, ordentlich Soße und einem Klecks der Füllung servieren. Je nach Geschmack mit Minzblättern garnieren.

Variationen

- Für Kartoffel-Bliny verwenden Sie die Füllung für den Shepherdess' Pie (Seite 196).
- Statt Heidelbeeren können Sie Erdbeeren, Pfirsiche, Mangos oder Früchte Ihrer Wahl nehmen.

Finnische Ålandpfannkuchen

Wie heißt „lecker“ auf Finnisch? Diese Pannukakku *stammen aus Åland, einer Inselgruppe in der Ostsee zwischen Schweden und Finnland. Sie sind der Dauebrenner im IHOFP, dem International House of Finnish Pancakes, und dabei ganz einfach zuzubereiten. Sie werden nicht in der Pfanne gebraten, sondern gebacken. Damit der Pfannkuchen cremiger wird, nehmen Sie Seidentofu. Genießen Sie ihn zu einem leichten Frühstück mit einem Grünen Smoothie Mediterran (Seite 299) oder als exotisches Dessert mit Cashewcreme (Seite 126).*

▸ FÜR 6-8 PORTIONEN

TROCKENE ZUTATEN

- 250 g Grießmehl
- 65 g Biozucker (Seite XIV)
- 1 Prise Meersalz
- ½ TL Backnatron
- ¼ TL Kardamompulver

FEUCHTE ZUTATEN

- 375 ml Soja-, Reis- oder Mandelmilch (Seite 316)
- 1 Päckchen (350 g) Seidentofu (optional)
- 2 EL gemahlene Leinsamen, vermischt mit 6 EL Wasser
- 1 EL vegane Butter (optional)
- 2-3 EL Rosinen

AUFSTRICHE

- vegane Butter
- Mandelbutter
- Konfitüre

1. Den Backofen auf 220 °C vorheizen. Eine 20 cm große Backform einfetten. Die trockenen Zutaten in einer großen Schüssel vermengen.
2. Die feuchten Zutaten im Mixer glatt rühren. Zu den trockenen Zutaten fügen und alles verrühren.
3. Den Teig in die vorbereitete Backform geben und ca. 20 Min. backen, bis der Pfannkuchen an der Oberseite leicht gebräunt ist.
4. In einzelne Stücke schneiden und warm mit veganer Butter, Mandelbutter und Konfitüre servieren.

Variationen

- Beträufeln Sie die Pfannkuchen mit etwas frisch gepresstem Zitronensaft und Ahornsirup.
- Einfacher Fruchtbelag: 150 g tiefgekühlte Beerenfrüchte und 180 ml Wasser in einer kleinen Kasserolle auf die Hälfte einköcheln lassen. Die Beeren mit einer Gabel pürieren, eine Prise Salz zufügen und nach Geschmack süßen. Jeden Pfannkuchen mit ein paar Löffeln dieses Nektars bestreichen!
- Für eine glutenfreie Version ersetzen Sie das Mehl durch eine glutenfreie Mehlmischung (Seite 317).

Böhmische Obstknödel (Ovocné Knedlíky)

Böhmische Knödel kennt wohl jedes Kind. Daher dürfte es keine Überraschung sein, dass diese mit Obst gefüllten Knödel ganz leicht zuzubereiten sind. Mit verschiedenen Obstfüllungen können Sie unendlich viele Variationen dieser ausgesprochenen Leckerei herstellen. Servieren Sie sie mit Schwedischen Rosenmunnar (Seite 296) und einer Tasse Minztee.

▸ FÜR 12 – 14 KNÖDEL

TROCKENE ZUTATEN

- 190 g weißes Dinkelmehl
- 30 g Biozucker (Seite XIV)
- 1 Prise Meersalz
- ½ TL Zimt
- 1 Prise Muskatpulver

FEUCHTE ZUTATEN

- 1 EL gemahlene Leinsamen, vermischt mit 3 EL Wasser
- 2 EL weiche vegane Butter oder Kokosöl
- 2 EL Sojamilch
- 12 – 14 Erdbeeren oder Himbeeren, frisch oder tiefgekühlt, oder ca. 2 cm große Stücke anderer Obstsorten, wie Aprikosen oder Pfirsiche
- Puderzucker
- Kakaopulver

1. Einen großen Topf mit Wasser bei starker Hitze zum Kochen bringen. Auf mittlere Hitze reduzieren und das Wasser köcheln lassen.
2. Trockene und feuchte Zutaten in getrennten Schüsseln mischen. Die feuchten zu den trockenen Zutaten geben und alles verkneten.
3. Den Teig auf ein mit Mehl bestäubtes Küchenbrett oder eine saubere Oberfläche legen und eine 25 cm lange Rolle formen. Die Rolle in 12 - 14 gleich große Stücke schneiden.
4. Jedes Stück zu einem kleinen Kreis breit drücken, ein Stück Obst in die Mitte legen und dann die Seiten hochschlagen. In den Händen rollen, sodass eine Kugel entsteht und das Obst vollständig von Teig umschlossen ist.
5. Die Knödel in den Topf mit köchelndem Wasser geben und 10 Min. kochen. Mit einem Sieb aus dem Wasser nehmen und auf einer Servierplatte anrichten.
6. Puderzucker und Kakaopulver in separate Schüsselchen geben und die Knödel bis zur Hälfte in jedem davon wälzen.

Variationen

- Um den Geschmack noch zu steigern, können Sie die Knödel nach dem Kochen auch ein paar Minuten in Öl anbraten oder auf einem gefetteten Backblech 10 Min. bei 200 °C backen.
- Noch bunter und aromatischer werden sie, wenn Sie die Knödel in Kokosraspeln oder fein gehackten Nüssen oder Kernen wälzen.

Schwedische Marmeladenplätzchen (Rosenmunnar)

Ich wusste gar nicht, dass diese Marmeladenplätzchen aus Schweden kommen. Sie sind überall in Skandinavien beliebt und ganz einfach zu backen. Mit verschiedenen Füllungen sind unendlich viele Variationen möglich. Zusammen mit Amsterdamer Mintade (Seite 298) ergibt das einen netten Imbiss.

▸ FÜR 12 PLÄTZCHEN

8 EL weiche vegane Butter oder Kokosöl

65 g Biozucker (Seite XIV)

2 EL Sojamilch

2 TL frisch gepresster Zitronensaft (optional)

½ - 1 TL Zitronenschale (optional)

315 g weißes Dinkelmehl

1 Prise Meersalz

¼ TL Kardamompulver

12 TL Konfitüre (z.B. Himbeer-, Erdbeer- oder Heidelbeerkonfitüre)

1. Den Backofen auf 190 °C vorheizen. Ein Backblech einfetten oder mit Backpapier auslegen.
2. Butter, Zucker, Sojamilch und, falls gewünscht, Zitronensaft und Zitronenschale in einer Schüssel verrühren.
3. Mehl, Salz und Kardamompulver in einer anderen Schüssel mischen. Die trockenen zu den feuchten Zutaten geben und zu einem Teig verkneten.
4. Etwa 12 kleine Kugeln aus jeweils ca. 2 EL Teig formen und auf das Backblech legen.
5. Die Kugeln zu Plätzchen von 7- 8 cm Durchmesser breit drücken. Mit der Rückseite eines Teelöffels in der Mitte jedes Plätzchens eine Vertiefung von 2,5 cm Durchmesser eindrücken. 10 Min. backen. Aus dem Ofen nehmen.
6. In jede Vertiefung ca. 1 TL Konfitüre geben. Je nach dem bisherigen Ergebnis des Backvorgangs müssen Sie die Vertiefung vielleicht erneut eindrücken, bevor Sie die Konfitüre hineingeben können.
7. Das Blech wieder in den Ofen schieben und noch einmal 8 Min. backen. Aus dem Ofen nehmen und einige Minuten abkühlen lassen, dann die Plätzchen auf ein Kuchengitter oder eine flache Servierplatte legen. Lassen Sie das Gebäck vor der Weiterverwendung abkühlen, sonst zerbröckelt es – und das mag niemand!

Variationen

- Statt Zitronenschale und -saft können Sie Saft und Schale einer Limone oder Orange verwenden.
- Der Kardamom lässt sich durch gemahlenen Zimt, Muskat oder Piment ersetzen.
- Die Konfitüre können Sie gegen den Schoko-Haselnuss-Aufstrich von den Crêpes (Seite 122) austauschen.

Schweizer Schokoladenfondue

Fondue hat eine faszinierende Geschichte. Das Käsefondue war eine Mahlzeit der Schweizer Bauern. Seine Blütezeit hatte es in den 1950er-Jahren in den USA, und das Schokoladenfondue kam in den 1960ern auf. Fondue ist ein perfektes Party-Essen. Viele Leute werden auf ihrem Dachboden noch einen bunten Fonduetopf finden, ein Hochzeitsgeschenk, das nie benutzt wurde. Bei der Frage, was Sie zum Tunken nehmen, können Sie Ihrer Fantasie freien Lauf lassen: Brezeln, Bananenscheiben, Erdbeeren, Birnen- oder Apfelschnitze, kandierten Ingwer, vegane Brownies oder Kekse. Bonus: Wenn Sie das Fondue abkühlen und fest werden lassen, bekommen Sie eine wundervolle Schokoladenglasur.

▸ FÜR CA. 500 ML FONDUE

320 g vegane dunkle Schokochips

180 ml Sojasahne (z.B. French Vanilla oder Kokos) oder Sojamilch

2 TL Vanilleextrakt

3 EL vegane Butter

2 EL Mandel- oder Erdnussbutter creamy + 2 zusätzliche EL Sojasahne

1. Die Schokochips im Wasserbad schmelzen. Wenn Sie keinen Wasserbadtopf haben, bringen Sie Wasser in einem kleinen Topf zum Kochen. Dann die Hitze reduzieren, bis das Wasser nur köchelt, und die Schokochips in einer Edelstahl- oder Glasschüssel auf den Topf stellen. Achten Sie darauf, dass kein Wasser in die Schüssel mit den Schokochips gelangt, denn Feuchtigkeit stört die Bildung einer glatten Schmelzmasse.
2. Wenn die Chips geschmolzen sind, die restlichen Zutaten hinzufügen und alles zu einer glatten Masse verrühren.
3. Die Schokoladenmasse in einen Fonduetopf gießen, und das Dippen kann beginnen!

Tipps und Tricks vom Küchenchef

Am besten eignen sich für dieses Rezept Schokochips mit geringerem Kakaoanteil (weniger als 50 Prozent).

Amsterdamer Mintade ♥

Das ist meine Version eines ausgezeichneten Erfrischungsgetränks namens Lemonade, das ich bei meinem Besuch in Amsterdam getrunken habe. Die Mischung aus Zitrone, Minze und Eis hält immer, was sie verspricht, besonders wenn Sie an einem heißen Tag neu auftanken möchten. Genießen Sie sie zu jeder beliebigen Mahlzeit aus diesem Buch.

▸ FÜR 2 PORTIONEN ZU 280 G

- 250 g zerstoßenes Eis oder Eiswürfel
- 250 ml Wasser
- ½ Bund frische Minzblätter
- 3-4 EL frisch gepresster Zitronen- oder Limonensaft
- 2-3 EL Süßungsmittel nach Wahl (Seite 319)

Alle Zutaten in einem starken Mixer so lange mixen, bis das Eis vollständig zerkleinert ist. Wenn Sie es saurer mögen, geben Sie mehr Zitronensaft hinzu.

Variationen

- Mixen Sie zuerst das Wasser mit 3 EL fein gehacktem frischem Ingwer. Abgießen und das Ingwermus wegwerfen. Das Wasser zurück in den Mixer gießen, die restlichen Zutaten hinzugeben und gründlich mixen.
- Statt Zitronensaft können Sie Limettensaft verwenden.
- Statt Wasser können Sie auch Kokoswasser nehmen.

Grüner Smoothie Mediterran ♥

Grüne Smoothies sind zum Symbol für gesunde Getränke geworden. Ein Smoothie mit nährstoffreichem Grünkohl ist ein wunderbarer Start in den Tag. Hier eine Version mit Zutaten, die im Mittelmeerraum reichlich verfügbar sind.

FÜR 2 SMOOTHIES ZU 340 G

- 2 große reife Birnen
- 125 g tiefgekühlte Beeren
- 1 große Banane
- 6-8 große Basilikumblätter
- 6 Zweige glatte Petersilie
- 2-3 Blätter Grünkohl mit Stiel
- 2 entsteinte Datteln (optional, zum Süßen)
- ein wenig Wasser oder Eiswürfel
- einige frische Minzblätter (optional)

Alle Zutaten in einen starken Mixer geben und gründlich mixen.

Variationen

- Sie können auch Bananen schälen und einfrieren, um immer welche für Smoothies bei der Hand zu haben. Eine tiefgekühlte Banane eignet sich gut für dieses Rezept.
- Wenn Sie möchten, können Sie reinen Ahornsirup, Agavensirup oder ein Süßungsmittel Ihrer Wahl hinzufügen.
- Probieren Sie das Ganze einmal mit 125 g veganem Joghurt.
- Statt Birnen eignen sich auch Pfirsiche, Mangos, Papayas oder Ananas.
- Der Grünkohl lässt sich durch Mangold, Spinat oder Römersalat ersetzen.

Scharfe Mediterrane Soße ♥

Nichts wirkt so mediterran wie die leuchtend roten Peperoncini, die, als Sträuße zum Trocknen aufgehängt, viele Häuser im Mittelmeerraum schmücken. Diese einfache scharfe Soße ist für alle, die gerne nah am Abgrund leben. Für diejenigen, die unbedingt in den Abgrund hineinspringen wollen, lassen Sie die Kerne drin, und Sie bekommen eine wahre Teufelssoße.

FÜR 180 ML SOSSE

- 3 sonnengetrocknete Tomaten
- 50 g gemischte Peperoncini (scharfe Peperoni), in Streifen geschnitten
- 75 ml Einweichwasser von den sonnengetrockneten Tomaten
- 2 EL frisch gepresster Limonensaft
- 2 TL Rotwein- oder Apfelessig
- ¼ TL Meersalz
- ½ TL Rohzucker oder Süßungsmittel nach Wahl (optional)
- 1 Knoblauchzehe (optional)
- ½ TL geräuchertes Paprikapulver (optional)
- 1 EL Olivenöl (optional)

1. Die sonnengetrockneten Tomaten 15 Min. in heißem Wasser einweichen oder so lange, bis sie weich sind.
2. Mit den restlichen Zutaten inklusive des abgemessenen Einweichwassers im Mixer glatt mixen. Die Soße hält sich in einem Glasbehälter im Kühlschrank bis zu einer Woche lang.

Charosset ♥

Dieses schlichte und beliebte Gericht stammt aus Osteuropa und wird zum jüdischen Pessach-Fest gegessen. In einer Schüssel zwei klein geschnittene Äpfel ohne Kerngehäuse mit 50 g gehackten Walnüssen, ¼ TL Zimt, eine Prise Muskat- und/oder Kardamompulver, 125 ml Traubensaft oder Rotwein und 2 EL Agavensirup (nach Geschmack, je nach Süße der Äpfel) mischen. Sie können auch 125 g entsteinte und klein geschnittene Datteln und 60 ml Orangensaft zugeben. Am besten schmeckt es, wenn Sie das Ganze vor dem Servieren 20 Min. oder länger in den Kühlschrank stellen.

Norwegischer Gurkensalat ♥

Folgende Zutaten in einer Schüssel mischen: eine in dünne Scheiben geschnittene Gurke, 1 EL weißer Essig, 1 TL Biozucker (Seite XIV), 1 EL fein gehackte frische glatte Petersilie, eine Prise zerstoßene rote Paprikaflocken sowie Meersalz und frisch gemahlener schwarzer Pfeffer nach Geschmack. Am besten schmeckt es, wenn Sie das Ganze vor dem Servieren 20 Min. in den Kühlschrank stellen.

Anhang A

Aus europäischen Vorratskammern

In diesem Teil stellen wir populäre Zutaten der europäischen Küche vor, von denen viele in den verschiedenen Landesküchen Verwendung finden.

Aus europäischen Vorratskammern

Äpfel: Äpfel sind die Lieblingsfrucht in vielen europäischen Ländern. Zu den vielen Apfelsorten gehören u.a. Fuji, Cortland, Pink Lady, Gala, Granny Smith, Braeburn, McIntosh, Jonathan, Pippin und Red Delicious. Beliebte Äpfel für die Rohkost sind Red Delicious, Pippin und Pink Lady. Für Gelees und Marmeladen eignen sich Holzäpfel am besten und fürs Kochen Cortland, Granny Smith, Jonathan und Pink Lady. Es gibt natürlich noch viel mehr Sorten, von denen jede leichte Unterschiede im Geschmack aufweist, obgleich manche davon Kreuzungen aus zwei Sorten sind.

Essig: Apfelessig. Wird aus Äpfeln hergestellt. Am besten ist roher Apfelessig, weil er noch viele Nährstoffe enthält und heilende Eigenschaften haben soll.

Essig: Balsamicoessig. Leicht süßer, fruchtiger Geschmack, milde Säure. Traditionell wird Balsamicoessig aus den letzten Trauben des Jahres hergestellt und mindestens 12 Jahre lang in Fässern aus Eiche, Kirsche, Walnuss, Esche oder Maulbeere gelagert. Am häufigsten wird er für Salat-Dressings oder Marinaden verwendet. Es gibt zwei Arten: Condimento und Tradizionale. Letztere reift oft länger und erfüllt höhere Ansprüche, weshalb sie den Speisen nur in geringen Mengen zugesetzt wird, um den Geschmack zu verbessern.

Essig: Champagneressig. Dieser Essig wird aus denselben Trauben hergestellt wie der Champagner und hat ein leichtes, frisches Aroma.

Essig: Rotweinessig. In der Mittelmeerregion und in Mitteleuropa ist dies der am häufigsten verwendete Essig. Seine Qualität ist vor allem von der Qualität des verwendeten Weins abhängig, doch auch von der Reife, die mindestens zwei Jahre betragen sollte. Rotweinessig hat einen würzigen Geschmack und kommt in Vinaigrettes und Marinaden zum Einsatz. Essig ist eine beliebte Würze zum Einlegen sowie für Soßen und Marinaden.

Essig: Sherryessig. Sherryessig wird aus vergorenem Sherry gewonnen und ist kräftiger im Geschmack als normaler Weinessig. Er findet häufig seinen Einsatz in Marinaden und Dressings. Als Sherry dürfen nur die Likörweine bezeichnet werden, die aus dem andalusischen Städtedreieck Jerez de la Frontera, Sanlúcar de Barrameda und El Puerto de Santa María stammen.

Haselnüsse. Das sind dunkelbraune Nüsse, die – zumeist geröstet – in Süßigkeiten und Aromaölen Anwendung finden. Die meisten Haselnüsse werden in der Türkei, in Italien und in Griechenland produziert.

Kapern. Die pfefferkorngroßen Knospen des Echten Kapernstrauchs, *Capparis spinosa*, der wild in der Mittelmeerregion und in Teilen Asiens wächst. Kapern werden normalerweise sonnengetrocknet und in Essig eingelegt, um ihr zitronenartiges Aroma hervorzubringen. Sie verleihen den Speisen einen würzigen, salzigen Geschmack und sind in der mediterranen und italienischen Küche als Garnierung oder Würze beliebt.

Kartoffeln. Es gibt viele Kartoffelsorten für die verschiedenartigsten Zwecke. Mehligkochende Sorten, wie Ackersegen, Adretta, Afra, Augusta, Schwarzblaue aus dem Frankenwald oder Ventura, enthalten sehr viel Stärke und eignen sich daher am besten für Pürees und Eintöpfe. Pellkartoffeln, Salzkartoffeln und Pommes Frites gelingen am besten mit vorwiegend festkochenden Kartoffeln, die einen mittleren Stärkegehalt aufweisen, wie Agata, Agnes, Anais, Atica, Bildtstar, Birte, Finka, Gala oder Gloria. Festkochende Kartoffeln, wie Princess, Selma, Sieglinde, Sissi, Stella, Valery oder die blaue Vitelotte, nimmt man bevorzugt für Kartoffelsalat, Bratkartoffeln und Aufläufe.

Oliven. Der Olivenbaum ist an der Mittelmeerküste und im nördlichen Iran heimisch. Allein in Italien gibt es über 300 Olivensorten, und insgesamt geht ihre Anzahl in die Tausende. Kalamata-Oliven werden in Essig oder Wein als Tafeloliven angeboten und wurden nach der griechischen Region Kalamata benannt. Manzanilla-Oliven, die „Kleinen Äpfel“, kommen aus Sevilla in Spanien und sind für ihre ovale Form und ihren kräftigen Geschmack bekannt. Olivenöl wurde schon im antiken Griechenland verwendet, als Homer es wegen seiner heilenden Eigenschaften als „flüssiges Gold“ bezeichnete.

Pinienkerne. Die essbaren Samen der im gesamten Mittelmeerraum kultivierten Pinie. Pinienkerne sind reich an Protein, Thiamin und Ballaststoffen. Sie werden in großem Umfang in der mediterranen Küche verwendet und sind die Hauptzutat von Pesto. In Spanien gibt man sie auch in den Kaffee und in Desserts.

Tomaten. Tomaten sind reich an Lycopin, einem Antioxidans, das das Risiko für Herz-Kreislauf-Erkrankungen reduzieren und auch vor diversen weiteren Erkrankungen schützen soll. Kein anderes Lebensmittel enthält so viel von diesem wichtigen Inhaltsstoff wie die Tomate. Vor Jahrhunderten hielten die Franzosen Tomaten für Aphrodisiaka und nannten Sie *Pommes d‘amour* (Liebesäpfel). Sie sollten, wann immer möglich, auf Bio-Tomaten zurückgreifen.

Tomaten: alte Sorten. Das sind samenechte, offen bestäubte Tomaten (keine Hybridsorten), deren Anbau sich über 50 Jahre zurückverfolgen lässt. Es gibt sie in vielfältigen Farben und Größen. Die Tomate erster Wahl für viele Profiköche.

Tomaten: **Romatomaten**. Eine leicht anzubauende birnen- oder eierförmige Tomate, die aus Italien stammt. Wird u.a. oft für Soßen und Salate verwendet.

Tomaten: sonnengetrocknet. Beim Trocknungsprozess in der Sonne verlieren diese Tomaten bis zu 93 Prozent an Gewicht, während Nährwert, Vitamin C-Gehalt, Lycopin und die antioxidativen Eigenschaften erhalten bleiben. Sie werden oft mit Gewürzen in Öl eingelegt.

Traubenkernöl. Dieses Öl, das aus den Kernen der Trauben, die zur Weinherstellung benutzt werden, hergestellt wird, eignet sich aufgrund seines hohen Rauchpunktes hervorragend zum Garen bei hohen Temperaturen. Es ist leichter als Olivenöl und wird für Dressings und Aufgüsse sowie als Basis für kosmetische Präparate verwendet.

Zwiebeln. Die Küchenzwiebel gibt es in drei Sorten – gelb, weiß und rot –, die jeweils ihre eigenen Variationen haben. Die gelben Zwiebeln sind von unterschiedlicher Schärfe: von den mittelscharfen Stuttgarter Riesen über die intensiv schmeckenden, scharfen Zittauer Gelben bis hin zur würzig scharfen Sturon. Gelbe Zwiebeln sind lange lagerfähig und eignen sich am besten zum Kochen. Es sind die Zwiebeln der Wahl für Französische Zwiebelsuppe. Rote Zwiebeln, wie etwa die Dunkelblutrote Braunschweiger oder die Rote von Florenz, sind knackig und eher mild und passen roh oder gegrillt am besten zu Sandwiches und Salaten. Weiße Zwiebeln sind in der mexikanischen Küche verbreitet und entwickeln beim Braten einen süßlichen Geschmack. Die Frühlingszwiebel, auch als Lauch- oder Winterzwiebel bekannt, wird im noch unreifen Stadium geerntet, bevor die Bulbe voll ausgebildet ist, und als Bundzwiebel verkauft. Schalotten oder Edelzwiebeln bilden eine eigene Gruppe. Sie schmecken am besten roh in Salaten, Marinaden oder zum Fleisch; ihre jüngeren Blätter lassen sich wie Schnittlauch verwenden.

Umrechnungstabellen

- Die Rezepte in diesem Buch wurden nicht anhand von metrischen Mengenangaben überprüft, daher können gewisse Abweichungen auftreten.
- Das Gewicht trockener Zutaten hängt nicht nur vom Volumen, sondern auch von der jeweiligen spezifischen Dichte ab: 1 Tasse Mehl wiegt weit weniger als 1 Tasse Zucker, und 1 Esslöffel ist nicht immer 3 Teelöffeln gleichzusetzen.

Allgemeine Umrechnungsfaktoren

Unzen in Gramm:	1 Unze = 28,35 Gramm
Gramm in Unzen:	1 Gramm = 0,035 Unzen
Pfund in Gramm:	1 Pfund = 453,5 Gramm
Pfund in Kilogramm:	1 Pfund = 0,45 Kilogramm
Tassen in Liter:	1 Tasse = 0,24 Liter
Fahrenheit in Celsius:	(°F – 32) * 5 / 9 = °C
Celsius in Fahrenheit:	(°C * 9) / 5 + 32 = °F

Volumenumrechnung Flüssigkeiten

1 TL = 1/6 Flüssigunze = 5 ml
1 EL = ½ Flüssigunze = 15 ml
2 EL = 1 Flüssigunze = 30 ml
¼ Tasse = 2 Flüssigunzen = 60 ml
⅓ Tasse = 2 ⅔ Flüssigunzen = 79 ml
½ Tasse = 4 Flüssigunzen = 118 ml
1 Tasse = ½ Pinte = 8 Flüssigunzen = 250 ml
2 Tassen = 1 Pinte = 16 Flüssigunzen = 500 ml
4 Tassen = 1 Quart = 32 Flüssigunzen = 1 l
1 Gallone = 4 l

Umrechnung Längenmaße

0,5 Zoll = 1,5 cm
1 Zoll = 2,5 cm
6 Zoll = 15 cm
8 Zoll = 20 cm
10 Zoll = 25 cm
12 Zoll = 30 cm
20 Zoll = 50 cm

Umrechnung Backtemperaturen

100 °F = 38 °C
200 °F = 95 °C
250 °F = 120 °C
300 °F = 150 °C
350 °F = 180 °C
400 °F = 205 °C
450 °F = 230 °C

Volumenumrechnung Feststoffe

¼ TL = 1 ml
½ TL = 2 ml
¾ TL = 4 ml
1 TL = 5 ml
1 EL = 15 ml
¼ Tasse = 59 ml
⅓ Tasse= 79 ml
½ Tasse = 118 ml
⅔ Tassen = 158 ml
¾ Tassen = 177 ml
1 Tasse = 225 ml
4 Tassen = 1 Quart = 1 l
½ Gallone = 2 l
1 Gallone = 4 l

Anhang B

Kleine vegane Kochschule

Dieser Anhang beschäftigt sich mit den Grundlagen der Zubereitung natürlicher veganer Nahrungsmittel, wie sie in den Rezepten dieses Buches vorkommen.

Techniken

Rösten von Gewürzen und Schalenfrüchten

Durch den Röstvorgang erhalten die Zutaten eine größere Geschmackstiefe. Ich benutze im allgemeinen zwei Methoden:

1. In der trockenen Pfanne. Das Röstgut wird in einer Pfanne ohne Fett bei starker Hitze unter ständigem Rühren goldbraun geröstet. Diese Methode eignet sich für Gewürze, Getreide und kleine Mengen Schalenfrüchte.

2. Im Backofen. Den Backofen auf 180 °C vorheizen. Das Röstgut auf ein trockenes Backblech legen und so lange im Backofen lassen, bis es goldbraun ist. Dabei gelegentlich umrühren und darauf achten, dass es nicht anbrennt. Diese Methode eignet sich am besten für Schalenfrüchte und Kokosraspeln. Die Nüsse werden nach dem Abkühlen knuspriger. Wie bereits erwähnt, können Sie, wenn Sie mehr Zeit haben, den Geschmack noch steigern, indem Sie das Röstgut bei niedrigeren Temperaturen länger rösten. Nüsse z.B., die bei 95 °C 45 Min. geröstet werden, entwickeln ein reicheres und stärkeres Röstaroma als bei höherer Temperatur und kürzerer Röstzeit.

Tofu

Tofu ist verarbeiteter Sojaquark und stammt aus dem alten China. Er wird in unterschiedlichen Konsistenzen als Seidentofu, fester asiatischer oder fester westlicher Tofu verkauft. Es gibt ihn auch eingelegt oder gefroren.

Jede Konsistenz eignet sich für eine bestimmte Zubereitungsart. In den Rezepten ist die erforderliche Konsistenz immer mit angegeben.

Seidentofu: Lässt sich gut pürieren und zu Soßen, Aufstrichen oder Dips verarbeiten. Wird als Ersatz für Milchprodukte in Puddings, Glasuren, Dressings, Cremesuppen und Soßen verwendet. In Würfel geschnitten ergibt er eine gute Suppeneinlage.

Fester Tofu: Ergibt ein schmackhaftes „Rührei“, eignet sich gerieben zum Überbacken oder, in Würfel geschnitten, für Gemüsepfannen. Je fester der Tofu, umso besser lässt er sich grillen, braten und backen. Man kann auch gefrorenen Tofu kurz vor dem Grillen auftauen. Fester Tofu kann ebenfalls gedämpft oder gedämpftem Gemüse zugefügt werden.

Tofureste lassen sich abgespült in einem Glasbehälter mit Wasser bis zu vier Tagen im Kühlschrank aufbewahren. Das Wasser sollte täglich gewechselt werden. Fester Tofu kann bis zu drei Monaten eingefroren werden. Wenn man gefrorenen Tofu auftaut, bekommt er eine schwammige Textur, die Marinaden viel besser aufnimmt als frischer Tofu.

Tofu pressen: Gelegentlich wird empfohlen, das überschüssige Wasser aus dem Tofu auszupressen, damit er fester wird und Marinaden besser annimmt. Bei sehr festem Tofu ist das normalerweise nicht nötig. Wenn Sie das machen möchten, legen Sie den Tofublock auf eine saubere Oberfläche, z.B. einen Teller, ein Backblech oder in einen flachen Topf. Bedecken Sie ihn mit einem sauberen Teller, den Sie mit einem Gefäß oder einem anderen Gewicht beschweren. Lassen Sie ihn 15-45 Min. stehen und gießen dabei regelmäßig die austretende Flüssigkeit ab.

Tofuschnitzel: Schneiden Sie einen Block festen Tofu in drei oder vier gleich große Stücke. Wenn Sie möchten, können Sie diese Stücke noch halbieren, um sechs bis acht Schnitzel pro Pfund zu erhalten. Sie können den Tofu auch diagonal schneiden, dann bekommen Sie dreieckige Schnitzel. Die Schnitzel können mariniert und dann gebacken oder gegrillt werden.

Tofuwürfel: Um mittelgroße Würfel zu erhalten, schneiden Sie den Tofu, wie üblich, in drei oder vier gleich große Stücke. Dann schneiden Sie jedes Stück viermal quer und drei mal längs durch. Je nach Anzahl der Schnitte können Sie die Größe der Würfel variieren.

Tempeh

Tempeh stammt ursprünglich aus Indonesien. Es besteht aus fermentierten und gekochten Sojabohnen, die mit verschiedenen Schimmelpilzarten geimpft werden. Durch Beimischung von Getreide, wie Hirse, Weizen oder Reis, zusammen mit Algen und Gewürzen entstehen unterschiedliche Tempeh-Arten. Tempeh hat eine dichtere und gröbere Textur als Tofu. Normalerweise schmeckt es mild und leicht vergoren und hat eine hellbraune Färbung mit dunkelgrauen Punkten. Tempeh muss gründlich gegart werden: gedämpft, gebraten, gebacken oder gegrillt. Zur Aufbewahrung wird er eingefroren oder gekühlt.
Im Handel ist Tempeh in verschiedenen Packungsgrößen und Formen erhältlich. Gelegentlich wird empfohlen, es vor der Verwendung in Gerichten zu dämpfen, um den bitteren Geschmack zu beseitigen. Füllen Sie dazu einen großen Topf mit Dämpfeinsatz 2,5 cm hoch mit Wasser, das Sie bei starker Hitze zum Kochen bringen, und legen das Tempeh dann in den Dämpfeinsatz. Zugedeckt bei mittlerer Hitze 10 Min. dämpfen. Tempeh-Reste lassen sich bis zu drei Tagen im verschlossenen Glasbehälter im Kühlschrank aufbewahren.

Tempeh-Schnitzel: Halbieren Sie einen Tempeh-Block. Die Hälfte wird nochmals halbiert oder in Dreiecke geschnitten. Der längere Block kann auch in dünnere Scheiben geschnitten werden. Diese Schnitzel lassen sich dann wiederum in Würfel schneiden.

Tempeh-Bacon

Mit diesem Rezept müssen Sie keinen veganen Speckersatz kaufen.

▸ FÜR 4 PERSONEN

- 2 – 3 EL weizenfreies Tamari oder eine anderen Sojasoße
- 3 EL Wasser
- 1 EL reiner Ahornsirup oder Agavensirup
- ¼ TL Liquid Smoke (Flüssigrauch)
- ½ TL Knoblauchpulver
- ½ TL Zwiebelpulver
- 240 g Tempeh, in 0,3 cm dünne oder noch dünnere Streifen geschnitten

1. Alle Zutaten, mit Ausnahme des Tempeh, in einer flachen Schüssel verrühren. Das Tempeh hineinlegen und 10 Min. marinieren, dabei häufig wenden.
2. Es gibt zweierlei Garmöglichkeiten. Für die gesündere Art den Backofen auf 190 °C vorheizen und das Tempeh auf ein gefettetes Backblech legen. 8 Min. backen, wenden und weitere 7 Min. backen.
3. Für den vollen, knusprigen, baconartigen Effekt 2 EL Kokosöl oder ein beliebiges Öl in eine mittelgroße Schmorpfanne geben. Das Tempeh bei mittelstarker Hitze knusprig braten, dabei gelegentlich wenden, damit beide Seiten gleichmäßig gebraten werden.

Variationen

- Statt Tempeh können Sie auch 240 g sehr festen Tofu nehmen, den Sie in dünne Scheiben schneiden. Halbieren Sie dazu den Tofu-Block und schneiden Sie ihn dann in dünne Scheiben.
- Statt Liquid Smoke eignet sich auch 1 TL geräuchertes Paprikapulver.

Tofu und Tempeh backen

Tofu- und Tempehwürfel können mariniert, gebacken und dann mehrere Tage in einem Glasbehälter im Kühlschrank aufbewahrt werden, um sie für Salate, Gemüsepfannen oder allein als Imbiss zu verwenden.

Dazu sind nur drei einfache Schritte nötig:

1. Den Backofen auf 190 °C vorheizen. Den Tofu oder das Tempeh, wie oben beschrieben, in Schnitzel oder Würfel schneiden.
2. In eine Marinade Ihrer Wahl einlegen. Sie sollen mindestens 5 Min und maximal über Nacht darin liegen bleiben. Wenn Sie sie über Nacht marinieren, stellen Sie sie in einem luftdichten Behälter in den Kühlschrank.
3. Auf ein gefettetes Backblech oder in eine Backform legen. 15-20 Min. goldbraun backen, dabei gelegentlich umrühren, um alle gleichmäßig zu backen. Je nach Marke und Backtemperatur müssen Sie regelmäßig prüfen, ob das Backgut bereits gar ist. Schnitzel können Sie nach 10 Min. wenden. Damit die Kruste knuspriger wird, brauchen Sie einen Umluft-Backofen oder die Grillfunktion.

Für kleinere Mengen bis zu einem Pfund Tofu oder Tempeh benutze ich gern einen Tischbackofen. Diese Menge passt bequem auf ein Backblech. Denken Sie aber immer daran, dass Speisen im Tischbackofen schneller garen als im normalen Backofen. Je nach Modell brauchen Sie hier normalerweise 15 statt 20 Minuten.

Seitan

Seitan stammt aus dem alten China und wird manchmal auch als „Weizenfleisch" bezeichnet. Es ist ein Teig aus Weizenglutenmehl, der mit verschiedenen Gewürzen in einer Marinade gekocht wird. Seitan kann in praktisch jedem Gericht als Tierprodukt-Ersatz verwendet werden. Im Handel sind verschiedene Marken erhältlich. Probieren Sie sie alle aus, um Ihre Lieblingsmarke zu finden. Wenn Sie so ehrgeizig sind, Ihr Seitan selbst herzustellen, finden Sie unter *http://www.unverbissen-vegetarisch.de/2010/12/seitan-aus-weizengluten-selber-machen-schritt-fuer-schritt/* eine ausführliche Schritt-für-Schritt-Anleitung. Beachten Sie allerdings, dass Seitan aus reinem Weizengluten besteht; es eignet sich also keinesfalls für Menschen mit einer Glutenunverträglichkeit!

Grillen

Versuchen Sie ruhig einmal, Tempeh- und Tofuschnitzel oder auch verschiedenes Gemüse, wie Riesen-Champignons, Mais, Zwiebeln, Baby Pak Choi, Möhren, Paprikaschoten, Spargel, Zucchini oder Auberginen, zu grillen. Sogar Obst eignet sich zum Grillen, z.B. Ananas, Kokosfleisch, Äpfel oder Birnen. Wenn es besonders viel Geschmack haben soll, legen Sie das Grillgut vorher für einige Minuten oder über Nacht in eine Marinade. Begießen oder reiben Sie es dann leicht mit Öl ein und grillen Sie es, während sie es gelegentlich mit Öl bestreichen und regelmäßig wenden, bis Grillstreifen erscheinen und das Grillgut durchgebacken ist. Wenn Sie einen Gasgrill benutzen, sollte das Grillgut nicht in direkten Kontakt mit der Flamme kommen. Eine weitere Möglichkeit ist eine Grillpfanne. Haushaltwarengeschäfte bieten flache gusseiserne Pfannen mit Antihaftbeschichtung an, die über zwei Herdplatten reichen. Sie sind auf einer Seite glatt und auf der anderen gerillt fürs Grillen. Der Geschmack des Grillguts ist ähnlich, und Sie bekommen die schicken Grillstreifen, ohne extra einen Grill aufbauen oder überhaupt besitzen zu müssen.

Zum Grillen von Tofu oder Tempeh folgen Sie den Anleitungen auf Seite 310 oder Seite 307 zum Schneiden von Schnitzeln. Heizen Sie den Grill auf starke Hitze vor. Marinieren Sie die Schnitzel und grillen Sie sie 3 - 5 Min. auf jeder Seite, bis auf beiden Seiten Grillstreifen erscheinen. Die Grillzeit hängt von der Grilltemperatur ab. Sie können die Schnitzel mit einer Marinade oder einfach einer Soße aus Öl, Salz und Pfeffer begießen.

Mit Wasser braten

Das ist eine Gartechnik, bei der man ohne erhitztes Fett auskommt. Zum Anbraten wird hier nur Wasser oder Brühe verwendet. Geben Sie eine kleine Menge Wasser oder Brühe in die heiße Pfanne, legen Sie das Gemüse hinein und folgen Sie dem Rezept weiter genau so, als würden Sie in Öl anbraten. Gießen Sie von Zeit zu Zeit ein wenig Wasser zu, um ein Anbrennen zu vermeiden. Zur Geschmacksverstärkung können Sie Zitronensaft oder Tamari unter das Wasser mischen.

Zubereitung von Gemüsebrühe

Gemüsebrühe verleiht den Gerichten Tiefe und ist eine innovative und effiziente Möglichkeit, Gemüsereste zu verwerten. Eine Brühe ist vielseitig verwendbar. Sie können damit Soßen, klare Suppen oder warme Bouillons zubereiten, braten oder sie für jedes Rezept verwenden, in dem Gemüsebrühe verlangt wird.

Eine einfache Gemüsebrühe: Heben Sie alle Gemüsereste und Abfälle auf, die bei der Zubereitung anderer Rezepte anfallen. Geben Sie sie in einen großen, schwerbödigen Suppentopf, den Sie mit Wasser füllen, bis das Gemüse knapp bedeckt ist, und lassen Sie alles bei schwacher Hitze köcheln, bis das Gemüse vollständig gar und die Flüssigkeit um 25-50 Prozent eingekocht ist. Die Brühe nimmt den Geschmack des Gemüses an.

Probieren Sie verschiedene Gemüsearten und Küchenkräuter aus, bis Sie Ihre bevorzugte Kombination gefunden haben. Nach dem Kochen abgießen und nach Geschmack mit Salz und Pfeffer würzen.

Verwenden Sie Schnittabfälle von Kartoffeln, Stangensellerie, Möhren, Zwiebeln, Petersilie, Pilzen, Pastinaken, Zucchini, Lauch, Maiskolben und Knoblauch. Viele meiden Gemüse, das bitter wird, wie Paprikaschoten, Rettich, Speiserüben, Broccoli, Blumenkohl oder Rosenkohl. Es ist nicht nötig, getrocknete Kräuter oder Gewürze an die Brühe zu geben; sie bekommt ihr Aroma auch so. Manche geben ein Kräutersträußchen in den Topf, das sie dann wieder herausnehmen. Die Brühe kann eingefroren und später wieder aufgetaut werden. Sie können Sie sogar in Eiswürfelschalen gießen, einfrieren und bei Bedarf verwenden.

Zubereitung von Getreideprodukten

Folgen Sie einfach diesen Anleitungen, und Sie werden immer perfekt gegarte Getreideprodukte haben.

1. Das Getreide gründlich spülen und das überschüssige Wasser abgießen.
2. Die abgemessene Getreidemenge mit Flüssigkeit (Gemüsebrühe oder gefiltertes Wasser) zum Kochen bringen. Falls gewünscht, eine Prise Meersalz hinzugeben.
3. Den Topf mit einem gut sitzenden Deckel verschließen, auf schwache Hitze reduzieren und so lange köcheln lassen, wie in nachstehender Tabelle angegeben. Das Getreide wird dabei dampfgegart, deshalb bitte nicht den Deckel öffnen, bevor es fertig ist.

Die Garzeiten können je nach Temperatur variieren. Das Getreide ist gar, wenn es weich ist und die gesamte Flüssigkeit absorbiert wurde.

Verbessern Sie den Geschmack ihres Getreidegerichts durch Zugabe von zerdrücktem Knoblauch oder frischem Ingwer, gewürfelter Zwiebel, einigen Lorbeerblättern oder zerstoßenem Zitronengras während des Kochens.

Wenn Sie sich einen Reiskocher zulegen möchten, entscheiden Sie sich für Edelstahl und meiden Sie Geräte aus Aluminium.

TABELLE ZUM GAREN VON GETREIDEPRODUKTEN

Getreideart	Kochflüssigkeit pro Tasse (250 ml) Getreide	ungefähre Garzeit (Min.)	ungefähre Ausbeute in Tassen (250 ml)	Anmerkungen
Amarant	2½	25	2½	Hauptnahrungsmittel der alten Azteken, enthält mehr Protein und Nährstoffe als andere Getreidearten.
Buchweizen	2	15	2½	Herzhafter, nussiger Geschmack. Angeröstet wird er Kascha genannt und braucht weniger Garzeit. Auch für Frühstücksflocken geeignet.
Couscous	1 ½	15	1½	Ein nordafrikanisches Grundnahrungsmittel aus gemahlenem Grieß.
Dinkel	3 ½	90	3	Dinkel ist die reinste Weizenart und eine der ältesten. Er enthält viel mehr Proteine und Nährstoffe als Weizen und ist leichter verdaulich.
Hafer				Vielseitige Getreideart, die bevorzugt für Müslis, zum Backen und mit Milch für Haferbrei oder Haferflockensuppe verwendet wird.
Haferschrot, gehackt	3	30-40	3	
Haferschrot	3	60	3	
Haferflocken	3	10	3	
Haferschneeflocken	2	5	2	
Hirse	2½	20	3	Sehr nahrhafte Getreidesorte für Aufläufe, Eintöpfe und Frühstücksflocken. Besonders schmackhaft mit Leinöl.
Kamut	3	60	3	Eine alte Weizensorte, die von vielen Weizenallergikern vertragen wird.
Maismehl	3	20	3½	Gemahlener Mais – ein Grundnahrungsmittel der amerikanischen Ureinwohner. Wird für Maisbrot oder Maisgrütze verwendet.
Perlgraupen	3	45	3½	Für Suppen und Eintöpfe
Polenta	3	10	3	Ein Maisgrieß aus der italienischen Küche. Zubereitung: Flüssigkeit zum Kochen bringen, die Hitze bis zum Köcheln reduzieren und die Polenta mit dem Schneebesen einrühren. Unter ständigem Rühren fertig kochen.
Quinoa (Pseudogetreide)	2	20	2½	Der Inkareis. Reich an Protein und Nährstoffen. Hat einen feinen, nussigen Geschmack. Einer unserer Favoriten!

TABELLE ZUM GAREN VON GETREIDEPRODUKTEN

Reis				Reis hat einen hohen Nährstoffgehalt und ist das Grundnahrungsmittel sehr vieler Völker. Basmatireis schmeckt nussig und wird in der indischen Küche verwendet. Wir bevorzugen Kurzkorn-Naturreis wegen seines Geschmacks und seines Nährwerts.
ungeschälter Basmatireis	2	35-40	2 ¼	
weißer Basmatireis	1 ½	20	2	
Naturreis, Langkorn	2	45	3	
Naturreis, Kurzkorn	2	45	3	
Wildreis	3	60	4	
Jasminreis	1 ¾	20	3 ½	
Sushi-Reis	1 ¼	20	3	
Roggen				Ein wichtiges Brotgetreide in Mittel- und Osteuropa, aus dem auch Pumpernickel hergestellt wird. Eignet sich ebenfalls für Frühstücksflocken.
Roggengrütze	4	60	3	
Roggenflocken	3	20	3	
Teff	3	20	1 ½	Die aus Äthiopien stammende Zwerghirse ist das kleinstkörnige Getreide der Welt und die Hauptzutat für das gesäuerte Fladenbrot Injera.
Weizen				Wichtiges Brotgetreide. Mit Bulgur wird im Nahen Osten gekocht, z.B. das libanesische Taboulé. Weizenschrot eignet sich gut für Müslis.
Vollkornweizen	3	120	2 ¾	
Bulgur	2	15	2 ½	
Weizenschrot	2	25	2 ½	

Zubereitung von Hülsenfrüchten

Bevor Sie Hülsenfrüchte kochen, sollten Sie sie erst gründlich auslesen, um Steinchen oder Schmutz zu entfernen, sie gut abspülen und über Nacht einweichen. Das verbessert ihre Verdaulichkeit und beugt der übermäßigen Bildung von Darmgasen vor. Leichter verdaulich werden sie auch, wenn man beim Kochen ein paar Fenchelsamen, eine Handvoll Naturreis oder einen kleinen Streifen Kombu (essbaren Seetang) hinzufügt. Wenn Sie vergessen haben, sie über Nacht einzuweichen, bringen Sie die Hülsenfrüchte mit der vierfachen Wassermenge zum Kochen, nehmen Sie den Topf von der Herdplatte und lassen Sie ihn mehrere Stunden stehen.

Die Hülsenfrüchte nach dem Einweichen oder dem eben beschriebenen Kochen abgießen und das Einweichwasser wegschütten. Die Hülsenfrüchte mit der abgemessenen Menge Gemüsebrühe oder gefiltertem Wasser in einem schwerbödigen Topf zum Kochen bringen, zudecken, die Hitze reduzieren und weich köcheln lassen. Halten Sie sich dabei an die folgende Tabelle. Die Kochzeiten beziehen sich auf trockene Hülsenfrüchte. Für eingeweichte Hülsenfrüchte ziehen Sie 25 Prozent von der Garzeit ab.

Hülsenfrüchte werden beim Kochen nicht gesalzen, weil sie sonst hart werden. Die Hülsenfrüchte sind fertig, wenn sie weich, aber nicht breiig sind. Sie sollten ihre ursprüngliche Form behalten.

TABELLE ZUM GAREN VON HÜLSENFRÜCHTEN

Hülsenfrucht	Kochflüssig-keit pro Tasse (250 ml) Hülsenfrüchte	ungefähre Garzeit (Std.)	ungefähre Ausbeute in Tassen (250 ml)	Anmerkungen
Adzukibohnen	3¼	45 Min.	3	Eine zarte rote Bohne, die in Japan und in der makrobiotischen Küche verwendet wird.
Anasazibohnen	3	2	2	Anasazi heißt in der Navajo-Sprache „die Alten". Eine rot-weiß gefleckte Buschbohne, die süßer und fleischiger ist als die meisten anderen Bohnen.
Augenbohnen	4	1¼	2	Ein Grundnahrungsmitteln in den Südstaaten der USA.
Great-Northern-Bohnen	4	1½	2	schöne, große weiße Bohnen
Kichererbsen	4	3 – 4	2	Finden Verwendung in der nahöstlichen und indischen Küche. Gekochte und pürierte Kichererbsen bilden die Basis für Hummus.
Kidneybohnen	4	1½	2	Mittelgroße rote Bohnen. In den USA die populärste Bohne; wird auch in der mexikanischen Küche verwendet.
Limabohnen Mondbohnen	3 3	1½ 1½	1¼ 1¾	Weiße Bohnen mit ausgeprägtem Geschmack, sehr nährstoffreich. Die Mondbohne ist eine kleinsamige Unterart der Limabohne.
Linsen	3	45 Min.	2¼	Es gibt grüne, rote, gelbe, Puy-Linsen und schwarze Beluga-Linsen. Eine Hülsenfrucht, die für indische Dal-Gerichte und Suppen verwendet wird.
Mungbohnen	3	45 Min.	2¼	Werden in Indien und Asien angebaut und für indische Dal-Gerichte verwendet. Man kann sie auch einweichen und sprießen lassen und frisch in Suppen und Salaten verwenden.
Pintobohnen	4	2½	2	Aus der mexikanischen und der Südstaaten-Küche. Verwendung in Suppen und als Bohnenmus in Burritos.
Schälerbsen	3	45 Min.	2¼	Es gibt sie in gelben und grünen Sorten. Für Suppen und indische Dal-Gerichte.
Schwarze Bohnen	4	1¼	2½	Machen sich gut in spanischen, südamerikanischen und karibischen Gerichten.
Sojabohnen	4	3+	2	Vielseitig verwendbare, proteinreiche Bohnen, die in Asien weit verbreitet sind. Sie lassen sich zu Tofu, Tempeh, Miso, Sojamilch, Sojasoße und Sojakäse verarbeiten.
Weiße Bohnen	4	2½	2	Herzhafte Bohnen für Suppen, Eintöpfe und kalte Salate.

Nussmilch ♥

mit freundlicher Genehmigung dem Buch The 30-Minute-Vegan *entnommen*

Mit diesem Grundrezept können Sie zahllose Variationen von Nussmilch herstellen. Jede Kombination hat ihren eigenen einzigartigen Geschmack. Nussmilch eignet sich für alle Rezepte, die Milch verlangen, kann aber auch allein als Erfrischungsgetränk genossen werden. Wenn Sie mehr Zeit haben und die besten Ergebnisse erzielen wollen, schlagen Sie in der Tabelle am Ende des Rezepts die empfohlenen Einweichzeiten nach.

▸ ERGIBT 1 L MILCH

1 Tasse Schalenfrüchte

4 Tassen Wasser

Die Schalenfrüchte gut abspülen und abtropfen lassen. Mit dem Wasser in den Mixer geben und mit hoher Umdrehungszahl 30 Sek. zerkleinern, bis die Masse cremig ist. Die Milch durch ein feinmaschiges Sieb, ein Seihtuch oder ein feinmaschiges Netz abgießen. Wenn Sie ein Sieb benutzen, rühren Sie die Nussmasse mit einem Löffel oder einem Gummispatel durch, damit die Milch schneller abfließt. Falls nötig, mit Agavensirup oder reinem Ahornsirup nach Geschmack süßen.

Anmerkung: Dieses Rezept funktioniert auch bei Reismilch. Nehmen Sie ungekochten Naturreis und Wasser und halten Sie sich an die Mischungsverhältnisse. Ein bequemer Weg, Verpackung zu sparen; die Milch ist frisch und schmeckt viel besser!

Nuss- oder Reismilch hält sich 3-4 Tage in einem Glasbehälter im Kühlschrank.

Wenn Sie mehr Zeit haben: *Einweichtabelle*

Die Schalenfrüchte gut abspülen und in eine Schüssel oder einen Behälter mit Wasser im Verhältnis 1 : 3 (1 Teil Nüsse: 3 Teile Wasser) einlegen. Solange stehen lassen, wie unten jeweils angegeben, dann abgießen, abspülen und weiterverwenden.

Schalenfrucht	Einweichdauer (Std.)	Schalenfrucht	Einweichdauer (Std.)
Mandeln	4-6	Pekannüsse	4-6
Macadamianüsse	1 – 2	Pinienkerne	1 – 2
Haselnüsse	4-6	Sesamsamen	1 – 4
Cashewkerne	1 – 2	Kürbiskerne	1 – 4
Paranüsse	4-6	Sonnenblumenkerne	1 – 4
Walnüsse	4-6		

Glutenfreie Mehlmischung

Als Ersatz für das in den Rezepten verlangte Mehl.

Sorgum-, Naturreis- und Tapiokamehl zu gleichen Teilen mischen. Für Plätzchen, Pasteten und Mürbeteigkuchen ¼ TL Xanthangummi pro 150 g Mehl, für Torten, Muffins und Scones ½ TL Xanthangummi pro 150 g Mehl zufügen.

Marinaden

Die Zutaten einer Marinade haben großen Einfluss auf den Geschmack eines Gerichts. Man braucht einfach nur etwas wie Tofu oder Riesen-Champignons in verschiedene Marinaden einzulegen und erzielt damit ganz unterschiedliche Geschmackserlebnisse.

Marinaden zuzubereiten macht Spaß und lohnt sich immer. Hier ein paar unserer Lieblingsmarinaden. Lassen Sie das Einleggut mindestens 10 Min. darin liegen. Je länger es mariniert wird, umso mehr Geschmack nimmt es an. Unseren Tofu (aber auch Gemüse) legen wir, falls irgend möglich, gern über Nacht ein. Dies sind einfache Marinaden, die für ein halbes Kilo Tofu oder Tempeh oder zwei Portionen Gemüse reichen.

Seien Sie experimentierfreudig! Nehmen Sie die folgenden Marinaden als Ausgangspunkt für Ihre eigene Entdeckungsreise. Zu meinen Lieblingszutaten für Marinaden gehören: geröstetes Sesamöl, Mirin, Senf, Naturreisessig, Meerrettich, fein gehackter Knoblauch oder frischer Ingwer, reiner Ahornsirup, Balsamicoessig und vielfältige Kräuter und Gewürze.

Ahorn-Balsamico-Marinade

▸ FÜR CA. 180 ML MARINADE

125 ml gefiltertes Wasser

3 EL weizenfreies Tamari oder Sojasoße

2 EL Oliven- oder Kokosöl

1 EL reiner Ahorn- oder Agavensirup

2 TL Balsamico- oder Rotweinessig

1 EL fein gehackter Knoblauch oder frischer Ingwer

1 EL fein gehackte frische Kräuter (optional)

1 Prise Cayennepfeffer

Alle Zutaten in einer Schüssel miteinander verrühren.

Zitronen-Dijon-Marinade

▸ FÜR CA. 180 ML MARINADE

125 ml frisch gepresster Zitronensaft

60 ml gefiltertes Wasser

2 EL fein gehackte frische Kräuter (z.B. Thymian, Oregano und Petersilie)

1½ TL veganer Dijon-Senf oder Steingemahlener Senf

½ TL Meersalz

¼ TL frisch gemahlener schwarzer Pfeffer

1 EL Olivenöl (optional)

¼ TL Cayennepfeffer (optional)

Alle Zutaten in einer Schüssel miteinander verrühren.

Vegane Mayonnaise

Diese eierfreie Mayonnaise können Sie überall verwenden, wo Mayo verlangt wird.

▸ FÜR CA. 500 G MAYONNAISE

375 ml Distelöl

180 ml Sojamilch

½ TL veganer Dijon-Senf

1 TL Agavensirup (optional)

¾ TL Meersalz (nach Geschmack)

1½ TL frisch gepresster Zitronensaft

Alle Zutaten, mit Ausnahme des Zitronensafts, im Mixer glatt rühren.
Beim Mixen den Zitronensaft nach und nach durch die Öffnung im Deckel zugießen, bis die Mischung dick wird.

Natürliche Süßungsmittel

Viele Menschen sind überzeugt davon, dass raffinierter Zucker in den Lebensmitteln zu gesundheitlichen Problemen führt, z.B. zu seelischen Störungen, Adipositas, Diabetes und Zahnkaries. Weil dem raffinierten Zucker die in natürlich süßen naturbelassenen Lebensmitteln enthaltenen Nährstoffe entzogen wurden, geht man davon aus, dass dem Körper beim Versuch, den Zucker zu verstoffwechseln, die körpereigenen Mineral- und Nährstoffreserven entzogen werden.

In der veganen Fusionsküche verwenden wir natürlich vorkommende und minimal verarbeitete Süßungsmittel. Sie können den üblichen Weißzucker im Verhältnis 1 : 1 durch rohen Rohrzucker oder Biozucker ersetzen, ohne Veränderungen am Rezept vornehmen zu müssen. Sie können dafür aber auch eines der folgenden Süßungsmittel nehmen. Diese Süßungsmittel sind dem Weißzucker zwar überlegen, sollen aber dennoch nur in Maßen verwendet werden.

Die folgende Tabelle zeigt, wie viel Süßungsmittel nötig ist, um eine Tasse raffinierten Weißzucker zu ersetzen, und wie viel weniger Flüssigkeit Sie zur Erhaltung der Konsistenz eines Gerichts nehmen müssen, wenn das Süßungsmittel flüssig ist.

SÜSSUNGSMITTEL	ÄQUIVALENT FÜR 1 TASSE (250 ML) RAFFINIERTEN ZUCKER	FLÜSSIGKEIT LT. REZEPT REDUZIEREN UM	ANMERKUNGEN
Agavensirup	¾ Tassen	⅓	Natürlicher Extrakt aus dem berühmten mexikanischen Kaktus mit niedrigem Glykämischem Index. Agavensirup und seine Ähnlichkeit mit dem fruktosereichem Maissirup sind etwas umstritten.
Ahornsirup	¾ Tassen	¼	Für 1 l Ahornsirup werden etwa 30-50 l Saft aus einem Ahornbaum benötigt. Diesen mineralreichen Sirup gibt es in verschiedenen Qualitätsgraden, die nach Helligkeit, Geschmack und Lichtdurchlässigkeit vergeben werden. Der Europäische Qualitätsgrad AA bezeichnet einen sehr hellen, fein-milden Sirup mit bis zu 100 % Lichtdurchlässigkeit, während Qualitätsgrad D für einen sehr dunklen, kaum bis gar nicht lichtdurchlässigen Sirup mit intensivstem Geschmack vergeben wird. Gut zum Backen geeignet. Verwenden Sie nur reinen Ahornsirup der höchsten Güteklasse.
Dattelzucker	⅔ Tassen	0	Ein Zuckergranulat, das beim Trocknen frischer Datteln entsteht.
Fruchtsirup	1 Tasse	¼	Hier werden zum Süßen bevorzugt Rosinen und Datteln eingeweicht und dann mit gefiltertem Wasser gemixt, sodass ein süßer Sirup entsteht. Nehmen Sie eine Tasse Wasser auf ½ Tasse Rosinen und experimentieren Sie, bis Sie die gewünschte Süße gefunden haben.
Gerstenmalzsirup	¾ Tassen	¼	Ungefähr halb so süß wie Honig oder Zucker. Aus gekeimter Gerste hergestellt; hat einen nussigen Karamellgeschmack.

SÜSSUNGSMITTEL	ÄQUIVALENT FÜR 1 TASSE (250 ML) RAFFINIERTEN ZUCKER	FLÜSSIGKEIT LT. REZEPT REDUZIEREN UM	ANMERKUNGEN
Kokosblütensirup	¾ Tassen	⅓	Ein mild schmeckender Süßstoff, der sehr gut als Ersatz für Agavensirup dienen kann. Er hat einen niedrigen Glykämischen Index und ist reich an Vitaminen, Mineralien, Aminosäuren und anderen Nährstoffen.
Kokosblütenzucker	1 Tasse	0	Luftgetrockneter Kokosblütennektar ergibt ein nährstoffreiches Zuckergranulat, das wir als Süßungsmittel für die Rezepte in diesem Buch besonders empfehlen. Der Zucker hat einen dunklen, reichhaltigen Geschmack und einen niedrigeren Glykämischen Index als Rohrzucker.
Lucumapulver	1 Tasse	0	Ein rohes Süßungsmittel mit niedrigem Glykämischem Index und leichtem Ahorngeschmack. Wird aus der Lucuma-Frucht (Pouteria Lucuma) hergestellt, die in den Peruanischen Anden wächst und als „Inkagold" bezeichnet wird.
Naturreissirup	1 Tasse	¼	Ein relativ geschmacksneutrales Süßungsmittel, das ungefähr halb so süß wie Zucker oder Honig ist. Hergestellt aus fermentiertem Naturreis.
Stevia (Pulver)	1 TL	0	Stevia ist eine Pflanze aus dem brasilianischen Regenwald. Das Pulver ist um 200-400 % süßer als Weißzucker. Es enthält keine Kalorien, fördert keinen Zahnkaries und soll für Diabetiker und Menschen mit Blutzucker-Ungleichgewicht geeignet sein.
Vollrohrzucker	1 Tasse	0	Ein Granulat aus gefiltertem, eingedicktem, getrocknetem und gemahlenem Zuckerrohrsaft, dessen Süße in etwa der von Zucker entspricht. Enthält noch die meisten Vitamine und Mineralstoffe des Zuckerrohrs.
Xylitol (Birkenzucker)	1 Tasse	0	Ein natürlich vorkommender Zuckersatz aus den Fasern vieler Früchte und Gemüsesorten, wie Beeren, Maiskolbenreste, Hafer, Pflaumen und Pilze. Ursprünglich wurde er im 19. Jhd. in Finnland aus Birken gewonnen. Soll gut für die Zähne und aufgrund seines niedrigen Glykämischen Indexes für Diabetiker geeignet sein.
Yacón	¾ Tassen	⅓	Diese Wurzelknolle ist ein entfernter Verwandter der Sonnenblume. Der aus den südamerikanischen Anden stammende, mineralreiche Yacón-Sirup hat eine dunkelbraune Farbe und wird als kalorienarmes Süßungsmittel verwendet.
Zuckerrohrmelasse	½ Tasse	¼	Dieser Sirup ist ein flüssiges Nebenprodukt der Zuckerraffination. Er enthält noch viele Nährstoffe, die im Zuckerrohr enthalten sind und hat einen kräftigen, markanten Geschmack.

Tipps und Tricks vom Küchenchef

Dattelsirup

Das ist vermutlich das gesündeste und am wenigsten verarbeitete Süßungsmittel, das Sie verwenden können. Ersetzen Sie damit Ahornsirup, Agavensirup und andere konzentrierte Süßungsmittel.

▸ ERGIBT CA. 250 ML SIRUP

50 g Datteln

250 ml Wasser

Die Datteln mit dem Wasser in einem starken Mixer glatt mixen. Der Sirup kann in einem Glasbehälter im Kühlschrank bis zu 4 Tage aufbewahrt werden.

Anhang C

Ergänzende Informationen

Nichts wird der Gesundheit des Menschen so nützen und die Chance auf ein Überleben auf der Erde so steigern wie der Schritt zur vegetarischen Ernährung.

— *Albert Einstein* —

Die Vorteile veganer Ernährung

Seit der Veröffentlichung des ersten veganen 30-Minuten-Kochbuchs 2009 ist das Interesse an veganen Speisen geradezu explodiert. Neben dem ehemaligen US-Präsidenten Bill Clinton gibt es eine ganze Menge Prominenter (von Ellen DeGeneres bis Alicia Silverstone), Hochleistungssportler (wie Triathlet Brendan Brazier), mächtiger Unternehmer (wie Hip-Hop-Mogul Russell Simmons und Twitter-Mitbegründer Biz Stone) und Menschen aus allen sozialen Schichten, die mit dieser alles verändernden Lebensweise experimentieren.

Die Gründe, aus denen Menschen auf vegane Ernährung umsteigen, sind vielfältig. Vor allen Dingen schmecken diese Speisen unglaublich gut! Es gibt Leute, die Veganer werden, weil sie abnehmen oder Krankheiten vorbeugen wollen. Es gibt inzwischen zahlreiche Untersuchungen, die belegen, dass viele ernste Erkrankungen, wie Herz-Kreislauf-Krankheiten, Adipositas oder Diabetes, durch eine stärker pflanzenbasierte Kost verhindert und gebessert werden können. Bitte schauen Sie sich den Film Gabel statt Skalpell an, wenn Sie mehr über die vielen gesundheitlichen Vorteile der veganen Ernährungsweise erfahren möchten.

Wollen Sie der Erde etwas Gutes tun? Abgesehen davon, dass sie fantastisch schmeckt, ist die vegane Ernährung auch einer der wirksamsten Schritte zum Schutz unserer Umwelt. Die Ernährungs- und Landwirtschaftsorganisation der Vereinten Nationen schätzt, dass die Fleischproduktion für fast ein Fünftel der weltweiten Treibhausgas-Emission verantwortlich ist – mehr als die gesamte Transportbranche der Welt zusammengenommen. Wir tun mehr für die Umwelt, wenn wir vegan essen, als wenn wir unsere Spritfresser gegen Elektroautos tauschen oder zur Arbeit laufen.

Optimale Gesundheit

Ich habe mich auf eine von Grund auf pflanzliche Ernährungsweise umgestellt. Ich lebe von Bohnen, Hülsenfrüchten, Gemüse und Obst. Jeden Morgen trinke ich ein proteinhaltiges Nahrungsergänzungsmittel. Keine Milchprodukte. Ich habe 12 kg abgenommen und bin praktisch zu meinem Gewicht aus der High School zurückgekehrt... Ich werde bei diesem Experiment mitmachen. Mal sehen, ob ich auch zu denen gehöre, die einen Selbstreinigungsmechanismus haben.

— *Bill Clinton* —

In der Medizin findet gerade eine echte Revolution hinsichtlich des Nutzens der veganen Ernährung statt. Renommierte Ärzte, wie Dr. Caldwell Esselstyn jr. und Dr. Dean Ornish, haben mit Programmen, die eine vegane Ernährung beinhalten, erfolgreich Herz-Kreislauf-Erkrankungen rückgängig machen können. In gleicher Weise können Dr. John McDougall, Dr. Gabriel Cousens, Dr. Neal Barnard und Joel Fuhrman Erfolge bei der Behandlung bestimmter Formen des Diabetes vorweisen.

Es häufen sich die Beweise, dass ein Mehrverbrauch an gesättigten Fettsäuren aus Tierprodukten zu schweren gesundheitlichen Problemen führt, wie Adipositas, Herz-Kreislauf-Erkrankungen, Diabetes, Bluthochdruck, Gicht, Nierensteinen und bestimmten Krebsarten.

Zudem erhalten Tiere, die in industriellen Viehzuchtbetrieben gezüchtet werden, Hormone zur Steigerung der Wachstumsgeschwindigkeit, um den größtmöglichen Profit erzielen zu können. Weil sie unter extrem gesundheitsschädlichen Bedingungen untergebracht und transportiert werden, gibt man ihnen Antibiotika, die beim Verzehr unweigerlich in den menschlichen Körper übergehen.

Die American *Dietetic Association* formulierte 2009 ihren Standpunkt neu: „Eine gut geplante vegane und anderweitig vegetarische Ernährungsweise ist für alle Lebensphasen geeignet, einschließlich Schwangerschaft, Stillzeit, Säuglingsalter, Kindheit und Adoleszenz." Die offizielle Meinung dieser Gesellschaft wie auch der der kanadischen Ernährungswissenschaftler lautet, dass „eine angemessen geplante vegetarische Ernährungsweise, einschließlich einer vollkommen vegetarischen oder veganen Ernährung, gesund und ernährungsphysiologisch angemessen ist und gesundheitliche Vorteile bei der Vorbeugung und Behandlung bestimmter Krankheiten bieten kann."

Das sollte für immer dem Mythos ein Ende setzen, dass es einer veganen Ernährungsweise in irgendeiner Weise an Nährstoffen mangelt. Jeder, der sich darum Sorgen macht, kann beruhigt sein, dass vegane Lebensmittel die komplette Menge an Proteinen, Calcium, Eisen und all den anderen essenziellen Nährstoffen enthalten, die wir zum Leben brauchen.

Umweltschutz

> Im Hinblick auf den dringenden Handlungsbedarf und die Machbarkeit einer kurzfristigen Reduktion (der Treibhausgase) ist das die eindeutig attraktivste Möglichkeit. Essen Sie zunächst einen Tag (in der Woche) kein Fleisch und reduzieren Sie den Verzehr dann weiter.
>
> — *Dr. Rajendra Pachauri* —
> *Vorsitzender des nobelpreisgekrönten Klimarats der Vereinten Nationen*

Die Auswirkungen einer veganen Ernährungsweise auf die Umwelt betragen nur einen Bruchteil jener der Fleischkost. Vegane Nahrungsmittel verwerten die begrenzten Ressourcen der Erde auf die beste Weise. Die Produktion von einem Kilogramm Rindfleisch erfordert 16 Kilogramm Getreide und 10 000 Liter Wasser. Das ist frappierend angesichts dessen, dass wir in den Nachrichten ständig von Lebensmittel- und Wasserknappheit hören und von Menschen, die hungrig zu Bett gehen.

Wenn wir überleben wollen, müssen wir die Ressourcen unseres Planeten klug nutzen. Weltweit stimmen die Wissenschaftler darin überein, dass die globale Erwärmung eine ernste Gefahr für die Menschheit und das Leben, wie wir es kennen, darstellt. Der Schlüssel zu ihrer Umkehr liegt in der Reduktion der Treibhausgase, die die Temperatur auf der Erde in die Höhe treiben. Laut eines UN-Berichts von 2006 mit dem Titel „Livestock's Long Shadow" ist die Viehzucht als Lebensmittellieferant für 18 Prozent aller emittierten Treibhausgase verantwortlich. Das ist eine Menge Gas!

Hier einige weitere Informationen für alle, die umweltbewusst leben wollen:

Die Nutztierpopulation der USA verbraucht fünfmal mehr Getreide und Sojabohnen, wie nötig ist, um die gesamte Bevölkerung dieses Landes zu ernähren. An die Nutztiere werden über 80 Prozent des Maisanbaus und 95 Prozent des Haferanbaus in den USA verfüttert.

Laut Aussage des Landwirtschaftsministeriums der Vereinigten Staaten kann ein Hektar Nutzland einen Ertrag von 24,7 Tonnen Gemüse erbringen. Dieselbe Fläche aber kann nur knapp 204 Kilogramm Fleisch produzieren.

Zur Produktion von einem Kilogramm Fleisch werden 16 Kilogramm Getreide benötigt.

Wenn die Amerikaner bereit wären, ihren Fleischverzehr um nur zehn Prozent zu reduzieren, würden damit jährlich fast 11 Millionen Tonnen Getreide gespart.

Zur Produktion von einem einzigen Kilogramm Fleisch werden etwa 20 000 Liter Wasser benötigt. Hingegen braucht man nur 1200 Liter Wasser, um den täglichen Nahrungsbedarf für eine Person zu produzieren, die sich pflanzlich ernährt.

Um mehr Weideflächen für die Viehzucht zu gewinnen, zerstören Süd- und Mittelamerika ihre Regenwälder. In diesen Regenwäldern aber lebt fast die Hälfte aller Tier- und Pflanzenarten der Erde, einschließlich vieler Heilpflanzen. Über eintausend Tier- und Pflanzenarten werden pro Jahr ausgerottet, die meisten davon in den Regenwäldern und den Tropen. Diese Praxis sorgt auch für die Vertreibung der Ureinwohner, die seit unzähligen Generationen in dieser Umgebung leben.

Über 60 Millionen Menschen sterben jedes Jahr an Unterernährung. Das bedeutet, dass wir Getreide an Tiere verfüttern, während unglaublich viele unserer Mitmenschen verhungern.

Für die, denen unsere Umwelt am Herzen liegt, läuft alles auf die Frage nach der Nachhaltigkeit hinaus. Welches ist die nachhaltigste Methode, die wachsende menschliche Bevölkerung zu ernähren und zu unterstützen? Wenn man sich dann den unverhältnismäßig großen Anteil an Land, Wasser und Ressourcen anschaut, der für eine fleischhaltige Ernährung benötigt wird, erscheint es sehr vernünftig, unsere Lebensweise stärker auf pflanzliche Kost umzustellen. Ob man nun völlig vegan lebt oder erst einmal nur einige vegane Mahlzeiten pro Woche einführt – jede kleine Veränderung hilft.

Gutsein ist cool

Ich bin zum Tierschützer geworden… Ich werde mich für den Rest meines Lebens gut behandeln, und ich will zeigen, dass mir die Rechte der Tiere nicht gleichgültig sind. Nahrung aus Tierprodukten bringt Menschen um. Wenn wir also Veganer werden… werden wir gesund und retten Tiere.

– Steve Wynn –

Steve Wynn ist ein Hotelmagnat, der durch Mike Andersons Dokumentation *Eating* zum Veganer wurde. Er war so begeistert, dass er für all seine Führungskräfte, Köche und Angestellten 10 000 Kopien der DVD kaufte und in seinen Hotelrestaurants eine zusätzliche vegane Speisekarte einführte. Nebenbei hat er seitdem auch noch sieben Kilo abgenommen!

Viele Menschen werden aus einem Engagement für die Gewaltlosigkeit heraus Veganer. Ihrer Meinung nach sind wir Verwalter und Betreuer der Erde und ihrer

Bewohner und dürfen keine Praktiken unterstützen, die irgendeinem Lebewesen, das in der Lage ist, Schmerz zu empfinden, Leid zufügen.

Der kleine Familienhof, auf dem die landwirtschaftlichen Methoden einen gewissen Respekt gegenüber den als Nahrung gezüchteten Tieren zeigten, gehört der Vergangenheit an. Heutzutage findet der Großteil der weltweiten Fleisch-, Milch- und Eierproduktion in gewaltigen Massentierhaltungsbetrieben statt, die den Agrarkonzernen gehören. Das hat zu Praktiken geführt, die die Aufzucht und den Transport von Zuchtvieh einzig im Hinblick auf den zu erzielenden Profit betrachten.

Damit die Tiere unter solchen Bedingungen überleben, erhalten sie routinemäßig Chemikalien und Antibiotika. Um das Gewicht von Kühen zu steigern, werden viele mit künstlich aromatisiertem Sägemehl, Plastik, Talg, Fett und Zementstaub gefüttert. Muttersäue werden in der Massentierhaltung in Verschlägen gehalten, die so klein sind, dass sie sich nicht einmal umdrehen können. Milchkühe werden gezwungen, den größten Teil ihres Lebens trächtig zu bleiben, und bekommen Hormone zur Steigerung der Milchproduktion injiziert.

Die männlichen Kälber dieser Kühe werden oftmals gleich nach der Geburt in einen Verschlag gesperrt, der so eng ist, dass sie sich nicht drehen können. Ihr Futter wird absichtlich eisenarm gehalten, damit sie an Anämie erkranken und ihr Fleisch weiß bleibt. Nach mehr oder weniger vier Monaten eines Lebens unter diesen Bedingungen wird das Kalb geschlachtet und zu Kalbfleisch verarbeitet. Ganz einfach: Wenn Sie sich für eine vegane Lebensweise oder für die Reduktion Ihres Fleischverzehrs entscheiden, ist das gut für die Umwelt, gut für die Tiere und gut für Sie selbst. Das ist die beste Art des Gutseins.

Umstieg auf Bioprodukte

Aus einer Erklärung der *Organic Trade Association:* „Die biologische Landwirtschaft basiert auf Techniken, die die Bodenfruchtbarkeit erhalten und dabei durch biologische Vielfalt, erneuerbare Energien und Wiederverwertung von Nahrungsmitteln das natürliche Gleichgewicht unterstützen. Diese Verfahrensweise strebt ebenfalls danach, den Einsatz synthetischer Düngemittel und Schädlingsbekämpfungsmittel zu reduzieren. Biolebensmittel werden so verarbeitet, verpackt und transportiert, dass ohne den Einsatz künstlicher Konservierungsmittel, Farbstoffe, Bestrahlung oder synthetischer Pflanzenschutzmittel ein Höchstmaß an Nährwert erhalten bleibt."

Fragen Sie sich noch, ob es sich lohnt Bioprodukte zu kaufen? Dann bedenken Sie, dass viele der Chemikalien, die in kommerziellen Pestiziden und Düngemitteln eingesetzt werden, nicht auf ihre langfristigen Auswirkungen auf den Menschen geprüft wurden. Lohnt es sich, dieses Risiko für Ihre Gesundheit und die Ihrer Familie einzugehen? Biologisch angebaute Lebensmittel stehen für einen Zyklus der Nachhaltigkeit, der die Fruchtbarkeit des Mutterbodens verbessert und die Nahrung sowohl wertvoll als auch sicher macht.

Biobauern wenden landwirtschaftliche Methoden an, die das empfindliche Gleichgewicht unseres Ökosystems respektieren. Im Vergleich zu den konventionellen Methoden erzeugt das nur einen Bruchteil an Grundwasserverschmutzung und Mutterbodenverarmung. Die meisten Menschen finden, dass Bioprodukte auch im Hinblick auf Geschmack und Qualität den konventionell angebauten Lebensmitteln überlegen sind.

Zudem ist der Kauf von lokal angebauten und der Jahreszeit entsprechenden Bioprodukten eine äußerst wirksame Möglichkeit, die eigene Umwelteinwirkung zu reduzieren. Der Kauf von lokalen Produkten spart ungeheuer viel Energie, die für den Transport aufgewendet werden müsste – der manchmal sogar über Weltmeere und Kontinente führt.

Ein weiterer Grund, die Biobauern zu unterstützen, hat mit der Gesundheit der Landarbeiter selbst zu tun. Auf konventionellen Höfen sind die Arbeiter täglich starken Konzentrationen von Pestiziden ausgesetzt. Diese Gefahr besteht auf Biobauernhöfen nicht.

Und nicht zuletzt unterstützen wir mit dem Kauf von Bioprodukten die kleinen Familienhöfen. Diese einst vorherrschende Betriebsform verschwindet in rasantem Tempo, weil Kleinbauern nicht in der Lage sind, im Wettbewerb mit den schwer subventionierten Agrarunternehmen mitzuhalten, die auf Flächen von mehreren tausend Hektar synthetische Substrate, Sprühflugzeuge und schwere Landmaschinen einsetzen.

Um mehr über biologische Landwirtschaft zu erfahren, besuchen Sie Ihren örtlichen Bauernmarkt und reden Sie mit den Bauern. Sie können sich auch auf den Internetseiten, die in Anhang D aufgelistet sind, informieren. Bioprodukte erkennen Sie am PLU-Code, der mit einer 9 beginnen muss.

Nicht alle landwirtschaftlichen Produkte sind gleich. Die Organisation Environmental Working Group hat eine Liste mit kommerziell angebauten Lebensmitteln nach deren Pestizidgehalt zusammengestellt.

Die mit dem höchsten Pestizidgehalt werden als „Das Dreckige Dutzend“ bezeichnet. Diese Lebensmittel wurden positiv auf 47 bis 67 Pestizide getestet. Diese Lebensmittel kaufen Sie am besten immer in Bioqualität:

Stangensellerie
Pfirsiche
Erdbeeren
Äpfel
einheimische Heidelbeeren
Nektarinen
milder Paprika
Spinat, Grünkohl und Markstammkohl
Kirschen
Kartoffeln
importierte Trauben
Gartensalat

„Die Sauberen 15“ wiesen wenig bis keine Pestizidspuren auf:

Zwiebeln
Avocados
Zuckermais
Ananas
Mango
Speiseerbsen
Spargel
Kiwi
Kohl
Auberginen
Cantaloupe-Melonen
Wassermelonen
Grapefruit
Süßkartoffeln
Süße Zwiebeln

Weg mit GVO!

Ein GVO (gentechnisch veränderter Organismus) ist eine Pflanze, ein Tier oder ein Mikroorganismus, dessen genetischer Code verändert wurde – üblicherweise durch Einbringen von Genen anderer Organismen. Dieser Prozess verleiht gentechnisch veränderten Lebensmitteln Eigenschaften, die im Original nicht vorhanden sind. Viele Menschen halten diese Praktiken für naturwidrig und sehr gefährlich für Menschen, Umwelt und unser landwirtschaftliches Erbe.

Die Hersteller gentechnisch veränderter Sämereien behaupten, diese Technik erhöhe die Schädlingsresistenz der Pflanzen, fördere höhere Erträge oder verbessere den Nährwert. Fakt ist, dass die langfristigen Auswirkungen dieser Samen auf den Verbraucher und unseren Genpool nach wie vor unbekannt sind. Diese ungeprüfte Technologie gefährdet auf lange Sicht die menschliche Gesundheit. Es ist logisch, dass der Verzehr von Bio-Nahrung die GVO aus unserem Nahrungsmittelangebot eliminiert.

Schon viele Städte und Gemeinden auf der ganzen Welt haben es geschafft, GVO-frei zu werden. Bitte schließen Sie sich unserer kritischen Bewegung an, damit unsere Landwirtschaft von der Gentechnik abrückt und sich auf eine wahrhaft nachhaltige Landwirtschaft hinbewegt. Weitere Informationen finden Sie auf der Internetseite des Non-GMO Project unter *http://www.nongmoproject.org/ (englisch)*. Auch hier können Sie am PLU-Code erkennen, ob Ihr Produkt genetisch verändert wurde: GVO-Codes beginnen mit einer 8.

Kompostierung: der Zyklus des Lebens

Beim Kompostieren werden Küchenabfälle, Grünschnitt und Gartenabfälle abgebaut und in nährstoffreiche und fruchtbare Erde umgewandelt. Das ist der nächste Schritt, den wir gehen können, um einen nachhaltigeren Anbau von Nahrungsmitteln zu fördern. Der Kompost enthält Stickstoff und Spurennährstoffe, die den Boden gesund erhalten, und kann als Mulch und Bodenverbesserung verwendet werden. Ein gesunder Boden sorgt für gesunde Anbauerträge und macht Dünger und Pestizide nach und nach überflüssig.

Die Kompostierung vollendet den Zyklus des Lebens vom Samen über den Tisch zurück zur Erde. Viele Städte und Gemeinden fördern Kompostierungsprogramme und können Ihnen dafür alle Hilfsmittel und Anleitungen an die Hand geben.

Anhang D

Informations- und Bezugsquellen

Wollen Sie mehr wissen? In diesem Anhang finden Sie Informationsquellen, mit denen Sie Ihr Wissen, das wir in diesem Buch nur anreißen konnten, vertiefen können.

Weiterführende Literatur

Brazier, Brendan. *Vegan in Topform: Der vegane Ernährungsratgeber für Höchstleistungen in Sport und Alltag – Die Thrive-Diät des berühmten kanadischen Triathleten.* Kandern: Narayana-Verlag, 2014.

Brazier, Brendan. *Vegan in Topform – Das Kochbuch. 200 pflanzliche Rezepte für optimale Leistung und Gesundheit.* Kandern: Narayana-Verlag, 2014.

Brazier, Brendan. *Vegan in Topform: Das Fitnessbuch. Das vegane Trainingsprogramm für maximale Leistung und Gesundheit.* Kandern: Narayana-Verlag, 2015.

Campbell, Collin T., and Campbell, Thomas M. *China Study: Die wissenschaftliche Begründung für eine vegane Ernährungsweise.* Bad Kötzting: Verlag Systemische Medizin, 2011.

Dahlke, Rüdiger. *Peace Food. Wie der Verzicht auf Fleisch Körper und Seele heilt.* München: Gräfe und Unzer Verlag, 2013.

Dahlke, Rüdiger. *Vegan für Einsteiger. In 4 Wochen zu einem gesunden, nachhaltigen Leben.* München: Gräfe und Unzer Verlag, 2014.

Esselstyn, Caldwell B. *Essen gegen Herzinfarkt. Das revolutionäre Ernährungskonzept.* Stuttgart: TRIAS Verlag, 2014.

Fuhrman, Joel. *Eat to Live. Das wirkungsvolle, nährstoffreiche Programm für schnelles und nachhaltiges Abnehmen.* Kandern: Narayana-Verlag, 2014.

Fuhrman, Joel. *Eat to Live – Das Kochbuch. Das Begleitbuch zum erfolgreichen Bestseller „Eat to Live“.* Kandern: Narayana-Verlag, 2015.

Kenney, Matthew. *Everyday Raw Express. Köstliche Rohkost in unter 30 Minuten.* Kandern: Narayana-Verlag, 2014.

Kenney, Matthew. *Plant Food. Innovative Rohkostgerichte von einem der besten Rohkost-Küchenchefs der Welt.* Kandern: Narayana-Verlag, 2015.

Ornish, Dean. *Revolution in der Herztherapie: Der Weg zur vollkommenen Gesundheit.* Bielefeld: Kamphausen J. Verlag, 2010.

Robbins, John. *Ernährung für ein neues Jahrtausend.* Emmendingen: Hans-Nietsch-Verlag, 1995.

Robbins, John. *Food Revolution.* Emmendingen Hans-Nietsch-Verlag, 2003.

Robbins, John. *Gesund bleiben bis 100-Wissenschaftlich erforschte Geheimnisse eines langen und glücklichen Lebens.* Emmendingen: Hans-Nietsch-Verlag, 2012.

Roll, Rich. *Finding Ultra.* Wie ich meine Midlife-Krise überwand und einer der fittesten Männer der Welt wurde Kandern: Narayana Verlag, 2015.

Tuttle, Will. E*rnährung und Bewusstsein: Warum das, was wir essen, die Welt nachhaltig beeinflusst.* Amerang: Crotona Verlag GmbH, 2014.

Bezugsquellen

Die meisten der im Buch erwähnten Produkte wie Quinoa, Gojibeeren oder Reisessig sind in gängigen Naturkostläden erhältlich.

Sie können sie auch direkt über unseren Online-Shop **www.unimedica.de** in der Kategorie „Gesunde Ernährung" erhalten. Dort finden Sie ein großes Sortiment an Naturkostprodukten, u.a. auch seltene Produkte wie Sacha inchi. Auch die für die Rezepte notwendigen Küchengeräte sowie die Vega-Produkte von Brendan Brazier sind dort erhältlich.

Brendan Brazier hat seine eigene Superfood-Serie *Vegan in Topform* entwickelt. Auch diese Superfoods sind bei **www.unimedica.de** erhältlich.

Weiterführende Informationen

www.vegan.de
www.vegan.eu
www.vebu.de
(Führer zu vegetarischen Restaurants und Bioläden mit Suchfunktion, Informationen zur vegetarischen und Rohkost-Ernährung, mit veganen Rezepten)
www.tierrechte.de
(Tierrechte und Tierschutz)
www.brendanbrazier.de
(Triathlet Brendan Brazier)
www.tofufamily.de
(vegane Ernährung von Kindern)
www.vamily.de
(veganes Familienleben)
www.veganstrength.de
(veganes Bodybuilding und Fitness)
www.naturkost.de
(vegetarische und vegane Rezepte, Diskussionsforen und vegetarische Community)

Biolandwirtschaft und Biogartenbau

www.demeter.de
www.oekolandbau.de
www.wwoof.de
www.biogarten-online.de

Rohkosternährung

www.raw-living.de
www.rohkost.de

Mitwirkende an diesem Buch

JENNIFER MURRAY, Chefköchin
Jennifer Murray ist Mitautorin dreier Kochbücher, einschließlich The 30-Minute Vegan, The 30-Minute Vegan's Taste of the East und The Complete Idiot's Guide to Eating Raw. Zurzeit bietet sie über ihr Unternehmen Nourish Kauai Kochkurse auf der Garteninsel Kaua'i an.

PATRICK BREMSER, Chefkoch
Patrick Bremser hatte seine Finger in der Rührschüssel, seit er groß genug war, um hineinsehen zu können. Mit seiner mehr als zwanzigjährigen Berufserfahrung schätzt und erlebt Patrick die Kochkunst nicht nur als Gaumentanz, sondern auch als wichtige Grundlage für eine strahlende Gesundheit und ein gedeihliches Gemeinwesen. Wenn er nicht gerade in der Küche steckt, findet man ihn im Garten, beim Surfen, beim Wandern oder beim Meditieren.

COLIN PATTERSON, Chefkoch
Colins Kochlaufbahn begann 1996 am Western Culinary Institute, wo er die Grundlagen der Alchemie der Nahrungsmittel erlernte. 2008 eröffnete zusammen mit seiner Frau und einigen Freunden das Sutra – ein veganes Restaurant, das viergängige Table d'hôte-Menüs aus lokal angebauten Biozutaten anbietet. Seine Aufmerksamkeit gilt der bewussten Auswahl von Zutaten für eine Vollwertkost, die er köstlich und optisch ansprechend zur Pflege Ihres Tempels (Ihres Körpers) zubereitet.

DEBORAH BROWN PIVAIN, Chefköchin
Deborah Brown Pivain gründete zusammen mit Alex und Caroline Pivain das Gentle Gourmet Café in Paris und das Paris Vegan Day Festival, um die vegane Lebensweise in Paris und ganz Frankreich publik zu machen. Dem dienen auch ein Restaurant, ein B&B, Kochkurse sowie Sonderveranstaltungen, wie die New Years Eve's Eve Cruise 2011 oder ein jährliches Festival, das sich mittlerweile zu Europas größter veganer Veranstaltung gemausert hat, die 8000 Besucher anzieht.

SURDHAM DANIELE GÖB, Chefkoch
Surdham ist der vegane Biokoch, der von 2005 bis 2008 den einstigen Münchner Club mit Restaurant Zerwirk als komplett veganes Restaurant führte. Heute bietet er veganes Catering, Kochkurse und Coaching für private und geschäftliche Kunden an. Aufgewachsen ist er in einem italienischen Catering-Unternehmen als Spross von fünf Generationen im Gastgewerbe. Das Kochen und das Verständnis für Nahrung liegen ihm im Blut. Umfangreiche Reisen und Meditationen haben ihm mehr Tiefe und einen einzigartigen Stil vermittelt. Surdham hat drei Bücher veröffentlicht: *Meine vegane Küche: Surdhams Kitchen, Vegane Superfoods und Vegan Daily.*

FAWNE FRAILEY UND SEBASTIAN ROMERO, Food-Fotografen
Fawne Frailey und Sebastian Romero von den Sea Light Studios, feiern gemeinsam das Leben, indem sie tun, was sie lieben: Sie versuchen, mit dem Fotoapparat die Schönheit des Augenblicks zu erhaschen. Sie spezialisieren sich auf Lifestyle Fotografie auf der Insel Kaua'i. Beide genießen das gesunde Leben und verwöhnen ihren Körper mit köstlichen veganen Gerichten.

AMAYA GREEN, Foodstylistin
Amaya ist die preisgekrönte Fotografin der Vegan Fusion World Cuisine und lebt auf der schönen Insel Kaua'i. Ihre Liebe zur kreativen Darstellung von Speisen ist all ihren Werken immanent.

LISA PARKER, Rezepttesterin
Im Innersten ist Lisa eine Alchemistin: Sie liebt Pflanzen, Farben, Aromen, Texturen und Gerüche. Voller Begeisterung ist sie ständig dabei, abzumessen, umzurühren und die Küche mit köstlichen Düften zu füllen. Lisa kocht und braut, seit sie zu ihrem 7. Geburtstag einen Spielzeug-Backofen geschenkt bekommen hat. Heute kocht sie viel für Freunde und Familie, hat eine Firma für pflanzliche Körperpflege-Produkte und arbeitet mit ihrem Mann an der Errichtung eines tropischen Nahrungswalds und Heiligtums an ihrem Wohnort auf Kaua'i.

ROLAND BARKER, Rezepttester
Als junger Musiker war die Arbeit in Restaurants für Roland eine gute Möglichkeit, seinen Lebensunterhalt zu verdienen. Als dann sein Wissen über und seine Wertschätzung für die Nahrung immer mehr zunahmen, wurde sie zur lebenslangen Leidenschaft. Roland ist fasziniert von der Fülle der Natur und ihrer Fähigkeit, uns zu nähren und zu heilen, und als Koch versucht er, das mit dem Spaß bei der Zubereitung von heilsamer, natürlicher Vollwertkost zu verbinden.

SUZANNE RUDOLPH, Rezepttesterin
Suzanne ist eine begeisterte Weltreisende mit einer lebenslangen Leidenschaft fürs Essen. Ihr Geschmack wurde stark von den Küchen beeinflusst, in denen sie bei ihren Reisen durch mehr als dreißig Länder gespeist hat. Sie teilt ihre Zeit zwischen Catering und Unterricht für Heimköche an der Auguste Escoffier School of Culinary Arts in Boulder auf.

DAWN JEWELL, Korrektorin für Vegan Fusion
Dawn Jewell arbeitet seit 2004 für Mark Reinfeld und Vegan Fusion, als sie auf der hawaiianischen Insel Kaua'i lebte. Als Korrektorin hat sie den Namen „Prinzessin auf der Erbse" bekommen. Dawn ist auch im sozialen und medialen Bereich sehr aktiv und arbeitet als Diskjockey und als Liedermacherin.

Danksagungen

Beim Tippen dieser letzten Seiten meines Manuskripts empfinde ich eine tiefe Dankbarkeit. Ich bin so dankbar für die Liebe und Unterstützung meiner ganzen Familie und all meiner Freunde. Mein Dank geht an meine Mutter Roberta Reinfeld und meine Schwestern Jennifer und Dawn Reinfeld, aber auch an Roger Vossler, Richard Slade, Bill Townsend, Cody Martin Townsend und Sierra Molly Townsend.

Vielen Dank an alle, deren unvergleichliche Mitarbeit dieses Buch erst möglich gemacht hat. Chapeau an meine genialen Rezepttester Lisa Parker, Roland Barker, Suzanne Rudolph, Joanna Faso und Alana Layne Greenberg. Meine Hochachtung auch an die mitwirkenden Chefköche Jennifer Murray, Patrick Bremser, Colin Patterson, Surdham Daniele Göb and Deborah Brown Pivain. Besonders danke ich Jennifer Murray für ihre Beiträge zu den anderen Büchern dieser Reihe: The 30-Minute Vegan und The 30-Minute Vegan's Taste of the East sowie The Complete Idiot's Guide to Eating Raw.

Respekt an die herausragenden Food-Fotografen Fawne Frailey und Sebastian Romero von den Sea Light Studios. Es war mir eine Ehre, Hilfe von der Food-Stylistin Amaya Green zu erhalten. Amaya war die Food-Fotografin für unser erstes Kochbuch, die mehrfach preisgekrönte Vegan Fusion World Cuisine. Danke auch an Engelica Desamparado für ihre Hilfe bei den Fotoshootings.

Danke an alle Freunde in Colorado und auf Hawaii, die meine Rezepte getestet und mir dazu Feedback gegeben haben: Roberta Reinfeld, Roger Vossler, Dawn Reinfeld, Bill Townsend, Suki Halevi, Lani Starr, Smita Khatri und Erik Marcus, um nur einige zu nennen.

Danke an Dawn Jewell, die „Prinzessin auf der Erbse", sowie an Sara Jelley von Curvy Fitness für Ihre Hilfe bei den Recherchen für dieses Buch.

Ich danke meiner fantastischen Literaturagentin Marilyn Allen und meinem Freund Daniel Rhoda, der mich ihr vorgestellt hat. Ein besonderes Dankeschön an meine Redakteurin bei Da Capo, Renée Sedliar, deren Geduld und Flexibilität mir den Freiraum gaben, dieses Buch zu schreiben. Danke auch alle vom Produktions- und Marketing-Team bei *Da Capo*, einschließlich des vorherigen Redakteurs Matthew Lore, der als Erster an das 30-Minute-Vegan-Konzept geglaubt hat – du bist der Größte!

Mein tief empfundener Dank geht an meine Partner bei Vegan Fusion, Bo und Star Rinaldi, für ihre unerschöpfliche Liebe und Unterstützung.

Offiziell ist dieses Buch meinem Großvater Benjamin Bimstein gewidmet, der in mir die Liebe zum Kochen geweckt hat, doch in meinem Herzen widme ich es auch dem Andenken an meinen Vater Martin Reinfeld. Die Liebe und der Wunsch nach Freiheit, die er mir mitgegeben hat, haben es mir ermöglicht, das Leben eines Weltreisenden zu führen – etwas, was mir einen Reichtum und eine Wertschätzung für das Leben geschenkt hat, die nie aufhören zu wachsen.

Der Autor

Mark Reinfeld ist Gewinner des *Recipe of the Year Award* 2011 von *http://vegan.com/* und hat mehr als zwanzig Jahre Erfahrung als kreativer Koch für vegane und Rohkosternährung. Auf *http://www.peta.org/living/food/* heißt es, er „balanciere an der Spitze der modernen veganen Kochkunst“.

Er ist Gründer und Chefkoch des *Blossoming Lotus Restaurant* und *Gewinner des Honolulu Advertiser's Ilima Award* für das „Beste Restaurant auf Kaua'i“. Mark erhielt auch die „Platinkarotte“ für *Living Foods* – einen nationalen Preis, der vom *Aspen Center of Integral Health* an die „innovativsten und bahnbrechenden Köche für gesunde Ernährung“ verliehen wird.

Sein erster Kochlehrer war sein Großvater Ben Bimstein, ein renommierter Chefkoch und Eisschnitzer aus New York City.

Auf seinen Reisen durch Europa, Asien und den Nahen Osten entwickelte sich seine Liebe zur Weltkultur und zur Weltküche. 1997 baute Mark den *Blossoming Lotus Personal Chef Service* im kalifornischen Malibu auf. Um seine Kenntnisse im Bereich der gesunden Ernährung zu vertiefen, schloss er ein Magisterstudium in Ganzheitlicher Ernährung ab.

Sein erstes Kochbuch *Vegan Fusion World Cuisine*, das er zusammen mit *Bo Rinaldi* schrieb und dessen Vorwort *Dr. Jane Goodall* verfasste, wurde mehrfach ausgezeichnet, u.a. als „Kochbuch des Jahres“, als „Bestes Buch eines Kleinverlags“ sowie mit dem Gourmet-Preis „Bestes vegetarisches Kochbuch der USA“.

Mark ist zudem Co-Autor der Bücher *The 30-Minute Vegan's Taste of the East, The 30-Minute Vegan* und *The Complete Idiot's Guide to Eating Raw.*

Mark hat sich auf die Entwicklung veganer Rezepte spezialisiert und bietet im internationalen Rahmen Kochausbildungen und Beratungen an. Auf *http://vegan-fusion.com/* gibt er online Kochunterricht sowie Workshops für vegane und Rohkosternährung, Vertiefungskurse und kulinarische Touren durch die ganze Welt.

Index

Ackerbohnen kochen 219
Ackerbohnen mit Petersilie, Oregano und Thymian ... 219
Agar 164
Ahorn-Balsamico-Marinade 317
Ajoblanco 142
Amsterdamer Mintade 298
Äpfel
    Apfel-Haselnuss-Salat mit Fenchel 145
    Apfelstrudel 258
    Charosset 301
    Gefülle Bratäpfel 256
Äpfel, Sorten 303
Artischockenherzen mit Safran-Paella 156
Aubergine
    Caponata 38
    Escalivada 151
    Moussaka 228
    Parmesan-Auberginen-Türmchen 63
    Transsylvanische Auberginentomaten 277
Auberginen anschwitzen 38
Austernseitlinge XXVI
Babe `s Bocadillos 147
Backkartoffeln 205
Baklava-Roulade 232
Balsamicoreduktion 87
Bangers and Mash 176
Basilikum XX
Béchamelsauce 228
Beeren
    Birnentarte mit Cashewcreme und frischen Beeren 126
    Böhmische Obstknödel (Ovocné Knedlíky) 295
    Erdbeere-Banane-Hanf-Gelato 78
    Erdbeer-Rosenwasser-Granita 77
    Grüner Smoothie Mediterran 299
    Grünkohlsalat mit Cranberries und Walnüssen 180
    Heidelbeer-Bliny 292
    Himbeer-Vinaigrette 178
    Rote Grütze 263
Beilagen
    Biergeschmortes Blattgemüse 244
    Buchweizen-Galettes mit Estragoncreme 111
    Bulgur-Pilaw mit Korinthen 212
    Buon Appetito Pesto Risotto 66
    Caponata 38
    Das Große Geheimnis des Rosenkohls 247
    Deutscher Kartoffelsalat 249
    Erbsenpüree 204
    Escalivada 151
    Gebackene Latkes 268
    Gebackener Spargel mit Muskatcremesoße 248
    Gebackene Zwiebel mit Tomaten und Dill 182
    Gedämpftes Blattgemüse mediterran (Chorta) 234
    Gefülltes Gemüse (Gemista) 222
    Glasiertes Wurzelgemüse 181
    Gnocchi 48
    Grillchampignons mit Sauce Béarnaise 107
    Grüne Bohnen mit Beurre blanc 104
    Irischer Champ mit knusprigen Zwiebeln 184
    Isländischer Rotkohl 276
    Kascha Warnischkes 281
    Kichererbsen mit gebackenem Knoblauch 153
    Krautsalat 275
    Orzo mit gebackenen Zucchini 55
    Pastinaken-Colcannon 183
    Pilaw mit Fenchel und Safran 112
    Pommes frites 102
    Regenbogengemüse mit scharfer Béchamelsauce 115
    Rosenrotkohl 246
    Röstkürbis mit Trüffelcremesoße 108
    Safran-Quinoa-Pilaw 289
    Schottische Crumpets 187
    Sellerie mit Morchelsoße 105
    Spanischer Reis 154
    Spargel Hollandaise 106
    Spätzle 252
    Spinat-Lauch-Reis (Prasorizo) 221
    Spinat-Polenta 53
    Stängelkohl mit Knoblauch und rotem Paprika 54
    Tsatsiki 216
Bier
    Biergeschmortes Blattgemüse 244
    Biersuppe 240
    Bratwurst mit Sauerkraut 253
    Rosenrotkohl 246
Biologische Landwirtschaft 326
Birnen
    Birnentarte mit Cashewcreme und frischen Beeren 126
    Grüner Smoothie Mediterran 299
Birnentarte mit Cashewcreme und frischen Beeren ... 126
Blattgemüse
    Biergeschmortes Blattgemüse 244
    Gedämpftes Blattgemüse mediterran (Chorta) 234
Böhmische Obstknödel (Ovocné Knedlíky) 295
Bohnen
    Ackerbohnen mit Petersilie, Oregano und Thymian 219
    Baked Beans auf Toast 204
    Grüne Bohnen mit Beurre blanc 104
    Limabohnen-Salat mit Roter Bete 224
    Portugiesische Feijoada 144
    Toskanische Weiße-Bohnen-Suppe 44
    Weiße-Bohnen-Dip 42
    Weiße Bohnen mit Pilzen und Sherry 152
Bohnenkraut XXI
Borschtsch 272
Bouquet garni, Kräutersträußchen .... XXI, 101
Bratwurst mit Sauerkraut 253
Brotpudding mit Schokoladensoße 257
Brunnenkresse mit Himbeer-Vinaigrette 178
Buchweizen
    anrösten 281
    Buchweizen-Galettes mit Estragoncreme 111
    Kascha Warnischkes 281

Bulgur-Pilaw mit Korinthen 212
Buon Appetito Pesto Risotto 66
Butter, vegane XVI
Capelli d angelo mit geröstetem Knoblauch und Rucola 56
Caponata 38
Caprese 87
Champignons XXVI
Charosset 301
Crême Fraîche 131
Das Große Geheimnis des Rosenkohls 247
Dattelsirup 321
Desserts
  Apfelstrudel 258
  Baklava-Roulade 232
  Birnentarte mit Cashewcreme und frischen Beeren 126
  Böhmische Obstknödel (Ovocné Knedlíky) 295
  Brotpudding mit Schokoladensoße 257
  Charosset 301
  Englische Creme 201
  Erdbeer-Rosenwasser-Granita 77
  Finnische Ålandpfannkuchen 294
  Gefüllte Bratäpfel 256
  Griechische Halva 230
  Joghurt mit Honig (Yiaourti me Meli) 235
  Lavendeltrüffel 125
  Mandelkrokant 163
  Mousse au Chocolat 129
  Orangen-Anis-Cantuccini 80
  Portugiesischer Milchreis (Arroz Doce) 146
  Rote Grütze 263
  Schoko-Haselnuss-Crêpes 122
  Schokoladenfeigen 160
  Schwarzwälder Kirschparfait 260
  Schwedische Marmeladenplätzchen (Rosenmunnar) 296
  Schweizer Schokoladenfondue 297
  Veganer Flan 164
  Veganes Gelato 78
  Walnuss-Feigen-Crumble 82
Deutscher Kartoffelsalat 249
Dill XXI
Dressings
  Französische Vinaigrette 132
  Haselnuss-Vinaigrette 242
  Himbeer-Vinaigrette 178
  Italienische Vinaigrette 47
  Kräuter-Aioli 131
  Primavera-Dressing 58
Ei-Ersatz XV
Empanadas 148
Englische Creme 201
Erbsenpüree 204
Erdbeer-Rosenwasser-Granita 77
Ernährungslehren XIV
Escalivada 151
Espresso
  Espresso Magnifico Gelato 79
  Espresso Smoothie 84
Essig ...... XVI, 303
Estragon XXI
Estragoncreme 111
Feigen
  Schokoladenfeigen 160
  Walnuss-Feigen-Crumble 82
Fenchel
  Fenchel XXI
  Fenchel hobeln 46
Fettuccine Alfredo 61
Filoteig
  Baklava-Roulade 232
  Spanakopita 226
Fines herbes XXI
Finnische Ålandpfannkuchen 294
Fleischersatz, veganer
  Bangers and Mash 176
  Empanadas 148
  Irish Stew 177
Florentiner Cremesuppe 43
Französischer Sommersalat 132
Französische Vinaigrette 132
Frittata mit Artischockenherzen und sonnengetrockneten
  Tomaten 76
Frühstück
  Finnische Ålandpfannkuchen 294
  Korinthen-Scones 199
  Portugiesischer Milchreis (Arroz Doce) 146
  Rumänische M m lig 279
  Schottische Haferplätzchen 200
  Spanische Omelette 149
Gazpacho 141
Gebäck
  Apfelstrudel 258
  Baklava-Roulade 232
  Birnentarte mit Cashewcreme und frischen Beeren 126
  Irisches Natronbrot 190
  Korinthen-Scones 199
  Orangen-Anis-Cantuccini 80
  Schottische Crumpets 187
  Schottische Haferplätzchen 200
  Schwedische Marmeladenplätzchen (Rosenmunnar) 296
  Walnuss-Feigen-Crumble 82
  Yorkshire Pudding 188
Gebackene Latkes 268
Gebackener Spargel mit Muskatcremesoße 248
Gebackenes Schnitzel 250
Gebackene Tomaten mit Knoblauchsoße 72
Gebackene Zwiebel mit Tomaten und Dill 182
Gedämpftes Blattgemüse mediterran (Chorta) 234
Gefüllte Bratäpfel 256
Gefüllte Mais-Safran-Pilze 138
Gefülltes Gemüse (Gemista) 222
Gefüllte Weinblätter (Dolma) 210
Gelato
  Erdbeere-Banane-Hanf 78
  Esspresso Magnifico 79
  Schoko-Mandel-Butter 78
Gemüsebrühe, Zubereitung 311
Gemüse-Potpie 194
Geschmacksqualitäten XXVIII
Getränke
  Amsterdamer Mintade 298

Espresso Smoothie 84
Grüner Smoothie Mediterran 299
Horchata 166
Ingwerbier 202
Kräuterwasser XXIV
Luisa-Tee 235
Melonen-Cocktail 133
Nussmilch 316
Sechskräutersaft 243
Virgin Sangría 168
Getreideprodukte, Zubereitung 311
Glasiertes Wurzelgemüse 181
Gluten XV
Glutenfreie Mehlmischung 317
Gnocchi 48
Griechische Halva 230
Grillchampignons mit Sauce Béarnaise 107
Grillen 310
Grilltofu mit Meerrettichsoße 193
Grüne Bohnen mit Beurre blanc 104
Grüner Smoothie Mediterran 299
Grünes Olivenpüree 37
Grünkohl
Biergeschmortes Blattgemüse 244
Gebackene Zwiebel mit Tomaten und Dill 182
Grüner Smoothie Mediterran 299
Grünkohlsalat mit Cranberries und Walnüssen 180
Holländischer Stamppot 278
Pastinaken-Colcannon 183
Portugiesische Feijoada 144
Grünkohlsalat mit Cranberries und Walnüssen 180
Gurke
Gurken-Feta-Salat 217
Isländischer Rotkohl 276
Norwegischer Gurkensalat 301
Tsatsiki 216
GVO, Gentechnisch Veränderter Organismus 327
Gyros 225
Haselnüsse 303
Haselnuss-Vinaigrette 242
Hauptgerichte
Artischockenherzen mit Safran-Paella 156
Babe s Bocadillos 147
Bangers and Mash 176
Bratwurst mit Sauerkraut 253
Capelli d angelo mit geröstetem Knoblauch und Rucola
56
Empanadas 148
Fettuccine Alfredo 61
Frittata mit Artischockenherzen und sonnengetrockneten
Tomaten 76
Gebackenes Schnitzel 250
Gemüse-Potpie 194
Grilltofu mit Meerrettichsoße 193
Gyros 225
Holländischer Stamppot 278
Irish Stew 177
Kermits Freude - Falsche Froschschenkel mit Schalotten-
Knoblauch-Topping 110
Kohlrouladen 284
Linguini mit muschelfreier Soße 60
Manicotti 62
Moussaka 228
Paprika-Tofu 157
Parmesan-Auberginen-Türmchen 63
Pasta Primavera mit erlengeräuchertem Tofu 58
Penne mit Walnuss-Pesto und Cherrytomaten 45
Pesto Pizza 64
Portugiesische Feijoada 144
Quiche Monet 119
Rührtofu mit Schnittlauch und Wildpilzen 120
Seitan Bourguignon 118
Shepherdess s Pie 196
Spanische Omelette 149
Tempeh in Romesco 158
Tempeh-Klößchen 70
Tempeh-Parmesan 87
Tempeh-Sauerbraten 255
Tempeh-Schmorbraten mit Kräutern der Provence 114
Tempeh Stroganoff 291
Tofu Cacciatore 68
Tofu Mediterran mit Pistazienkruste 286
Tofumuscheln mit Safran-Kräuter-Butter 116
Tofu-Parmesan 87
Tofu-Scaloppine 73
Ungarischer Gulasch 282
Vegane Bouillabaisse 100
Weiße Bohnen mit Pilzen und Sherry 152
Zitronen-Tempeh mit Spargelcremesoße 74
Heidelbeer-Bliny 292
Himbeer-Vinaigrette 178
Holländischer Stamppot 278
Horchata 166
Hülsenfrüchte, Zubereitung 314
Hummerpilze XXVI
Ingwerbier 202
Irischer Champ mit knusprigen Zwiebeln 184
Irisches Natronbrot 190
Irish Stew 177
Isländischer Rotkohl 276
Italienische Gewürzmischung 86
Italienische Mahlzeit 35
Italienische Mehlmischung 68, 73
Italienischer Dip 87
Italienische Vinaigrette 47
Joghurt mit Honig (Yiaourti me Meli) 235
Kapern 303
Karamellisierte Zwiebel 108
Karamellsirup 164
Kartoffeln
Backkartoffeln 205
Bangers and Mash 176
Biersuppe 240
Deutscher Kartoffelsalat 249
Gebackene Latkes 268
Gemüse-Potpie 194
Gnocchi 48
Holländischer Stamppot 278
Irischer Champ mit knusprigen Zwiebeln 184
Kartoffelsorten 303

Pastinaken-Colcannon 183
Piroggen mit Kartoffelfüllung (Pierogi Ruskie) 270
Pommes frites 102
Shepherdess s Pie 196
Spanische Omelette 149
Käsetoast 189
Käse, veganer
Käsetoast 189
Veganer Käse XVI
Kästen und Symbole XVII
Kerbel XXI
Kermits Freude - Falsche Froschschenkel mit Schalotten-Knoblauch-Topping 110
Kichererbsen
Artischockenherzen mit Safran-Paella 156
Kichererbsen-Cremesuppe (Revithia) 213
Kichererbsen mit gebackenem Knoblauch 153
Kichererbsen-Cremesuppe (Revithia) 213
Kirschsoße 260
Kochen, Leitfaden XVIII
Kohl
Isländischer Rotkohl 276
Kohlrouladen 284
Krautsalat 275
Krautsalat (Lachanosalata) 234
Krautsalat mit Rotem Pfeffer 263
Polnische Wurstsuppe 274
Rosenrotkohl 246
Kohlrouladen 284
Kokosöl XVI
Kompostierung 328
Koriander XXIII
Korinthen-Scones 199
Kräuter-Aioli 131
Kräuter der Provence .... XXI, 130
Kräuterwasser XXIV
Krautsalat 275
Küchenkräuter XX
Kudzu .... XVI, 201
Kümmel XXIII
Kürbis
Röstkürbis mit Trüffelcremesoße 108
Lauch
Escalivada 151
Spinat-Lauch-Reis (Prasorizo) 221
Lavendel XXI
Lavendeltrüffel 125
Limabohnen-Salat mit Roter Bete 224
Linguini mit muschelfreier Soße 60
Linsen
Rote Linsensuppe (Fakés) 214
Lorbeerblätter XXII
Luisa-Tee 235
Mais
Florentiner Cremesuppe 43
Gefüllte Mais-Safran-Pilze 138
Majoran XXII
Mandelkrokant 163
Manicotti 62
Marinaden 317
Matsutake XXVI
Mayonnaise, vegane .... XVI, 318
Meerrettichsoße 193
Mehl XVI
Glutenfreie Mehlmischung 317
Mehl XVI
Melone
Melonen-Cocktail 133
Melonen-Cocktail 133
Meze
Definition 208
Vegane Meze-Party 233
Minestrone mit feuergerösteten Tomaten 40
Minze XXII
Miso XVI
Mohnsamen XXIII
Molekularküche 136
Morcheln XXV
getrocknete 105
Moussaka 228
Muskatblüte XXIII
Muskatnuss XXIII
Nährhefe XVI
Natriumarme Ernährung XV
Naturreisnudeln XVI
Nelken XXIII
Norwegischer Gurkensalat 301
Notta-Ricotta-Füllung 51
Nussmilch 316
Oktoberfest, veganes 262
Oliven
Gefüllte Weinblätter (Dolma) 210
Grünes Olivenpüree 37
Oliven 303
Oliven in Kräutermarinade 168
Tapenade 37
Oliven in Kräutermarinade 168
Orangen-Anis-Cantuccini 80
Oregano XXII
Orzo mit gebackenen Zucchini 55
Paprika XXIII
Paprika-Tofu 157
Pasta
Capelli d angelo mit geröstetem Knoblauch und Rucola 56
Fettuccine Alfredo 61
Kascha Warnischkes 281
Linguini mit muschelfreier Soße 60
Manicotti 62
Naturreisnudeln XVI
Orzo mit gebackenen Zucchini 55
Pasta Primavera mit erlengeräuchertem Tofu 58
Pasta, Zubereitung 85
Penne mit Walnuss-Pesto und Cherrytomaten 45
Spätzle 252
Pastetenteig 195
Pastinaken
Glasiertes Wurzelgemüse 181
Pastinaken-Colcannon 183
Sahnepastinaken und Topinambur-Suppe 174

Ungarischer Gulasch 282
Penne mit Walnuss-Pesto und Cherrytomaten 45
Pesto
Pesto Magnifico 66
Walnuss-Pesto 45
Pesto Pizza 64
Petersilie XXII
Pfeffer XXIII
Pfeilwurzelmehl XVI
Pfifferlinge XXVI
Pilaw mit Fenchel und Safran 112
Pilze
Gefüllte Mais-Safran-Pilze 138
Grillchampignons mit Sauce Béarnaise 107
Linguini mit muschelfreier Soße 60
Rührtofu mit Schnittlauch und Wildpilzen 120
Seitan Bourguignon 118
Sellerie mit Morchelsoße 105
Weiße Bohnen mit Pilzen und Sherry 152
Wildpilze XXV
Piment XXIII
Pinienkerne 304
Polenta
Rumänische M m lig 279
Spinat-Polenta 53
Polnische Wurstsuppe 274
Pommes frites 102
Portugiesische Feijoada 144
Portugiesischer Milchreis (Arroz Doce) 146
Primavera-Dressing 58
Quiche Monet 119
Quinoa
Quinoa XVI
Safran-Quinoa-Pilaw 289
Radicchio-Chicorée-Salat mit Fenchelscheiben und italienischer Vinaigrette 46
Regenbogengemüse mit scharfer Béchamelsauce 115
Reis
Artischockenherzen mit Safran-Paella 156
Gefülltes Gemüse (Gemista) 222
Gefüllte Weinblätter (Dolma) 210
Horchata 166
Pesto Risotto 66
Pilaw mit Fenchel und Safran 112
Portugiesischer Milchreis (Arroz Doce) 146
Spanischer Reis 154
Spinat-Lauch-Reis (Prasorizo) 221
Risotto, Zubereitung 67
Rohkost XIV
Rohkost-Ravioli mit Tomatensoße 51
Romesco 158
Rosenkohl
Das Große Geheimnis des Rosenkohls 247
Rosenrotkohl 246
Rosmarin XXII
Rösten von Gewürzen und Schalenfrüchten 307
Röstkürbis mit Trüffelcremesoße 108
Rote Bete
Borschtsch 272
Limabohnen-Salat mit Roter Bete 224
Rote Grütze 263
Rote Linsensuppe (Fakés) 214
Rührtofu mit Schnittlauch und Wildpilzen 120
Rumänische M m lig 279
Safran
Artischockenherzen mit Safran-Paella 156
Gefüllte Mais-Safran-Pilze 138
Pilaw mit Fenchel und Safran 112
Safran XXII
Safran-Quinoa-Pilaw 289
Tofumuscheln mit Safran-Kräuter-Butter 116
Vegane Bouillabaisse 100
Sahnepastinaken und Topinambur-Suppe 174
Salade Rubis 133
Salate
Apfel-Haselnuss-Salat mit Fenchel 145
Brunnenkresse mit Himbeer-Vinaigrette 178
Caprese 87
Französischer Sommersalat 132
Grünkohlsalat mit Cranberries und Walnüssen 180
Gurken-Feta-Salat 217
Krautsalat 275
Krautsalat (Lachanosalata) 234
Krautsalat mit Rotem Pfeffer 263
Limabohnen-Salat mit Roter Bete 224
Norwegischer Gurkensalat 301
Radicchio-Chicorée-Salat mit Fenchelscheiben und italienischer Vinaigrette 46
Salade Rubis 133
Salbei XXII
Salz XVI
Saucen
Béchamelsauce 228
Karamellsirup 164
Romesco 158
Schalenfrüchte
Ajoblanco 142
Apfel-Haselnuss-Salat mit Fenchel 145
Baklava-Roulade 232
Birnentarte mit Cashewcreme und frischen Beeren 126
Brotpudding mit Schokoladensoße 257
Charosset 301
Florentiner Cremesuppe 43
Gefüllte Weinblätter (Dolma) 210
Griechische Halva 230
Grünkohlsalat mit Cranberries und Walnüssen 180
Haselnüsse rösten 242
Haselnuss-Vinaigrette 242
Horchata 166
Mandelkrokant 163
Nussmilch 316
Schwarzwälder Kirschparfait 260
Tofu Mediterran mit Pistazienkruste 286
Walnuss-Feigen-Crumble 82
Walnuss-Pesto 45
Scharfe Mediterrane Soße 300
Schnittlauch XXII
Schokolade
Brotpudding mit Schokoladensoße 257
Lavendeltrüffel 125

Mousse au Chocolat 129
Schoko-Haselnuss-Crêpes 122
Schokoladenfeigen 160
Schokoladensoße 257
Schokolade reiben 83
Schoko-Mandel-Butter-Gelato 78
Schwarzwälder Kirschparfait 260
Schweizer Schokoladenfondue 297
Schottische Crumpets 187
Schottische Haferplätzchen 200
Schwarzwälder Kirschparfait 260
Schwedische Marmeladenplätzchen (Rosenmunnar) 296
Schweizer Schokoladenfondue 297
Sechskräutersaft 243
Seitan
Gyros 225
Irish Stew 177
Portugiesische Feijoada 144
Seitan Bourguignon 118
Seitan, Zubereitung 310
Ungarischer Gulasch 282
Sellerie mit Morchelsoße 105
Selleriesamen XXIII
Sellerie schneiden 105
Senfkörner XXIII
Sesamsamen XXIII
Shepherdess s Pie 196
Shiitake XXVII
Sojafreie Ernährung XV
Soßen
Italienischer Dip 87
Kirschsoße 260
Knoblauchsoße 72
Kräuter-Aioli 131
Meerrettichsoße 193
Sauce Hollandaise 106
Scharfe Mediterrane Soße 300
Schokoladensoße 257
Tomatensoße 51
Tomatensoße, gekaufte verfeinern 69
Trüffelcremesoße 108
Zwiebelsoße 176
Spanakopita 226
Spanische Omelette 149
Spanischer Reis 154
Spargel
Gebackener Spargel mit Muskatcremesoße 248
Spargel Hollandaise 106
Zitronen-Tempeh mit Spargelcremesoße 74
Spätzle 252
Speckersatz, veganer
Bratwurst mit Sauerkraut 253
Deutscher Kartoffelsalat 249
Spinat
Florentiner Cremesuppe 43
Spanakopita 226
Spinat-Lauch-Reis (Prasorizo) 221
Spinat-Polenta 53
Tofu Mediterran mit Pistazienkruste 286
Stängelkohl mit Knoblauch und rotem Paprika 54
Steinpilze XXV
Suppen
Ajoblanco 142
Biersuppe 240
Borschtsch 272
Florentiner Cremesuppe 43
Gazpacho 141
Kichererbsen-Cremesuppe (Revithia) 213
Melonen-Cocktail 133
Minestrone mit feuergerösteten Tomaten 40
Polnische Wurstsuppe 274
Rote Linsensuppe (Fakés) 214
Sahnepastinaken und Topinambur-Suppe 174
Toskanische Weiße-Bohnen-Suppe 44
Süßungsmittel, natürliche 319
Tamari, weizenfreies XVI
Tapas 136
Tapas-Menü 169
Tapenade 37
Teigtaschen
Empanadas 148
Piroggen mit Kartoffelfüllung (Pierogi Ruskie) 270
Tempeh
Deutscher Kartoffelsalat 249
Kohlrouladen 284
Moussaka 228
Shepherdess s Pie 196
Tempeh XVI
Tempeh-Bacon 309
Tempeh in Romesco 158
Tempeh-Klößchen 70
Tempeh-Parmesan 87
Tempeh-Sauerbraten 255
Tempeh-Schmorbraten mit Kräutern der Provence 114
Tempeh Stroganoff 291
Tempeh, Zubereitung 308, 310
Zitronen-Tempeh mit Spargelcremesoße 74
Tempeh-Schmorbraten mit Kräutern der Provence 114
Thymian XXII
Tofu
Babe s Bocadillos 147
Finnische Ålandpfannkuchen 294
Frittata mit Artischockenherzen und sonnengetrockneten Tomaten 76
Gebackenes Schnitzel 250
Gemüse-Potpie 194
Grilltofu mit Meerrettichsoße 193
Gurken-Feta-Salat 217
Heidelbeer-Bliny 292
Kermits Freude - Falsche Froschschenkel mit Schalotten-Knoblauch-Topping 110
Manicotti 62
Paprika-Tofu 157
Pasta Primavera mit erlengeräuchertem Tofu 58
Quiche Monet 119
Rührtofu mit Schnittlauch und Wildpilzen 120
Spanakopita 226
Spanische Omelette 149
Tofu Cacciatore 68
Tofu-Feta 217

Tofu Mediterran mit Pistazienkruste 286
Tofumuscheln mit Safran-Kräuter-Butter 116
Tofu-Parmesan 87
Tofu-Scaloppine 73
Tofu, Zubereitung 307, 310
Vegane Bouillabaisse 100
Veganer Flan 164
Tofu Mediterran mit Pistazienkruste 286
Tomate
Ackerbohnen mit Petersilie, Oregano und Thymian 219
Caprese 87
Frittata mit Artischockenherzen und sonnengetrockneten Tomaten 76
Gazpacho 141
Gebackene Tomaten mit Knoblauchsoße 72
Gebackene Zwiebel mit Tomaten und Dill 182
Gefülltes Gemüse (Gemista) 222
Gefüllte Weinblätter (Dolma) 210
Kohlrouladen 284
Manicotti 62
Minestrone mit feuergerösteten Tomaten 40
Moussaka 228
Penne mit Walnuss-Pesto und Cherrytomaten 45
Rohkost-Ravioli mit Tomatensoße 51
Rote Linsensuppe (Fakés) 214
Scharfe Mediterrane Soße 300
Spanischer Reis 154
Tempeh in Romesco 158
Tempeh-Schmorbraten mit Kräutern der Provence 114
Tofu Cacciatore 68
Tofu Mediterran mit Pistazienkruste 286
Tomaten 304
Tomatensalat Retro 36
Tomatensoße 51
Transsylvanische Auberginentomaten 277
Ungarischer Gulasch 282
Tomatensalat Retro 36
Tomatensoße 51
Tomatensoße, gekaufte verfeinern 69
Topinambur
Glasiertes Wurzelgemüse 181
Sahnepastinaken und Topinambur-Suppe 174
Toskanische Weiße-Bohnen-Suppe 44
Transsylvanische Auberginentomaten 277
Traubenkernöl 304
Trüffeln XXVII
Tsatsiki 216
Umrechnungstabellen 305
Ungarischer Gulasch 282
Vanilleschoten auskratzen 201
Vegane Bouillabaisse 100
Vegane Ernährung
Biologische Landwirtschaft 326
Gentechnik 327
Geschichte X
Gesundheit 323
Kompostierung 328
Tierschutz 325
Umweltschutz 324
Vorteile 323
Vegane Fusionsküche XI
Veganer Flan 164
Veganer Sauerrahm 282
Veganes Gelato 78
Vegan Fusion, Unternehmen XIII
Vegetarische Küche
Deutschland 238
Griechenland 208
Großbritannien und Irland 172
Italien 34
Spanien und Portugal 136
Virgin Sangría 168
Vorspeisen
Bruschetta 36
Caponata 38
Gefüllte Mais-Safran-Pilze 138
Gefüllte Weinblätter (Dolma) 210
Oliven in Kräutermarinade 168
Rohkost-Ravioli mit Tomatensoße 51
Spanakopita 226
Transsylvanische Auberginentomaten 277
Weiße-Bohnen-Dip 42
Walnuss-Feigen-Crumble 82
Wasser, Braten mit 311
Weine und Biere
Vegane Weine und Biere XXXI
Zusammenstellung XXVIII
Weiße-Bohnen-Dip 42
Weiße Bohnen mit Pilzen und Sherry 152
Wildpilze XXV
Würstchen, vegane
Bangers and Mash 176
Bratwurst mit Sauerkraut 253
Empanadas 148
Holländischer Stamppot 278
Polnische Wurstsuppe 274
Vegane Wurst XVI
Xanthan XVI
Yorkshire Pudding 188
Zimt XXIII
Zitrone
Amsterdamer Mintade 298
Zitronen-Dijon-Marinade 318
Zitronen-Tempeh mit Spargelcremesoße 74
Zitronen-Dijon-Marinade 318
Zitronenverbene XXII
Zucchini
Escalivada 151
Orzo mit gebackenen Zucchini 55
Rohkost-Ravioli mit Tomatensoße 51
Zutaten, empfohlene XI
Zwiebel
Gebackene Zwiebel mit Tomaten und Dill 182
Irischer Champ mit knusprigen Zwiebeln 184
Karamellisierte Zwiebel 108
Zwiebeln
Zwiebelsorten 304

Abbildungsverzeichnis

S. I

S. II (alle), IV, V, VI, VII, XIX, 32, 33 (rechts), 34 (unten), 35, 42, 50, 52, 71, 77, 86, 87, 88, 90 (unten), 91 (oben), 97, 99, 123, 127, 128, 130, 132, 134, 135 (oben rechts), 136, 137, 139, 154, 155, 161, 162, 165, 167, 168, 170, 171 (rechts), 173, 191, 192, 198, 204, 205, 206, 207 (rechts), 208, 209 (oben und unten rechts), 227, 229, 231, 235 (links), 236, 238 (unten), 239, 247, 251, 261 (oben), 262 (links), 264, 265 (oben rechts), 266, 267, 269, 273, 287, 288, 293, 301, 334 © Mark Reinfeld

S. III (Briefmarken und Stempel) © Karin Jerg, (Bild links) © Petrafler, shutterstock.com, (Bild rechts) © Samot, shutterstock.com,

S. VII (Kochlöffel) © Karin Jerg

S. IX © Vadim Georgiev, shutterstock.com

S. XIII © homydesign, shutterstock.com

S. XXI, 64, 218 © Taiga, shutterstock.com

S. XXIV © Chursina Viktoriia, shutterstock.com

S. XXVI © EM Arts, shutterstock.com

S. XXVII © Dream79, shutterstock.com

S. XXXI © DK.samco, shutterstock.com

S. 33 (links) © Andrey Kuzmin, shutterstock.com, S. 34, 135, 171, 207, 237,243, 265, (unten) © Per Bengtsson, shutterstock.com

S. 37 © margouillat photo, shutterstock.com

S. 39 © Annette Ovrelid, shutterstock.com

S. 41 © Ekaterina Kondratova, shutterstock.com

S. 43 © Jiang Zhongyan. Shutterstock.com

S. 46, 302 © Sasha_Ivv, shutterstock.com

S. 47, 291 © DUSAN ZIDAR, shutterstock.com

S. 49 © Marysckin, shutterstock.com

S. 55, 70, 209 (unten links) © Marina99, shutterstock.com,

S. 57 © CGissemann, shutterstock.com

S. 59 © Anna Bogush, shutterstock.com

S. 65 © Alena Kazlouskaya, shutterstock.com

S. 69 © hutch photography, shutterstock.com

S. 75 © Piyaset, shutterstock.com

S. 79 (oben) © Silo, shutterstock.com, S. 79 (unten) © alicedaniel, shutterstock.com

S. 80 © Olga Kuzyk, shutterstock.com

S. 81 © Somjork, shutterstock.com

S. 84 © javarman, shutterstock.com

S. 85, 275, 308 © Jivi Hera, shutterstock.com

S. 89 (links), 135 (oben links), S. 237 (oben rechts) © Petrafler, shutterstock.com, S. 89 (rechts) © Samot, shutterstock.com

S. 91 (Eiffelturm) © John T Takai, shutterstock.com, S. 91 (Tomaten) © fotoearl, shutterstock.com

S. 92 (Walnüsse) © EM Arts, shutterstock.com

S. 93 (unten) © keko64, shutterstock.com

S. 101 © Alfredo Maiquez, shutterstock.com

S. 103 © Liv friis-larsen, shutterstock.com

S. 104 © Valentyn Volkov, shutterstock.com

S. 106 © Dani Vincek, shutterstock.com

S. 109 © grafvision. Shutterstock.com

S. 113 © Mariusz S. Jurgielewicz, shutterstock.com

S. 117 © Lukas Gojda, shutterstock.com

S. 121 © lidante, shutterstock.com

S. 124 © casanisa, shutterstock.com

S. 125 © Olga Miltsova, shutterstock.com

S. 131 © GOLFPO, shutterstock.com

S. 133 © Christian Jung, shutterstock.com

S. 140 © Vitalina Rybakova, shutterstock.com

S. 142 © Portogas D Ace, shutterstock.com

S. 143 © Mariontxa, shutterstock.com

S. 145 © leoks, shutterstock.com

S. 150 © Anna Pustynnikova, shutterstock.com

S. 152 © Sean Pavone, shutterstock.com

S. 159 © nito, shutterstock.com

S. 163 ©Kutlayev Dmitry, shutterstock.com

S. 166 © Dionisvera, shutterstock.com

S. 171 (links) © Akura Yochi, shutterstock.com

S. 175 © Dani Vincek, shutterstock.com

S. 178 © Le Panda, shutterstock.com

S. 179 © Nadalina, shutterstock.com

S. 181 © Olha Afanasieva, shutterstock.com

S. 182 © Nataliia K, shutterstock.com

S. 183, 202 © Binh Thanh Bui, shutterstock.com

S. 184 © AzriSuratmin, shutterstock.com

S. 185 © Joerg Beuge, shutterstock.com

S. 186 © HandmadePictures, shutterstock.com

S. 195 © sarsmis, shutterstock.com

S. 197 © Martin M3030, shutterstock.com

S. 200 © ARTdeeva, shutterstock.com

S. 203 © Brent Hofacker, shutterstock.com

S. 207 (links) © Lario Tus, shutterstock.com

S. 211 © mythja, shutterstock.com

S. 215 © Ramon grosso dolarea, shutterstock.com

S. 216 © anat chant, shutterstock.com

S. 220 © dompr, shutterstock.com

S.223 © Dar1930, shutterstock.com

S. 224 © Magdanatka, shutterstock.com

S. 233 © FPWing, shutterstock.com

S. 235 (rechts) © Justin Black, shutterstock.com

S. 237 (oben links) © anyaivanova, shutterstock.com

S. 242 © Kishivan, shutterstock.com

S. 245 © 33333, shutterstock.com

S. 253 (Wurst) © Tribalium, shutterstock.com

S. 254 © zkruger, shutterstock.com

S. 256 © Irina Fischer, shutterstock.com

S. 261 (unten) © motorolka, shutterstock.com

S. 265 (oben links) © Aleksandar Mijatovic, shutterstock.com

S. 271 © Wojciech Lisinski, shutterstock.com

S. 276 © HandmadePictures, shutterstock.com

S. 279 © exopixel, shutterstock.com
S. 280 © Sunny Forestshutterstock, shutterstock.com
S. 283 © kitty, shutterstock.com
S. 285 © Dream79, shutterstock.com
S. 289 © Gts, shutterstock.com
S. 295 © guy42, shutterstock.com
S. 298 © Amdam, shutterstock.com
S. 299 © OMolleker, shutterstock.com
S. 300 (links) © fotoearl, shutterstock.com, S. 300 (rechts) © Gayvoronskaya Yana, shutterstock.com
S. 305 © M. Unal Ozmen, shutterstock.com
S. 306 (links) © elxeneize, shutterstock.com
S. 307 © Andrey Starostin, shutterstock.com
S. 309 © zkruger, shutterstock.com
S. 314 © Andrii Gorulko, shutterstock.com
S. 317 © Suto Norbert Zsolt, shutterstock.com
S. 318 © Jana Behr, shutterstock.com
S. 321 © JOAT, shutterstock.com
S. 322 (links) © misszin, shutterstock.com, S. 322 (rechts) © 29september, shutterstock.com
S. 328 © Subbotina Anna, shutterstock.com
S. 329 (links) © Olga Miltsova, shutterstock.com, S. 239 (rechts) © Piyaset, shutterstock.com

Impressum

Mark Reinfeld
Europa isst vegan
150 vegane Spezialitäten aus Italien, Frankreich, Spanien, Irland & Co
In 30 Minuten zubereitet

1. deutsche Ausgabe 2015
ISBN 978-3-944125-23-7

1. englische Ausgabe 2012
Mark Reinfeld
The 30 Minute Vegan's
Taste of Europe
150 Plant-Based Makeovers of Classics from France, Italy, Spain ... and Beyond
Published in the United States of America by Da Capo Press
A Member of the Perseus Book Group
250 West 57th Street, 15th Floor, New York, NY 10017 USA

Satz und Layout: Karin Jerg, Staufen

Übersetzung aus dem Englischen: Angela Nowicki

Coverfotografien Vorderseite: © Per Bengtsson – shutterstock.com (Suppe), © ilolab – shutterstock.com (Hintergrund)
Coverfotografien Rückseite: © Mark Reinfeld
Herausgeber:
Unimedica im Narayana Verlag GmbH
Blumenplatz 2
79400 Kandern
Tel.: +49 7626 974970-0
E-Mail: info@unimedica.de
www.unimedica.de

Weitere Werke im Narayana Verlag

Brendan Brazier

Vegan in Topform

Der vegane Ernährungsratgeber für Höchstleistungen in Sport und Alltag – Die Thrive-Diät des berühmten kanadischen Triathleten

352 S., geb., € 26,-

Brendan Brazier, kanadischer Triathlet und Ironman, ist ein führender Pionier für vegane Ernährung. Dieses Werk ist ein Kultbuch der weltweiten Veganbewegung.

Die „Thrive-Diät" ist ein langfristiger Ernährungsplan. Wer sich daran hält, bekommt einen schlanken Körper, einen klaren Kopf und endlos Energie.

Brendan Brazier

Vegan in Topform – Das Kochbuch

200 pflanzliche Rezepte für optimale Leistung und Gesundheit

440 S., geb., € 29,-

In seinem Werk zeigt der beliebte Sportler die Zusammenhänge zwischen Klimaschutz, tierischen und pflanzlichen Nährstoffen und benötigten Resourcen auf. Er belegt, dass ausgewogene pflanzliche Nahrung die beste Art von Gesundheitsvorsorge und nachhaltigem Umweltschutz ist.

Sein Kult-Kochbuch bietet 200 Rezepte für nährstoffreiche Gerichte, die leicht zuzubereiten sind und sich die Kraft von Superfoods wie Maca, Chia, Hanf und Chlorella zunutze machen.

Brendan Brazier

Vegan in Topform -Das Fitnessbuch

Das vegane Trainingsprogramm für maximale Leistung und Gesundheit

272 S., geb., € 24,-

In seinem neuesten Werk zeigt Brendan Brazier, wie man mit der Thrive-Diät und ausgewähltenÜbungen in kürzester Zeit gesund und fit wird und überragende Ergebnisse erzielen kann.

Für Anfänger und erfahrene Sportler ist dieses Buch ein unverzichtbares Werkzeug für den Aufbau einer kräftigen, effizienten Muskulatur und den gleichzeitigen Abbau von Körperfett. Darüber hinaus verbessert die Methode die Schlafqualität, beugt Erkrankungen vor, verhilft zu mehr Energie und geistiger Klarheit, verhindert Heißhungerattacken, verkürzt die Regenerationsphase und reduziert das Verletzungsrisiko.

Brendan Brazier

Vegan in Topform – Das Energie-Kochbuch

150 pflanzenbasierte Rezepte

320 S., kart., € 29,-

150 vegane, vollwertige, auf der Grundlage der Thrive-Philosophie entwickelte Rezepte mit hoher Nährstoffdichte: Dieses Kochbuch erweckt die von Brendan Brazier so erfolgreich ausgerufene Ernährungsrevolution zu neuem Leben.
Alle Rezepte sind frei von Allergenen (oder enthalten in jedem Fall glutenfreie Optionen).

Die von erfahrenen Profi-Köchen zusammengestellten Rezepte sind im Handumdrehen zubereitet. Alle steigern spürbar die Leistungsfähigkeit, denn jede einzelne Zutat erfüllt einen auf dieses Ziel gerichteten Zweck. Zusätzliches Plus: Die Gerichte verleihen nicht nur Kraft und Energie, sie vereinen diese Wirkung auch mit köstlichem Geschmack.

Vom basenbildenden, vor pflanzlichen Proteinen nur so strotzenden und die Motivation ungeheuer anheizenden Vanille-Mandel-Mokka-Smoothie bis zur Süßkartoffelsuppe mit geröstetem rotem Paprika – mit diesem Kochbuch werden Sie innerhalb kürzester Zeit in der Lage sein, die köstlichsten und nährstoffreichsten Gerichte der Thrive-Diät selbst zuzubereiten.

Joel Fuhrman

Eat to Live

Das wirkungsvolle, nährstoffreiche Programm für schnelles und nachhaltiges Abnehmen

432 S., geb., € 24,80

EAT TO LIVE ist das Grundlagenwerk für gesunde Ernährung. Der amerikanische Erfolgsautor und Arzt Dr. Fuhrman stellt ein mächtiges Werkzeug zur Verfügung, um dauerhaft Gewicht zu verlieren und die Gesundheit wiederzuerlangen. In den USA wurde der Dauerbrenner bereits über 1 Million Mal verkauft.

Joel Fuhrman zeigt, wie allein mit der richtigen Ernährung Bluthochdruck, Diabetes, Autoimmunkrankheiten, Migräne, Asthma und Allergien dauerhaft geheilt werden können.

Mit seinem 6-Wochenplan kann man Heißhungerattacken und Verlangen nach Junkfood hinter sich lassen. Das Buch revolutioniert unser Denken und unsere Essgewohnheiten.

Eric und Jessica Childs

Kombucha

Der natürliche Energydrink, der vitalisiert, heilt und entgiftet

216 S., kart., € 19,80

Der komplette Kombucha-Ratgeber mit allen wichtigen Hintergrundinformationen zu dem beliebten probiotischen Tee.

Kombucha wird schon lange von Therapeuten, Spitzensportlern, Yogis und anderen Gesundheitsexperten für seine beeindruckenden gesundheitsfördernden Kräfte gepriesen. Jetzt erobert er auch den Rest der Welt. Kombucha, ein fermentiertes Getränk auf Teebasis, wirkt vitalisierend, heilend und entgiftend.

Eric und Jessica Childs, Gründer von Kombucha Brooklyn und erfahrene Kombucha-Experten, teilen in diesem umfassenden Ratgeber ihr wertvolles Wissen. Dabei gehen sie nicht nur auf den wissenschaftlichen und kulturellen Hintergrund des so gesunden wie schmackhaften Getränks ein, sondern zeigen auch anhand von 50 leckeren Rezepten die kulinarische Seite von Kombucha – vom schmackhaften Kombucha-Brot über Wraps und Superfood-Smoothies bis zu spritzigen Cocktails. Auch als Verjüngungskur in selbst hergestellten Kosmetika kommt er zum Einsatz. Ein Buch, das inspiriert – man kann kaum warten, den ersten Kombucha selbst zu brauen und zu kosten.

Fran Costigan

Vegane Schokolade

Unvergleichlich köstliche und verführerische milchfreie Desserts

316 S., geb., € 24,–

Cremig, verführerisch, schokoladig und – vegan? Endlich sind göttliche Schokoladenkuchen, saftige Brownies, raffinierte Trüffel, köstliche Puddings, zartschmelzende Eiscremes und viele weitere unwiderstehliche Versuchungen nur noch ein Rezept weit entfernt. Dieses Buch wird zum kostbaren Schatz aller leidenschaftlichen Schokoladenund Dessertfans werden.

Fran Costigan, die Königin der veganen Desserts, ist die wohl bekannteste vegane Konditormeisterin. Sie ist Perfektionistin und hat über 20 Jahre in ihrer New Yorker Lehrküche damit verbracht, Rezepte solange zu verfeinern, bis es vegane Meisterwerke wurden. Ergebnis ist dieses Werk, was in seiner Art einzigartig ist. Nach ihrer Erfahrung ist vegane Schokolade noch unverfälschter und intensiver im Geschmack – ganz ohne Milchprodukte, Eier oder weißen Zucker.

120 himmlische und rein vegane Schokoladen-Desserts, die schon beim bloßen Gedanken das Wasser im Mund zusammenlaufen lassen, verführen zum Nachkochen und gelingen dank Fran Costigans detaillierten Anweisungen immer perfekt.

Miyoko Schinner

Veganer Käse

Über 30 Käsesorten selbst herstellen: Von Ricotta und Mozzarella bis zum kräftigen Gouda - mit vielen leckeren Rezepten

220 S., geb., € 24,80

Die Gourmet-Gastronomin und Expertin für vegane Ernährung Miyoko Schinner gibt ihre Geheimnisse zur Herstellung selbst gemachter milchfreier Käse presi, die die ganze Vielfalt und Würze ihrer milchhaltigen Pendants beibehalten und gleichzeitig auf nährstoffreicher Nuss- und Pflanzenmilch basieren. Miyoko zeigt, wie man mit wenig Aufwand aus einzigartigen Kombinationen von Zutaten wunderbare Aromen herauskitzeln kann, zum Beispiel Rejuvelac und milchfreien Joghurt. Der Prozess der Kultivierung und Alterung der Zutaten bringt köstliche vegane Käse vielerlei Konsistenz von weich und sahnig bis fest hervor.

Matthew Kenney

Plant Food

Innovative Rohkostgerichte von einem der besten Rohkost-Küchenchefs der Welt

160 S., geb., € 19,80

Die kulinarischen Innovationen von Plant Food greifen auf ein Equipment zurück, das man nicht unbedingt mit Obst und Gemüse assoziieren würde, wie etwa Smoker Grills, und nutzen bekannte Geräte wie Nahrungstrockner, um kreative Rohkostgerichte und -getränke mit unglaublichen Aromen, Texturen und Farben zu versehen.

Die Rezepte wurden methodisch gruppiert: gefunden, belassen, gesprossen, geschleudert, getrocknet, geräuchert, vakuumverpackt, eingelegt, gepresst, fermentiert, gereift, gesüßt und entsaftet. Die Resultate versetzen Sie in die Lage, schmackhafte Vorspeisen, Salate, Käse, Hauptgerichte, Desserts und Getränke herzustellen.

Matthew Kenney und sein Team stehen an der Spitze der Rohkost-Köche, die die kulinarische Landschaft sowohl aus künstlerischer als auch aus gesundheitlicher Perspektive umgestalten und dabei verlockende Speisen kreieren, die nicht nur nahrhaft sind, sondern auch köstlich schmecken. Mit den Rezepten aus diesem Kochbuch können auch Sie die selben ansprechenden, gesunden und sättigenden Rohkostgerichte auf Ihren Tisch bringen. Genießen Sie es!

Matthew Kenney

Everyday Raw Express

Köstliche Rohkost in unter 30 Minuten

152 S., geb. € 19,80

Aus Rohkost wird rohköstlich!

Matthew Kenney begeistert mit einfallsreichen, leckeren veganen und dabei einfachen und schnellen Rezepten, die in ein Geschmacksparadies der Frische und Vitalität entführen.

Im Nu werden marktfrische Zutaten in belebend-exotische Getränke wie Zitronengras-Birne-Tonic oder Rote-Bete-Sangria, aromatische Hauptgerichte wie Zucchini-Spaghetti mit Mais-Pesto und Minze oder Frühlingsgemüse-Couscous, leckere Smoothies, knackig-frische Salate oder verführerische Desserts wie Bananen-Gelato oder Ananas mit Rosenwasser und Pistazien verwandelt.

Everyday Raw Express ist der beste Beweis dafür, dass es nicht zeitraubend und kompliziert sein muss, Rohköstliches zuzubereiten, und dabei gleichzeitig Gaumen und Körper auf gesunde und überraschend delikate Weise zu verwöhnen.

Egal ob leckere Suppen, erfrischende Smoothies, knackige Salate, fantasievolle Wraps, einfallsreiche Hauptgerichte oder himmlische Desserts – mit Everyday Raw Express lassen sich verlockend köstliche, kerngesunde, einfache und dabei aufregend originelle Rezepte in 30 Minuten oder weniger zubereiten.

Sofia Rab und Michael Brönnimann

Gourmet Rohkost

70 exquisite Rezepte – von Smoothies über Salate bis zu köstlichen Desserts

264 S., geb., € 29,–

Ein Buch, das die Rohkostküche auf eine neue Ebene bringt. Naturverbundenheit trifft auf pure Verwöhnung und kulinarische Highlights.

Sofia Rab und Michael Brönnimann führen im Schweizer Steffisburg die Naturkostbar, eine Manufaktur für Rohkost auf höchstem Niveau. Aus ihrer langjährigen Erfahrung ist dieses Buch entstanden.

Hochwertige, naturreine Produkte sind die Basis dieser Rezeptsammlung. Leidenschaft, Kreativität und Liebe zum Detail machen aus jedem Rezept einen unvergesslichen Gaumenschmaus.

In den 70 Rezepten taucht man in eine ungeheure Vielfalt von raffinierten Geschmackserlebnissen – von grünen Smoothies mit Superfoods, fruchtigem Waldbeeren-Müsli und samtiger Mandelmilch über cremige Kokos-Thai-Suppe, Kelpnudeln mit Bärlauchpesto und Kokos-Krispies bis zur Limetten-Torte mit Matcha, Haselnuss-Eiscreme, Raw Energy Bars und Erdbeer-Schoko-Kugeln. Die Zubereitung ist Schritt für Schritt leicht nachvollziehbar.

Lisa Fabry

Himmlisch vegane Desserts

Torten, Muffins, Kekse, Puddings, Eis & Co

224 S., geb., € 24,00

Es gibt sie tatsächlich – Desserts, die wunderschön anzusehen sind, lecker schmecken und zugleich vollwertig sind.

In diesem himmlischen Dessertbuch präsentiert die erfahrene Veganköchin Lisa Fabry über 80 köstliche Rezepte – von der veganen Schwarzwälder Kirschtorte über den cremigen Feigen-Mandel-Pudding bis zum erfrischenden Pfefferminzeis mit Schokosplittern.

Lisa Fabry besuchte für dieses Buch eine Auswahl der besten veganen Cafés und Restaurants rund um den Globus. Jeder der talentierten Küchenchefs steuerte sein oder ihr Lieblingsrezept für dieses Buch bei. So finden wir neben Fabrys eigenen Rezepten eine umwerfende Auswahl an ungewöhnlichen Rezepten wie die traumhaften Las Vegan Sauerkirsch-Muffins aus Australien, die fruchtige Apfeltorte aus Amsterdam oder die doppelstöckige Schokoladentorte mit Himbeermousse aus Los Angeles für besondere Anlässe.

Deanna Caswell und Daisy Siskin

Der kleine Selbstversorger

Urban Gardening – Gärtnern und Survival auf kleinstem Raum für ein unabhängiges Leben in der Vorstadt

280 S., geb., € 19,80

Wer träumt nicht von einem naturverbundenen Leben und davon, sein eigenes Obst und Gemüse anzubauen, zu ernten und selbst zu Köstlichkeiten zu verarbeiten – auch wenn man nur wenige Quadratmeter im Hinterhof zur Verfügung hat?

Der kleine Selbstversorger zeigt auf unterhaltsame Weise, wie sich jedes Stückchen Garten in ein kleines Selbstversorgerparadies verwandeln lässt. Vom Anlegen der Beete über die Auswahl von Nutzpflanzen und das richtige Düngen bis hin zum Ernten und Verarbeiten von Selbstangebautem wird alles erklärt, was das Gärtnerherz höher schlagen lässt. Ja selbst das Halten von Hühnern, Zwergziegen und Bienen ist in diesem Rahmen möglich und wird Schritt für Schritt erläutert.

Rich Roll

Finding Ultra

Wie ich meine Midlife-Krise überwand und einer der fittesten Männer der Welt wurde

384 S., geb., € 16,80

Finding Ultra ist Rich Rolls unglaublicher Bericht, wie er mit 40 Jahren von einem unsportlichen, übergewichtigen Durchschnittsamerikaner zu einem der weltweit besten Ausdauerathleten wurde.

Zuvor bestand Rich Rolls Alltag aus Arbeit, Stress, Junk Food und TV-Abenden auf dem Sofa. Fast 25 Kilo Übergewicht und seine schlechte Kondition führten dazu, dass er kaum Treppen steigen konnte. An seinem 40. Geburtstag beschloss er, sein Leben komplett zu ändern. Er wechselte zu einer veganen Lebensweise und fing an, ein äußerst intensives Trainingsprogramm zu absolvieren. Wenige Monate später wurde er von Men's Fitness zu einem der 25 fittesten Männer der Welt gewählt.

Durch seine radikale Lebensumstellung konnte er unmöglich scheinende Leistungen erbringen, wie die Teilnahme am Ultraman World Championship, bei dem sich die fittesten Menschen der Welt bei einem 515-Kilometer-Martyrium in den Disziplinen Schwimmen, Radfahren und Laufen miteinander messen. Und im Anschluss an diese Bewährungsprobe meisterte er eine noch größere: den Epic5 – fünf Triathlonwettkämpfe hintereinander.

Doch Finding Ultra ist viel mehr als ein packender Blick auf atemberaubende athletische Leistungen. Rich Rolls erstaunliche körperliche und geistige Verwandlung beweist, dass in jedem das Potential steckt, ultra-fit zu werden.